21世纪高等院校财经管理系列实用规划教材

全新修订

公共关系学实用教程（第2版）

主　编　周　华
副主编　林小兰　李双玲　姚龙琴

内 容 简 介

公共关系学是研究社会组织与相关公众之间相互传播沟通的行为、规律和方法的一门应用性很强的学科。它是管理学、传播学、社会学、心理学、市场营销学等学科相互交叉和融合而产生的一门综合性与应用性很强的前沿学科。

本书分为理论与实务两部分，理论部分包括：公共关系概述，公共关系的产生与发展，公共关系的职能、作用与原则，公共关系的组织机构及从业人员，公共关系的工作对象及活动模式，公共关系工作的一般程序。实务部分包括：公共关系专题活动，公共关系的危机管理，CIS 设计与品牌建设，公共关系广告与宣传，公共关系社交礼仪。

本书可作为高等院校本科经济管理专业必修课和公共选修课程的教材，也可供经济管理工作的从业人员参考使用。

图书在版编目(CIP)数据

公共关系学实用教程/周华主编. —2 版. —北京：北京大学出版社，2015.4
（21 世纪高等院校财经管理系列实用规划教材）
ISBN 978-7-301-25557-5

Ⅰ.①公… Ⅱ.①周… Ⅲ.①公共关系学—高等学校—教材 Ⅳ.①C912.3

中国版本图书馆 CIP 数据核字（2015）第 035936 号

书　　　名	公共关系学实用教程（第 2 版）
著作责任者	周　华　主编
策 划 编 辑	王显超
责 任 编 辑	葛　方
标 准 书 号	ISBN 978-7-301-25557-5
出 版 发 行	北京大学出版社
地　　　址	北京市海淀区成府路 205 号　100871
网　　　址	http://www.pup.cn　新浪微博：@北京大学出版社
电 子 信 箱	pup_6@163.com
电　　　话	邮购部 010-62752015　发行部 010-62750672　编辑部 010-62750667
印 刷 者	北京虎彩文化传播有限公司
经 销 者	新华书店
	787 毫米×1092 毫米　16 开本　20.25 印张　462 千字
	2009 年 1 月第 1 版
	2015 年 4 月第 2 版　2022 年 1 月修订　2022 年 1 月第 5 次印刷
定　　　价	49.00 元

未经许可，不得以任何方式复制或抄袭本书之部分或全部内容。
版权所有，侵权必究
举报电话：010-62752024　电子信箱：fd@pup.pku.edu.cn
图书如有印装质量问题，请与出版部联系，电话：010-62756370

丛 书 序

我国越来越多的高等院校设置了经济管理类学科专业，这是一个包括理论经济学，应用经济学，管理科学与工程，工商管理，公共管理，农林经济管理，图书馆、情报与档案管理7个一级学科门类和31个专业的庞大学科体系。2006年教育部的数据表明，在全国普通高校中，经济类专业布点1518个，管理类专业布点4328个。其中除少量院校设置的经济管理专业偏重理论教学外，绝大部分属于应用型专业。经济管理类应用型专业主要着眼于培养社会主义国民经济发展所需要的德智体全面发展的高素质专门人才，要求既具有比较扎实的理论功底和良好的发展后劲，又具有较强的职业技能，并且又要求具有较好的创新精神和实践能力。

在当前开拓新型工业化道路，推进全面小康社会建设的新时期，进一步加强经济管理人才的培养，注重经济理论的系统化学习，特别是现代财经管理理论的学习，提高学生的专业理论素质和应用实践能力，培养出一大批高水平、高素质的经济管理人才，越来越成为提升我国经济竞争力、保证国民经济持续健康发展的重要前提。这就要求高等财经教育要更加注重依据国内外社会经济条件的变化，适时变革和调整教育目标和教学内容；要求经济管理学科专业更加注重应用、注重实践、注重规范、注重国际交流；要求经济管理学科专业与其他学科专业相互交融与协调发展；要求高等财经教育培养的人才具有更加丰富的社会知识和较强的人文素质及创新精神。要完成上述任务，各所高等院校需要进行深入的教学改革和创新，特别是要搞好有较高质量的教材的编写和创新工作。

出版社的领导和编辑通过对国内大学经济管理学科教材实际情况的调研，在与众多专家学者讨论的基础上，决定编写和出版一套面向经济管理学科专业的应用型系列教材，这是一项有利于促进高校教学改革发展的重要措施。

本系列教材是按照高等学校经济类和管理类学科本科专业规范、培养方案，以及课程教学大纲的要求，合理定位，由长期在教学第一线从事教学工作的教师编写，立足于21世纪经济管理类学科发展的需要，深入分析经济管理类专业本科学生现状及存在的问题，探索经济管理类专业本科学生综合素质培养的途径，以科学性、先进性、系统性和实用性为目标，其编写的特色主要体现在以下几个方面：

（1）关注经济管理学科发展的大背景，拓宽理论基础和专业知识，着眼于增强教学内容与实际的联系和应用性，突出创造能力和创新意识。

（2）体系完整、严密。系列涵盖经济类、管理类相关专业以及与经管相关的部分法律类课程，并把握相关课程之间的关系，整个系列丛书形成一套完整、严密的知识结构体系。

（3）内容新颖。借鉴国外最新的教材，融会当前有关经济管理学科的最新理论和实践经验，用最新知识充实教材内容。

（4）合作交流的成果。本系列教材是由全国上百所高校教师共同编写而成，在相互进行学术交流、经验借鉴、取长补短、集思广益的基础上，形成编写大纲。最终融合了各地特点，具有较强的适应性。

（5）案例教学。教材融入了大量案例研究分析内容，让学生在学习过程中理论联系实际，特别列举了我国经济管理工作中的大量实际案例，这可大大增强学生的实际操作能力。

（6）注重能力培养。力求做到不断强化自我学习能力、思维能力、创造性解决问题的能力以及不断自我更新知识的能力，促进学生向着富有鲜明个性的方向发展。

作为高要求，经济管理类教材应在基本理论上做到以马克思主义为指导，结合我国财经工作的新实践，充分汲取中华民族优秀文化和西方科学管理思想，形成具有中国特色的创新教材。这一目标不可能一蹴而就，需要作者通过长期艰苦的学术劳动和不断地进行教材内容的更新才能达成。我希望这一系列教材的编写，将是我国拥有较高质量的高校财经管理学科应用型教材建设工程的新尝试和新起点。

我要感谢参加本系列教材编写和审稿的各位老师所付出的大量卓有成效的辛勤劳动。由于编写时间紧、相互协调难度大等原因，本系列教材肯定还存在一些不足和错漏。我相信，在各位老师的关心和帮助下，本系列教材一定能不断地改进和完善，并在我国大学经济管理类学科专业的教学改革和课程体系建设中起到应有的促进作用。

刘诗白

2007年8月

刘诗白 现任西南财经大学名誉校长、教授，博士生导师，四川省社会科学联合会主席，《经济学家》杂志主编，全国高等财经院校《资本论》研究会会长，学术团体"新知研究院"院长。

第 2 版前言

本书第 1 版于 2009 年 1 月出版以来，受到了学术界和企业界的广泛关注。近几年来，国内、国际环境不断发生变化，公共关系理论与实践发展迅速，同时，编者对公共关系学这门学科有了更深刻的认识和感悟，正因为如此，编者感到有必要对第 1 版做进一步的修订和补充。这次修订基本沿用第 1 版的架构，内容则在第 1 版的前提下，进行了提炼和删改。主要修订如下：

1．增加了新媒体的相关内容。媒体是公共关系工作的信息传播平台，网络媒体等新媒体不断涌现，通过近几年的发展，对社会组织的形象塑造与传播起着非常重要的影响，因而编者对全书中关于信息传播的相关内容均做了改动。

2．修改了部分公共关系案例。我国经济社会的快速发展，公共关系学的应用广度与深度都在明显地加深与扩大，为此，编者在增加了经典的公共关系案例的基础上，对时过境迁的案例进行了大量的更新与增添，以便于读者更好地了解当前社会环境下公共关系的新发展；与此同时，对公共专题活动进行了突出重点的介绍，如新闻发布会，是 20 世纪的新生事物，现在已经成为政府、企事业单位等社会组织的制度化安排，充分体现了公共关系工作在各级各类社会组织中已经规范化运行。

3．体现教材特色。修订后的第 2 版，全书的内容和体例充分体现了公共关系学实践性强的特点，突出案例描述与讨论。全书涉及大小案例 60 多个，既有体现国家形象的总理新闻发布会、北京奥林匹克运动会的申办与举办、上海世博会的申办与举办，也有跨国公司的经典公关案例，如肯德基、索尼、DELL、苹果等，同时，包括我国海尔、联想、蒙牛等国内企业的案例。为便于自学者阅读、领会、独立思考，每章末增加了本章小结、应用案例。此外，相关指导用书、习题解答等配套教材也将陆续出版。

由于编者水平所限，书中疏漏之处在所难免，敬请广大读者批评指正。

编　者
2014 年 12 月

第1版前言

公共关系学是研究组织与相关公众之间相互传播沟通的行为、规律和方法的一门学科。它是管理学、传播学、社会学、心理学、市场营销学等学科相互交叉和融合而产生的一门综合性与应用性的前沿学科。

公共关系学具有特殊的管理功能，即通过组织形象的有效管理来提升组织的无形资产。它关注的是政治、经济、环境、技术乃至整个社会系统的运作，同时，在不同的社会层面均表现出它广泛的可参与性、协调性、传播性以及塑造形象的专业特征。因此，在现代社会中，公共关系学被广泛应用于各行各业，成为现代组织塑造良好的公众形象、谋求更好的生存和发展的重要手段。

当今世界正发生着复杂而深刻的变化，经济全球化、政治多极化、文化多样化和信息网络化正在成为这个时代的重要特征。公共关系越来越成为现代组织参与社会竞争的重要手段，它在经济与社会生活中的作用将越来越大。任何组织要想求生存、求发展，必须重视学习和应用公共关系的知识与技巧，积极开展公共关系活动。同时，对于每个人来说，无论从事什么工作，都要与人相处、广交朋友、化解矛盾、处理危机等。因此，公共关系也是指导人们日常行为、调整人际关系、增强自身社会适应性的一种有效工具。作为大学生，为了提高自身的科学素质与人文素质，为了适应社会、提高自身综合竞争力，不论学什么专业，实际上也都应该了解与掌握一定的公共关系知识与技巧。只有这样，才能为今后成功地走向社会、适应社会、参与社会竞争创造良好的条件。

本书分为理论和实务两部分内容。理论部分包括：第1章 公共关系概述；第2章 公共关系的产生与发展；第3章 公共关系的职能、作用与原则；第4章 公共关系的组织机构及从业人员；第5章 公共关系的工作对象及活动模式；第6章 公共关系工作的一般程序。实务部分包括：第7章 公共关系专题活动；第8章 公共关系的危机管理；第9章 CIS设计与品牌建设；第10章 公共关系广告与宣传；第11章 公共关系社交礼仪。

本书的编写由盐城师范学院商学院"公共关系学"的任课教师完成，具体分工（按各章先后顺序）是：周华编写第1、2、3、7章；林小兰编写第4、5、6章；常玉苗编写第8、11章；荀阿先编写第9、10章。全书由周华负责统稿。

由于编者水平所限，加之时间仓促，书中疏漏之处在所难免，敬请广大读者批评指正。

编　者
2008年9月

本书课程思政元素

本书课程思政元素从"格物、致知、诚意、正心、修身、齐家、治国、平天下"中国传统文化角度着眼,再结合社会主义核心价值观"富强、民主、文明、和谐、自由、平等、公正、法治、爱国、敬业、诚信、友善"设计出课程思政的主题,然后紧紧围绕"价值塑造、能力培养、知识传授"三位一体的课程建设目标,在课程内容中寻找相关的落脚点,通过案例、知识点等教学素材的设计运用,以润物细无声的方式将正确的价值追求有效地传递给读者,以期培养大学生的理想信念、价值取向、政治信仰、社会责任,全面提高大学生缘事析理、明辨是非的能力,把学生培养成为德才兼备、全面发展的人才。

每个思政元素的教学活动过程都包括内容导引、展开研讨、总结分析等环节。在课程思政教学过程,老师和学生共同参与其中,在课堂教学中教师可结合下表中的内容导引,针对相关的知识点或案例,引导学生进行思考或展开讨论。

页码	内容导引	展开研讨	思政落脚点
6	公共关系的特征	1. 你所理解的公共关系具有哪些特征? 2. 谈谈你对公共关系学特征的理解?	诚实守信 沟通协作 团队精神
9	公共关系学中社会组织的分类	1. 你知道社会组织有哪些基本分类? 2. 谈谈你从公共关系学的视角对社会组织的分类有何意义?	求真务实 专业能力 社会责任
20	应用案例:草根析公关	1. 你认为案例主要说明了公共关系的哪些问题? 2. 普通人的行为为什么会导致如此结果? 3. 学习了此例,你有哪些感想或收获?	社会平等 公平正义 规范与道德 责任意识 担当意识
33	中国古代的准公共关系	1. 谈谈你对中国古代准公共关系现象的认识与理解。 2. 如何理解公共关系未传入中国前的公共关系思想?	求真务实 文化自信 民族自豪感 学术素养 职业素养
30	公共关系的兴起与发展	1. 公共关系发展的历史进程说明了什么? 2. 如何保证社会组织管理中坚守公共关系思想公众利益第一的理念?	科学素养 科学严谨 求真务实 精益求精 使命担当 中西结合 洋为中用

续表

页码	内容导引	展开研讨	思政落脚点
66	公共关系的凝聚作用	1. 你认为一个组织的管理，其内聚力是否很重要？ 2. 你觉得如何提升组织的凝聚力？	人生观 价值观 人性光辉 自我形象 全面发展
70	实事求是原则	1. 你认为公共关系为什么将实事求是作为首要原则？ 2. 诚实守信为什么是一个做人最起码的底线？	个人成长 人性光辉 个人管理 求真务实 诚实守信
72	全员公关原则	1. 公共关系是组织管理职能，为什么要全员公关？ 2. 如何公共关系课程学习使自己养成良好的职业规范和职业素养？	求真务实 职业精神 团队合作 沟通协作
94	公共关系从业人员：道德品格	1. 公共关系从业人员应该具备哪些道德品格？ 2. 你认为在工作和生活中如何规范自己的言行？	个人成长 个人管理 诚实守信 专业知识 大局意识 职业道德
117	社会组织外部公众——顾客公众	1. 为何说顾客公众是社会组织的重要公众？ 2. 如何处理好顾客关系？	职业精神 爱岗敬业 爱人民 商业伦理 经济发展
138	公共关系调查	1. 公共关系调查工作是如何展开的？ 2. 公共关系调查如何指导决策？	科学精神 求真务实 辩证思维 逻辑思维 专业与社会 专业能力
181	引例：李克强总理会见中外记者	1. 你认为新闻发布会为什么能高效率的传播？ 2. 如何组织一个成功的新闻发布会？	科学精神 科技发展 制度自信 民族自豪感 时代精神 大国复兴

本书课程思政元素

续表

页码	内容导引	展开研讨	思政落脚点
189	赞助活动	1. 你认为营利性组织为什么热衷于做赞助活动？ 2. 你有什么样的金钱观？如何使自己成为一个有公德心的人？	人性光辉 爱祖国 集体主义 大爱情怀 社会责任
223	CIS 战略	1. 企业是否有必要实施 CIS 战略？ 2. 你认为企业形象管理为何要重视 CIS？	专业素养 科学精神 责任与使命 民族精神 民族自豪感
247	公共关系广告和商业广告的区别	1. 有人认为广告都是虚假的，公共关系广告和商业广告没有区别，请谈谈您的看法。 2. 你认为企业如何实施公关广告策略？	科学素养求真务实 诚实守信 人文情怀 爱国家
249	公关广告的类型	公关广告有哪些类型？	科学精神 职业道德 社会公德 法律意识
251	公共关系广告创意与策划	如何进行公关广告创意？	创新意识
283	公共关系宣传	如何面对网络上不实的宣传？	政治意识 大局意识 文化传承 时代精神
268	礼仪	1. 你了解礼仪的核心吗？ 2. 生活中有礼仪应用实例？	专业能力 实战能力 包容 个人成长 努力学习
288	人际交往中的形象塑造	1. 如何塑造个人形象？ 2. 在塑造个人形象的同时如何提升道德素养？	个人管理 终身学习 诚信友善 规范与道德 尊重

目 录

第1章 公共关系概述 1
1.1 公共关系的基本含义 2
1.1.1 公共关系的丰富含义 3
1.1.2 公共关系的科学定义 5
1.1.3 公共关系的特征 6
1.2 公共关系的构成要素 7
1.2.1 公共关系的主体要素——社会组织 7
1.2.2 公共关系的客体要素——公众 12
1.2.3 公共关系的中介要素——传播 12
1.3 公共关系学的学科性质及研究范畴 18
1.3.1 公共关系学的学科性质 18
1.3.2 公共关系学的研究范畴 19
本章小结 22
习题 22

第2章 公共关系的产生与发展 26
2.1 公共关系的萌芽 28
2.1.1 中国古代的准公共关系 29
2.1.2 西方古代的准公共关系 29
2.2 公共关系的兴起与发展 30
2.2.1 公共关系产生的历史条件 31
2.2.2 公共关系的产生过程 34
2.2.3 公共关系的发展 38
2.3 公共关系在中国的发展过程及趋势 41
2.3.1 公共关系在中国的传播与发展 41
2.3.2 公共关系的社会条件与发展趋势 45
本章小结 54
习题 55

第3章 公共关系的职能、作用与原则 57
3.1 公共关系的职能 59
3.1.1 收集信息 59
3.1.2 咨询建议 61
3.1.3 参与决策 62
3.1.4 协调沟通 63
3.1.5 日常事务管理 65
3.1.6 策划专题活动 66
3.2 公共关系的作用 66
3.2.1 凝聚作用 66
3.2.2 监测作用 67
3.2.3 调节作用 68
3.2.4 应变作用 69
3.3 公共关系的基本原则 70
3.3.1 实事求是原则 70
3.3.2 平等互惠原则 70
3.3.3 双向沟通原则 71
3.3.4 全员公关原则 72
3.3.5 不断创新原则 73
本章小结 74
习题 74

第4章 公共关系的组织机构及从业人员 77
4.1 公共关系部门 81
4.1.1 公共关系部的地位与职能 81
4.1.2 组织公共关系部的原则 83
4.1.3 公共关系部的模式 83
4.2 公共关系公司 85
4.2.1 公共关系公司的特点与职能 86
4.2.2 公共关系公司的种类 87
4.2.3 公共关系公司的工作原则 88
4.2.4 客户选择公共关系的标准 88
4.3 公共关系从业人员 89
4.3.1 公共关系从业人员的基本素质 89

4.3.2　公共关系从业人员的
　　　　　　职业准则 95
　　　4.3.3　公共关系从业人员的
　　　　　　培养与考评 97
　本章小结 102
　习题 102

第5章　公共关系的工作对象及活动模式 105

5.1　公共关系的工作对象及其分类 106
　　　5.1.1　公众的概念 106
　　　5.1.2　公众的基本特征 106
　　　5.1.3　公众的分类 107
5.2　社会组织的内部公众 112
　　　5.2.1　内部公众的分类 112
　　　5.2.2　内部公众是公共关系
　　　　　　工作的起点 113
　　　5.2.3　建立良好的内部公众关系的方法
　　　　　　与途径 113
5.3　社会组织的外部公众 116
　　　5.3.1　顾客公众 117
　　　5.3.2　媒介公众 119
　　　5.3.3　政府公众 120
　　　5.3.4　社区公众 122
　　　5.3.5　名流公众 123
　　　5.3.6　国际公众 124
5.4　公共关系的活动模式 124
　　　5.4.1　按活动的性质不同划分 ... 125
　　　5.4.2　按组织的社会环境状况
　　　　　　不同划分 127
　本章小结 129
　习题 130

第6章　公共关系工作的一般程序 134

6.1　公关调查 137
　　　6.1.1　公关调查的意义 137
　　　6.1.2　公共关系调查的一般过程 ... 138
　　　6.1.3　公共关系调查的原则 141
　　　6.1.4　公共关系调查的内容 142

　　　6.1.5　公共关系调查的方法 146
6.2　公关策划 150
　　　6.2.1　公共关系策划的含义和原则 ... 150
　　　6.2.2　公共关系策划的程序 153
　　　6.2.3　公共关系策划的基本内容 ... 154
　　　6.2.4　公共关系策划的方法 157
6.3　公共关系实施 163
　　　6.3.1　公共关系实施的意义与特点 ... 163
　　　6.3.2　公共关系实施的原则和方法 ... 165
　　　6.3.3　公共关系实施的媒体选择 ... 166
　　　6.3.4　公共关系实施的障碍排除 ... 167
6.4　公共关系评估 169
　　　6.4.1　公共关系评估的意义和程序 ... 169
　　　6.4.2　公共关系评估的标准和方法 ... 171
　　　6.4.3　公共关系评估的内容 173
　　　6.4.4　公共关系评估报告的撰写 ... 174
　本章小结 176
　习题 177

第7章　公共关系专题活动 180

7.1　公共关系的专题活动概述 182
　　　7.1.1　公共关系专题活动的目的 ... 183
　　　7.1.2　公共关系专题活动的特点 ... 183
　　　7.1.3　公共关系专题活动的类型 ... 184
　　　7.1.4　公共关系专题活动的主题 ... 185
　　　7.1.5　公共关系专题活动策划的
　　　　　　要求 185
7.2　新闻发布会 186
　　　7.2.1　新闻发布会的含义及特点 ... 186
　　　7.2.2　新闻发布会的适用范围 ... 187
　　　7.2.3　新闻发布会的策划和
　　　　　　组织方法 187
7.3　赞助活动 189
　　　7.3.1　赞助活动的特点 189
　　　7.3.2　赞助活动的目的 190
　　　7.3.3　赞助活动的类型 190
　　　7.3.4　赞助活动的策划和组织 ... 191
7.4　庆典活动 192
　　　7.4.1　庆典活动的类型 192

目 录

  7.4.2 庆典活动的策划与组织 193
 7.5 展览会 194
  7.5.1 展览会的特点 194
  7.5.2 展览会的类型 195
  7.5.3 展览会的策划与组织 195
 7.6 举办会议 197
  7.6.1 举办会议的基本要素 198
  7.6.2 会议的策划与组织 198
 本章小结 201
 习题 201

第8章 公共关系的危机管理 204
 8.1 公共关系危机管理概述 206
  8.1.1 公共关系危机的含义及特点 206
  8.1.2 公共关系危机的基本类型 207
  8.1.3 问题管理的发现及其定义 208
 8.2 公共关系危机处理的意义、
  原则及方法 209
  8.2.1 公共关系危机处理的意义 209
  8.2.2 公共关系危机处理的原则 210
  8.2.3 危机事件的处理方法 210
 8.3 公共关系危机的成因、
  处理程序及预防 211
  8.3.1 公共关系危机的成因 211
  8.3.2 公共关系危机的处理程序 212
  8.3.3 公共关系危机的预防 215
 本章小结 219
 习题 219

第9章 CIS 设计与品牌建设 221
 9.1 CIS 战略的起源与发展 223
  9.1.1 CIS 战略的起源 223
  9.1.2 CIS 的发展 223
 9.2 CIS 战略的基本内涵及其构成 224
  9.2.1 CIS 战略的基本内涵 224
  9.2.2 CIS 战略的构成 225
 9.3 CIS 与公共关系 226
  9.3.1 CIS 与公共关系的关系 226
  9.3.2 CIS 与 CS 的关系 229

 9.4 CIS 设计与品牌建设概述 230
  9.4.1 品牌的含义 230
  9.4.2 商标 231
  9.4.3 品牌与商标的关系 231
  9.4.4 CIS 战略与品牌战略的关系 .. 232
  9.4.5 品牌建设在我国的发展现状 ... 232
 9.5 CIS 的导入程序 234
  9.5.1 企业现状调查 235
  9.5.2 策划阶段 236
  9.5.3 CIS 的实施 237
  9.5.4 选择 CIS 的导入时机 237
 本章小结 243
 习题 243

第10章 公共关系广告与宣传 245
 10.1 公共关系广告的概述 246
  10.1.1 公共关系广告的兴起
     及其定义 246
  10.1.2 公共关系广告与商业广告的
     区别 247
  10.1.3 公共关系广告的特征 248
 10.2 公共关系广告的类型及作用 249
  10.2.1 公关广告的类型 249
  10.2.2 公共关系广告创意与策划 251
 10.3 公共关系广告媒介的选择 253
  10.3.1 选择媒介应考虑的因素 253
  10.3.2 几种主要传播媒介的优点和
     缺点 253
  10.3.3 公关媒体选择的步骤 255
 10.4 公共关系宣传 255
  10.4.1 新闻宣传 256
  10.4.2 制造新闻 258
  10.4.3 公共关系宣传的其他方式 260
 本章小结 263
 习题 263

第11章 公共关系社交礼仪 267
 11.1 公共关系礼仪概述 268

11.1.1 礼仪 268
11.1.2 公共关系社交礼仪概述 269
11.1.3 公关礼仪的特点 269
11.1.4 公关礼仪的原则 270
11.2 公关人员的个人礼仪规范 272
11.2.1 仪表礼仪 272
11.2.2 仪态 276
11.3 人际交往礼仪与形象塑造 279
11.3.1 见面礼仪 280
11.3.2 拜访和接待礼仪 285
11.3.3 人际交往中的形象塑造 288
11.4 常见的公共关系礼节 290

11.4.1 聚会和庆典礼节 290
11.4.2 宴请礼节 291
11.4.3 涉外公共关系礼节 292
11.5 公共关系人际交往艺术 295
11.5.1 人际交往应遵循的规范 295
11.5.2 人际交往的心理障碍
       及克服办法 296
本章小结 298
习题 299

参考文献 307

第1章 公共关系概述

教学目标

掌握公共关系的基本含义、构成要素和社会组织的基本特征；熟悉社会组织的分类、信息传播的基本要素及特征；理解信息传播的几种模式；掌握公共关系学的学科性质及研究范畴。

教学要求

知识要点	能力要求	相关知识
公共关系	(1) 准确理解公共关系的含义 (2) 掌握公共关系的构成要素 (3) 掌握社会组织的基本特征，了解社会组织的分类	(1) 关系 (2) 人际关系及社会关系
公共关系的学科性质及研究范畴	(1) 明确公共关系学的学科性质 (2) 掌握公共关系学的研究范畴	(1) 公共关系学的不同表述 (2) 公共关系学与市场营销学、管理学、经济学、传播等学科的关系

 基本概念

公共关系；社会组织；公众

引例

新华时评：世纪清华何以再续辉煌

新华网（记者姜琳）2011年4月24日是清华百年校庆日。走进春意盎然的清华园，已经到处人头攒动，洋溢着浓浓的欢庆气息。无论是身居要职的领导同志，还是各行各业的普通劳动者，他们以一个共同的身份聚在一起，为母校建校百年庆贺和祝福。

作为当代中国最著名的学府之一，清华大学始终与国家命运紧密相连，与时代大潮同气相求。从留美预备学堂到今天的综合性大学，站在古色古香的工字厅前，世纪清华的光荣与梦想激荡澎湃。

回首百年的不凡历史，众多学术大师、兴业之士和治国之才在这里涌现，俊彦大家之多，堪用灿若星辰作比；人文科技之盛，可谓中外瞩目。国学四大导师、14名"两弹一星"元勋……一个个名字和他们的成就，不仅为清华增光添彩，更推动了国家的繁荣富强与发展。

然而，这并非今天庆祝清华百年华诞的全部理由。由大师非凡气质汇聚成的清华精神和清华传统，才最显示出这所名校的特质。"自强不息，厚德载物"的校训，"行胜于言"的校风，"独立之精神、自由之思想"的学术传统，不仅是清华大学的精神财富，也是中国高等教育的共有的美好价值。在学术风气并不理想，大学精神普遍缺乏的今天，清华大学有责任把得之不易的优秀传统努力坚守，并奋力发扬光大。与大洋彼岸牛津、剑桥、哈佛等世界名校相比，清华还显得年轻。站在新的历史起点上，清华任重而道远。面对教育行政化、"钱学森之问"等难题，清华要建设成为世界一流大学、再领风骚百年，还需从清华独特的传统中继往开来、不断前行，为华夏文明的进步作出更大贡献。

（资料来源：清华百年校庆合作网站）

思考：你认为清华大学策划组织校庆活动的宗旨是什么？

本章将介绍公共关系的定义、特征；公共关系的构成要素，社会组织的基本概念、分类、基本特征，公众的概念，公共关系的中介——传播的定义、要素、形态、特征及模式；公共关系学的学科性质及研究范畴。

公共关系学作为一门独立完整的学科，有其特定的概念、要素、关系和特征。这些问题不但使这门学科有其存在和研究的必要，而且决定了该学科的总体构架。这里，首先讨论公共关系学最基本的理论问题。

1.1 公共关系的基本含义

公共关系的定义是公共关系学研究中首先面临的问题，也是公共关系理论的核心内容之一。这里将通过对既有理论观点进行综合分析，确定核心概念，最后给出公共关系的具体含义。

何谓公共关系？一百多年来有多种说法。"公共关系"一般简称为"公关"，它最早出现于1807年美国的《韦氏新九版大学辞典》中，即"Pubic Relations"，英文缩写为PR。"Public"既可以译为"公共的"，又可以译为"公众的"；"Relation"译为"关系"，加"s"即形成复数，也有学者译作"公众关系"，但更多的人使用"公共关系"一词。其实译作"公众关系"在含义上会更为直接，因为这个词的本义就是指组织与公众之间的关系。由于"公共关系"译名广为流传，是语言的约定俗成，本书因此使用"公共关系"。

1.1.1 公共关系的丰富含义

1. 历史上各种公共关系定义的表述

历史上有关公共关系定义的表述非常多，在某种意义上可以说，有多少公共关系学家，便可以产生多少种公共关系的定义。在公共关系定义的众多表述中，有一些表述是很有代表性的。这里首先介绍历史上对公共关系学的发展产生过重要影响的公共关系定义，并对这些表述进行分析。

1) 管理职能论

管理职能论的观点认为，公共关系是一种管理职能，是社会组织对社会公众的一种有目的的传播与沟通活动，以此来影响公众的行为，实现组织的目标。因此，公共关系是社会组织的一项重要管理职能，甚至有人将其视为一种新的管理哲学或管理方法。该定义侧重强调公共关系的目标，认为公共关系就是组织实现自己目标的一项重要管理职能。

在这种理论框架下，国际公共关系协会曾经给公共关系作过如下定义：公共关系是一种管理功能，它具有计划性和连续性。通过公共关系，公立的和私立的组织、机构试图赢得同其有关的人们的理解、同情和支持——借助对舆论的估价，尽可能地协调它们自己的政策和做法，依靠有计划的、广泛的信息传播，赢得更有效的合作，更好地实现它们的共同利益。

美国《公共关系新闻》杂志给公共关系下的定义是：公共关系是一种管理职能，它评估公众的态度，检验个人或组织的政策、活动是否与公众的利益相一致，并负责设计与执行旨在争取公众理解与认可的行动计划。

美国著名的学者莱克斯·哈罗(Rex Harlow)给公共关系下的定义是："公共关系是一种独特的管理职能，它帮助一个组织在其与公众之间建立沟通、理解、接受和合作；它参与各种问题和事件的处理；它帮助管理部门了解公众舆论，并对之作出反应；它明确并强调管理部门为公众利益服务的责任；它帮助管理部门掌握情况的变化，并监视这些变化，预测变化的趋势，使得组织与社会变化同步发展；它以良好的、符合职业道德的传播技术和研究方法作为基本的工具。"这个定义被公认为是最全面的。它完整地表达了公共关系的基本内涵，不仅把公共关系定义为一种管理功能，而且详尽阐述了公共关系在组织管理中的作用、范围、功能以及主要运用方式。

2) 传播沟通论

传播沟通论的观点侧重于从公共关系的运作过程和特点来考虑，认为公共关系是社会组织与公众的一种传播沟通方式和活动。该定义强调公共关系的手段和过程，认为公共关系离不开传播沟通。

英国学者弗兰克·杰弗金斯(Frank Jekins)在《公共关系》一书中提出公共关系的定义是：公共关系就是一个组织为了达到与它的公众之间相互了解的确定目标而有计划地采用的一切向内向外的传播沟通方式的总和。

美国学者约翰·马斯顿(John Marsion)给公共关系下的定义更为坦率，即公共关系是运用有说服力的传播去影响重要的公众。

1967年第2版的《韦伯斯特新国际辞典》对公共关系是这样定义的：公共关系是通过

宣传与一般公众建立关系，公司、组织或军事机构等向公众报告它们的活动、政策等情况，企图建立有利的公众舆论的职能。

1981年出版的《不列颠百科全书》将公共关系定义为：公共关系旨在传递有关个人、公司、政府机构或其他组织的信息，并改善公众对于它们态度的种种政策或行动。

3) 社会关系论

社会关系论的观点是从公共关系的状态及对象、效果、影响整个社会的角度来认识公共关系的，认为公共关系是社会组织与社会之间的关系，是一种特殊的社会关系，是优化社会互动环境的一种努力。

美国普林斯顿大学教授希尔滋(H.L.Chils)认为：公共关系是我们所从事的各种活动、所发生的各种关系的统称，这些活动与关系都是公众性的，并且都有其社会意义。

英国公共关系学会对公共关系所作的定义是：公共关系的实施是一种积极的、有计划的以及持久的努力，目的是建立和维护一个机构与其公众之间的相互了解，并且公共关系是社会关系的一种。

4) 现象描述论

现象描述论的观点更偏向于公共关系的实务操作，有些定义不仅形象生动，而且具体直观。譬如："公共关系就是讨公众喜欢""公共关系就是博取好感的技术""公共关系是内求团结、外求发展、树立形象、推销自己的艺术""公共关系就是说服和左右社会大众的技术"，"公共关系就是通过良好的人际关系来辅助自己事业的成功""公共关系就是创造风度的技术""公共关系使公司得到那些对于个人称之为礼貌与德性的修养"等等。

5) 表征综合论

持该观点的学者采用将公共关系的各种表征综合起来的办法解决问题。以墨西哥1978年8月召开的世界公关协会形成的共识最具代表性，即"公共关系是一门艺术和社会科学。公共关系的实施是分析趋势，预测后果，向机构领导人提出意见，履行一连串有计划的行动，以服务于本机构和公众利益。"这个定义目前在国际上具有一定的代表性和权威性。

美国《公共关系季刊》将公共关系的表征综合为以下14点。

(1) 公共关系是一个完整的职能，目的在于增进公司利益和达到其他整体目标。

(2) 公共关系并不制定政策，但是可以帮助管理当局表白公司政策。

(3) 对于受公司措施影响的人们，公共关系人员注意他们的影响与可能反应，重大的措施虽然表面上与公共关系无关，但也应在出台前先向公共关系部门咨询。

(4) 行动比空言有力，所有信誉都应建立在行动而非语言文字之上，但如果要让他人知悉并了解公司的行动，就得借助于语言文字。

(5) 公共关系虽然是管理部门的职责，但也必须配备适当的预算及人员，至于所担负的任务必须限于公共关系范围以内。

(6) 公共关系人人有责，公共关系部门的最终目标是使人人了解传播对于良好管理是必要且不可分割的。

(7) 公司的形象是相对的，依某种公众对于公司的具体要求和兴趣而定。例如股东、金融界、政府、教育家及舆论界各有各的看法。

(8) 人们经常根据不完全的证据形成对公司的印象。例如公司的名称，与某一位员工通信或偶然的会晤，虽然这些都是小事，但应尽力去注意为公司争取良好的印象。

第1章 公共关系概述

(9) 因为公司是在舆论所形成的环境下营运发展的，因此，对于任何人士所具有的访问权利均应尊重。

(10) 人们通常对于了解最少的事物感到厌恶、恐惧或猜疑，如果不提出理由并加以解释，人们就会自行想象，因此对于透露、传播资料信息不要吝惜。

(11) 不可歪曲和夸大事实，公共关系的主旨在于陈述事实，以便他人对于公司能公平评估，引起公众兴趣，进而对公众产生影响。

(12) 少做做得好，比多做做不好要强。

(13) 在观念的领域中，要引起特别的注意，其间竞争非常激烈，公共关系的一项基本任务就是要引起别人对于公司的好感和兴趣。

(14) 公共关系的艺术成分多于科学成分，这种艺术一定要以社会科学的崭新知识为基础，对于公众对象的组成及态度要作科学的评估，对于公司本身要有透彻的认识。

总之，上述5类公共关系定义的表述有着相当强的代表性和影响力。

2. 我国对公共关系的表述

我国自20世纪引入公共关系概念以来，已经出版了许多教材、著作，提出了许多关于公共关系的定义。下面列举几种教材、著作中关于公共关系的定义。

居延安等人的《公共关系学》的表述是："公共关系是一个社会组织为了取得与其特定公众的双向沟通和精诚合作而进行的遵循一定行为规范和准则的传播活动。"

蒋春堂主编的《公共关系学教程》(新版)的表述是："公共关系是社会组织为了实现某种利益目标，通过传播沟通与其公众建立并协调发展的互利互惠的社会关系。"

熊源伟主编的《公共关系学》的表述是："公共关系是社会组织为了塑造组织形象，通过传播、沟通手段来影响公众的科学与艺术。"

谢玉华主编的《公共关系教程》的表述是："公共关系是组织为了自身的发展，运用传播、沟通等手段与公众协调关系，树立组织良好形象，以促进组织目标的实现。"

明安香等编著的《公共关系学概论》的表述是："所谓公共关系，就是一个企业或组织，为了增进内部公众及社会公众的信任与支持，为自身事业发展创造最佳的社会环境，在分析和处理自身面临的内外部各种关系时，采取的一系列政策与行动。"

1.1.2 公共关系的科学定义

根据上述各种定义可以看出，尽管公共关系作为一种职业活动已有百年的历史，作为一门科学也有了80年多的历史，但时至今日，很难找出一个能够被所有人认同的科学定义。因此，公共关系作为一门新兴学科，尚处在其发展的"幼年"时代。即使如此，在不同的学者对公共关系定义的不同界定中，也不难发现其中的一些相似之处。这里将公共关系的含义表述为：公共关系是社会组织为塑造组织形象，运用传播手段，与公众进行双向交流沟通，以达到相互了解、信任和支持合作的管理活动。

这个定义至少包含以下3层意思：第一，公共关系是社会组织与公众之间的关系。其中，社会组织是主体，公众是客体，它本质上是一种社会组织的行为。第二，公共关系是双向信息交流的传播活动。由于主、客体联系的纽带是传播，因而它是对传播的应用。第三，公共关系具有管理职能。作为主体的社会组织是一个控制系统。它能根据信息反馈调整自己的行为及其规范，以利于与公众的交流与合作。它所追求的目标是组织与公众双方的利益都得以实现。公共关系通过控制、传播、反馈、调整等一系列工作实行管理，从而取消公众的抵制。

1.1.3 公共关系的特征

公共关系作为一种特殊的社会关系，是关系的一种表现形式。因此，它具有关系的能动性、客观性、广泛性、复杂性、角色性、时代性、对称性和传递性等特征。除此之外，它还具有以下几个方面的基本特征。

1. 以公众为对象

公共关系是社会组织与其公众之间的社会关系。这说明公共关系是组织与公众的关系，没有公众便不存在公共关系。社会组织开展的一切公共关系活动都是针对公众的，不是针对公众的活动，就不能叫做公共关系活动。社会组织的生存和发展也依赖于自己的公众，因此，公共关系从业人员必须始终坚持以公众作为工作对象。

2. 以美誉为目标

美誉是指组织的行为引起公众的赞誉、信任、依赖和支持。美誉度是衡量组织形象的重要指标。良好的形象是无形资产，美好的赞誉是无价之宝。美誉度的高低直接关系到一个组织的生存和发展。公共关系人员必须认识到，公共关系意识是公共关系职业必须具备的基本素质和核心，而塑造形象的意识又是公共关系意识的核心。因此，树立良好的组织形象是公共关系活动的出发点，也是开展公共关系活动的重要目标。

3. 以沟通为手段

公共关系是通过传播媒介的信息沟通而建立并协调发展的社会关系。以"沟通"为手段这一特征在于强调公共关系与政治关系、经济关系、法律关系等中介关系的重要区别。通俗地讲，公共关系就是组织与公众之间的传播沟通关系。没有传播沟通，主体与客体之间的关系就不会产生；缺少信息沟通，就会产生误解与隔阂，使关系变得疏远或松散，断绝了信息沟通，即使有关系，也只能是徒有虚名。公共关系的建立、协调和改善都依赖于信息的传播与沟通。

4. 以利益为纽带

公共关系是社会组织与公众之间的一种利益关系。公共关系的建立、协调与发展不是以血缘、地缘、业缘为基础，而是以某种利益为基础的，金钱、财产、权力、声誉、信息、知识、时间、空间、感情、友谊等在特定的情况下都可以成为利益。社会组织如果不是为了某种利益，就不会以某类公众为对象；如果公众不是为了某种利益，也不会以某个组织为自己的关系主体。只有双方都有利益追求，才能产生公共关系。产生公共关系的目的在于利益互换，如果达不到利益互换的目的，关系就会受到影响甚至终止。因此，公共关系的建立、改善与维护必须谋求利益的结合点并坚持互利互惠。

5. 以真诚为信条

以美誉为目标，即社会组织开展公共关系活动的目的是建立良好信誉、塑造美好形象。

信誉既非无源之水，也非无本之木，公众评价的好坏以及对组织的信任程度，主要取决于组织自身的行为。社会组织要想塑造自身的美好形象，必须通过自己的行为来取信于公众。公众对组织行为进行评价的主要依据是信息传播。信息的真实或虚假既能够对公众产生影响，又能够影响公众对组织的评价。信息传播是组织的行为，行为是动机的外在表现，信息的真假程度取决于组织的动机是否真诚。公众对组织的评价决不是仅仅依靠行为表象，也不会单纯地看一时一事，虚假的信息只能欺骗一次一时，唯有真诚，才能地久天长。同时，真诚也是实力的一种表现，具有实力，占据优势，才会表里如一，实事求是。只有真诚，才能获得信任，才能赢得公众。

6. 以长远为方针

建立信誉、塑造良好形象是组织通过开展公共关系活动所追求的目标。但是信誉的建立不能仅凭一时一事，形象的塑造也不能企求一朝一夕，因为良好的信誉和形象取决于多方面的复杂因素。"十年树木，百年树人"这句格言说明了做人的难度。因为对人的评价涉及不同方面，所以成为一个名人、好人似乎并不十分困难，它不需要更多的评价标准，可是要想成为一个社会公认的完美的人，那就困难多了。与个体的人相比较，一个社会组织要想得到社会的公认，要想赢得公众的信誉与好评，就更加困难了，其原因就在于组织形象的构成要素要比"完人"的标准复杂得多。由此可见，塑造良好的组织形象决不会一蹴而就，良好的公共关系状态决不是一日之功。作为公共关系从业人员，开展任何公共关系活动都必须兼顾既得利益与长远利益。

1.2 公共关系的构成要素

公共关系由社会组织、公众和传播 3 个要素构成。公共关系的主体要素是社会组织，客体要素是公众，联结主体要素和客体要素的中介环节是信息传播。这 3 个要素构成了公共关系的基本范畴。公共关系的理论研究、实际操作和运行发展都围绕着这三者的关系而层层展开。

1.2.1 公共关系的主体要素——社会组织

1. 社会组织的概念

社会组织是人类社会的一种群体形式，社会学家对其定义众说纷纭。孔德认为，社会组织是"普遍的社会同意"。马克斯·韦伯(Max Weber)认为，社会组织是一个法人团体，是一个用规章制度限制外人进入的封闭团体。我们认为，社会组织是按照一定的目的、任务和形式建立起来的社会群体。人们为了实现共同的目标，完成共同的任务，按照一定的形式聚集成为社会群体就是社会组织。在组织内部，有明确的目标、职能和分工，组织成员具有协作意愿，通过组织结构和规章制度形成一个完整的有机整体。同时，社会组织也是一个复杂的社会群体，在现实生活中表现为大小不一、功能各异、形态万千，经过长期的发展演化成了国家、政府、工商企业、学校、医院、社会团体等形形色色的社会组织。

任何社会组织从建立起就置身于一定的环境中，受一定环境的制约和影响。构成组织环境的现代社会是一个复杂的系统,社会功能高度分化,各个组织结构要素互为条件、互为结果、联系紧密。从公关角度理解的社会组织也面临如何监控和管理这一复杂的社会环境的职责。

组织环境一般包括两个层次:从宏观上说,组织环境是指一个社会的政治、经济、文化、科学技术、法律和国际环境等;从微观上说,主要是指一个组织所处的具体环境,可分为自然物质环境、关系环境及意识环境。其中,自然物质环境包括地理、气候、社区、交通状况、资源能源、组织设施设备及资金、人员等;关系环境是指与组织有关的各类公众的基本情况,如与股东、消费者、银行、新闻界、竞争对手、经销商、员工等的关系;意识环境是指影响组织的思想意识因素,如组织在公众心目中的形象地位,员工的职业道德、价值观、公众意识以及社会舆论和流行心理等。

社会环境为组织的存在和发展提供了条件,但又影响和约束着组织行为。组织和决策者必须掌握大量与组织有关的环境信息,感知环境因素对决策成效的影响和制约,利用或建设对组织有利的环境,这就要借助于公关的基本职能。公关可以帮助一个组织监控环境,了解环境的变化规律,使组织能主动地发展、改造、适应和利用环境,以变应变,在运动中摆脱约束。在此,公关作为组织的管理职能便显现出来,它就成了一个在组织管理系统中的不可缺少的子系统。

有人曾将公共关系管理与一个组织的资金、技术和人才管理并列为管理的"四大支柱",公共关系管理的独特性可以集中体现在以下两个方面:其一,管理的对象是一个组织的无形资产,如形象、关系、舆论、信息等;其二,管理的手段是借助于传播与沟通的方式,运用各种媒介要素,以达到一种渗透性的作用。承担这些职能的既可以是一个组织内部自己设置的公关部,也可以聘请组织外部的专业公关公司或聘请一个公关顾问,其产生的效果对一个组织来说是提升了其无形资产的价值,同时也达到了组织关系和舆论环境的和谐。依据全球著名咨询公司麦肯锡公司的分析报告,《杂志》排名前250位的大公司,50%的市场价值来自无形资产,而对于某些世界最著名的公司而言,这个比例甚至更高,这就是公关管理对于一个组织的特定价值所在。

2. 社会组织的基本特征

1) 目的性

汉普顿说:"每当人们联合起来去实现某一目标时,他们就创造了一个组织,或者说是一个社会机器,它有潜力完成任何独立个人所不能完成的工作。"任何社会组织的建立都有着明确的目标,这个目标代表了社会组织存在的意义和奋斗的方向。组织目标是确立其宗旨、原则、规范的依据,是调动组织资源、发挥组织群体效应、完成组织任务的前提和基础,也是区分不同社会的类型、性质和职能的标准。社会的一切活动都是围绕组织目标进行的,组织的行为必须服从和服务于组织目标的实现。没有目标的社会组织是毫无意义的,也是不可能存续。所以,组织目标是社会组织形成的基本条件之一,目的性是组织的根本属性之一。

2) 系统性

社会组织是一个有机的整体,有着严密的组织结构、严格的分工和制度规范。通过计划、组织、领导、控制和创新等职能,实现组织目标。组织的系统性表现在3个方面:

(1) 社会组织是一个开放的系统。它不断地从外界环境中输入能量，经过内部转化，以新的形态输出，通过技术、管理、产品、服务、信息等的交换，使自己适应环境的要求，持续不断地运行和发展。

(2) 社会组织是一个完整的系统。它由各个子系统组成，彼此相互依存、相互作用，每个子系统既有自身的目标和利益，又必须服从于组织整体目标的需要。

(3) 社会组织是一个复杂的系统。一个组织既包括结构要素和技术要素，又包括管理要素和社会心理要素，不仅体现为物与物的关系，也体现为人与物、人与人之间的关系，彼此交叉、相互作用、错综复杂。因此，在组织活动中，必须统筹兼顾，以组织目标为导向，正确处理好各个方面的关系，形成组织强大的凝聚力和向心力。

3) 变动性

社会组织处于一个变动的社会环境之中，时刻受到外部因素和内部因素的影响。组织必须适应环境的变化，不断调整组织战略、经营策略、管理模式、人员构成等。在组织的不同发展时期，其上述目标均有所区别。

3. 社会组织的分类

在现实生活中，社会组织数量众多，形式多样，缺乏统一的分类标准。国内外学者提出了多种分类方法，从不同角度对社会组织进行了分类和阐释。

美国结构功能主义大师塔尔科特·帕森斯(Tolcott Parsons)把社会组织分为生产组织(包括生产性企业、服务性组织等)、整合组织(用来调整社会关系、维持社会秩序的组织，如法院等)和政治组织(为了保证整个社会达到自己的目标而进行权力分配的组织，如政党等)三大类。

美国社会学家彼得·M. 布劳(Peter Michael Blau)和W. 里查德·斯科特(W. Richard Scott)以获利者的类型为标准，把社会组织划分为4种类型：互惠互利组织(这类组织的目标是对所有参加者都有好处，如贸易协会等)、服务性组织(它使服务的对象受益受惠，如大学、民权组织等)、经营性组织(组织的目的在于获得利益，如商店、银行等)、大众福利组织(这种组织为社会和一般公众谋利益，如邮局、机场等)。

与此相适应，国内有的专家把社会组织分为营利性组织、互利性组织、服务性组织和公益性组织4种类型。营利性组织是指工商企业、金融机构、旅游服务业等以追求利润为目标的社会组织。它们面临的首要问题是经营，公共关系工作最重要的任务是与投资者和消费者建立良好的关系。互利性组织指党派机构、职业团体、宗教团体等以实现内部成员的共同利益为目标的社会组织。其公共关系工作最重要的任务是加强组织凝聚力和归属感，以及健全内部沟通网络。服务性组织指学校、医院、社会福利工作机构。它们以为服务对象谋求利益为目标，公共关系工作要与其资助者、协助者保持稳定良好的关系。公益性组织指政府部门、公共安全机关等以谋求整个社会的公众利益为目标的社会组织。其公共关系工作要保证各类公众的利益得到同等重视和保护。

在我国，较为权威的分类方法是按照社会生活基本领域来划分，把社会组织分为经济组织、政治组织、文化组织、群众组织和宗教组织五大类。经济组织是最基本的社会组织，以实现所有者和经营者的经济利益为目标，包括各类工商企业和营利性的服务性组织。政治组织是以代表和实现某一个阶级、阶层利益为目标的社会组织，政党、政府、军队、监狱等都属于政治组织。文化组织是以满足人们的文化需求为目标，以从事文化活动为基本任务的社会组织，如文化艺术团体、教育科研单位等。群众组织是由某一群体、领域的人组成并代表群体利益的社会组织，如工会、共青团、妇联、文联、社科联等。宗教组织是由具有共同宗教信仰的人组成的社会组织，如佛教协会、道教协会、基督教会等。

目前，较为流行的是公共管理学派分类方法。公共管理学者将社会组织分为公共组织和私人组织。公共组织是以牟取公共利益为目标而建立起来的公共权力机关(即政党和各级政府组织)和社会中介组织(学校、社团、社区等组织)，其主要职能是制定和实施公共政策，管理社会公共事务，为社会公众服务。私人组织是以牟取私人利益为目标而建立的私人企业及相关组织，其主要职能是从事物质生产和商品市场交换活动。

上述分类方法有助于人们从不同角度认识各类社会组织。但是，从公共关系学研究的角度来看，社会组织分类应着重于分清公共关系学适用于哪些组织，这些组织在公共关系中有哪些特点和作用，采用哪些适宜的方法和策略有针对性开展公共关系活动等。因此，本书按照公共关系的对象，将社会组织划分为政府组织、企业组织、社区组织、大众传播媒介组织、事业组织与社会团体。

1) 政府组织

政府即国家行政机关，是国家权力的执行机关，是对社会进行统一、有序管理的权力机构。政府依据国家的法律法规，对国家和社会的各方面事务进行指导和管理，其他社会组织必须服从政府及其职能部门的管理。

与其他社会组织相比，政府是一个权力共同体，在拥有权力、掌握资金、了解信息、控制舆论等方面占有绝对优势。在社会生活中，政府以国家强制力为后盾，依法对国家事务和社会公共事务进行管理，因而具有绝对的权威性。

政府部门作为公共关系主体，应有效地进行管理，争取得到广大公众的信任和支持，其工作重心是提高政府的美誉度，塑造良好的政府形象，提高政府的行政管理效能。在现代社会，公共关系学在政府部门已得到广泛的应用，政府公共关系已成为政府从事管理的重要组成部分，是政府与公众充分沟通和协调内外关系的强有力的手段。

决定政府公共关系状态的关键因素是政府自身的行为与政策。政府推出某项政策或实施某种管理行为，对公众产生一定的影响。公众在了解或受到影响之后，便以其价值观来评判该项政策或行为，这直接影响到了政府的公共关系状态。因此，政府组织的威信、形象或工作绩效与政府公共关系直接相关。政府组织公共关系工作做得越好，政府的威信就越高，工作绩效也就越为明显；否则，政府的工作就会极为被动。政府组织公共关系协调工作主要体现在两个方面：其一是主动地、有计划地收集信息。包括广泛开展各种形式的民意调查，听取公众呼声，接受群众的监督。这就需要建立规范的信息系统，设立专门的调查统计机构，使信息收集、分析处理工作做到科学化、专业化、定期化。其二是及时准确地传播信息。政府应有效地利用各种信息传播媒介和渠道及时向社会公众提供普遍关注的信息，宣传政府的工作方针和政策等。

2) 企业组织

企业组织是公共关系运用得最多、最充分且是受益最大、最明显的主体。企业组织是一个独立运作的经济实体，营利性是它的显著特征。同时，企业组织是所有社会组织中面临公众对象最多，需求最复杂、利益矛盾和冲突最为突出的公共关系主体，不仅存在着合作者的利益需求，还存在着竞争者、媒介和政府的各种挑战、监督与制约。因此，企业组织必须建立良好的公共关系，协调好与诸多的公众对象之间的关系，满足各方面公众的需求，得到公众的信任与支持。只有这样，才能在激烈的市场竞争中永远立于不败之地。

企业公共关系必须确立顾客至上的信条，以优质的产品、优良的服务满足顾客多方面的需求。要善于捕捉有利时机，大力对外宣传，提高组织的知名度和美誉度，塑造良好的组织形象。重要的是必须牢固树立形象意识和全员公共关系意识，增强企业凝聚力，通过全体员工的共同努力来实现组织目标。目前，采用"全员 PR 管理"已成为企业的普遍做法。所谓"全员 PR 管理"，即通过全员的公共关系教育与培训，增强全员的公共关系意识，提高全员公共关系行为的自觉性，从而加强整体的公共关系配合与协调，发动全员公共关系，形成浓厚的组织公共关系氛围与公共关系文化。

3) 社区组织

社区原指居民相对比较集中的居住区。在公共关系中，社区指组织所在区域以及与组织相邻的环境，包括政府、学校、企业、其他社团与居民等。地域相邻且利益相关使各类组织和个人结成社区。

社区是组织生存和发展的基础。社区不仅为组织提供生产资料和生活资料，而且还会成为组织稳定的消费市场，为组织发展提供有利的社会环境。二者相互作用、相互影响、相互促进，形成了一个有机的利益共同体。社会学者曾指出，社区既可以使组织得到最有价值、最有影响的声誉，也可以使组织遭受危害性最大的指责。因此，社会组织必须注重社区关系，加强与社区公众的沟通，自觉维护社区环境，支持社区公益活动，促进社区的安定与繁荣。

4) 大众传播媒介组织

大众传播媒介既指作为社会组织的报刊、杂志、电台、电视台，也指在这些组织中工作的记者、编辑人员。大众传播媒介是社会组织与公众联系沟通的最主要渠道，也是公共关系最主要的传播手段，是影响公众、塑造组织形象的最主要的方式。大众传媒的基本特征是：受众数量巨大、分布面广，且传播时间迅速；内容繁简兼备，且能大量复制和文字化；信息客观、真实。

大众传播媒介具有双重人格身份。一方面，它是公共关系的主体，要树立良好的社会形象；另一方面，它又是组织公共关系的客体，是组织努力追求的公众。因此，许多社会组织都重视结交"无冕之王"，保持与媒体的良好关系是公共关系的重要内容。

5) 事业组织与社会团体

事业组织通常是指由政府出资设立的满足社会某种需要的专门机构，如学校、图书馆等。社会团体是指具有共同利益需求或背景的人们为实现某种社会理想自愿结合而成的非营利性组织，如专业学术团体、宗教团体等。

事业组织和社会团体由于其本身的非营利性特点，其公共关系除了具有与其他社会组织共有的特征外，还有其自身的特色，表现在以下三方面：第一，树立良好的社会认识及道德楷模形象。事业组织与社会团体在社会公众中树立的形象目标是：担当着崇高的社会道义责任；具有强烈的献身于社会的奉献精神；表现较高的文化知识水平和社会道德水准。第二，以自身的行为积极影响社会舆论。第三，积极参与组织各种社会活动，既可使广大社会公众受益，又可扩大组织自身的影响，并能通过与社会公众的有效沟通得到更多的理解和支持。

1.2.2 公共关系的客体要素——公众

英国公共关系专家弗兰克·杰夫金斯曾说，为公众下定义的主要理由是：为了所有与公共关系工作方案有关的人员和集团，为了在现有经费和条件范围内确定工作的优先点，以便选择新闻媒介和工作技巧，以便准备既能被接受又有实效的信息。由此可见，准确定义公众是社会组织适应环境需要、有针对性地开展公共关系活动的先决条件。正确理解公众的含义，树立正确的公众意识，对于科学地理解和把握公共关系工作的实质具有重要的指导意义。

目前，公共关系学界对公众概念的表述还没有统一的看法。管理学者王乐夫认为，公众是指与一个组织机构直接或间接相关的个人、群体和组织，他们对该组织机构的目标和发展具有实际或潜在的利益关系或影响力。公共关系专家居延安认为，公众是任何因面临共同问题而形成并与组织的运行发生一定关系的社会群体。公共关系专家余明阳认为，公众是与特定的社会组织发生联系，并对其生存发展有影响的个人、群体或组织的总和。

本书认为，公众是与公共关系主体利益相关并相互影响、相互作用的个人、群体或组织。涵盖了公共关系工作的所有对象，即凡是公共关系传播沟通的对象都可称为公众。

概括而言，公众具有以下几层含义：

(1) 公众是公共关系主体传播沟通对象的总称，它与人民、群众、受众等概念是有区别的。从一般意义上讲，这些词的含义基本相似，都可以指社会上的人群，但是作为公共关系学中的一个基本概念，公众与它们在内涵和外延上存在着一定的差异。人民是一个政治概念，量的方面泛指居民中的大多数；质的方面是指一切推动社会历史前进的人，既包括劳动群众，又包括具有剥削性但能促进社会历史发展的其他阶级、阶层或集团。群众包含于人民之中，通常指从事物质资料和精神资料生产的劳动者。受众是指信息或资料的接受者，是消极和被动的人群。公共关系界把受众划分为积极受众和消极受众；公众特指积极收众，是指任何被共同利益或共同关心的问题联结在一起的群体。这种群体对组织有着重要的影响，因此成为组织传播交流信息的对象。

(2) 公众是相对于特定组织而存在的，离开了特定的社会组织，公众是不存在的。

(3) 公众是因共同的利益、问题等联结起来并与特定组织发生联系或相互作用的个人、群体或组织的总和。社会组织在具体的公共关系活动中，面对的既可能是分散的个人，也可能是由个人构成的群体或组织。公众既是集合性的概念，又是具有指向性的概念。

(4) 公众是客观存在的。公众作为主体的作用对象，与主体存在着客观联系，是不依主体的主观意志为转移的客观事物。公众是一个复杂的社会存在，组织的性质不同、规模不等、层次不一，它所联系的公众也不相同。一般情况下，组织的规模大、层次高，其公众的类别和数量就多一些；反之，公众的类别和数量就会少一些。以商业企业为例，它的公众主要包括：顾客、供应商、企业员工、股东、政府管理部门、竞争对手、社区、大众传播媒介等。

因公共关系的客体要素是公共关系工作的重要内容，所以将在第5章具体阐述。

1.2.3 公共关系的中介要素——传播

公共关系的形态特征决定了社会组织与公众的关系调节机制具有补偿性的趋向，调节手段是柔性手段,信息沟通传播是柔性手段的最基本方式,所以公共关系的过程就是信息沟通传播的过程。信息沟通是连接公共关系的主体和客体的纽带,因此,信息沟通传播是公共关系必不可少的构成要素。

1. 传播的基本含义

1) 传播的含义

传播在广义上是指人类社会、生物界乃至整个自然界的一切信息传播现象,如人与人之间语言、文字的使用,动物世界中色味声光的传递,电子技术中符号、图像的传播等。这里指的是狭义的传播,它是一种社会现象,是人类在发展过程中所特有的。从这个意义说,传播是指个人间、群体间或群体与个人之间交换和传递新闻、事实、意见、感情的信息过程,这种传播是双向性的信息交流与分享。公共关系主体与客体之间正是通过这种双向信息交流而建立起相互信任、相互理解的关系。离开传播中介双方就缺少相互沟通的桥梁,也就不可能有公共关系的建立与发展。

2) 传播的要素

传播作为信息交流活动,有其内在的结构与规律,它是由以下各要素有机组成的动态过程。

(1) 信源。信源也称传播者或信息的发送者,即信息的制造者。在公共关系传播活动中,传播者既可以是个人,也可以是群体或机构。另外,在传播活动中,传播者作为传播主体承担着信息的筛选、制作和发送的职能。

(2) 信宿。信宿也称传播对象或信息接收者,也是传播者的作用对象,即传播内容的接收者和反应者,一般是指公众。在传播活动中,信宿同样可以是个人,也可以是群体或机构,它们接收信息符号并对信息符号传递的内容作出反应。公共关系传播的受者是其全部或某一特定部分公众。公众成为接收的数量和范围取决于传播的具体需要,即由公共关系的具体目标来决定。

(3) 信息符号。在传播活动中,任何信息内容都是以一定的符号形式传播出去的。符号是信息的外在形式或物质载体,公共关系信息是组织传达给公众的具体意见、观点等,也包括公众向组织反馈的各种意见、建议等。人类拥有的最完整的符号体系就是语言符号和非语言符号,因此,符号作为信息的载体,是现代社会运用最广泛的一类传播媒介。

(4) 信息通道。信息通道指的是信息在传播过程中必须经过的传播途径。传播者和被传播者之间通过信息符号进行的交流和沟通,需要借助一定的传播媒介形成具体信息的通道,如文字的传播需要写成文章、书籍,通过出版才能广为流传。传播媒介是在传播双方之间运送信息符号的媒介物,它能在空间定向运动,能被发送和接收,能负载信息而减少失真的程度。传播媒介的种类繁多,如书籍、报刊、广播、电视、磁带、光盘、人际交流、联谊活动等,它们形成各种各样的信息通道。

3) 传播的 4 种形态及其特征

传播的形态多种多样,从参加者的数量来看可分为 4 种类型:一是自己与自己的对话,称为自我传播;二是在少数人个体与个体之间的直接相互交流,称为人际传播;三是组织与成员、组织与所处公众环境之间的沟通交流,被称为组织传播;四是职业传播者通过大众传播媒介(报纸、杂志、广播、电视和网络等)，将大量复制的信息传递给分散的众多的人，称为大众传播。

(1) 自我传播。严格来讲，自我传播是人的内心思维活动，在很大程度上具有心理学的性质。自我传播的特点是由人们所处的社会环境决定的。处在各种社会环境中的人对感性知觉和表象进行加工，从而产生概念，形成各种各样的思想并产生自我传播活动。由于自我传播是个体在外界刺激下所引起的心理调节，因此它既是人的自我需要，又是人的社会需要。自我传播一般有两种表现形式，一是矛盾的自我双方的斗争，另一种是过去的自我与现在的自我的争论。

(2) 人际传播。人际传播是构成并维持社会的前提，是人际交往和人际关系得以实现的前提。人际传播的形式包括面对面的传播和非面对面的传播两种。前者所用的是声音、表情、姿势、动作等，后者则是通过电话、电报、书信等媒体形式。人际传播的特征是：在较少数人之间进行，它的最小规模是两个人之间的传播。由于人际传播是在少数人中间进行的，它的最小规模是两个人之间的传播。又由于人际传播是在少数人中间展开的，参加者收到的信息较完整，且得到的反馈也较及时。接收信息的人转眼间可能成为信息的传递者，角色交替随时可能进行。参加交流的双方可以根据对方的反应，或修正自身发出的信息，或详细说明，或改变话题，信息交流会表现得灵活，而且在人际传播中的信息只要少数人理解即可。如果关系密切、互知脾性，信息的性质就会极不正规。影响人际传播的因素很多，其中人际间的互相吸引是最重要的因素，这种吸引首先表现在人们的相互影响、相互感知、相互理解和相互好感上，其次也可以是时空上的接近，即时间、时代的接近和地理位置的接近。另外，一个人的生活态度如何，对自己和对别人关系的认识也会影响到人际传播。

(3) 组织传播。组织传播是组织及其成员、组织和所处的环境之间的沟通交流。其主要特点是：组织传播规模较大，多依靠人体以外的信息传播媒介，如文件、告示、内部刊物、扩音设备、闭路电视等。传播的主体是组织，传播的对象广泛而复杂但并非无法确定，它是具有某种共同性的、与组织存在着某种现实或潜在的利益关系的群体，也即公共关系的公众对象。组织传播具有明显的可控性和目的性，什么时候、什么人、对什么人、发出什么样的信息，都有其目的性和计划性。发文件、下指示都不能是随心所欲的，而只能是在规定的时间、向特定的对象、用适当的方式进行。组织传播中发出的信息性质具有某种程度的正规性。

(4) 大众传播。大众传播是人类传播的高级形态，它既是人类社会发展的产物，又将促进人类社会的进一步发展。其主要特点是：大众传播的主体是大众传播机构，如报纸、出版社、广播电台、电视台等，受众广泛而多样，它可以包括各种不同的社会群体，因而具有某种程度的异质性。传播者的过程缺乏灵活性，传播者与受众互不相干，几乎没有同一时刻参加同一传播过程的意识。传播者与受众的角色相对固定，传播者是专业化的职业集团，信息被定期传向受众，没有角色交换，基本上是单向传播，受众的反应和意愿很难及时反馈给传播者。大众传播以高技术为传播过程的中间媒介，要使众多分散的人们同时参加传播，印刷媒介和电波媒介是不可缺少的，大众传播机构正是利用大众传播媒介将信息复制并传递给广大受众的。大众传播的信息是一种可以大量生产、不断复制的符号结构物，因它需面向广大受众，所以，具有一般性，否则就不能为广大参加者关心和理解。

第1章 公共关系概述

上述4种传播形态各具特点,所以一个社会组织可以充分利用各种传播方式。例如,组织可以利用组织传播和组织成员的人际传播协调组织内部的关系,加强组织的凝聚力,同时还可以利用大众传播输入环境信息、传播组织信息,借以提高组织适应环境的能力,提高组织的知名度和美誉度。

4) 传播的模式

自20世纪20年代以来,西方传播学家从各个不同的角度对传播过程进行探讨,提出了许多传播理论和对传播过程进行高度概括的传播模式,一般可以分为两大类:一是线性传播模式,即将传播过程确定为以传播者为起点,经过媒介,以受传者为终点的单向直线运动;另一类是新型控制论传播模式,即引进反馈机制,将反馈过程与传、受双方的互动过程联系起来,使传播成为一种互动的循环往复过程,在这一循环系统中,传、受双方要使传播维持下去,就必须根据反馈信息,调节自身的行为,从而使整个传播系统工程始终处于良性循环的可控状态。在此主要介绍西方较典型的几种传播理论。

(1) 5个"W"模式。美国传播学家拉斯韦尔在1948年发表的《社会传播的结构与功能》一文使拉斯韦尔成为传播学的创始人之一。在这篇论文里,拉斯韦尔提出了界定传播研究范畴的经典模式——5个"W"模式,即"谁传播(who)→传播什么(say what)→引导或通过什么渠道(which channel)→向谁传播(say to whom)→招致或有何效果(what effect)→"的5个W模式。

拉斯韦尔认为界定传播行为的一个最简便的方法就是回答下面5个问题:谁(传者)——说什么(信息)——通过什么渠道(媒介)——对谁(受者)——取得什么结果(效果)。这其实已经包含了传播所必须包含的所有因素,如传播的环境控制、内容、媒介、对象和效果等。

(2) 把关人理论模式。德国著名心理学家库尔物·卢因在1947年写的《群体生活的渠道》一文中提出了"门监护人"的概念,即"守门人"或"把关人"。把关人是指在信息传播过程中,对信息的提供、制作、编辑和报道能够采取"疏导"与"抑制"行为的关键人物,也就是指信息与受众之间存在着决定中止或中转信息的把关人。把关人可以是个别人,也可以是一个集体,如编辑取舍新闻和传播媒介对作品的审核就是典型的把关行为。把关人之所以对信息交流采取不同的态度和行为,主要是出于自己的预存立场。所谓预存立场就是自己原有的意见、经验、兴趣和精神状态的总和,当然也会受到周围环境的影响。

(3) 两极传播模式。两极传播模式由美国著名社会学者拉扎斯菲尔德在1940年提出。当时拉扎斯菲尔德做了一次社会调查,结果发现真正影响人们行为的仍然是个人之间的接触和各方面的劝说,于是,他提出了"两极传播"的假设:观念总是先从广播和报刊转向意见领袖,然后再由这些人传到另外不那么活跃的部分。即信息的传递是按照"媒介——意见领袖——受众"这种两极传播的模式进行的,这里所说的意见领袖的作用和意义是举足轻重的。充当意见领袖的往往是社会活动中能有较多机会接触来自各种渠道信息的人,或对于某一领域有丰富的知识和经验的专家,而且其态度或意见对于广大公众有较大的影响。在公共关系的传播活动中,人们往往迷信于大众传播媒介,尽管大众传播媒介的力量是巨大的,但并非是法力无边的。因此,在公共关系的活动中,不仅要注重大众传播媒介的作用,同时也必须注重人际传播和组织传播的特殊作用。特别是在组织内部公共关系的传播中,也应该注重对意见领袖的引导。

(4) 经过长期的观察和研究,传播学家发现受传者在接触媒介和接收信息时有很大的选择性，这就是受众心理上的自我选择过程。这个选择过程表现为 3 种现象，简称为"3S"：选择性注意(selective attention)、选择性理解(selective perception)、选择性记忆(selective retention)。

选择性注意是指在信息接收过程中，人们的感觉器官虽然受到诸多信息的刺激，但是它们不可能对所有的信息刺激逐一作出反应，只是有选择性地加以注意的心理状态。公共关系在向公众传播信息时如何成为有竞争力的信息一般需要做到以下几个方面：信息的强度、位置、重复(根据广告原理，重复 8 次的效果是最好的)、变化、对比等。

选择性理解是反映不同的人对于同一信息作出不同的意义理解和解释，即对捕捉到的信息进行有意义的思考。事实上，所传递的信息并不等于公众接受的信息，即受传者所理解、还原的意义和传播者意欲传递的本来意义往往会有一定的差距。

选择性记忆是指人们只记忆那些对自己有利的信息，或只记自己愿意记忆的信息，而其余信息往往被忘记了，这种记忆上的取舍就叫选择性记忆。

这 3 个选择实际上就是信息受传者的心理选择过程的 3 个环节，也可以看成是公众的 3 层"心理防卫圈"，信息如果不合乎公众的需求，则会被挡在"防卫圈"之外。

(5) 议题设置论。马克斯麦尔·麦库姆斯(Maxuell Mc Combs)经过研究认为，大众传播媒介具有一种选择并突出某种问题，从而使某些问题引起大众和社会重视的功能，这种功能是大众传播最重要的社会效果之一。大众传播媒介对某些议题的着重强调和对这些议题在公众中受重视的程度形成强烈的正比关系，或者说，在大众传播中越是突出了某一事件，多次、大量地报道某一事件，就会使社会公众突出地议论这一事件，这便是"议题设置"。其中两个观点较突出：一是各种传播媒介对传播信息的"过滤作用"，传播媒介对极为浩繁的信息是经过选择后才传达给公众的。当大众传播媒介介绍某个新闻事件时，也就意味着这个新闻事件可能成为公众关注的议题。二是面对传播过多的信息环境，公众常常感到无所适从，他们需要有人出面对复杂的信息进行整理，筛选出他们认为值得关心和注意的事件，这正是"把关人"的作用。这就提示在公关工作中应该通过大众传播媒介在社会中形成一个热门话题，让这个话题直接或间接地与组织及其产品挂上钩，从而达到良好的传播效果。如长沙酒厂在高考前，利用人们对高考的关注，特意掀起了一场是强化还是淡化高考意识的大讨论，使"白沙牌矿泉水"在高考前的几个月都处在媒体的关注中，这是一种典型的借助媒介来设置议题的策划。

5) 公共关系与传播的关系

公共关系与传播都产生于 20 世纪 20 年代，在学科的发展进程中二者应该是相互影响、交叉推进的。一方面传播学理论推动着公共关系向科学化、理论化的方向发展，另一方面公共关系又为传播学理论的发展提供了很多的素养。但是公共关系所用的"传播"一词是传播学中的特定概念，指的是所有的信息交流行为，而绝非简单地仅仅是为了宣传。宣传往往是为了达到一定目的而进行的传播活动，其应用范围要比传播小得多，因此有必要对这两者进行一个对比分析。

首先，传播学是公共关系学的基础学科，传播是公共关系研究的重要内容。公共关系对传播的研究带有明显的目的性和选择性，它更注重传播技巧和传播方式对传播效果的影响，注重传播对组织形象塑造的功用等。公共关系学是一门应用性、实践性很强的学科，它强调的是应用、实践，而不仅仅是理论研究，它需要借助大量其他学科的研究成果，其中传播学的研究成果就被广泛运用于公共关系领域。

关于传播者，作为"传播什么"的把关人，在挑选信息、放大信息的过程中，承担着主动、积极和自觉的责任，这一理论成为公共关系学中处理媒介关系的基础。关于传播内容，传播学认为大众传播的内容按性质可以分为新闻、教育、说服、商业、娱乐5种，这5种传播内容对受传者的心理会产生不同的作用，这一理论为开展多种公共关系活动起到了指导作用。关于传播媒介，传播学研究了传播媒介的性质、分类、特点和作用，指出各种传播媒介的长处和短处，以及它们之间的互相取长补短，这些理论直接成为了公共关系理论中媒介选择的依据。关于受众研究，经过大量科学工作者的实验和理论研究，根据人们对于信息的不同反应来源于个人性格和态度的区别，又根据人们的某些特点和倾向性，受众可以划分为一些大的群体。因此，受众对于信息总是有选择性地接受、有选择性地理解和有选择性地记忆，这些理论对于公共关系传播技巧与传播方式都起着指导作用。关于传播的效果理论，传播学界相继提出来了"枪弹论"、"个人差异论"、"社会分类论"、"选择性因素论"、"有限效果论"等。传播学者还研究了信息来源、说服方式、传播环境对效果的影响等，这些都成为公共关系传播的基本理论原则，并在公共关系的实践中得到不断的验证。

其次，传播是公共关系的手段，是公共关系理论与实践的三大要素之一，是联系组织和公众即公共关系主体与客体之间的桥梁。实现自身完善离不开信息的传播与沟通，塑造组织信誉也离不开传播。各种公共关系活动模式实际上就是传播内容、传播方式和传播技巧的不同。

总之，从公共关系的角度理解，传播是社会组织利用各种媒介手段，将自身的信息或观点有计划地与公众进行交流的沟通活动。传播是一个完整的行动过程，同时也是一种信息分享活动。

6) 公共关系传播的内容

公共关系的传播活动是在4个层次上进行的，一是纯粹的信息交流层次，二是情感交流层次，三是态度层次，四是行为层次。

在第一层次上进行的公共关系传播活动除了交流信息以外就没有其他的目的。在这一层次上，只要信息比较准确地、及时地传递出去，并为接收者所理解，那么公共关系工作人员的任务也就完成了。以信息传播为宗旨的各种社会公益活动往往就是在这个层次上进行公共关系活动的。信息交流层次是最基本的公共关系工作层次，其他层次上的公共关系活动都是在信息交流的基础上进行的，不能把公共关系的一切信息都上升为改变公众的态度和引起公众的行为的高度，否则就会造成公共关系信息交流工作的疏忽或。

第二个层次的传播活动是情感的沟通与交流。目前，情感的传播是公共关系活动中一项极为重要的内容。情感传播不仅要在组织内部进行，同时还要应用于组织的外部公众。

第三个层次是影响公众态度的传播活动。公共关系工作需要去影响公众对某一问题的认识及态度，可以这样说，在很大程度上，公关工作往往都是围绕着影响公众态度的改变而展开的，这是许多经济和政治组织的公共关系所进行的活动。如美国的总统竞选总是伴随着大量以改变选民态度为目的的劝说活动，一个经济组织要想在对手如云的竞争中占有一席之地或进一步地压倒竞争者，就必须运用精心策划的公共关系攻势来影响公众的态度。

第四个层次是公共关系传播活动的最高层次，即引导公众产生期望的行为。这一层次对于营利性的企业来说也就是配合了营销的活动，希望公众产生购买的行为。当然，也可以这样说，这种行为的产生是以前期的公共关系传播活动作为过程和前提的，而这种行为仅仅是公共关系的必然结果而已。

1.3 公共关系学的学科性质及研究范畴

公共关系学是以公共关系的客观现实和活动规律为研究对象的一门综合性应用学科，是研究组织与公众之间传播与沟通的行为、规律和方法的一门学科。作为一门学科的公共关系学产生于20世纪20年代的美国，至今不到一个世纪，而公共关系学被我国引入并轰轰烈烈地运用，只有三十多年的时间。同许多新兴学科一样，公共关系学一经产生，就显示了强大的生命力，并以发展快、应用性强的特点引起了国内外学者的普遍关注。

1.3.1 公共关系学的学科性质

人们对公共关系学的学科性质的认识仍在不断地发展和深化。一种比较统一的看法是，公共关系学是一门社会应用学科。的确，公共关系学有很强的应用性，一方面可以从公共关系学的研究对象和内容上来看，另一方面也可以从公共关系从业人员所必须担负的基本工作的性质得到验证。美国公共关系学会教育委员会对公共关系从业人员提出过8项基本工作，包括资料的写作、编撰和散布，公共关系计划的策划和执行，演讲和宣传等，这些工作全部是应用性的。但如果因其应用性强，就认为公共关系学是关于社交、宣传、广告、推销等一般传播技巧的学问，那就是对公共关系的一种误解。

更确切地说，公共关系学是一门综合性的边缘应用学科，它涉及的学科十分广泛，包括历史唯物论、社会学、心理学、逻辑学、新闻学、传播学、管理学、舆论学、广告学、市场营销学和经济学等基础学科和应用性学科。正因为如此，关于公共关系学的学科归属问题，就像关于公共关系的定义一样，至今还没有完全一致的意见。目前国内外较为流行的观点有三种：①公共关系具有管理的职能，公共关系属于管理学的范畴，因此，公共关系学是管理学的一部分；②公共关系是一种社会关系，本质上是一种社会组织的行为，因此，公共关系是社会学或组织行为学的分支学科；③公共关系是一种传播活动，公共关系过程是一个传播过程，因此，公共关系学是传播学的一个应用领域。

显然，这三种观点各有侧重点，分别强调了公共关系的管理职能、组织主体行为和传播过程这三方面，都有一定的合理性。由于公共关系的管理职能、组织主体行为和传播过程三者之间有着必然的联系，因此，这三种观点本身既是交叉的，又是统为一体的。然而，这种交叉统一性实际上揭示了一种学科性质，即简单地把公共关系归属于某一学科，是有悖于该学科交叉统一性这一特征的。公共关系横跨诸多学科这一显著特点决定了人们必须从这些学科各自的学科角度对公共关系现象和规律进行研究，也就是说，任何单一学科都不可能独立地完成对公共关系的交叉综合研究任务。综上所述，公共关系学就是一门综合性的边缘交叉学科。

把公共关系学看作一门综合性的边缘交叉学科，并不是说公共关系学是上述各门学科的简单组合，而失去带有公共关系学自身标签的独特专业理论和应用业务。公共关系学需要研究社会组织的一般行为，但重点是研究社会组织的传播行为；公共关系学需要研究社会组织的一般管理职能，但重点是研究社会组织的传播管理和信息管理职能；公共关系学需要研究传播活动，但重点是研究社会组织对其特定公众的传播活动。事实上，大凡一个体系尚在发展、处在自身扩延中的新兴边缘学科，其理论研究的相当部分总是要横跨多门学科的，公共关系学也不例外。但作为一门自成体系的独立学科，它的理论、应用和历史必定有自己的独特内核。公共关系学自身的理论内核，就浓缩在前面所述的公共关系的定义中。围绕公共关系定义所进行的理论研究，如公共关系的基本构成要素和基本类型、基本功能和基本原则等，是任何其他学科所不能替代的。总而言之，公共关系已经发展成为一门具有自己的理论、自己的应用范围、自己历史的较为成熟的边缘交叉学科。

作为一门独立学科的公共关系学最早发端于20世纪20年代的美国。1923年，美国著名学者爱德华·伯内斯(Edward L. Bernays)撰写了《舆论之凝结》(又译《舆论明鉴》)一书，并在美国纽约大学首先开设了公共关系课，这标志着公共关系学的开端。此后，大量有关公共关系的研究文献和学术专著问世了。1947年，美国波士顿大学成立了公共关系学院，并授予硕士和博士学位。1948年，美国公共关系协会成立，该协会规定会员必须是"有信誉的"公共关系专家。1952年，伯内斯完成了《公共关系学》教科书的编写工作，这标志着作为一门学科的公共关系学已经基本形成。目前，在美国有3家专业的公共关系周刊，《杰克·奥德威尔通信》、《公共关系记者》和《公共关系新闻》；有两家专业杂志，《公共关系月刊》和《公共关系季刊》；还有一部《公共关系文献目录》。最可观的是美国的公共关系教育。1973年，美国新闻教育协会公共关系部成立了公共关系教育委员会。1975年8月，新闻教育协会正式通过公共关系教育委员会起草的《公共关系教育大纲》。到20世纪90年代，美国已有近400所大专院校开设了公共关系学课程，61所大学拥有学位授予权，37所大学开设公共关系专业硕士研究生课程，13所大学设有攻读博士学位的公共关系专业研究课程。美国公共关系专业课的三分之一设于商学院、管理学院，其余大多在新闻或传播学院开设。美国新闻学院的公共关系学生的人数越来越多，并有超过新闻编辑专业学生人数的趋势。世界上其他国家的公共关系教育虽没有美国这样的规模，但也设置了不少公共关系课程，只是公共关系专业的设置较少。来说，公共关系的教育和研究，英语国家比非英语国家要发达一些。

从目前的学科水平看，美国的研究最为充分，而且形成了许多学派，但美国学者构造的公共关系学体系一般比较注重实用，超前的理论建树并不多见。

1.3.2 公共关系学的研究范畴

公共关系学作为一门科学，其科学体系应该包括公共关系学的产生和发展、公共关系学的形成过程、公共关系学的基本原理以及运用各种技巧开展公共关系的手段和方法。这一系列内容是互相联系、互相制约的整体，从而构成了公共关系学的研究范畴。从科学的共性角度分析，任何一门科学都有其产生和发展的过程。研究一门科学的发展历史，可以为这门科学的理论研究奠定坚实的基础，从而使人们看清楚，任何一门科学的产生与发展都与滋生它的土壤和环境密不可分。而对科学本身的理论研究又可以为这门科学在指导社会实践中发挥重要的作用提供理论依据，明确战略目标，公共关系学也不例外。

从一门具体科学的个性角度来分析，公共关系学是现代社会发展的产物。在现代社会组织的运作中，任何一个组织都不能缺少公共关系的手段为之服务。在所有能够为社会组织提供服务的科学中，公共关系的实用性之大、涉及问题之广是其他同类学科无法比拟的。它可以内求团结、外求发展，可以沟通信息、广结善缘，可以使社会组织在满足公众利益的同时，也满足自身发展的需要。这一切都要在公共关系理论指导下，运用各种公共关系技巧开展各项公共关系活动，才能得以实现。

公共关系理论是公共关系学的核心，但它只有在和公共关系应用结合起来时，才能发挥出巨大的作用。公共关系理论对于公共关系的应用起着巨大的指导作用，公共关系在社会实践中得以应用，又为公共关系理论的丰富、发展、深化和完善提供了更新、更好和更全面的素材，并对公共关系理论的正确与否进行检验。

综合以上的分析，可以将研究范畴界定为以下三个方面：一是公共关系的产生、发展过程，着重从历史的角度研究公共关系产生的社会背景、发展动力及其演化过程；二是公共关系的本质，着重研究公共关系的本质特征、基本职能等；三是公共关系的活动规律，着重研究公共关系活动的具体形式、方法和技巧、基本原则、操作规范、工作模式及其在各个领域的具体运用。这三个方面分别构成公共关系学中的公共关系史、公共关系原理和公共关系实务，它们共同形成公共关系学的理论体系。

 应用案例

【案情简介】

草根析公关

公共关系到底是什么关系？跟我们有多大的关系？

近来，网络上流传一段"地铁上美女骂战外国妇女"的视频，仅仅是因为外国妇女对美女不让座的行为说了两句，美女不但不改正，反而破口大骂。试问，美女，你骂得痛快乎？骂后你舒畅了吗？显然，你的心情并不舒畅。因为，你在坚持错误；因为，你不是在大义凛然地怒斥敌人。同时，在旁人看来，你缺乏教养、素质低，而在那位外国妇女眼里，这就不是你个人的事了，而是，"北京美女""中国美女"这个群体的事了，受损的是这个群体的美誉度。这个案例说的就是，公共关系就在你、我、他的周边，我们每个人的言行，而在熟悉的人眼里，是"某某"人的个人言行；在不熟悉的人眼里，人们就会根据你的装饰或所从事的行业，断定是"某某"群体的言行；在不熟悉的外国人眼里，这就是"中国人"的言行。所以我们千万不要以为公共关系"事不关己"，也不要将公共关系"敬奉高阁"，而应该学习、践行，学好、用好公共关系，因为，人总是愿意与"有教养""素质高"的人相处的。

公共关系是多大的关系？公共关系大到国与国之间的外交关系，关乎国家兴衰，周恩来总理说过："外交无小事"；公共关系在企业、组织和群体之间应该是同生、共赢与竞争的关系，只有同生，才能竞争，竞争是为了共赢，以共赢促同生；公共关系小到人与人之间，比如同事、朋友、亲属等关系，影响着个人的一生。

近来，网络频现有关"城管"的负面报道，城管本是肩负政府和人民的托咐，管理城市的运作

第1章 公共关系概述

次序的组织，发生纠纷的一方常常是小商小贩这些"弱势群体"，如果城管能多与商贩沟通，了解他们的实际困难、需求，应该会少许多悲剧。应该会少许的悲剧。进而，我想到如果我们的企业、组织和群体在履行职责和管理时，对待"弱势群体"和个人，都能主动地、设身处地为他们着想、多听听他们的心声，真诚地提供适时恰当的帮助，赢得他们的理解和支持，那么双方的心情都顺畅了，社会也就和谐了。

公共关系有"四步工作法"：公关调查分析、公关策划、公关实施、公关评价；国内学者居延安等总结的：采集信息、咨询建议、参与决策、协调沟通，四项"公关职能"。我认为，不论是"四步工作法"，还是"公关职能"，均是公共关系在现时的具体应用，是一个庞大的系统工程。以谋取"利润最大化"的企业平时通过运用各种媒介和"或明或暗"的"关系网"等，捕捉对己有用的信息（不论褒贬），以提高自身的"知名度"和"美誉度"为目的，而因势利导地"发酵"和传播。通过铺天盖地的广告，企业识别系统（CIS）)的规范和企业文化的建设等等，都是为了告诉世人和生意伙伴"我很靠谱"。

可见，公共关系的应用理应渗透到企业的日常运作中；但是，在我国的企业里，实施公共关系工作法或履行公关职能的部门，要么消失了，要么换了招牌、改了行，每当企业需要开展公关活动就找公关公司，结果又不见得满意。为什么？笔者认为外来的公关公司因独立于企业而"不接地气"，它只能是按照规定的套路走一下"公关活动程序"，却难以得到企业员工的"共鸣"，往往所提的"理念"枯燥、单调，"百企十变"的口号与企业员工所处的现实不符、脱节，容易引起反感，企业的公共关系还是要从自己的"员工关系"做起。

中国的银行业一刻也没有放松对自己的宣传和广告，却时不时地出些"状况"。问题出在哪儿？问题就出在没有整合各种"公关元素"和系统运用公共关系这张"网"，只是专注于粗放地、铺天盖地"砸钱"做广告，而缺乏真正关注员工，没有把公共关系的理念植入每位员工的脑海里，成为员工自觉行为的指南。比如，某银行搞CIS(企业识别系统)战略，仅标志设计费就花了几千万元，结果因"行徽不醒目"，致受众印象不深。与其"生搬硬套"某些"洋理论"和"海外经验"，不如一个实实在在的便民措施和服务理念，让"受众"心里感到温暖，自觉自愿地为银行口碑相传；或为一线员工解决实际问题，让员工真正地"笑出来"，进而更尽职、更好地为客户服务。按马斯洛的需求层次来看，银行员工这个"群体"的"生理需求"和"安全需求"已基本满足；温情化的工作环境，领导的微笑、同事间的互助、赞许和尊重却常常因业绩、任务、岗位和薪酬的变化而缺失，与其生搬硬套搞"绩效管理、定岗定酬"，不如结合当前的"群众路线教育活动"，真正地关爱员工、关注员工的需求、公平地为员工的成长提供机会、公正地评价员工的功过并给予及时合理的奖惩。让员工真正能"通过自己的努力，实现自己对生活的期望，从而对生活和工作真正感到很有意义"。（资料来源：中国公关联盟网，http://www.ggsjzzs.com/news）

思考：

1. 此例主要说明了公共关系的哪些问题？
2. 普通人的行为为什么会导致如此结果？
3. 学习了此例，你有哪些感想或收获？

【案例点评】

1. 从公共关系的形象观念、社区公众观念、保护环境观念、服务观念、传播观念、沟通观念等方面进行分析阐述。

2. 任何人都必须树立公共关系观念，特别要有公众观念、形象观念，关心公众的具体问题；要随时和公众保持沟通联系，听取公众的意见；有错必改，有错必纠。

本章小结

本章主要介绍了公共关系学科中的基本概念。首先介绍了公共关系的定义、特征；然后介绍了公共关系的构成要素：社会组织、公众及传播；最后简介了公共关系学的学科性质和研究范畴。

习 题

1. 单选题

(1) 公共关系的目标是(　　)。
   A．建立良好的人际关系　　B．塑造组织形象
   C．加强信息传播　　D．组织与公众双向沟通

(2) 公共关系以(　　)手段。
   A．管理　　B．利益　　C．沟通　　D．美誉

(3) 公共关系的主体是(　　)。
   A．社会组织　　B．公众　　C．大众传播媒介　　D．公关公司

(4) 公共关系的客体是(　　)。
   A．大众传播媒介　　B．人民大众　　C．公众　　D．社会群体

(5) 在我国，社会组织较为权威的分类方法是按照社会生活基本领域来划分的，其中(　　)是最基本的组织。
   A．经济组织　　B．政治组织　　C．文化组织　　D．群众组织

(6) 公共关系的研究对象是(　　)。
   A．机关与个人　　B．组织与公众　　C．社会与团体　　D．传播手段

(7) (　　)是所有社会组织中面临公众对象最多、需求最复杂、利益矛盾和冲突最为突出的公共关系主体。
   A．政府组织　　B．企业组织　　C．社区组织　　D．大众媒介组织

(8) 学校、社会福利机构属于(　　)。
   A．公益性组织　　B．互益性组织　　C．营利性组织　　D．服务性组织

(9) 公共关系学专门研究(　　)。
   A．组织与公众的传播沟通　　B．组织与公众之间关系的稳定问题
   C．组织与社区之间的传播沟通问题　　D．组织的内部运营问题

(10) 美国著名公关学者莱克斯·哈罗博士认为公共关系是(　　)。
   A．一种传播管理行为　　B．一种管理职能
   C．一门艺术和科学　　D．一种公众性的关系

(11) 在公共关系学中，公众特指(　　)。
   A．消极受众　　B．积极受众　　C．内部公众　　D．外部公众

(12) 公共关系也称作(　　)。
   A．群众关系　　B．受众关系　　C．公众关系　　D．人群关系

(13) 消费者、协作者、竞争者、记者、名流、政府官员、社区居民等属于组织的( )。
　　A．个体公众　　B．组织公众　　C．内部公众　　D．外部公众
(14) 形成公众关系和影响公众舆论的前提是( )。
　　A．大众传播　　B．组织形象　　C．社会交往　　D．传播沟通
(15) 公共关系本身是组织( )的产物。
　　A．经济行为　　B．政治行为　　C．行政行为　　D．传播沟通行为
(16) 公共关系塑造的是组织的( )。
　　A．产品形象　　B．人员形象　　C．服务形象　　D．整体形象
(17) 从传播主体的角度来看，公共关系是一种有目的、有计划、受控制的( )。
　　A．秩序　　B．状态　　C．过程　　D．结果
(18) 标志着大多数社会公众对组织的基本态度和行为是( )。
　　A．形象　　B．关系　　C．舆论　　D．传播
(19) 一个组织的公众是( )。
　　A．泛指的　　B．特指的　　C．抽象的　　D．封闭的
(20) 企业内部公共关系实务的重要目的是( )。
　　A．内部沟通，增强企业凝聚力　　B．拓展企业外交影响力
　　C．对外宣传，控制员工的行为　　D．企业实务政务公开
(21) 公共关系学的基础学科是( )。
　　A．管理学　　B．经营学　　C．传播学　　D．社会学

2．多选题

(1) 公共关系定义包含的3个层次是( )。
　　A．社会组织与公众之间的关系　　B．公共关系是传播活动
　　C．公众　　D．公共关系具有管理职能
(2) 公共关系的构成要素是( )。
　　A．社会群体　　B．社会组织　　C．公众　　D．信息传播
(3) 从微观上看，组织环境主要是指一个组织所处的具体环境，可分为( )。
　　A．自然物质环境　　B．关系环境　　C．意识环境　　D．国际环境
(4) 社会组织的基本特征是( )。
　　A．目的性　　B．系统性　　C．变动性　　D．群体性
(5) 传播的要素是( )。
　　A．信源　　B．信宿　　C．信息符号　　D．信息通道
(6) 公共关系的传播活动是在( )层次上进行的。
　　A．纯粹的信息交流　　B．情感交流　　C．态度　　D．行为
(7) 公共关系学是一门( )的应用学科。
　　A．综合性　　B．边缘性　　C．应用性　　D．通用性
(8) 公共关系作为一门综合性的应用学科，其主要以( )学科为依托。
　　A．广告学　　B．新闻学　　C．管理学　　D．传播学
　　E．交际学

(9) 公共关系的管理目标是( )。
　　A．沟通信息　　　B．协调关系　　　C．完善舆论
　　D．塑造形象　　　E．优化环境
(10) 公共关系学是( )学科相结合的产物。
　　A．经营管理　　　B．社会心理　　　C．组织行为
　　D．传播　　　　　E．经济
(11) 公共关系状态是指与组织相关的( )。
　　A．社会发展状态　B．社会关系状态　C．传播活动状态
　　D．公众舆论状态　E．社会形象状态

3. 简答题

(1) 公共关系的定义包含哪几层含义？
(2) 公众具有哪些含义？
(3) 信息传播有哪几种形态？

4. 论述题

(1) 试述传播与公共关系的关系。
(2) 试述公关与市场营销的关系。
(3) "光说不做是伪公关，光做不说是非公关"这句话，你同意吗？试说明理由。

5. 案例分析题

　　2001年7月13日，国际奥委会在莫斯科举行全会，北京从5个申办城市中脱颖而出，赢得了2008年奥运会的主办权。奥运盛会第一次来到了占世界1/5人口的中国，千年古都8年的期盼终于一朝梦圆，亿万中国人和全球各地华人无不为之欢呼雀跃。
　　在奥委会投票表决前3个小时，北京奥申委向国际奥委会做了最后也是最关键的陈述。从公共关系的角度看，在李岚清副总理率领下的北京奥申委的陈述也是一次绝佳的公共提案会。提案会的对象是118名国际奥委会委员，还包括全球亿万电视观众，竞争对手是另外4个申办城市，主题就是"新北京、新奥运"。提案的程序如下。
　　李岚清副总理陈述：承诺代表中国政府确认坚定支持北京申奥，并尽一切努力帮助北京实现承诺。
　　北京市市长、北京奥申委主席刘淇3分钟陈述：承诺北京将在今后7年中投资200亿美元，完善城市总体建设。
　　中国奥委会主席、北京奥申委执行主席袁伟民1分钟陈述：表示北京奥申委得到中国政府、企业、组织和民众的全面支持。
　　北京奥申委体育主任楼大鹏和北京奥申委秘书长王伟分别陈述6分钟和5分钟：介绍北京举办奥运会的技术条件。
　　运动员代表邓亚萍1分钟陈述：期盼中国4亿年轻人能够亲身体验奥运精神。
　　著名主持人、北京申奥文化顾问杨澜4分钟陈述：讲述中国古老文化的神奇魅力。
　　国际奥委会委员何振梁最后富有感情地总结了北京申办奥运会的历史意义。
　　北京奥申委的代表全部都要用英语发言，既有庄严承诺又有求是介绍，既有宏伟蓝图描绘也有以情动人、娓娓道来的讲述，配以制作精美、气魄宏大的多媒体演示，多角度、多层面地表达了一个共同的主题：新北京、新奥运，相会2008年。

第1章 公共关系概述

试阅读以下《香港经济日报》7月14日的报道。

北京赢得2008年奥运会主办权，看似一路大热跑出，但其实北京在最后阶段为争夺票源的匠心部署和公关策略，相信对最后又以大比数胜出起了关键的作用。

在申办冲刺时刻，人权再次成为困扰北京的最大阻力，令外界关注北京会否重蹈1993年申奥的覆辙。但北京没有如以往一样，对外界反驳人权指摘，而是采取借力打力策略，称北京办奥运会改善中国的人权状况。此新说法，很快被舆论报道并被广泛接受。

北京代表团昨日向国际奥委会的陈述答问被视为能否赢取奥运主办权的"最后一击"，北京的精心部署和临场表现为胜利锦上添花。

首先令人耳目一新的是，9位上台陈述的代表中，竟有包括副总理李岚清、北京市市长刘淇和运动员邓亚萍等8人，都能用流利的英语发言。此举显然是对外界长期质疑北京举办奥运会，可能存在语言障碍问题所进行的针对性部署，也希望凭此拉近古老北京与国际奥委会委员之间的距离。

事实上，在陈述完毕后的答问中可见，语言障碍问题的确是委员担心所在。但北京9位陈述代表中，有8人能用英语发言，特别是像邓亚萍这样拥有相当国际知名度的运动员，也努力学说英语，反映出北京在1993年申奥失败后，卧薪尝胆，为东山再起所作的努力，这是国际奥委会委员不能视而不见的。

北京陈述的另一大卖点是，李岚清承诺北京承办奥运后，会将举办奥运的财政盈余，设立一个体育基金，用来帮助发展中国家发展体育运动，此举即引起国际奥委会委员的兴趣。

北京在1993年申办2000年奥运主办权时，以两票之差败北。事后披露，有两张原属北京"铁票"的非洲委员票，被澳洲用金钱收买而改弦易辙。李岚清的承诺可视为北京最后稳固"铁票"的关键之举。

(资料来源：《参考消息》2001年7月15日)

结合以上案例，试谈研究公共关系学的现实意义。

第 2 章

公共关系的产生与发展

教学目标

了解公共关系的萌芽，掌握公共关系产生的历史条件，理解公共关系产生的过程，熟悉掌握各历史阶段的公共关系状态、目的、信息传播的性质、代表人物、观点与主张及其贡献。了解公共关系在全球的发展脉络，明确公共关系在中国的发展过程及未来趋势。

教学要求

知识要点	能力要求	相关知识
公共关系产生的历史条件及过程	(1) 了解公共关系产生的历史条件 (2) 掌握公共关系产生各历史阶段状态特征、代表人物、主张及贡献	(1) 公共关系萌芽 (2) 公共关系产生的历史要件
公共关系在全球的发展及趋势	(1) 了解公共关系在全球的发展过程 (2) 掌握公共关系在中国的发展过程 (3) 了解公共关系的发展趋势	(1) 公共关系学在各国的发展 (2) 公共关系学在中国的发展及趋势

基本概念

揭丑运动

第 2 章 公共关系的产生与发展

引例

文化公关助推西部美国梦

导读：英雄形象的塑造，野性本色的描绘，平民人物的特写，让大批人涌向西部这片神秘的土地，在"西进运动"中追逐并实现着自己的美国梦。

美国的"西进运动"已经成为历史上一个辉煌的篇章，也成为美国人成就美国梦的一个特殊记忆。西部，不仅拥有广袤的原野，也寄存着美国人的梦想，如果想用勇敢、辛勤、劳动、战斗，甚至是贪婪、掠夺来换取幸福的生活，享受自由的机遇，那么就去加入西进运动的洪流吧！在当年西部的小说、电影甚至出版商那里，都能发现西部文化汇成的一股股激流，激荡着人们在西进运动中实现自己的美国梦。

小说树立英雄形象，鼓舞人们征服西部

早期的美国，书籍、报纸、信函是不多的几类文化载体、信息媒介，小说作品就成了愉悦人们精神的主要文化内容。1861—1865 年的美国南北战争之前，已经出现了早期的西部文学，也称边疆文学。这种文学往往带有强烈的宗教色彩，描述着前往西部的那些上帝的选民，如何在上帝的指引下开拓艰苦的西部，与神秘的印第安人相处。最为著名的作品有威廉·克拉克的《刘易斯和克拉克探险日记》和詹姆斯·费尼莫·库柏的《皮袜子系列故事》。

《刘易斯和克拉克探险日记》讲的是 1804 年 5 月 14 日至 1806 年 9 月 23 日，探险家梅里韦瑟·刘易斯和威廉·克拉克率领的一支探险队，受美国总统托马斯·杰斐逊之命对辽阔西部探险的经过。从此，美国人对西部有了第一次大致整体的了解，获得了大量的地形图，认识了一些印第安部落，这为随后的"西进运动"提供了人文、地理、动植物方面的极大帮助，对整个美国的发展都有着举足轻重的作用。

电影展现拓荒征程，闪耀西部野性本色

进入 19 世纪末之后，电影作为新媒体，与西部小说产生了融合，酝酿出了西部电影。电影的发明在欧洲以法国的奥古斯特·卢米埃尔和路易·卢米埃尔兄弟为代表，在美国则是以大名鼎鼎的爱迪生为代表。1895 年爱迪生研制成功了活动电影机，在美国首次利用银幕放映电影，之后电影开始风靡美国。1905 年，从匹兹堡出现的 五美分影院(入场券为五美分)盛行美国，到了 1910 年，电影竟然可以每周吸引 3600 万人次观众。在 19 世纪末 20 世纪初的长时期中，电影成为人们最为喜爱的新式大众 娱乐 。

西部内容影片很早就在电影中占有一席之地，这些电影最初在影院中都是无声短片，成为吸引观众的一个重要组成部分，而这些影片的故事来源很多就是改编自西部小说。1898 年的短片《小溪酒吧》将西部描绘成一片神秘的土地，吸引着人们的关注。1903 年著名的电影《火车大劫案》则描述了罪与罚的主题，轰动了美国，成为后世西部电影的经典。《火车大劫案》第一次使用交叉剪辑手法，成为世界第一部叙事电影。片子里有火车、马匹、强盗、黄金、抢劫、追逐，时长仅十多分钟，但非常受欢迎，很长时间内，这部电影成为了全美五美分影院 的保留节目，吸引着人们对西部产生无尽的梦想，将西部牛仔精神幻化成美国精神的一个象征。

报业巨头振臂高呼，书商编故事成为巨富

报业巨头霍勒斯·格里利是美国著名报人，他从一个印刷学徒工干起，到了 1841 年就创办起了迄今为止鼎鼎有名的《纽约论坛报》，并任主编达 30 年之久。创办《纽约论坛报》后，霍勒斯·格里利还出版了《纽约论坛报》的精华汇编刊物——《论坛周刊》，并创下 10 万份的空前发行纪录。他还有一双慧眼，特别邀请过马克思、恩格斯从 1852 年到 1862 年担任《纽约论坛报》的欧洲通信员，在此期间，马克思、恩格斯前后为《纽约论坛报》撰稿多达 500 余篇。对于这样一份报纸，马克思 1848 年曾高度称赞《纽约论坛报》为"民主社会主义的报纸"。

霍勒斯·格里利不仅是一个报业英才，与政界高层关系良好，还是一个充满社会理想的人物，信奉傅立叶的空想社会主义，希望以改良的方式医治社会弊端，以实现他所向往的"慈善资本主义"。为此，他特别支持挺进西部。1865年7月13日，他在报刊上发出了美国历史上著名的号召："小伙子们，到西部去！和你们的国家一起成长！"由于他的影响力，很多美国人深受鼓舞，加入到西进运动洪流中。

与充满理想的霍勒斯·格里利相比，书商伊拉斯塔斯·比德尔特别讲求实惠。既然人们对西部充满好奇，他就开始大批量生产"英雄"。伊拉斯塔斯·比德尔有两个很好的基础，一是他已经有了一套卓有成效的写作、生产和销售一条龙的流水线模式，二是从1860年开始，他推出了一种橘黄色封面的娱乐小说周刊《一毛钱小说》，销量很好。这种小册子一般约3万字，一批印售6万册，如果销量好，再加印，有的竟然可以达到50万册。考虑到当时美国人口不过3000多万人，这是一个惊人的销量。

有了这个基础，伊拉斯塔斯·比德尔在《一毛钱小说》的第8本上，开始推出他的第一个西部小说《边境囚徒塞恩·琼斯》，创造囚徒"塞恩·琼斯"的是年仅19岁的小说作者爱德华·埃利斯。之后大量的西部小说、作者、西部小说人物涌现了出来，其中最出名的西部小说人物是爱德华·惠勒创造的大发其财又收获一串串爱情的绰号"戴德伍德的家伙"。这个小说人物如此有名，以至于当时凡是到戴德伍德、南达科他一带旅行的人，总想打听这个"戴德伍德的家伙"，由于有了这样的影响力，当地商会琢磨了一下，还曾专门派一个游手好闲、能说会道的家伙来假冒"戴德伍德的家伙"。

实际上，这类故事基本上就是针对文化水平不高的平民们的，情节玄虚、对话夸张、场面暴戾、不乏艳遇、深受喜欢。而且还有一点，就是非常便宜，在这类小说特别受欢迎的19世纪七八十年代，类似的《一毛钱小说》根本不售一毛钱，而是五美分，伊拉斯塔斯·比德尔同时在进行一场残酷的价格战。这样的好处是，西部文学进入了更大规模的读者群，西部也进入了更多人的视野。伊拉斯塔斯·比德尔也赚得盆钵皆满，前后有西部小说在内的近3000本畅销书出版，印售了500多万册。

（资料来源：《国际公关》2013-09-15 作者：王硕）

思考：以上现象说明文化公共关系在美国的西部发展的助推作用，那么公共关系是在什么背景下产生的？其经历了怎样的发展过程、发展趋势？

本章将介绍公共关系的萌芽；公共关系产生与发展的历史过程，各个历史阶段的公共关系的状态、代表人物、典型观点、主要贡献；公共关系在全球范围内的传播，在中国的发展以及未来的发展趋势。

任何事物的发展都有其产生与发展的历史过程，公共关系也不例外。"Public Relations"一词，最早是1807年美国第三任总统托马斯·杰弗逊(Thomas Jefferson)在议会宣言中提出来的，但当时它的含义是"大众利益"。1882年，一篇题为《公共关系与法律职业的责任》的精彩演说由美国著名律师、文官制度的倡导者多尔曼·伊顿(D. Eaton)在耶鲁大学法学院发表，"公共关系"这一概念也在此被正式提出。1897年，在美国铁路协会编写的《铁路文献年鉴》中，也正式使用了"公共关系"这一名词。公共关系作为一种专门职业和学科，于20世纪初最早在美国出现。20世纪80年代，伴随着我国改革开放的进程，公共关系在我国兴起并迅速发展起来。

2.1 公共关系的萌芽

现代公共关系产生于20世纪20年代的美国，但是作为一种客观存在的社会关系及一种理念，公共关系已经有着长远的历史，无论是在中国还是在西方社会，几乎都可以从古代历史中找到大量的例证。但从严格意义上来讲，古人的这些公共关系活动，还不是真正现代意义上的公共关系，只是具有了类似于现代公共关系的活动和思想，因此，有学者称之为"史前公共关系""类公共关系"或"准公共关系"。

2.1.1 中国古代的准公共关系

在中国古代的社会中，一些朴素的公共关系思想及活动在政治、经济、文化、军事及人际交往中都有明显的表现。

由于中国古代政治及人际关系发育的完善与成熟，在中国古代的政治活动中，公共关系的理念有明显的呈现。如中国古代一批开明的统治者已经注意到了民意和舆论在国家政治生活中的重要性，早在黄帝、舜、禹时代及夏、商之际，那些传说中的及非传说中的君王，就设有专门的地点听取臣民的谏议或议论，被称为"喉舌之官"。

到了西周，周公提出了著名的"防民之口，甚于防川"和"口之宣言者，善败于是乎兴"（《国语•国语上》）等观点，意即统治者对待舆论的方法是国家管理的关键所在。在中国最早的诗歌总集《诗经》中，有许多"风"诗就是当时的统治者为了观察风俗民情，特派采诗官员巡行搜集起来的，而"雅"与"颂"诗则主要是歌功颂德，因而，有人也愿意将《诗经》称为一本公关著作。在春秋战国时期，管仲采取了"与民同好恶"的政策和措施为齐桓公奠定了齐国霸主的地位。中国古代的"准公共关系大师"——子产春秋时期（郑国人）任宰相期间，采取了多方面的改革措施，其中"子产不毁乡校"（乡校是郑国学生和乡人聚会议事的场所）的故事包含了典型的公关思想。

在中国古代的经济活动中，公共关系的影子也到处可见。比如，酒店或茶馆门口，挑出一面旗帜，上面写着"酒"或"茶"字来招揽顾客，这类似于今天的广告宣传；许多商店招牌上写着"百年老店"的字样，目的就是让人们知道这家店牌子老、信誉好；许多商店常用"如假包换""童叟无欺"来说明经营作风正派，公平诚实，以赢得顾客的信任。近代史上的商业名城广州，类似于今天公共关系的活动更为频繁，也较为典型。广州市民沿袭至今的饮茶风俗，最初就是为了适应商业行业间信息沟通、洽谈生意、协调共同利益等的需要而形成的。尽管中国古代的经济关系发展不是很完善，但是，人们的经济交往中同样也显现出了公关的理念，如"和气生财""宾至如归"的服务意识。

就军事上来看，《孙子兵法》中的"知己知彼，百战不殆"的战略思想，苏秦、张仪的连横、合纵策略等都与现代公关管理中的搜集信息、分析趋势、预测未来及有针对性地进行游说有着共同的逻辑基础。

在人际关系方面，以孔孟为代表的儒家思想占据了主流，孔子极力主张的"取信于民"及孟子的"得天下之道，得其民，斯得天下矣；得其民有道，得其心；得其心有道，所欲与之聚之，所恶勿施尔之"等思想。而"诚""礼""信"等构成了其主要的内容，这与现代公关管理中的以真实为底线、以信誉为核心、以信任为目标的长远意识也有着共同的思维方式，孟子的"天时不如地利，地利不如人和"的思想更是道尽了现代公关所追求的终极目标及价值取向。

2.1.2 西方古代的准公共关系

在西方古代社会，同样也包含了丰富的公关意识及自发的公关活动。考古学家发现，早在公元前 1800 年，伊拉克的一种农业公告就很有点像现代社会某些农业组织公共关系部的宣传资料，它告诉农民如何播种、灌溉，如何对付危害庄稼的老鼠，如何收获庄稼等。

如古代希腊、罗马的政治家们非常擅长自我宣传，利用各种场合发表演说，宣扬自己的政绩和德行从而扩大自己的政治影响。古代罗马的统治者特别注重人民大众舆论的力量，重视民意的反映，并通过信使及复杂的间谍网络来进行舆论研究，因为罗马人认为"人民的声音就是上帝的声音"。罗马统治者同时还使用了制造舆论的工具，公元前59年恺撒当执政官时，办起了世界上第一份早报——《每日记闻》，并运用报纸引导舆论，这份报纸使用了当时的大众化语言——拉丁语，面向具备阅读能力的人，为恺撒歌功颂德。恺撒出征高卢及英伦三岛时，为了扩大自己在罗马城的影响，不断地派人将他和军队的情况写成报告用快报送往罗马城，这些报告通俗易懂，生动且富有感染力，结果在罗马广场上被人们争相传诵，恺撒的个人威望也不断地提升。同时，恺撒把远征高卢的事迹写成了《高卢战记》一书，四处宣传自己的丰功伟绩，从而保证了他在公元前46年登上了独裁者的宝座。恺撒认为，要想获得民意的支持就必须以自己的思想观念去影响他们，因此，不得不感叹，他的那本《高卢战记》绝对有资格称得上是一本"第一流的公共关系著作"。古希腊人认为，较强的修辞能力是参与政治过程的基本条件之一，因为政治家与公众之间的桥梁是靠修辞来架筑的。古希腊哲学家亚里士多德在他的经典著作《修辞学》一书中，详细阐述了修辞的艺术，即如何运用语言来影响听众的思想和行为的艺术，他提出用"充满感情"的语言来影响公众的情绪，因此，西方公共关系学界认为，亚里士多德的《修辞学》堪称最早问世的公共关系学的理论书籍。

在传递思想及观念方面，西方的宗教活动更堪称楷模。早期基督教的广泛流传在很大程度上依靠了现代社会所谓的"公共关系技术"或"公共关系关活动"。公元一世纪，教徒保罗和彼德通过布道演讲、发送函件、策划事件等活动来宣传基督教的教义，在耶稣死后40年写成的四部《福音书》，不仅记述了耶稣的生平事迹，更为关键的是宣传了对基督教的信仰。因此，有人认为，西方基督教卓著的宣传活动，如果用现代公共关系理论来衡量，可以说是"应有尽有"。从组织上来看，教会是一个自成体系的，遍布各地的宗教组织，既有教皇、主教、教士，也有教区、教堂，系统非常严密；从公众上来看，遍布各地的教徒，有的教会甚至是全国的国民都成了其施加影响的对象；从传播手段上来看，除广为传播的宣传品《圣经》外，还通过洗礼、弥撒、演讲、各类函件、策划事件以及其他类似于公关的活动来传经、布道，宣扬其主张，扩大其影响。如1935年，英国的约翰·威克利夫为了把上帝的福音传播给更多的人，建议将《圣经》译成英语，并提出教会改革，为此，他带头上街演讲，利用出版书籍、小册子、发宣传单等方式进行宣传。

总之，公共关系的渊源可以追溯到古代社会，无论是在中国历史还是外国历史中都可以找到许多非常生动的公共关系现象。但严格意义上来说，这与现代意义上的公关有着很大的区别，只能作为现代公关的萌芽，因而被称为"史前公关"、"准公关"或"类公关"。当然，古代公共关系的萌芽为现代意义上的公共关系产生与发展提供了丰富的营养，值得学习与借鉴。

2.2 公共关系的兴起与发展

公共关系作为一种新兴职业、一门学科，产生于19世纪末20世纪初的美国并不是偶

第 2 章 公共关系的产生与发展

然的，它是当时美国及资本主义社会的基本矛盾以及经济、政治、科学技术和文化等社会历史条件发展到一定阶段的必然产物。为了全面而深刻地理解和把握现代公共关系的精髓，有必要联系社会历史条件进行具体分析，进一步了解公共关系的发展在不同历史时期的特点及其新的发展趋势。

2.2.1 公共关系产生的历史条件

公共关系是以现代公众为基础的，离开了这一社会背景也就无公共关系可言，为此，我们有必要分析现代社会为公共关系提供的四个必备条件：民主政治条件、商品经济条件、传播技术条件和现代管理理论的发展。

1. 民主政治取代封建专制政治是公共关系产生的政治前提

政治生活的民主化及民主政治制度的产生，是公共关系赖以产生和发展的社会政治条件。从封建社会进入资本主义社会是人类社会民主化进程中的一个重要里程碑。在专制独裁的封建社会里，统治者依靠高压政策、愚民政策实施封建专制和独裁统治，他们视被统治阶级为"群氓"或"斗筲之徒"(西方视人民为"羊群"，其意义几乎一样)，要么欺骗，要么镇压，从不平等地对待被统治者。例如，在古罗马时代，就有统治者自封为"dictator"，意思是独裁者；法国国王路易十四也是一个有名的专制君主，他曾公开声称"朕即国家"。而中国的皇帝则自称"天子"，宣扬"普天之下，莫非王土；率土之滨，莫非王臣"，享有"九五之尊"，"君要臣死，臣不得不死"。此时，民众既不需要关心政治，也无法干预政治，公众舆论不可能对社会进程产生重要影响。在政治生活以"民怕官"为主要特征的社会里，公共关系是没有任何用处的。

自资产阶级革命以后，加上《自由大宪章》《人权宣言》《独立宣言》等世界性划时代文章的传扬，民主观念逐渐深入人心。特别是当时的美国，作为资本主义国家的后起之秀，与当时的其他资本主义国家相比较，其政治体制的民主色彩更为浓厚。经过独立战争、南北战争(废奴运动)，到 20 世纪初，美国确立了比较稳固、比较民主的三权分立的政治体制。民主政治取代专制统治，成为促进公共关系兴起的政治基础。早在 1791 年，美国就通过了《人权法案》，强调新闻、舆论自由，为公共关系的兴起提供了民主保障。尽管现代资本主义商业社会的政府从本质上说也是少数人统治多数人，但他们不得不听从于社会公众自由、平等的呼声，不得不考虑中产阶级对自身利益的保护需求，定期推行普选，实行一种所谓让"民"参政作"主"的"民主政治"。在这种民主政治的社会中，其政治生活的特征表现为"官怕民"。政府机关、社会公共组织与其公众之间主要表现为服从关系，此外还有民主协商、民主对话、民主监督的关系。资本主义商业社会的民主政治体制在客观上就促成了社会组织与各类公众群体有必要维持的一种相互依赖、彼此合作的关系。

2. 商品经济的充分发展是公共关系产生的经济基础

古代社会也有商品经济，但其水平毕竟不高，在整个社会经济中所占比重也很有限。古代社会的经济，特别是封建社会，都是一种以自给自足为目的的自然经济，包括常说的小农经济与庄园经济。自然经济的自给自足决定了它的封闭性，以此为基础的社会人文关系也局限在"血缘"与"土地"的经纬之中，活动天地极为狭小。小农经济最突出的现象就是一幅男耕女织图，他们自给自足，有吃有穿，几乎不需要与外界联系。古代庄园经济也是这样的，一座庄园就是一个独立王国或一个小社会，农、林、牧、副、渔应有尽有，也不必与外界发生联系，实可谓"鸡犬之声相闻，民至老死不相往来"。这种关系的特点是：非常狭隘、相当固定、极端封闭。受经济水平的限制，这种特点一直延续到资本主义社会初期。

美国南北战争之后，北方的工业经济与南方的种植园经济归属于同一政府管理，社会环境趋于稳定。政府的有效管理促进了国内市场体系的健康成长。19世纪末20世纪初，在工业革命的基础上，商品经济得到迅速发展。资本主义商品经济与自然经济大不相同，它建立在社会化大生产基础之上，通过市场与分工两个支点，由竞争这一杠杆进行调节，从而形成了一个极其活跃的开放性关系网络。商品社会的内在运行机制决定了支配这个关系网络只能有一个法则，那就是平等交换、互惠互利。任何社会组织都需要得到社会的广泛认可和支持，才能生存和发展。这便成为公共关系兴起的必要条件。

在商品经济的发展过程中，市场形式经历了"卖方市场"向"买方市场"的逐步转变。在生产力水平尚不发达的资本主义前期，市场中供小于求，供求关系的不平衡，使得销售者可以趾高气扬、态度恶劣、恣意妄为、随意涨价、无视公众，根本不能体现自愿平等、互惠互利的交易原则。在这种以卖方市场为主导的情况下，卖方可以完全不考虑公众的需求，因此也就不需要公共关系。但随着生产力水平的提高，产品供给日渐充足，市场上的供求关系发生了根本变化。消费者具有了更多的选择优势，可以根据产品质量、价格、服务以及人情关系等条件决定向谁购买所需商品。在这种以买方市场为主导的情况下，作为卖方的企业或商家必须主动与买方联络感情、建立关系，才能有效地维持生存和发展。因此，搞好公共关系，增进组织与公众的相互理解，提高组织声誉就显得越来越重要了。

资本主义进入垄断时期后，垄断资本间的竞争广泛深入地影响着整个社会，不仅使生产结构和人际关系发生了迅速变化，而且市场体制也产生了深刻变化。在经济活动已经由以生产为中心转变为以市场为中心的情况下，一个企业或部门能否更好地生存和发展，不仅取决于产品的质量，而且取决于它适应市场、开拓市场的能力，换句话说，就是看其能否争取到广大消费者或社会舆论的支持。愈来愈多的企业管理人员认识到了市场机制的重要作用，这在客观上便成为企业通过开展公共关系活动与社会各界和广大消费者建立互相信赖、互相合作关系的有利条件。

综上所述，市场经济取代小农经济，买方市场取代卖方市场，以市场为中心取代以生产为中心，成为公共关系兴起的经济基础。

3. 传播技术的进步是公共关系兴起的物质基础

在生产力水平低下的古代社会，交通条件落后，其工具主要是舟车楫马，信息传播的手段谈不上先进，否则，古希腊人也不必从马拉松跑步到雅典传送信息了。这种情况必然造成社会的闭塞，对一个国家来说，中央与地方、地区与地区间大多处于一种相互隔绝的状态，至于那些偏远地区，就更是"山高皇帝远"的"世外桃源"了，他们对外部世界的了解，既没有传播工具，也没有内在动力。传播手段的落后，再加上统治者实行的愚民政策，人与人之间的联系和沟通当然只能处于原始状态。在这种情况下，公共关系的开展是很难想象的。随着社会生产力的迅速发展，特别是工业革命和世界市场形成之后，商品经济逐渐发达，科学技术突飞猛进，交通工具和传播手段日新月异。汽轮、火车的发明改善了交通条件，电话、电报的应用优化了传播手段，印刷技术的提高使报刊遍及千家万户。各种大众传播媒介的迅速发展和广泛应用，为人们进行广泛而深入的相互交往提供了方便。日益精细的社会分工，使人与人之间、组织与组织之间产生了纵横交错的复杂关系，同时也产生了相互沟通、彼此交往的迫切需要。1906年，美国官方无线电广播电台首次播音，使新闻传播媒介跨出地区，越过国界。此后广播、电视、报纸、杂志等传媒介在现代生活中发挥出日益巨大的作用，也为大规模公共关系活动的开展提供了重要的技术和方法。在席卷全球的新技术革命中，互联网、微电子技术的应用，进一步更新和完善了现代传播手段。运用这些技术的组织就能够更准确、更迅速地与各类公众建立关系，沟通信息，形成有效的信息反馈网络，从而使公共关系更为迅猛地发展。这是公共关系迅速兴起的重要技术条件。

4. 现代管理理论的发展是公共关系产生与发展的文化基础

美国是一个由许多民族的移民组成的国家，国民思想中具有很强的平等意识与群体观念。"地理大发现"后，西方殖民者开始向美洲移民，最早到达这块土地上的是一批在英国受迫害的清教徒，其后，其他民族也不断迁居这里。客观地说，这些人中绝大多数都具有较强的平等意识，他们都期望在新的天地建立起新的国家，谁也不愿任人宰割、受人奴役。移民来自不同的国家或地区，由于民族不同、语言不同、习俗不同，很自然地形成了强烈的群体观念。独立战争后，美国成为一个独立统一的国家，原先被分割的各个殖民地在政治、经济和思想文化上形成了大融合。各个社会组织之间、组织与其公众之间有计划有目的的沟通与协调，为公共关系首先在美国的兴起奠定了思想基础。

由移民组成的美国，其文化体系中有三个突出的特性：个人主义、英雄主义、理性主义。个人主义的典型表现是富于自由浪漫的色彩；英雄主义的突出特点是富于竞争的精神；理性主义的明显标志是遵规守法，崇尚教条，重视数据和实效。管理科学先驱泰罗(Taylor)的思想及其制度就是理性主义的典型代表。

泰罗是美国19世纪末20世纪初盛行的科学管理运动的创始人，又称为"科学管理之父"。泰罗的科学管理工作是他在一家钢铁公司当长工时开始的。当时工厂里很多工人工作效率很低，工资制度是多劳不多得，工人尽量少干，只要过得去就行。有些工作虽然实行计件制，但雇主在工人产量上升时就降低计件单价，结果谁也不愿意超过定额。泰罗本人是技工，深知工人的生产潜力，他们的实际产量仅占所能达到的产量的1/3。他认为真正的困难在于没有人知道一个人做多少工作是合理的，那时候雇主往往是靠一般的印象或通过观察来指定一个所谓合理的工作时。泰罗对其标准进行研究时，雇佣了一个年轻人用秒表来测定工人每一项工作(包括许多组成部分)的每一动作所需的时间，得出完成该项工作所需的总时间，这就是泰罗制的时间研究和动作研究的开始。泰罗制的核心是通过对时间和动作的分析、研究，强调一切活动的计量定额，强调严格的操作程序，甚至连手足动作的幅度、次数都要计算限定，"人是机器"是这一时期最典型的口号。它将人看作机器的一部分，颠倒了人与机器的关系，使手段异化为目的，这种机械的唯理性主义管理，虽然在一段时期内取得了显著的效率，但同时也促使劳资矛盾的日趋激烈化。因此，泰罗制理论的特征是把劳动者视为"机器人"、"经济人"和"完全理性人"，对人性的管理过于简单化，在其管理过程中，基本上找不到开展公共关系的依据。

20世纪20年代末，主持"霍桑试验"的哈佛大学教授梅奥(Mayo)创立的人群关系理论和40年代末崛起的行为科学理论，最早为公共关系的产生及成长提供了理论根据。人群关系学针对科学管理提出的"经济人"，而提出了"社会人"的概念，认为人并不单纯是为经济利益而生存的，除了经济动机外，人还有其他的社会动机。

人群关系学理论与行为科学理论的共同精神是：组织的管理活动应由原来的以"事"为中心发展到以"人"为中心；由原来的对强制性纪律的研究发展到对自觉性行为的研究；由原来的监督发展到人性管理；由原来的独裁式管理发展到民主领导式管理。这些观念的形成，从理论上为开展组织内部的公共关系提供了依据。另外，20世纪以来，社会学、心理学、传播学等现代学科的发展，也为公共关系理论发展提供了支撑。特别是社会系统理论的建立，从理论上验证了组织建立良好的外部公共关系的必要性。这样，在现代管理理论中，公共关系内求团结、外求发展的职能都找到了理论依据，得到了理论说明，这为在实践中推行公共关系打下了很好的理论基础。

2.2.2 公共关系的产生过程

现代公共关系源于19世纪末20世纪初的美国，而美国的公共关系则起源于美国的独立战争。当时，美国的贵族爱国者与资产阶级保守党之间存在着严重的分歧和斗争，为了压倒对方，对立的两派想方设法争取公众的支持。以亚历山大·汉密尔顿为首的商业界、金融界同以杰弗逊为首的种植园主、农民集团之间的斗争及以杰克逊为首的边疆垦荒者同以尼古拉斯、比德尔财团为中心的政治团伙之间的斗争都是当时历史条件下典型的利益集团之间的斗争。特别是在美国内战期间，南北双方的政治集团和军事集团也都把争取公众作为自己工作的焦点。同时，利用新闻宣传来筹措资金，促进事业发展，助长商业冒险，出售土地以及为名人捧场等，在美国也有相当长的历史，较为典型的是哈佛大学首先倡议的"用系统的努力来筹集资金"。当时，哈佛大学刚成立5年，由于经费拮据，派了由3个牧师组成的"乞求使团"外出活动。为了使乞求游说便于开展，就印制了一本名叫《新英格兰的第一个成果》的小册子散发，以至于现在还有人把公共关系人员说成是"带着哈佛口音的人"。

严格来说，这时美国产生的公共关系活动在内容上较之公共关系的史前期还没有产生根本性变化，但它较之于公共关系的史前时期却有着不同的意义和作用。这是因为，它所取得的成功，成为现代公共关系在美国产生和发展的直接原因。此后，公共关系经历了不同的历史阶段，并得到不同程度的发展。

1. 巴纳姆时期

有组织的公共关系活动发端19世纪中叶在美国风行一时的报刊宣传代理活动。19世纪30年代，美国报刊史上出现了以大众读者为对象，大量印发通俗化报刊的"便士报"时期。当时，不少公司和财团雇佣专门人员炮制煽动性新闻，为自己作夸大和虚假的宣传。而报刊为了迎合下层读者的心理，也乐于发表，这种配合，便出现了当时的报刊宣传代理活动。费尼亚斯·泰勒·巴纳姆(Phineas Taylor Barnum，1810—1891)是这一时期最有代表性的报刊代表人，他因制造舆论宣传、推动马戏演出而闻名于世。他是一个马戏团的老板，

第 2 章 公共关系的产生与发展

利用报纸为自己的马戏团制造过不少神话。诸如：马戏团里有一位 161 岁的黑人女奴，曾经养育过美国第一位总统乔治·华盛顿；马戏团有一个矮小的汤姆将军，他当年曾率领一群侏儒赶着矮种马拉的车去觐见维多利亚女皇，等等。于是，人们怀着好奇心纷纷到马戏团一探究竟，结果马戏团的票房收入猛增。当这种骗局被揭穿之后，报刊宣传活动就受到了人们的批评。只是到后来人们才逐渐认识到，这种报刊宣传活动在促进公共关系发展成为一种有组织的活动方面具有积极意义。

巴纳姆的突出之处在于他的宣传才能和传播意识，他的信条是"凡宣传皆好事"，因而，不顾及公众利益自觉地、有意识地去编织一些不符合实际的故事，目的在于扩大自身的影响，满足自身利益，使公众不断地被愚弄。但从总体上看，这一时期的报刊宣传活动具有如下两个致命的弱点：其一是这种宣传对公众的利益全然不予考虑；其二是几乎所有的报刊宣传员都以获得免费的报纸版面为目的，并因此不择手段地为自己制造神话，欺骗公众，这在根本上与公共关系的宗旨背道而驰。因此，这就使整个巴纳姆时期在公共关系的历史上成为一个不光彩的时期，有人称之为"公众受愚弄的时期"、"反公共关系的时期"或"公共关系的黑暗时期"。后来，人们以此为鉴，明确了在公共关系活动中必须奉行诚实、公正和维护公众利益的原则和精神。

总之，不论这一时期光彩与否，它在整个公共关系发展史中都起到了承上启下的重要作用，并为日后公共关系的飞速发展奠定了坚实的基础。

2. 艾维·李时期

19 世纪末，美国已进入垄断资本主义时代，垄断财团占据着社会的绝大部分财富。这一时期是资本主义巨商和垄断资本家横行的时代。他们不择手段地榨取剩余价值，肆无忌惮地搜刮民脂民膏，为攫取最大利润，他们不顾广大民众的利益和起码的社会道德准则。经济危机的频繁爆发，不仅使广大劳动人民的生活极度艰难，一大批中小企业和资本家也在垄断财团的疯狂兼并活动中惶惶不可终日。于是，阶级矛盾日益激化，各个阶层和集团之间的利益冲突也日益尖锐，整个社会都充满了对工商寡头的敌意。在此情况下，终于爆发了以揭露工商企业的丑闻和阴暗面为主题的新闻揭丑运动，史称"扒粪运动"。1902 年《麦克卢尔》杂志第一个发起了正面攻击，从 1902 到 1904 年连续刊载了《美孚石油公司发迹史》，以大量真实可信的材料提示了当时的石油大王洛克菲勒如何运用不正当手段挤垮竞争对手的内幕。同时，一批年轻的有正义感的新闻记者和一些作家充当了"揭丑运动"的先锋，1903—1912 年，在各类报刊上发表的此类文章就多达 2 000 多篇，众多企业处于十分窘迫的境地，从而使许多大企业和资本家声名狼藉，掀起了揭丑运动的高潮。垄断财团最初试图使用高压手段来平息舆论，他们对新闻界进行恫吓，说新闻界犯了诽谤罪，提出要起诉，又以不在参与揭丑运动的报刊上刊登广告相威胁。当这些都未奏效后，他们又变换手法，以贿赂为武器。一些大财团和大公司公开雇佣记者创办自己的报刊，仿效 19 世纪报刊宣传活动的手法，杜撰有利于工商巨子们的耸人听闻的神话和"新闻"，遮掩自己公司和企业中出现的种种问题，结果适得其反，公众对垄断财团的敌意与日俱增，于是，以"说真话"、"讲实情"来获得公众信任的主张被提出来，并越来越得到工商界一些开明人士的赞同，艾维·李就是"说真话"的社会思潮的主要代表人物。

艾维·李(Ivy Lee)出生于佐治亚州的一个牧师家庭，毕业于普林斯顿大学。早期受雇于美国报业大王赫斯特的《纽约日报》，后在《纽约时报》和《纽约世界报》当记者。他针对巴纳姆式宣传活动的局限性，审时度势地提出了"说真话"的宣传思想。他认为一个企业、一个组织要获得良好的声誉，不是依靠向公众封锁消息或者欺骗愚弄公众，而是必须把真实情况披露于世，把与公众利益相关的所有情况都公布于众，以此来争取公众对组织的信任。一旦披露的真情确实对组织不利的话，那就应该调整公司或组织的行为，而不是去极力掩盖真实情况。通常情况下，一个企业与员工或其他社会组织处于紧张的摩擦状态，往往是由于这个企业的管理者不注重与公众的沟通。因此，要想建立良好的公共关系，创造最佳的生存发展环境，最根本的信条就是：说真话！

1904年，艾维·李(Ivy Lee)（1877—1934）在美国纽约开办了第一家"宣传顾问事务所"，专门为企业和其他组织机构提供公共关系服务，协助客户建立和维持与社会公众之间的关系。美国的电话电报公司、铁路公司、公平人寿公司以及当时的纽约州州长等都是他的早期客户，艾维·李成为向客户提供公共关系咨询并收取费用的第一位职业公共关系人员，公共关系事务所的成立标志着现代公共关系的问世，从此，公共关系事业进入了一个前所未有的现代发展时期。

1906年，他又向新闻界发表了阐述其活动宗旨的《原则宣言》，为公共关系科学的产生奠定了理论基础。他指出："我们的责任是代表企业单位及公众组织，就公众关心并与公众利益相关的问题，向新闻界和公众提供迅速而真实的消息。"这一《原则宣言》成为反映他的基本思想的重要文献，并且在实际工作中，他落实了自己的思想，做得很出色。他在洛克菲勒财团面临公共关系极端恶化而且声名狼藉时，为其提供了成功的公共关系咨询，建议洛克菲勒财团邀请劳工领袖协商解决劳资纠纷，广泛进行慈善捐赠，改变自己在公众心目中的不良形象；他在处理宾夕法尼亚州铁路公司发生的人员伤亡事故时，果断采取了公布事故真相、向死难者家属提供赔偿、为受伤者支付治疗费、向社会各方诚恳道歉等措施，取得了良好的效果。美国电话电报公司等企业也纷纷聘请他担任公共关系代理人，因此，他成为蜚声社会的公共关系专家，被后人称为"公共关系之父"。

艾维·李的公共关系思想是主张"讲真话""公众必须被告知"。他认为，对公众有益的，从长远来看对企业也会是有益的。他让公共关系从一些简单的摸索上升为带有某些规律性的原则和方法。尽管艾维·李并没有对公共关系学科进行进一步的探讨，也没有创立一门独立的公共关系学科，并且他的公共关系咨询工作还存在许多不足，如：他从未进行过公众舆论的科学调查，而只是凭经验，凭直觉来进行工作，但是他在公共关系实践中的丰富经验及其探索的原则为以后的学科及理论的进一步发展奠定了基础。正是由于他的努力，公共关系不但成为一种独立的社会职业，而且也朝着科学化的方向迅速发展。

3. 伯奈斯时期

艾维·李是现代公共关系的创始人，但他的公共关系实践却被认为"只有艺术而无科学"。这就是说，他虽然有丰富的公共关系实践经验，但没有提出系统而科学的公共关系理论。真正为公共关系奠定理论基础，使现代公共关系科学化的是另一位现代公共关系的先驱——美国著名的公共关系顾问爱德华·伯奈斯(Edward L.Bernays，1891—1995)。

伯奈斯1891年出生于奥地利，次年随父母移居美国。相对艾维·李来说，伯奈斯更注重公共关系的理论研究，并努力使之形成一个独立的科学体系。这一点据说是受其舅父影

第2章 公共关系的产生与发展

响，其舅父是著名的奥地利心理学家弗洛伊德。

1913年，伯奈斯被聘为美国福特汽车公司公共关系部经理，他为该公司策划并实施了一系列旨在发展公众福利及社会服务的计划，大大地提高了该公司在公众及社会中的地位，为促进福特公司的发展起了重大作用。第一次世界大战期间，他又在威尔逊总统成立的官方公共关系机构"公共信息委员会"担任委员，专门负责向国外的新闻媒介提供有关美国参战情况的背景和解释性材料。第一次世界大战结束后，他和夫人多丽丝·E.弗雷奇曼在纽约开办了公共关系公司。

1923年，伯奈斯认为有两件事需要有人去做：一是写一本关于公共关系的书，因此，他撰写了论述公共关系理论史上里程碑的著作《公众舆论之凝结》(又称《公众舆论的形成》)；二是需要有人去讲什么是公共关系，因此，他去纽约大学以教授的身份首次开设并主讲了世界上第一门公共关系课程。随着1928年《舆论》、1952年《公共关系学》的出版，伯内斯构建了公共关系的理论体系，成功地将公共关系从新闻传播学中独立出来，使它成为一门独立而又系统的科学。

伯内斯对公共关系的贡献主要体现在，他不仅撰写了第一本关于公共关系的专著，率先在大学开设了公共关系课程，而且还以其理论上的阐释，提高了公共关系的实践和理论水平。他在《舆论明鉴》一书中第一次提出了"公共关系咨询"的概念，并对它的作用作了详细的解释。在他看来，"公共关系咨询有两种作用：其一是向工商企业等经济组织推荐它们应采纳的政策，这种政策的实施可以保证工商业组织的行为符合社会利益；其二是把工商业组织执行的合理政策、采取的有益社会的行为向社会广为宣传，帮助工商企业组织赢得公众的好感、信任和支持"。实质上，伯内斯的这一思想和主张，明确地肯定了公共关系的重要职责之一，要向组织提供政策咨询，而不是仅仅向社会作宣传。

伯奈斯公共关系思想的重要组成部分就是他所主张的"投公众所好"。他认为企业不仅要为社会及公众所了解，而且更重要的是必须获得公众的谅解与合作，才能得到稳定而持续的发展。因此，他主张，一个企业或组织有什么要求或期望在确定公众的价值观和态度的基础上有针对性地开展公共关系活动，这个活动肯定是以公众为中心开展的，而不能以一个组织自身的主观愿望为出发点，这样才能做好公共关系工作。

爱德华·伯奈斯的理论探讨和实践活动为公共关系的职业化、科学化，为公共关系教育和学科的发展作出了重要贡献，对公共关系学科的形成和发展具有划时代的意义，因此被世人誉为"公共关系泰斗"。

4. 现代时期

20世纪50年代以来，公共关系的实践和理论得到了突飞猛进的发展，其中，最有代表性的人物有斯科特·卡特李普(Scott M.Cutlip)、弗兰克·杰夫金斯等公共关系专家和大师。

斯科特·卡特李普1915年生于西弗吉尼亚，1939年获雪城大学学士学位，1941年获威斯康星大学哲学硕士学位，1971年在西弗吉尼亚卫斯理学院获文学博士学位，曾担任记者、编辑，1941—1942年任西弗吉尼亚公路委员会公共关系主任，1946—1975年历任威斯康星大学副教授、教授、副校长，1975年任Mtury W. Gready新闻学院院长。他与阿伦·森特合著了《有效的公共关系》(目前国内译著名称为《公共关系教程》。后期在第六版时由于布鲁姆加盟，增加了重要的一章，即第八章"调整与适应——公共关系的理论模式"，从系统论的角度提出了"调整与适应"这一面向开放系统的公共关系理论模式，从而促使人们更深刻地理解组织与其公众在开放的社会环境中的动态关系，以及公共关系在协调这种关系时的积极主动作用。）及《当代公共关系导论》、《公共关系咨询》等。其中，1952 年出版的《有效的公共关系》已经成为公共关系的畅销书，被誉为"公共关系的'圣经'"。在此书中，卡特李普和森特有两大理论贡献：一是第一次明确提出了"双向传播"的公共关系原则，设计了公共关系的"双向对称"的工作模式，即将一个组织的利益与公众的利益放在同一地位，追求公共关系目的与方法上的对称性；二是提出了公共关系管理的四步工作模式，即公共关系管理过程要完成的是公共关系调查、策划、实施和评估四个环节的工作，这也被称为公共关系经典的"四步工作法"。

弗兰克·杰夫金斯(Frank Jefkins)是现代公共关系的著名代表人物之一，他是英国公共关系专家，早年主攻经济学，大学毕业后曾在伦托基尔从事公共关系工作，主要负责处理科技公共关系事务。1968 年，他在英国开办了公共关系学校，并亲自讲授公共关系、广告学、市场营销学等课程，是一位出色的公共关系教育家。他还先后到比利时、埃及、肯尼亚、加纳、荷兰、赞比亚等十几个国家讲学。弗兰克·杰夫金斯是第一位获得英国传播学、广告学和市场营销学教育基金会公共关系学证书的人，也是第一位获得公共关系学和广告学双证书的人，他曾被许多大学授予荣誉学位。由于他出色的公共关系教育，尤其是为海外公共关系教育服务，被英国公共关系协会接纳为会员和理事，负责公共关系教育实践方面的工作。杰夫金斯是一位多产的公共关系作家，他写过许多著作，其中如《公共关系学》、《公共关系·广告·市场》、《公共关系与成功的企业管理》等被译成中文，对中国的公共关系教育和理论发展起到了积极的推进作用。

综合上述，公共关系发展的 4 个历史阶段的特点见表 2-1。

表 2-1　公共关系发展的 4 个阶段的特点

特　　征	新闻宣传型	公共信息型	双向非对称型	双向对称型
目的	宣传	散布信息	科学诱导	相互理解
传播性质	单向，不注重事实	单向，真实性	双向，效果不等同	双向，效果等同
传播模式	提供信息—反应	提供信息—反应	提供信息—反应—反馈	集团—集团
历史上代表人物	巴纳姆	艾维·李	伯内斯	卡特李普

至此，公共关系从最早的巴纳姆的"凡宣传皆好事"，到艾维·李的"讲真话"、"公众必须被告知"、伯奈斯的"投公众所好"、再至卡特李普、森特和布鲁姆的"双向传播与沟通"，这是一个将公众的地位不断地进行调整的过程，它可以说既是公共关系理念的发展，也是公共关系实践地位的不断提升。

2.2.3　公共关系的发展

公共关系自 20 世纪 20 年代在美国兴起之后，由于其对社会产生的作用之大，在全世界范围内得到迅速发展，成为一种既普遍又十分重要的热门职业。公共关系学也发展成为一门新兴的学科。

第2章 公共关系的产生与发展

1. 公共关系在美国的发展

1924年,美国的《芝加哥论坛报》发表社论指出,公共关系已成为一个专门职业、一种管理艺术和一门科学,企业家和社会各界都应该重视公共关系,这一社论被认为是公共关系科学化的标志。

自美国电报电话公司于1908年设立第一个公共关系部以后,其他企业纷纷效仿,企业的公关部门迅速发展。特别是1929年爆发的波及全球的美国经济危机时,有的企业破产倒闭,而有的企业却安然无恙。人们对这两种企业加以比较之后发现,那些能够顺利发展的企业有着广泛、稳定的关系网络,在企业面临困境的关键时刻得到了公众的信任和支持。因此,公共关系在美国企业中受到格外重视。据资料统计,1937年美国的公共关系顾问公司有250家,美国最大公司中的20%设立了公共关系部,当时美国共有公共关系专家54人、公共关系从业人员5 000人;到1960年,据美国《商业周刊》发表的统计报告,当时美国的公共关系顾问公司有1 350家,从业人员达到10万人,全美最大的公司设立公共关系部的达75%;1980年,美国的500强企业中,有436家(占87.2%)设立了公共关系部;到1985年,美国劳工部门预计各公共关系公司已有数千家,从业人员达到15万人,自设公共关系机构或外聘公共关系顾问的公司占美国全部企业数量的85%以上,公共关系的事业获得了迅猛的发展。

第二次世界大战期间,美国的公共关系事业得到了进一步发展的机会,各类公共关系协会纷纷成立。1935年,美国公立学校公共关系协会成立;1939年,美国全国真实宣传者协会成立(1944年改名为全国公共关系理事协会);1939年,美国公共关系理事会(ACPR)成立;1948年,由美国公共关系理事会与国家公共关系顾问协会合并在纽约成立了美国公共关系协会(public relations society of America, PRSA);1954年,美国公共关系协会制定了《公共关系人员职业规范守则》,作为维护公共关系信誉和职业道德的"行业法律";1968年,美国公共关系国家理事会(NCPR)成立;1968年,美国公共关系学生协会(PRSSA)在美国公共关系协会帮助下于纽约成立;1976年,人类沟通委员会(NCCHS)同美国公共关系协会合并成立了世界上最大的职业公共关系组织。

与此同时,美国的公共关系理论研究和发展也在同步进行。1937年,美国公共关系协会第一任主席哈罗博士在斯坦福大学开设公共关系课程;1947年,波士顿大学建立起第一所公共关系学院,并设立了公共关系学硕士和博士学位;1955年,全美有28所大学设置了公共关系专业,66所学校开设了公共关系课程,到了1970年,分别达到100所和300所;1978年,美国有292所大学开设了公共关系课程,其中有93所设立了学士学位,23所设立了硕士学位,10所设立了博士学位。据1977年的调查资料表明,全美公共关系从业人员中有54%具有学士学位,29%具有硕士学位。1980年,美国已有400多所高校正式开设公共关系课程;有60多所大学设置了公共关系专业,授予学士学位;有37所大学同时授予学士和硕士学位,有13所大学同时授予学士、硕士和博士学位。

当今,美国的公共关系公司的业务范围极为广泛,涉及政治、经济、金融、旅游、文化、传播等领域,服务项目包括:一般公共关系咨询、调查研究、为企业决策做参谋,协助客户与有关的公众联络及建立业务关系;为客户拟定新闻稿件,为企业搜集和汇编相关新闻报道、市场信息及各种政治、经济、文化情报;为客户设计公共关系广告,协助客户推广产品；为客户制订销售计划、组织大型会议；为客户设计、编制和印刷企业公共关系内部刊物和外部刊物，制作影片、录像及其他视听材料；培训公共关系人员和传播媒介人员。

2. 公共关系在世界范围内的发展

公共关系在美国兴起之后，逐渐引起世界各国的关注，并开始从美国向全世界"输出"。1920年，公共关系由美国传入英国，并受到英国政府的重视。1926年皇家营销部成立，这是英国第一个公共关系机构。该组织开展的活动促进了英国市场经济的发展，特别是在经济大萧条时期，皇家营销部组织了声势浩大的公共关系活动，支持英国首相提出的购买国货的号召，这次活动使人们认识到公共关系能创造社会价值和经济价值。1948年，英国公共关系协会成立，它是欧洲最大的公共关系协会，拥有一些著名的公共关系专家，其中弗兰克·杰夫金斯(Frank Jefkins)就是一位杰出的代表。该协会的成立与活动，在英国得到了政府与社会公众的认可，并对当代世界的公关事业作出了贡献。目前，英国是仅次于美国的公共关系第二大国。

1946年，公共关系在法国崭露头角，先进的公共关系思想与技术手段得到了法国经济学家的普遍赞赏。公共关系专家针对法国经济闭塞、劳资关系紧张、生产与消费者关系脱节等弊端，呼吁企业家离开"象牙塔"，面向社会扩大知名度，走进向社会和公众敞开的"玻璃之屋"，进行现代营销管理，建设开明的现代企业。这便是闻名于世的"玻璃之屋"运动。这项运动改变了企业家的观念、行为和管理方式，给法国经济的稳定发展带来了明显的效益。这一成功的实践活动使公共关系在法国获得了社会地位与声誉，并使法国的公共关系成为欧洲公共关系的主要力量之一。

20世纪40年代到50年代期间，公共关系在意大利、瑞典、奥地利、联邦德国等国家得到发展，于是在1959年成立了欧洲公共关系联盟。该联盟成员有法国、意大利、比利时、荷兰、英国、希腊、瑞士、西班牙、葡萄牙、芬兰等国，成为欧洲各国公共关系从业人员的集合地，推动了欧洲公共关系事业的发展。目前，该联盟通过其成员组织与欧洲数万名公共关系从业人员保持联系，它是一个联系并协调公共关系政策、提供经验和信息交流，有资格代表成员国公共关系从业人员的国际组织。

随着美国战后进入日本，公共关系开始传入日本，从此进入亚洲市场。1947年，驻日本盟军总部的民间情报教育局用行政命令的方式在日本各府县设立"公共关系办公室"。1957年以后，日本公共关系公司陆续建立，公共关系作为一种新兴的职业在日本发展起来。1959年，东京日本公共关系研究所主持召开了大规模的亚、非、拉公共关系大会。当时，日本兴起海外公共关系热，成立了日本最大的"国际公共关系公司"，并与世界上38个国家的公共关系公司保持业务联系。1964年，日本公共关系协会成立。到20世纪80年代初，日本的各种公共关系公司多达1 000余家，国内较大的企业几乎都设立了公共关系部。一些专家认为，战后美国传入日本的公共关系，是促使日本经济突飞猛进和快速发展的一个重要因素。

1955年，国际公共关系协会(International public relations association，IPRA)在英国伦敦正式成立，现总部在瑞士的日内瓦，它是世界性的权威组织，现有来自六七十个国家和地区的1 000多名成员，其高级职业会员在联合国教科文组织中拥有顾问地位。该组织致力于最高水平的公共关系工作，任务是：帮助会员了解世界各国和地区的发展趋势和重大问题，研究公共关系的发展问题和管理问题。它是一个独立的组织，与各国公共关系组织并无直接的领导与被领导的关系，但保持着密切的联系与交往，每三年举行一次世界性的公共关系大会。

自国际公共关系协会成立以后，许多国家也引入了公共关系，特别是中东、东南亚和拉美地区在这方面取得了显著的成绩。其中比较明显的就是发展中国家的公共关系教育有自己的特点，其教育大纲必须适合本国国情。如最近20年印度公共关系教育普遍展开，印度公共关系协会及其分会每年组织年会和讨论会，举办短期培训，并与大专院校合作培养适合自己国情的高级公共关系人员。然而由于印度公共关系师资匮乏，几乎所有的教师都来源于公共关系实践者，这些人虽然有丰富的公共关系工作经验，但毕竟没有受过正规训练，因此缺乏有效的教育方法，缺乏系统的公共关系理论和公共关系调研方法。另外，由于该国的习惯势力较强，政府较多地干预企业，公共关系的发展也受到一定的限制。

2.3 公共关系在中国的发展过程及趋势

公共关系是"舶来品"，它是随着改革开放进入中国的，并随着改革开放和市场经济的逐步深化得到广泛应用和发展。公共关系在中国主要是沿着公共关系实务、公共关系传播与教育、公共关系理论研究、公共关系组织的建设等途径发展起来的。

2.3.1 公共关系在中国的传播与发展

公共关系是20世纪80年代初，伴随着中国的对外开放而步入中国大陆的。但早在20世纪60年代，我国台湾和香港地区经济迅速发展时期，现代公共关系便已传入并得到较快发展。特别是香港地区，一些跨国公司在其分公司内部设立公共关系机构，聘用受过专业训练的人员从事公共关系工作，所开展的公共关系活动一般具有较高的水平。当时几乎所有的酒家和新闻机构以及大中型工商企业都设置了公共关系部，社会上涌现出一批公共关系专业公司，公共关系从业人员迅速增加，公共关系以其独特的社会作用在香港产生了良好的影响。随着改革开放政策的确定和实施，1979年，我国特区的一些大型合资宾馆、酒店，如中国大酒店、花园酒家等，按照国外的管理模式设置了公共关系。之后，随着北京长城饭店公共关系部策划的，邀请美国总统里根在饭店举办答谢会的公共关系活动的成功，公共关系也一夜之间名扬四海，引起了人们极大的兴趣和重视。呈现出由南向北、由东和西、由沿海向内地、由城市向村镇、由企业组织向事业单位、由服务行业向工业企业、由外资企业向国有企业、由企事业组织向政府部门逐步发展的格局。公共关系在中国的传播与发展，大致经历了以下3个阶段。

1. 导入期

20世纪70年代末80年代初是公共关系在中国的导入期，处于引进萌芽阶段。1980年，深圳、珠海、汕头、厦门被定为经济特区，公共关系作为一种经营管理技术，首先在这些开放城市的合资企业中应用。深圳、广州、佛山、北京等地的一批中外合资企业和外商独资企业按照海外母公司的管理模式，设立公共关系部，这些企业的公共关系部经理多数由在海外受过公共关系专业训练的人员担任。为了适应特区建设的需要，提供经验与技术，

1980年深圳蛇口华森建筑设计顾问公司率先成立,这是我国第一家公共关系性质的专业公司;1982年深圳竹园宾馆(深圳与香港合资)成立公共关系部;1983年北京长城饭店(中外合资)成立公共关系部;1984年广州中国大酒店以及广州的花园酒店、东方宾馆、白天鹅宾馆等设立公共关系部,广东电视台以这批宾馆、饭店的公共关系活动为背景拍摄了电视连续剧《公关小姐》,该剧在全国的上映,对于普及公共关系知识,扩大公共关系影响起到了重要作用。1984年9月,国有企业广州白云山制药厂率先设立公共关系部,在开展公共关系实务方面进行了大胆而有益的尝试。1984年10月,跨国公共关系公司希尔•诺顿公司在北京设立了办事处。1984年12月26日,《经济日报》发表了长篇通信《如虎添翼——记广州白云山制药厂的公共关系工作》,并配发了题为"认真研究社会主义公共关系"的社论,阐述了对引起并发展公共关系具有原则性和指导性的意见。新闻媒介的报道对于人们正确地认识、了解和接受公共关系以及公共关系在中国的传播也起到了积极的作用。

公共关系在中国发展的引进萌芽时期主要是把国外的公共关系思想意识、实践经验以及某些具体做法引入中国,使人们对公共关系的功能或作用有了初步认识,并且开始尝试着开展公共关系活动。但由于当初人们对公共关系的了解和认识都仅限于表面现象,因此开展的公共关系活动多采取简单照搬或模仿外国的做法。当时对由封闭走向开放的中国人来说,能够以积极的态度接受外国的思想观念和经验技术,已经是明显的进步了。

2. 普及期

20世纪80年代中期至90年代初是公共关系在中国的普及期。当时,随着我国改革开放的迅速发展和社会主义市场经济的逐渐深入,公共关系在我国的应用和发展呈现出勃勃生机。

公共关系在中国的快速兴起主要体现在公共关系公司的成立、公共关系协会的设立、公共关系教育培训,公共关系理论研究以及公共关系实践活动等方面。

1985年,世界上影响最大的两家公共关系公司——伟达公司和博雅公司先后进入我国。同年8月,博雅公司与中国新华社所属的中国新闻发展公司签订协议,共同为在我国从事贸易的外国机构提供公共关系服务。中国新闻发展公司为此成立了中国环球公共关系公司,这是我国第一家公共关系公司;1986年1月,中山大学在广州成立了我国第一个公共关系研究会;同年11月,我国第一个省级公共关系协会——上海市公共关系协会成立;1987年5月,全国权威性的公共关系社团组织——中国公共关系协会在北京正式成立。此后,全国各省、直辖市、自治区以及若干大中城市相继成立了地方性的公共关系群众社团和学术组织,这些学术团体积极开展公共关系的研究活动;从1988年起,全国公共关系组织联席会议相继在杭州、西安等地召开;1989年年底,全国高校第一届公共关系教学研讨会在深圳召开;与此同时,许多企业内部的公共关系部开始挂牌运作,在公共关系实践方面取得了初步成果。

1985年1月,深圳市总工会率先创办了公共关系培训班,开我国公共关系教育之先河;同年6月,北京大学研究生院举办公共关系讲座;全国各地的大专院校、企业和社会团体,也相继在不同的地区和范围内开办了各种形式的公共关系培训班。这些培训活动对公共关系知识的传播和普及起到了积极的推动作用。随着公共关系实践的发展,培养高级公共关系专门人才的教育也开始起步,从1985年起公共关系学就列入我国的大学生课程;1985

年9月，深圳大学首先增设了公共关系专业。此后，中山大学、国际关系学院等近百所大学相继开设公共关系课程，从而使公共关系的思想观念和理论知识在高等学校得到迅速传播和普及。

自20世纪80年代以来，随着公共关系实践及教育事业的发展，一大批有识之士开始结合我国政治、经济、文化的特点探索中国公共关系面临及需要解决的一些理论问题。1986年11月，中国社会科学院新闻研究所公共关系课题组编著的《公共关系学概论》率先问世；同年12月，王乐夫、廖为建等人的著作《公共关系学》，随后出版；同时，英国著名公共关系专家弗兰克·杰夫金斯的著作《公共关系学》被译成中文出版；1987年，居延安的《公共关系学导论》出版；1988年1月，中国第一家公共关系专业报纸——《公共关系报》在杭州创刊，向全国发行；1989年1月，中国第一份公共关系杂志——《公共关系》在西安创刊，向国内外公开发行，在我国理论界掀起了一股研究公共关系的热潮，并取得了一定的研究成果。据不完全统计，从1986年到1989年这短短3年的时间里，我国正式出版发行的各种公共关系教材、专著、译著达到100多种。

由于具有中国特色、适合中国国情的公共关系理论在公共关系的快速发展时期尚未建立起来，而引进国外的公共关系理论又不能有针对性地指导中国的公共关系实践，这种因理论落后于实践而导致的偏差与误解，使得公共关系领域出现了机械模仿、鱼龙混杂等现象，这些问题不同程度地影响了公共关系事业在我国取得的成就和进展。同时应该看到，这一时期在理论研究方面取得的成绩和进展，在实践领域的经验和教训都将成为公共关系在我国稳步发展的基础和前提。

3. 实践期

20世纪90年代初至90年代末是公共关系在我国的实践期(也叫发展期)。主要表现为公共关系学术活动正常开展、公共关系专业教育逐渐走向成熟、公共关系理论研究符合中国现实、公共关系实践活动取得明显成效。

1) 公共关系学术活动

1990年7月，中国公共关系协会学术委员会在河北省高碑店市召开了第一届全国公共关系理论研讨会，会议以"公共关系与社会发展"为主题。之后在上海、福州、杭州、石家庄、大连等地召开了第二届至第六届全国公共关系理论研讨会，分别以"公共关系与改革开放"、"公共关系与名牌战略"等为主题。1997年8月下旬，中国公共关系协会学术委员会在苏州召开了学术委员会四届一次(扩大)会议，会议以研讨中国公共关系基本理论基础为主题。以上会议都分别出版了文集，记录了以会议主题为主要内容的相关研究成果。

中国国际公共关系协会(CIPRA)于1991年4月在北京成立。该组织成立后，联络国际性、地区性、全国性的公共关系组织以及学术团体，通过学术交流增进彼此间的相互沟通、了解与合作，为推进中国公关事业的发展作出了重要贡献。截至2000年3月，由中国国际公共关系协会主办的"中国最佳公共关系案例大赛"已经举办了4届，共评选出金奖案例45个，优秀奖或银奖案例46个。这一将理论与实践紧密结合，兼有社会性和学术性的活动，对于推进中国公共关系的理论和实践运作，促进中国公共关系事业向更高层次发展起到了重要作用。

2) 公共关系专业教育与培训

(1) 公共关系专业建设格局基本形成。从目前情况看，已经呈现多层次的格局，有多所高校开设专科、本科专业，部分高校和科研院所招收了硕士和博士研究生，成人高等教育公共关系专业的自学考试已经由部分省市开设扩展到全国统一考试。

(2) 教材建设呈现不断创新的局面。当前各种类型公共关系教材的编辑出版已突破起步阶段的翻译、照抄和拼凑的形式，并不断创新教材的内容和体系，由肤浅、交叉、零散发展到深刻、系统、正规。

(3) 师资队伍已经形成梯队。公共关系专业教师已不再是当初刚刚兴起阶段的半路改行、知识背景复杂的队伍，从目前师资队伍的年龄结构、职称、学历、专长等几个方面来看，基本形成了老中青结合、高中初成比例、整体素质较高、知识结构合理、理论联系实际、教学经验丰富的专业化师资队伍。

(4) 课程设置符合培养目标。公共关系专业教育起步阶段开设的课程绝大多数根据开设专业原来的学科和教师的知识背景而定，因此，不同学校相同专业所开设的公共关系专业差异性较大，同一学校不同专业所开设的课程相差较小。当前，这种课程设置不合理的问题已经基本上得到解决，公共关系专业开设的课程大体上能体现专业的培养目标。

3) 公共关系理论研究

任何一门理论学科的形成有其特定的历史背景，理论源于实践又指导实践，与此同时，理论在实践中不断地完善和发展，公共关系也不例外。但公共关系学作为一门引进的交叉学科，能否有效地指导中国的市场经济实践，是一个摆在特定历史背景下的问题。

我国引进公共关系的初期，介绍、移植、照搬都是学科发展的需要。但并不能形成适合我国现实情况、体现我国文化特色、具有独特研究对象的公共关系理论体系。引进的理论脱离国情，研究的对象迷失自我，其说不一的追求奇异，业内人士的无所适从，导致了公共关系发展过程的时冷时热，公共关系实践效果的有功有过，对公共关系的评价褒贬不一。经过了一段时间的消化吸收、分化整合、总结概括，目前已基本克服了那种不切实际的崇洋媚外、盲从、浮躁、媚俗、近视、吹捧等弊端。总体上呈现如下格局。

(1) 在研究内容上更加重视突出特色、洋为中用、致力求同、抓大放小、奠定基础、完善整体、紧扣现实、富有新意的理论体系。

(2) 在研究方法上更加注重历史与逻辑相结合、理论与实践相结合、借鉴与创新相结合。

(3) 在学科体例上趋向于学科细化和学科延伸。属于学科细化的研究成果基本上是公共关系原理在各个不同领域中的应用。属于学科延伸的研究成果基本上是公共关系原理与其他学科知识的结合，趋向于形成交叉学科。就目前的情况看，因为公共关系基本理论尚不完善，体系框架仍在构建，所以无论是学科细化还是学科延伸都处于探索阶段。

4) 公共关系实践活动

在我国，公共关系实践最早出现在宾馆、商场、饭店等服务性组织，进而扩展到生产性企业，现在已经延伸到政府机关、事业团体、军事单位、宗教部门、慈善机构等各类社会组织，我国的公共关系实践活动已经遍及国际上公认的三大应用领域，即政界、经济实业界、非营利性组织。

开展公共关系活动的方式已从片面强调"轰动效应""出奇制胜"等表面形式过渡到按科学程序办事，考虑近期影响，注重长期效应。公共关系活动的成效集中表现为：能够体现中国特色、具有科学理论指导、经得起实践检验和取自不同领域。公共关系活动的成功案例不断涌现，逐渐增多。如希望工程、亚都有偿请教、娃哈哈——可爱的中国娃娃、香港回归祖国倒计时、蒙牛——超女策划、奥运会的申办和举办以及上海世博会的申办与成功举办等等，这些成功的案例代表着当前中国公共关系实践活动的整体水平。

4. 成熟期

20世纪末至今是公共关系在我国的成熟期。公共关系专门职业终于正式得到政府的认可，业务市场规模、专业服务细分、本土化发展以及从业队伍形成等。

公共关系事业在我国虽然起步较晚，但发展较快，真可谓"春风带雨晚来急"，特别是其在两个文明建设中发挥的特殊作用受到了社会各界的高度重视。1991年5月李瑞环同志在给中国十大杰出企业公关评优颁奖大会的贺词中说："中国公关事业的发展是中国改革开放的必然趋势。它以新型的管理科学，协调社会各方面的关系，密切党和人民群众的联系，调动各种积极因素，维护安定团结，促进社会主义建设。我相信，在实现'十年规划'和'八五'计划的奋斗中，中国的公共关系事业一定会有一个更好的发展前景。"

公共关系职业得到了国家政府部门的认可。1991年1月，当时的国家劳动部正式批准成立了国家职业资格工作委员会公关专业委员会。公共关系于1999年5月被编入国家劳动和社会保障部出版颁布的《国家职业分类大典》中。国家职业资格工作委员会公关专业委员会成立后制定了公共关系职业标准，编写了《公关员职业培训与鉴定教材》，建立了公关员职业鉴定试题库。公关人员作为一个子系统被编入国家人事部职称司制定的《高级经济师电脑测评系统》中。首届公关员考试已于2000年年末进行，这也标志着国家已正式承认公共关系行业，公关员由此成为正式职业。

2.3.2 公共关系的社会条件与发展趋势

进入21世纪以来，随着经济全球化趋势的加快及信息产业的飞速发展，方兴未艾的公共关系在世界范围内迅速扩展。经济全球化使整个世界成为一个"地球村"，互联网的普及更是极大地改变了人们的生产和生活方式，公众的自我意识越来越强。公共关系活动日益职业化、国际化，公共关系理论日益系统化、科学化，公共关系手段、方法日益现代化。所有的这些变化使公共关系活动呈现出新的社会条件与发展趋势。

1. 公共关系进一步发展的社会条件

从公共关系发展的基本趋势来看，它在未来的社会发展中有更加广阔的前景，并占领更加广阔的市场。这主要是因为，当前世界范围内存在诸多有利于公共关系事业大力发展的客观条件。把握这些客观条件，对于更加具体地了解和认识现代公共关系发展的主流，从而推动公共关系事业顺利发展，具有十分重要的现实意义。具体来说，保障公共关系进一步发展的社会条件主要有以下几个方面。

(1) 新技术革命促进公共关系的进一步发展。这是因为，一方面，新技术革命带来社会的产业革命，劳动生产率极大提高，世界各国尤其是发达国家的经济发展速度进一步加快，市场竞争更加激烈，整个社会也就对公共关系的进一步发展提出更高更多的需求；另一方面，新技术革命带来了社会的信息化，信息成为另一种更加重要的社会资源，它对于一个企业或社会组织能否在日益激烈的市场竞争中赢得胜利起着决定性作用，这就为专门从事信息收集、传递、加工和沟通等工作的公共关系事业提供了大力发展的有利条件和内在推动力。

(2) 世界范围内的交流更加频繁而广泛。当今世界的显著特征就是不同民族、不同国家和不同地区之间在经济、政治和思想文化领域开展更加频繁而广泛的交流，从而使得人们的交往关系更加复杂多样化。因此，任何一个社会组织要想求得生存与发展的一席之地，就必须更加自觉地协调、疏导和改善这些关系，这就为公共关系在广度和深度上的进一步发展创造了良好的条件。

(3) 信息传播媒介和通信手段的现代化。公共关系不仅在其活动的领域和内容上要发生重大变化，而且已经从根本上改变人们的活动方式，改善人们的活动技巧，提高活动效率。这就为公共关系的进一步发展提供了更加充分的物质条件。

总之，随着社会的进步以及人们思想观念的不断更新，公共关系事业必将具有更加广阔的发展前景。

2. 公共关系发展趋势

1) 公共关系网络化

伴随着信息时代的到来，世界正以极快的速度步入全球网络化。互联网络的出现改变了人们的交往方式和购物方式，改变了组织之间及组织与公众的沟通和联系方式，所有的这些变化，都要求与之相关联的公共关系也要适应和配合这种变化。当前，各国公共关系界十分重视公共关系的网络化，据资料显示，法国、英国、意大利、西班牙的公共关系公司建立跨国界网络的比例分别为 23.3%、20.5%、50%、43.8%。网上公共关系业务的出现和发展已是大势所趋。

网络公关与传统的公关相比有很多显著特点。一方面，由于网络互动的特点使企业能在公关中处于主动地位。一个极为重要的革命就是企业可不通过新闻媒体这个中介而直接向消费者发布新闻，而且，在网上可以全天 24 小时发布新闻。此外，由于 E-mail、QQ、微信、APP 等即时应用软件实现信息传播与沟通的即时互动性，使网上公关还具有创建企业和顾客"一对一"的互动关系优势；另一方面，网络具有无可比拟的传播优势。企业利用网络传播优势进行公共关系活动，主要通过主页或点对点的沟通实现，如在主页面上，企业可以方便、快捷地向全世界宣传自己的产品、技术，展示厂容、厂貌、员工形象；再一方面，互联网的使用，也给公共关系人员带来了极大的方便，它使公共关系人员能在较短的时间内获得大量的信息，也可在第一时间发布大量信息，组织与公众的沟通渠道更加畅通。

2) 公共关系国际化

国际公共关系协会从 1955 年在伦敦成立伊始，公共关系国际化的步伐就一直没有停止过，但真正实现快速发展，还是在经济全球化形成以后。经济全球化使得各国在政治、经济、文化等方面的联系十分密切，由于各国历史不同、文化价值观不同、社会制度不同，国与国、地区与地区之间发生交往时，很容易发生冲突。为了更好地协调政府之间、国际贸易中各贸易组织之间及其与政府之间的关系，不仅需要加强公共关系工作，也需要更多的公关咨询公司及从业人员。

目前，世界各国无论是发展中国家还是发达国家都十分重视公共关系。国际公共关系协会和跨国公共关系咨询公司纷纷成立，公共关系在国际政治、经济、文化、艺术交往中发挥着越来越重要的作用。另外，随着社会主义市场经济建设的速度不断加快与深化，中国经济快速增长，在整个世界经济普遍不景气的情况下，中国已成为世界经济增长的亮点，国际公共关系咨询公司也都看好中国，纷纷在中国设立业务机构。据统计，全球排名前20位的公共关系公司已有一半进入中国。

3) 危机公关日益重要

在市场经济不断深化的今天，企业的生存与发展越来越依赖市场，在得到更多机会的同时，越来越受外部环境的影响和制约，各种内部矛盾也日益突出，企业处于复杂多变的环境之中；同时，消费者日益成熟，买方市场已经形成，消费者对产品和服务质量的要求也日渐提高，加之现代传播技术的发展，企业面临的危机已经带有普遍性和突发性。此外，随着入驻我国的跨国公司日益增多，连锁组织的不断扩展，每一个分公司或连锁分部出现问题后，会马上波及影响到整个组织，组织如出现某种问题将会马上"臭名远扬"，这会直接导致组织的信誉度和美誉度下降，严重时可危及组织的生存。因此，在危机出现之前如何防患于未然，危机出现后如何妥善处理危机，进行积极的危机管理，使企业减少或避免危机造成的损失，已成为公共关系工作中越来越重要的研究课题。

4) 政府公关成为热点

随着国内竞争国际化，国际竞争国内化，世界各国各地区之间的联系更加频繁和密切，而一个政府的形象直接影响着当地经济的发展，以经济实力为主的经济安全理论已成为各个国家的行为准则。纵观当今世界各国，越来越多的政府正在改变其传统角色和职能，从原来的统治者、控制者转向协调者、服务者。各国政府首脑及主要官员都在开展积极的外交活动，一方面树立本国的良好形象，另一方面扩大对外贸易，为本国企业寻求合作伙伴、签订经贸合同等。据有关统计，美国政府公共关系的支出，每年达几十亿美元。日本单是为了在华盛顿寻找盟友，每年的公共关系投入就为数亿美元。一个政府具有良好的形象，才会吸引更多的人才，吸引更多的投资资金。在中国的市场经济发展过程中，如何通过公共关系来提升政府形象也正成为领导者关注的问题，很多城市的政府已开始利用公关理论和技能塑造城市形象，提高城市的知名度和美誉度。可以预见，公共关系在未来的政府工作中，将发挥越来越重要的作用。

5) 环境公共关系越来越受到重视

人类生活的环境自古以来一直在不断地发生着变化，特别是工业革命以来，工业迅速发展，全球人口急剧增长，环境污染和破坏日益严重，环境质量越来越差：二氧化碳增多而产生温室效应；土壤过分流失与土地沙漠化扩展；臭氧层的日益损耗威胁人类健康；废水、废气、固体废弃物的排放直接危害人类的安全，等等。日益恶化的环境已成为人类面临的共同危机，社会公众对环境也越来越关注。作为一个企业，如果在生产过程中不注意废弃物的处理，不注意是否对环境造成危害，将直接影响它在公众中的形象，影响其产品的销售量和企业的生存发展。因此，每个企业都应该把环境问题看成一个大问题，积极采取各种措施保护生态环境，并利用各种公关手段宣传企业在环境保护方面的工作情况，提高企业的美誉度。

资料链接

2013年中国公共关系行业发展分析

2013年，中国公共关系市场继续保持稳定增长。据调查估算，整个市场的年营业规模约为341亿元人民币，年增长率为12.5%左右。调查显示，TOP25公司的年营业额增长达到10.3%，略低于行业平均增长速度。相比上一年度，行业增长速度有所放缓，这表明公共关系行业也受到了整体经济增长放缓的影响。

随着新媒体时代的来临，公共关系业务正在发生结构性变化。传统公关形态业务增速放缓，而新兴公关业务(诸如数字化传播、新媒体营销等)出现了迅猛发展的势头。总体而言，作为新兴产业的公共关系行业，行业的成长速度仍然要高于整体经济发展的增速。

一、行业保持稳定增长态势，但增速有所放缓。通过对提交问卷的80家公司数据分析，2013年无论是在营业额还是营业收入方面，都有一定增长。但相比上一年度，增速有所放缓，这与整体经济环境有密切关系。根据调查数据测算，2013年度全行业营业额达到341亿元人民币，增幅约为12.5%。

二、调查显示，2013年度中国公共关系服务市场的前四位为汽车、快速消费品、制造业、房地产，市场份额分别为25%、15.5%、7.5%、6.9%。与2012年相比，制造业、房地产市场，首次在本年度首次位列服务市场前四位；IT、金融和政府及非盈利机构业务呈现明显的下降趋势，分别由8.2%、6.8%、4%下降到6.3%、3.1%、2.2%；通信、医疗保健、互联网等其他行业均呈现稳步增长趋势。由此可见，2013年度中国公共关系服务市场服务范围越来越广，继续呈现出行业扩散化趋势。

三、汽车行业份额在经历大幅下滑后恢复快速增长。数据显示，2013年度中国公共关系服务市场中，汽车行业一扫2012年度的颓势，市场份额迅速增长，从2012年的19%增加到2013年的25%，尽管这个数字还没有达到2011年的32.9%，但依然占据整个行业市场份额的1/4。这表明，汽车行业在经历中日关系低潮影响后，开始恢复增长。

四、2013年公共关系市场业务分布较为均衡。数据显示，通信、医疗保健、互联网等其他行业均呈现稳步增长趋势。尽管IT、金融和政府及非盈利机构业务呈下降趋势，但依然占据了一定的市场份额。这表明，中国公共关系市场业务呈现均衡分布格局。

五、新媒体环境对公共关系市场产生明显影响。随着数字化时代的到来，传统公关业务增长放缓，个别公司此类业务甚至出现停滞或负增长的现象；而快速整合传统公关和数字传播的新型业务则保持了迅猛的增长势头，部分公司此类营业收入比重甚至占到了一半。这表明，公共关系市场与传播环境的关系越来越紧密，公关公司必须适应传播环境的变化，实现转型并寻找新的机会。

六、国际公关公司继续加大在华战略布局。随着中国经济占全球比重的不断增加，2013年国际公关公司继续加大在华拓展力度，它们继续在一线和二线城市尝试开展业务。调查显示，本次参与调查的国际公司的营业成本控制较好，个人平均绩效很高。另外，这些公司的年签约客户数及连续签约客户数非常稳定，均在40家以上。这表明，国际公关公司在客户资源和专业化服务水平上有其独到的优势，国际公司和本土公司互相竞争的趋势也将更加明显。

七、中国公关行业面临的挑战与机遇。首先，人才问题仍然是影响行业发展的瓶颈。由于行业整体稳定增长带来的人才需求，与2012年相比，中国公关市场人才专业化问题，并没有得到缓解。人才频繁流动、无序流动、供需脱节等问题依然困扰着公关行业。调查显示，公关行业人力资源成本上升较快，也影响了公关公司的营业收入和业务拓展。除人才外，资金也是制约从业公司做大做强的因素之一。

第二，把握公关行业的趋势。目前的公关行业开始呈现一些新的趋势，如公关与广告的边界开始消失，业务出现竞争。另外，大数据时代来临，业务模式会发生相应的变化。因此公关行业在业务模式、管理方式、新媒体应用等方面，都需要不断地进行创新，进一步提升行业的整体水平。

第三,随着行业逐步走向成熟,行业集中度的趋势开始进一步显现。行业强势公司依靠资金优势和规模优势,市场份额进一步加大,体现了强者恒强的竞争格局。行业的兼并整合趋势,未来将会进一步加强。

第四,展望2014年,公共关系行业仍将保持稳定增长势头。调查显示,80%的公司看好2014年的公关市场。未来的房地产、通信、医疗保健、互联网,特别是城市的公共关系服务需求将成为新的增长点。

为了更加积极地推动中国公共关系行业的可持续和健康发展,中国国际公共关系协会将继续推进公共关系行业的专业化、规范化和国际化建设;继续加大力度,提升行业的社会影响,改变社会对公共关系行业的负面认知;继续与政府相关部门沟通,让政府更加重视公共关系的作用,并使行业获得应有的地位;继续推进公共关系的业务整合和资本运作,推动更多的优秀公关公司做强做精;鼓励它们在通过创新模式、兼并收购等手段发展壮大的同时,承担更多的行业责任和社会责任。

应用案例

【案情简介一】

公关百科:艾维·李和他的公关时代

艾维·李(1877—1934)是19世纪末20世纪初美国著名记者,被称为"现代公共关系之父"。艾维·李早年从事新闻工作,后与朋友合办世界首家专门的公关顾问公司,成为现代所有公关公司实质意义上的"鼻祖"。艾维·李的公司成立后,当时许多美国著名的大企业如电话电报公司、洛克菲勒财团等,甚至纽约市长都成了他们的常客。

对于备受鄙夷却盛行于当时的"公众本应受愚弄"式宣传活动,艾维·李提出了"说真话"的工作原则,并通过报界对外发表了著名的《原则宣言》。艾维·李在《原则宣言》中所提出的"公众必须迅速被告知"、对公众"讲真话"等公关意识,成为后世公共关系行业不朽的信条。

全世界第一家专业公关公司成立

1877年,艾维·李出生于美国佐治亚州塞达拉镇一个卫理公会牧师家庭。青年艾维·李是普林斯顿大学的高材生,后在哈佛大学法律研究所学习,但中途辍学。辍学后,艾维·李到纽约发展,成为一名职业记者。他曾在《纽约日报》、《纽约时报》和《纽约世界报》等多家报社工作,主要报道财经和商业方面的新闻。后来,凭借自己在新闻宣传方面的天赋,艾维·李辞去了《纽约世界报》记者的职务,投身公共关系工作。

1903年,艾维·李开始从事竞选助理工作,为雇主提供公关宣传服务。随后艾维·李和朋友Parker合作开设了一家叫"派克与李合伙公司"的机构,这是第一家真正向顾客提供专业服务并收取费用的公关顾问公司。这家公司专门为企业或其他社会组织机构提供传播和宣传服务,协助客户建立、维持其与公众的沟通以及与新闻界的联系。

艾维·李是最早从事公共关系实践活动的先驱,凭借其"是第一个以现代眼光来看专业公关从业员"的身份,同时又因促成公共关系成为一种职业而享有"公关之父"的盛誉。

"漂白"洛克菲勒

艾维·李的早期客户有洛克菲勒集团、无烟煤业的业主、宾夕法尼亚铁路公司和美国电话电报公司等。在公关实践中,艾维·李以其独特的方式妥善处理多项事件而名声大噪。

19世纪末20世纪初,美国社会经历着一场前所未有的巨大变革。工业化和城市化后,一批工商业巨头崛起,它们和普通民众之间发生着严重的两极分化,形成了美国国内的危机。在俄国十月革命之后,美国社会也受到影响,变革和进步成了社会的强烈需求。但是,出于自身利益考虑,这些工商业巨头对于公众呼声习惯性地置之不理。铁路大王威廉·范德比尔特曾在接受记者采访时,破口大骂:"让公众见鬼去吧!"

这一切引起了人们的强烈不满。在美国新闻界,一批年轻记者开始专门搜集、报道工商业巨头们的丑闻,揭露他们的不法行径和不道德的商业行为,美国史上著名的"扒粪运动"从而开始。在工商业活动中左右逢源的这些巨头们,在这场运动中一度声名狼藉,手足无措。

最为著名的一个工商业巨头洛克菲勒,被很多激进作家、记者瞄上,其中有一位女作家艾伊达·特贝尔将法庭、议会及听证会的记录等资料汇集起来,写了《美孚石油公司的历史》,在社会上很畅销。书中描写洛克菲勒使用的是"古罗马的劫掠者和欧洲中世纪的强盗贵族所使用过的冷酷无情、不仁不义的手段",并指责他是一个十恶不赦的罪人、当代最大的罪犯。有人还画了一幅漫画,刻画洛克菲勒长着一双长腿,一副典型的伪君子形象,一只手在施舍几个硬币,另一只手则在偷取成袋的黄金。

1914年春,洛克菲勒旗下的科罗拉多燃料和钢铁公司的工人们举行大罢工,警卫队悍然开火,11名儿童和2名妇女在棚户区内遇害。洛克菲勒家族立刻陷入一场重大危机。社会舆论纷纷谴责洛克菲勒家族,后者一度声名狼藉,被称为"强盗大王"、"强盗男爵",与公众之间的矛盾异常尖锐。为平息工人的罢工怒潮,化解这桩屠杀事件造成的恶劣影响,改变自身的形象,洛克菲勒聘请艾维·李为其提供公共关系服务。

针对当时的舆论环境,艾维·李很快做出反应,并成功地在报纸上刊登文章,为这一行为进行辩解。他辩称,这种针对罢工行动的反击,是在维护"工业自由"。由于其出色的表现,危机事件得到控制,舆论开始向有利于洛克菲勒家族的方向转变。同时,艾维·李果敢地采取了一系列措施:聘请有威望的劳资关系专家来核实确认导致这次事故的具体原因,并公布于众;聘请劳工领袖参与解决这次劳资纠纷;建议洛克菲勒广泛进行慈善捐赠,创建基金会、"施舍亮晶晶的硬币";增加工资、方便儿童度假、救贫济困等。艾维·李采取了灵活多样的公关办法,鼓励洛克菲勒为各个基金会提供大笔赠款,与那些受助团体进行沟通,并发表个人声明,公之于众。艾维·李还编写出洛克菲勒这位大富翁怎样到教堂去,怎样与邻居相处等一系列特写报道。

经过艾维·李的指点,洛克菲勒的形象脱胎换骨——由冷酷无情的"强盗男爵"成功转换成一个心地善良、慈祥温和的老头。洛氏家族至今仍以慈善家的风范为世人敬重。

多元化的灵活方法逐渐美化了洛克菲洛的形象,有人甚至认为他是一个彻底的智者和完人了。1926年的一期《星期六晚邮报》写道:"可以确切地说,洛克菲勒已经碰到过生活向人们提出的一切问题——父道、人品清白、理财之道、对子孙后代的责任、长寿之道、宗教信仰等等,对于这些问题,他都能作出聪明的回答。"

艾维·李的这份成就被广为传播,而他则代表着公共关系职业的诞生和初步发展。1901年,美国共有513名煤矿工人死于矿难,第二年无烟煤工人大罢工。艾维·李在随后事件的处理中,积极协助记者了解罢工情况,安排劳资双方接受记者采访。由于与当事人最大程度接近,记者的报道内容真实且丰富,这使劳资双方在不可调和的正面对话之外,能够通过报纸了解对方的态度和立场,了解社会舆论对整个事件的看法等等。最后,双方在互相理解的基础上同时做出让步,从而实质性地推动了许多具体问题的解决。在这次事件中,艾维·李秉持公开原则协助记者获得信息的做法,得到外界认可。

艾维·李还开创了公关公司发新闻稿的先河。一次在协助宾夕法尼亚铁路公司处理宾州铁道意外事故的过程中,仍然采取公开的原则,一改企业遮遮掩掩的旧习,要求保护现场,然后派车接记

第2章 公共关系的产生与发展

者们到现场进行采访。记者们在实地的采访中了解事故的真实原因,目睹铁路公司为处理事故做出的种种努力,如向死难者家属提供赔偿,为受伤者支付医疗费,向社会各方诚恳道歉,为实地采访提供种种方便,把最真实的状况告诉媒体。与此同时,艾维·李就事件及事件处理的整个过程撰写了大量新闻稿并广为发布,这一举动实为今日众多公关公司"发稿"行为的鼻祖。

虽然艾维·李为洛克菲勒所作的事情具有相当大的争议,有人认为这有悖职业道德,但从当时背景看,这些做法已是较大进步。他为这两位工业巨子以及其他客户提供的专业服务方式还是为公共关系服务设立了一个标准,并以此提升了公共关系的职业形象:公共关系人员不再是早先叫卖小贩和媒体经纪人的形象。

第一个行业宣言的诞生

"扒粪运动"使美国许多资本家和大企业声名狼藉。大财团为挽回声誉,一方面对新闻界进行威胁、起诉;另一方面创办自己的报刊,试图制造"新闻"掩盖公司不正当经营行为的本质,但虚假宣传带来的效果适得其反。

在这场运动中,资本家和大企业为挽回声誉的"软硬兼施"的手法宣告失效之后,"说真话、讲实情"的主张被提出。作为倡导"说真话"的主要代表人物,艾维·李认为,一个企业或组织要获得良好的声誉,不应该是向公众封锁消息或欺骗、愚弄民众,而应将公众关心的真实情况披露于世,以此获得公众的信任。

1906年,艾维·李向报界发表《原则宣言》,其中明确提出了"说真话"的主张。同时,《原则宣言》还是现代公关行业的第一个宣言,明确了公关应扮演的社会角色。

辉煌与罪过

成于公关,亦败于公关,是艾维·李的人生写照。在生命的最后几年,艾维·李担任了德国戴尔信托公司的公关顾问。这家公司实际上是希特勒的政策宣传机构,即安插在美国的间谍公司。当艾维·李发现这家公司的企图后,曾千方百计想改变这一切,但为时已晚。美国国会最终认定,艾维·李是个投向纳粹的"叛徒",是"有毒的常春藤"。

媒体和公众拿出当年攻击垄断者的力量,猛烈批评艾维·李。1934年,艾维·李带着他所有的辉煌和"罪过",在辱骂中黯然去世。

"现代公共关系之父"艾维·李,身前身后是逐步走向成熟和繁荣的公关业,他也许未曾想过,21世纪的今天,公共关系在中国蓬勃发展,但是有些公关人成为了发新闻稿的机器,他们每天在思索稿件如何被媒体采用、如何引起公众关注。他们所经历的、探索的,依然是当时艾维·李创建的公共关系新闻代理模式。

当我们在黎明前的黑暗中挣扎的时候,或许回顾前人的思考,能让我们更清楚身在何方,又要去往何处。

(资料来源:《国际公关》,发布时间:2013-02-26 摘编自《PR View》)

公关百科:点燃美国的公关之泰斗

爱德华·伯奈斯是心理分析大师弗洛伊德的外甥,他借用舅舅的心理学理论,让大众购买原本不需要的产品,并且影响大众对事物的看法与种种观念,从而博得"公关之父"的称号。没有人比伯奈斯更懂得宣传包装,更懂得如何扭转群众意识,又如何化群众意识为集体行动。他叱咤美国政坛40年,左右选民投票行为与多任美国总统的重要决策;在商场上,他曾创造过无数风云产品,他首创的理论如今被写入群众心理学和行销学的教科书,也依然被现今种种有心操纵媒体、掌握公关和广告的公司反复运用。

第一次世界大战中,美国烟草大亨所获得的胜利,就和美国部队的胜利同样地让人惊喜。在美国刚加入战争初期,香烟即使不被视为不够男子气概,也被认为是无味的东西;大多数男人比较喜欢雪茄、烟斗或是嚼烟草。但是战争显示香烟在壕沟里使用比较方便,烟商也开发出新的配方,让香烟比较温和且味道也比较好,美国政府也开始把香烟加入军人的配给品里面,使得许多小伙子改变了他们抽烟斗的习惯。香烟现在变成有男人味的东西了。是属于战士的商品。随着男人越来越喜欢使用这个产品,制造商的利润也就越爬越高。形势让烟商相信,开创第二个市场的时机已经成熟。这一回,他们的目标是女性。

　　在 1928 年,正当这些烟商开始开发女性市场的时候,爱德华·伯奈斯也开始为乔治·华盛顿·希尔(George Washington Hill)做事,他也是美国烟草公司(American Tobacco Company)的老板,该公司的幸运牌香烟,是美国成长最快的品牌。伯奈斯稍后回忆道:"希尔对于以幸运牌香烟来争取广大女性市场一事,表现得非常着迷。'如果我能打开这个市场,那就赚翻了,'希尔有一天这样对我说,'那就像在前院挖到金矿一样。'"

　　战事和变迁中的社会习俗,似乎已经在帮着希尔挖掘这个金矿了。许多取代男人在工厂里或是在海外服务的女性,已经养成了吸烟的习惯,并且反抗着女性不得吸烟的传统。大学女生也致力于铲除不让女子在公开场合抽烟的障碍。1923 到 1929 年间,女性的香烟消耗量几乎增加了一倍。不过,这仍然只占了整个市场的 12%,远远低于希尔的期望。

　　这位烟商相信,要让更多女子注意到他所鼓吹的吸烟理念的最快方法,就要从她们的腰身下手。他的原理很简单:瘦身观念已经越来越流行,而香烟可以被当成能够满足饥饿感,又没有脂肪的产品,向大众,尤其是女性来推销。为了达成这个行销策略,他决定向 36 岁的伯奈斯请教。在此之前,他已经每年支付 25 万元给他,只为了在此刻派上用场。

　　这个选择很明智。伯奈斯虽然不是发明"追求细腰"这个观念的人,但是他被公认为强化这种趋势的大师,而且他也帮客户在这个潮流中获取了最大利益。这种过程他称之为"用水晶球看民意"。在他与这位烟草大亨未来 8 年的合作关系里,他将确立自己不论使用如何滑稽或是欺瞒的手段,来取得这种预见大众意志的结果。这些手段包括动摇吸烟可能与致命疾病有关的研究,使之变得不可相信。伯奈斯展开他与甜食的对抗,从他已经实验并且证实可行的方式下手,即寻求"专家"协助。在这个案子上,他说服一位摄影师朋友慕瑞(Nickolas Muray)鼓动其他摄影师与艺术家,一同赞美纤瘦的身材。慕瑞在一封信中写道:"我的结论是,身材修长的女子,配合上柔软度与优雅的线条,正创造了一种可爱女性的新标准。这些人如同广告中所说的,不吃甜食与点心,选择香烟……"谁能说纤瘦的身材比不过肥胖的体型?几乎没有人反对,而这些征询的结果也送到了报社发表,类似的"调查"报告,也从演员、运动家、"漂亮的女子"、社交圈名媛以及男性舞蹈者中做出征询结果。

　　杂志与报社也收到了关于最近流行瘦身的报告。时装杂志编辑不断收到身穿高级服饰的纤瘦巴黎模特儿的相片,而报社编辑则是收到诸如前任英国健康医学中心协会主席的证词,警告大众甜食会侵蚀牙齿,并且劝告大家"正确的餐后食品,应该是水果、咖啡和一根香烟"。巴肯医师(Dr. George F. Buchan)继续写道:"水果帮助强化牙龈,并且清洁牙齿;咖啡则会刺激唾液分泌,形同漱口;而最后来一根香烟,则能消毒口腔,还能放松神经。"

　　伯奈斯甚至说服了舞蹈学校老板穆芮(Arthur Murray)签一封公开信,证实"在舞池中,过重的结果很快就会看得出来——不只让胖子的舞伴难堪,也让其他一起跳舞的人难过。因为胖子所占的空间比一般人要大,而舞池的面积有限,舞池拥挤时,这种窘境就更明显。今日的舞者在面对自助餐与美食的诱惑时,都选择抽烟来代替"。

　　媒体报导与专家的影响,不能让他满足,爱迪还开始设法直接改变人们进餐的习惯。呼吁饭店要把香烟增加到餐后点心的菜单里,而伯奈斯的办公室还广泛发布由《房屋与花园》杂志编辑精心设计的系列菜单,目的是"拯救你免于过量进食"。这些菜单中建议午晚两餐应该吃适量的蔬菜、肉类和碳水化合物,接着的建议则是"伸手拿香烟,不要拿甜点"。

他还建议家庭主妇找木工来改进厨房橱柜,在柜子里加上摆香烟的特制空间,正如平常厨房橱柜会有个放面粉和糖的地方。他也呼吁制造罐子的厂商,除了制造放茶和咖啡的容器外,也要生产装香烟的容器。他还鼓励家政作者要"强调香烟在持家上的重要性……就像提醒一个年轻而没有经验的家庭主妇,不要让家里糖、盐、茶或咖啡见底一样,相同的原则也适用于家里的香烟。"

以前,几乎没有任何一项行销手法被使用到这么广泛的层面,也几乎没有任何负责行销的人,会把自己行销的手法与细节保存得这么好,甚至还在日后公开。伯奈斯后来还向国会图书馆提供了24箱的资料,都是他为美国烟草公司进行行销时的记录。

这些记录中也显示,随着反甜食运动的逐渐兴盛,伯奈斯的办公室甚至开始写笑话来攻击甜食。"口中一时之快,臀上10年受害"这句话,由他的办公室送往《纽约客》《生活》和《哈佛灯柱》三份杂志。接着,又有一连串名为"未来糖果广告"的笑话出现,其中一则如下:"你要找那个在抽幸运牌香烟的胖小子?是啊,他十分钟前还在这里,不过现在他不见了。他上哪儿去了?哪儿也没去。我告诉你,他抽了幸运牌香烟以后就消失了。"

制糖公司与其他企业可不觉得这些笑话好玩。希尔接到的愤怒信件,来自可可进口商、花生酱制造商、咸味花生厂商和糖果商,其中一间厂商还指责美国烟草公司对甜食的打击是"不公平,没有运动员精神,而且是绝对贪婪的。"来自大量生产甜菜糖的犹他州参议员史姆特(Reed Smoot)也从参议院发炮,抨击这间烟草公司的行销手段是"只会讨好大众的空谈,无稽之至,从头到尾就是个骗局"。

伯奈斯处理这些争议的方法,就是反加以利用,转化成正面的效果,他并将之称为"新式竞争"。在一封将由受人尊崇的经济学家签名,而送达各商学院教授的信件草稿中,伯奈斯写道:"像现在这样进行中的一场笔战,能够让大众见到具有讨论价值话题的两面说辞,也把自由竞争根本上的民主原则摊开来谈论。"

他知道争议能够带来曝光,而这对他的客户几乎永远都是件好事。他也发现,如果要发动笔战或是口水战,最好从社会上层开始;这个观点由回应他"新式竞争"论点的信件中,包含银行总裁、著名律师、还有诸如塔虎脱大学和犹他农业学院等大相径庭的学校中经济系主任所写来的正面回应,得到证实。这似乎让希尔感到颇为开心,他在给伯奈斯的信中写道:"我想记录已经显示,我们让反对人士都'住口'了!"

一个月后,希尔催促展开了第二波宣传,这一回他们强调节制。他所想的"节制",意思当然是在甜食上节制,而多抽些香烟。伯奈斯针对这波宣传提出了复杂的提议,其中包括组织一个"节约联盟"。讽刺的是,他希望这个联盟的规范,能够参考肺结核协会、癌症协会、心脏病协会等等组织的规范来制定。

希尔阻止了这项提案,但是对于伯奈斯另外一项签下华丽的齐格飞马戏团女郎的建议,却非常喜爱。六名舞者就此组成了"齐格飞外形、曲线和迷人俱乐部",并且签署了声明,表示她们"拒绝来自餐桌的虚伪欢乐,也就是令人发胖的食物、饮料,和让人饱而生厌的甜食。但是我们不必牺牲:只要抽烟就可以"。

这项提倡节制的活动进行得如火如荼,规模也越来越大,伯奈斯回忆道:"我们结果还是如同在进行一项长期计划,只要一个行动是成功的,我们立刻提出另外一项,并且马上执行。希尔很开心。"这一点也不讶异,因为希尔于1928年12月充满喜悦地写给伯奈斯的信中,提出美国烟草公司当年的营收增加了美金 3200 万元，而幸运牌"展现的销售成长率，比所有其他香烟加起来的还要高。"

伯奈斯自己倒是从来没有抽过烟，尽管他的太太多莉丝抽了几年烟。在往后的一次谈话中，这位曾经说服数以万计的妇女放弃甜食而改抽香烟的人承认："我不喜欢香烟的味道，我比较喜欢巧克力。"

(资料来源：中国公关网　发布时间：2013-04-03　摘自《公关之父伯奈斯》)

【案情简介二】

现代公关的催生婆——西奥多·罗斯福

20 世纪初，美国著名的"揭丑运动"(又称扒粪运动)对公关职业的形成起了催化作用，美国成为现代公共关系的发祥地。那么发生于 1903—1912 年的"揭丑运动"与第 26 届美国总统西奥多·罗斯福的任职年限 1901—1909 年仅仅是时间上的吻合吗？能与前任总统平起平坐的工商界、金融界的豪门巨富为什么会去求助于新闻界？这是因为：

1. 罗斯福把"大棒"挥向托拉斯

1901 年 9 月 13 日，西奥多·罗斯福宣誓就职，同年 12 月，罗斯福向国会递交的首次国情咨文犹如一颗"轰炸托拉斯的巨型炸弹"。他要求在新内阁中设立反托拉斯的独立机构，对从事州际贸易的各公司账簿和卷宗进行审查，下决心使最高法院把托拉斯绳之以法。在他任期内起诉的托拉斯案件达 42 起，为所欲为的托拉斯巨富们失去了昔日的靠山，如骨牌般倒下。

2. 罗斯福是揭丑反腐的斗士

在揭丑运动中，罗斯福总统顺应民意，借助汇入这股改革的历史潮流中的民众的力量，发挥了别人无法替代的政权作用，功不可没。因此，人们给予罗斯福高度评价：建立美国的是华盛顿，维护它的是林肯，使它重新获得活力的却是罗斯福。

3. 罗斯福反对靠禁令来阻止罢工

罗斯福拒绝派兵和使法院下命令破坏罢工，而是通过平等的谈判解决问题。

由此可见，公共关系是社会走向自由、民主、平等、进步的产物，是改革的产物。西奥多·罗斯福总统为此写下了重要的一页。遗憾的是，人们在叙述公共关系的产生时，忽视了西奥多·罗斯福总统发挥的根本性的作用。

(资料来源：郭旭川. 现代公共关系学基础[M]. 广州：厦门大学出版社，1998.)

【案例点评】

在当时的背景下，美国经济社会的发展为公共关系的产生培育了土壤。如：公民民主意识的增强是公共关系产生的先决条件，美国经济快速发展为公共关系产生奠定了经济基础。

本章小结

本章主要介绍了公共关系的产生与发展过程。首先介绍了公共关系的萌芽；然后介绍了公共关系的兴起与发展，包括各历史阶段的主要特征，如代表人物、主要贡献、典型观点等；最后介绍了公共关系学在世界范围内的发展及未来发展趋势。

第 2 章 公共关系的产生与发展

习 题

1. 单选题

(1) 公共关系产生的首要条件是( )。
   A. 民主政治的发展　　　　　　　B. 商品经济的繁荣
   C. 传播技术的进步　　　　　　　D. 现代管理理论的发展

(2) ( )被誉为现代公共关系之父。
   A. 伯内斯　　　B. 巴纳姆　　　C. 艾维·李　　　D. 卡特李普

(3) 中国引进公共关系始于( )年。
   A. 1990　　　B. 1980　　　C. 1987　　　D. 1945

(4) 国际公共关系协会成立于( )年。
   A. 1955　　　B. 1959　　　C. 1945　　　D. 1956

(5) 中国第一个省市级公共关系组织成立于( )年。
   A. 1984　　　B. 1986　　　C. 1987　　　D. 1989

(6) 公共关系一词首先出现于( )。
   A. 1897 年美国《铁路文献年鉴》
   B. 1923 年伯内斯《舆论之凝结》
   C. 1906 年艾维·李《原则宣言》
   D. 1882 年一篇题为《公共关系与法律职业的责任》的演说

(7) 美国卡特李普和森特在其专著《有效的公共关系》一书中( )。
   A. 提出了"双向对称"的公共关系模式
   B. 提出了"投公众所好"的主张
   C. 提出了"公众必须被告知"的命题
   D. 提出了"凡宣传皆好事"的命题

(8) 公共关系作为一种职业和一门科学,最早产生于( )。
   A. 法国　　　B. 奥地利　　　C. 英国　　　D. 美国

(9) 中国最权威的公共关系组织——中国公关协会,成立的时间地点是( )。
   A. 1985 年在广州　　　　　　　B. 1987 年在北京
   C. 1986 年在上海　　　　　　　D. 1987 年在天津

(10) 现代公共关系发展史上的第一本公共关系专著是( )。
   A. 《公共关系学》　　　　　　　B. 《舆论》
   C. 《有效公共关系》　　　　　　D. 《公众舆论的形成》

(11) 世界上第一个在企业内部设立公关部的是( )。
   A. 美国电话电报公司　　　　　　B. 美国福特汽车公司
   C. 日本本田公司　　　　　　　　D. 日本松下电器公司

(12) 发展有中国特色的公共关系学的前提是( )。
   A. 加强宣传　　B. 扩大组织　　C. 研究国情　　D. 积极应用

(13) 公共关系早期发展中报刊宣传活动有一个完全不考虑公众利益的不光彩时期，它是(   )。
　　A．巴纳姆时期　　　　　　　　　B．清垃圾运动
　　C．艾维·李时期　　　　　　　　D．爱德华·伯奈斯时期

2．多选题

(1) 公共关系的产生与发展是由于(   )。
　　A．文化上由理性转向人性　　　　B．民主政治取代专制政治
　　C．市场经济取代小农经济　　　　D．大众传播超越个体传播
　　E．社会稳定与发展

(2) 微观公共关系的产生和发展史，可以大致划分为(   )。
　　A．孕育阶段　　　B．揭丑活动阶段
　　C．职业化阶段　　D．学科化阶段　　E．现代化阶段

(3) 下列有关这一公共关系代表人物的表述中，正确的有(   )。
　　A．艾维·李是公共关系之父
　　B．艾维·李创办了世界上第一家公关性质的公司
　　C．艾维·李提出了"公众必须被告知"的命题
　　D．艾维·李使公共关系学科化
　　E．艾维·李首创了"公共关系"这一专门职业

(4) 公共关系在中国的发展是(   )的。
　　A．适应对外开放的需要
　　B．适应体制改革的需要
　　C．适应市场经济发展的需要
　　D．适应现代信息社会的需要
　　E．适应社会稳定的需要

3．简答题

(1) 公共关系产生的历史条件有哪些？
(2) 公共关系产生的各个历史阶段的主要特征、代表人物、主张、目的分析是什么？

4．论述题

试联系实际论述公共关系在全世界范围内的发展趋势。

第 3 章

公共关系的职能、作用与原则

教学目标

掌握公共关系的职能，了解公共关系的作用，明确公共关系的原则，能够理论联系实际地运用。

教学要求

知识要点	能力要求	相关知识
公共关系的职能	(1) 准确理解公共关系的职能 (2) 掌握获取信息的内容和渠道、咨询建议的主要内容、参与决策、协调沟通方式、日常事务管理等内容	(1) 信息收集方式与技巧 (2) 咨询建议、决策方式 (3) 沟通技巧与方式 (4) 公共关系日常事务管理的内容
公共关系的作用和基本原则	(1) 了解公共关系的凝聚作用、监测作用、调节作用和应变作用 (2) 明确公共关系工作中应坚持实事求是原则、平等互惠原则、双向沟通原则、全员公关原则	(1) 各种作用的发挥 (2) 公共关系原则理论联系实际的运用

公共关系的职能；公共关系的作用

引例

上海：政府公关走向前台

在企业公关如火如荼的时候，政府公关也浮出水面。

2001年12月27日，上海市优秀公关案例评选中，浦东新区政府与黄浦区建委两个公关项目双双获得上海市优秀公关金奖。

据悉，政府公关项目获奖，在全国也是头一回。专家评论说，其意义远远超过了获奖本身。它表明，政府越来越注重对自身形象的塑造。注重沟通与互动，将成为一个现代政府的重要标志。

公共关系专家对浦东新区政府获奖项目"浦东开发开放10年回顾与展望"给予了很高的评价。区委宣传部副部长华信祥是项目的主要实施人之一。他介绍，通过这个项目，成功地向世界传递了下面的信息：

一、浦东的投资环境进一步优化，不仅包括高速增长的经济，也包括符合国际惯例的运行规则。

今天的浦东概念，实际包含3个层次：①地理概念，浦东处在长江和太平洋沿岸T字形交叉口，条件优越；②经济概念，浦东代表高速增长、运转规范的经济区域；③政治概念，浦东是上海现代化建设的缩影，是中国改革开放和形象的标志。

2000年12月，一位中央党校省部长班学员说，浦东的10周年宣传攻势可真大，在北京就感受到了。2001年6月的一次浦东海外招聘会上，原计划2000人的规模，结果竟有4000人参加。

良好的政府公关，为浦东带来了直接的财富效应。在全球经济一片低迷的情况下，浦东的综合经济、外商投资和商品进出口额保持高速增长，并以崭新的城市面貌成功地接受了APEC2001年会的考验。

谈及实施这个项目的初衷，华信祥说，浦东新区政府调研发现，10年开发、开放极大地提高了浦东的国内、国际知名度。但究其认识的深度、广度，尚有欠缺，国外直接投资仍有很大潜力，海外主流社会仍需更多了解浦东。

因此，活动从一开始，就运用现代公关理念，坚持在"品牌化、连续性、针对性"上下功夫，时时不忘突出浦东的品牌效应。

作为"中国改革开放的重点，上海现代化建设的缩影"，浦东在任何场合都重点突出这一点。通过媒体报道、系列研讨、庆祝联欢、各界人士看浦东等活动，制造了一个又一个舆论高潮。活动延续了近两个月。

而晨曦中的黄浦江畔矗立的东方明珠和金茂大厦，更成了浦东的地标。

华信祥说："这幅照片是经过精心选择的，与浦东的定位非常吻合。因此，我们在很多场合，反复使用，从而使人们无论是在世界哪个地方，一看到这幅图画，马上就会想起这是上海，这是浦东，就像20世纪30年代的一样。"

黄浦区建委的获奖项目是："延安路高架动迁"。它则凸现了公关在沟通公众与政府关系上的重要作用。

俗话说，动迁难，难于上青天。延安路高架工程动迁任务艰巨，东段工程黄浦区指挥部承担的任务，全长2.6公里，沿线有2809户居民、282家单位、4户个体户，占到全部东段问题的2/3以上。如果政府不能赢得动迁方的理解与配合，势必困难重重。因此，指挥部经过精心策划之后，把工作重点放在与群众沟通上。结果，仅用两个多月就顺利完成了任务。

作为一个新生事物，政府公关从幕后走向前台，其实在浦东也经历了一个认识过程。华信祥对此深有感触。以前，当地官员对此认识也不很深，后来在国外考察时发现，美国的各级政府都专门设有公关官员，专门负责推介政府形象，沟通民众与政府的关系。公关在政府事务中起到了相当重要的作用。

从1995年开始，浦东新区政府就每年邀请境外记者前来浦东采访报道，让在浦东投资的中国公司现

第3章 公共关系的职能、作用与原则

身说法。现在，这已成为浦东的常设项目。2001年，浦东新区政府光接待境外记者就达260多人次。

同时，他们聘请专业公关公司帮助打理，进行浦东形象包装。每年，浦东都编辑一本《浦东概览》，还出版了浦东发展白皮书。

浦东新区政府也十分强调公关的针对性。去年，英国《金融时报》花了16个版面对浦东进行全方位报道，在全球都引起反响。很多留学生激动地打电话说，国际著名媒体拿出如此多的版面来报道中国，前所未有，而浦东新区却没有花钱。

华信祥部长说，这是因为我们在政府公关中，找到了一个各方利益的平衡点、结合点、共同点。

今年，一个更新的想法正在酝酿当中，就是浦东新区政府准备花巨资聘请国际一流公关公司对浦东进行全方位包装，以吸引更多的投资。

记者获释，在浦东新区人大常委会，官员的公关沟通能力已经成了衡量政绩的一个指标。华信祥同时也是新区人大常委。他说，入世以后，政府也面临转型，如果缺乏与社会各界的沟通能力，那么一个官员的能力是不完整的。

作为与公众沟通的强有力手段，公关正越来越受到各级政府的重视。众所周知，前不久，北京申奥成功，良好的公关功不可没。

事实上，政府公关，不仅被当成政府从事管理活动的一个重要方法，也被看成是社会政治生活民主化程度的一个标尺。政府公关从幕后走向前台，折射出一个信号，一个现代化的政府将是一个互动的政府，是一个注重民众参与沟通的政府。

（资料来源：《中国青年报》）

结合本案例，谈谈政府公关的发展趋势。思考：在上海市政府工作中，公共关系所体现出的重要作用。

本章将介绍公共关系的职能、作用和原则。公共关系具有收集信息、咨询建议、参与决策、协调沟通、日常事务管理、策划专题活动等职能；公共关系对社会组织具有凝聚人心、监测环境、调节作用、应变作用；公共关系工作必须遵循实事求是、平等互惠、双向沟通、全员公关的基本原则。

3.1 公共关系的职能

公共关系的职能主要是指公共关系工作者应当担负的职责，它包括公共关系工作者应该做什么和如何做的问题。一般来说，公共关系的职能主要包括收集信息、咨询建议、参与决策、协调沟通、日常事务管理、策划专题活动等。

3.1.1 收集信息

公共关系按其活动的程序而言，一般是从信息的采集开始的。信息的种类是极其广泛的，即使就只对社会组织有用的信息来说，其涉及的内容也是近似无穷的。不同类型的组织，其内容和收集的渠道也各不相同。从公共关系工作的角度来看，有3类信息是它的职能范围内应当注意首先通过公众和大众传播媒介来采集，这就是组织形象信息、产品形象信息和组织运行状态及其发展趋势信息。

1. 公共关系信息收集的内容

(1) 组织形象信息。公众对社会组织在运行中所显示的行为特征和精神面貌的反应就是组织形象信息。公共关系的工作目标是树立社会组织的良好形象，因此了解社会组织在

公众中的形象是公共关系活动的基本内容之一，组织形象信息的采集是公共关系活动过程的重要环节。组织形象信息一般包括的具体内容有以下几方面。

① 公众对于组织领导机构的评价。例如，领导能力、创新意识、办事效率、用人眼光、威望与可信任度和机构的完善程度、设置的合理程度等。由于领导机构是社会组织的指挥中心，因此，对领导机构的评价往往在一定程度上反映了人们对整个社会组织形象的态度。

② 公众对于组织管理水平的评价。例如，决策是否合乎社会实际情况、生产节奏是否紧凑、内部分工是否合理、对市场变化的反应是否灵敏等。由于组织管理水平直接影响到了产品的质量和社会组织的竞争力，因而这类信息反映的是公众对社会组织形象的基本态度。

③ 公众对于组织内部一般工作人员的评价。例如，他们的工作能力、道德修养、文化程度的整体水平如何等。由于社会组织的运行必须由他们来具体执行，所以，对他们的评价也构成了社会对整个社会组织形象评价的一个方面。应当注意的是，这里所说的"公众"，不仅指外部公众，还包括组织内部公众。

(2) 组织的产品形象信息。这方面的信息一般包括消费公众对产品(或服务)的价格、性能、质量和用途等主要指标的反映，同时也包括对产品的优点和缺点这两个方面的反映和建议。产品是社会组织运行中最重要的一环，也是组织与消费者公众之间发生关系的最根本原因，产品形象与社会组织的生存及命运直接相关，因此，公共关系必须最先注意这方面信息的采集。

(3) 组织运行状态及其发展趋势信息。这类信息包括内外两个方面：就内部来说，主要是指组织自身运行情况及其与组织预定总目标的要求之间的距离以及它可能的发展趋势；就外部而言，包括所有对社会组织运行及其发展趋势发生或将要发生影响的情况。这类信息反映的是组织运行状况和将来状况，对于组织及时地调整运行机制极为重要，是社会组织形象重建的主要依据，因此，它也是公共关系工作必须优先采集的有关信息。

2. 公共关系信息收集的渠道

信息的采集应当而且必须通过多种渠道和运用各种传播媒体，首先应当重视消费公众的反映，其次是新闻媒介的社会舆论，政府有关部门和上级主管部门以及同行的意见也十分重要，再次是内部公众的各种反映同样必须认真听取。只有这样，采集的信息才是比较全面的。此外，对于公共关系来说，固然要收集赞扬社会组织的信息，但更要注意捕捉甚至是很微不足道的批评社会组织的信息，尤其要重视公众对社会组织的各种建议。公共关系信息的收集主要通过是公众和大众传播媒介这两大渠道。

1) 从公众中获取信息

社会组织的活动离不开各类公众，公众的意见和要求是组织行为的出发点和最终归宿。了解公众信息是非常重要的，它为组织决策提供了背景和依据。公众信息包括内部公众信息和外部公众信息。

内部公众信息是指从组织内部获取的各种信息，公共关系人员可以通过员工访谈、各部门的工作报告、组织的年度工作报告等方式获取内部公众信息。外部公众信息是指从组织外部获取的各种信息，这些信息收集主要可以用现场观察、与公众交谈或当面提问的方式，例如，深入相关商店观察顾客的购买行为，到产品销售现场倾听顾客的意见，采用个人面谈和集体座谈的方式了解公众对本组织的意见和建议等。

外部公众信息是从组织以外获取的各种信息。外部公众信息可以帮助组织及时了解各类公众对组织的态度和行为的变化，并根据公众环境的变化来及时调整组织的运行机制，为实现组织目标创造有利的条件。例如，美国玛特耳玩具公司生产了一种玩具娃娃，在美国很畅销，而在日本却很少有人问津。他们通过了解日本的社会习俗、文化心态以及日本人的爱好，认识到日本人的民族感很强，于是就把玩具娃娃的金发碧眼更换成黑发黑眼，由于适应了日本妇女、儿童的口味，很快就打开了销路。

2) 从大众传播媒介中获取信息

大众传播媒介发布的信息具有及时性和权威性。公关人员应当经常监测新闻，从报纸、杂志、书籍、电视、广播这些大众传播媒介中捕捉、筛选有价值的信息，这是一种高效率的信息收集方法，也是公共关系信息收集的主要渠道。从大众传播媒介中获取信息比从公众中直接获取信息要省时、省力得多，而且获得的信息数量更多，范围更广。例如，日本三菱重工财团根据1964年《中国画报》的封面刊出的"铁人"王进喜头戴大狗皮帽，身穿厚棉袄，顶着鹅毛大雪，手握钻机刹把的照片和有关新闻报道，揭开了大庆油田的秘密。按照当时的技术水平及我国对石油的需求，我国必定要引进大量采油设备。于是，日本三菱重工财团立即集中有关专家和人员，在对所获信息进行剖析和处理后，全面设计出适合大庆油田的采油设备，做好充分的夺标准备。果然，我国政府不久便向世界市场寻求石油开采设备，三菱重工财团以最快的速度和最符合我国要求的设计取得了我国的大量订单。

3.1.2 咨询建议

公共关系咨询建议就是指公关部门在掌握足够信息的基础上，向决策部门提供有关形象建设等方面的意见和建议，从而使决策更加科学化和系统化，使组织形象更加完善，与公众关系更加和谐。公共关系人员为了完成咨询建议的任务，必须对采集来的信息进行整理、选择、分类、汇总、归档等处理工作，建立信息库，这样在咨询建议时就能做到条理分明、简单得体。因此可以说，信息处理既是信息收集的结束工作，又是咨询建议的前期准备工作。咨询建议是公共关系最有价值的职能，1978年在墨西哥召开的世界公共关系大会上提出的公共关系定义中，着重强调了公共关系的咨询建议、参与决策功能。咨询建议的主要内容有以下3类。

1. 组织形象的咨询建议

公关人员作为组织的"智囊"，其一项基本的职责就是向领导层提供组织形象方面的咨询。组织形象的咨询在于找出组织存在的问题，为组织形象的塑造提出合理化建议，促使组织的形象不断完善。组织形象的好坏主要用知名度和美誉度来衡量。因此，公关人员要利用手中掌握的公众对组织形象的评价信息，对组织形象进行客观、科学、准确的评估，并及时给组织决策部门参考。

2. 公众的一般情况咨询

这类咨询主要是提供社会组织与公众状态的一般情况说明，如内部员工的归属感，组织在社会上的口碑，消费公众对组织产品的反映，新闻媒介对本组织的评价，政府、主管部门对本组织的了解程度、支持程度等。这类信息不仅提供给最高领导层作为组织决策的客观依据，而且还提供给组织的各个专业部门，以便组织的各部门能够及时了解和掌握公众的一般情况，以及组织运行的整体情况，进而适时调节组织的运行机构，为实现组织目标创造有利条件。

3. 公众心理的分析预测和咨询

公众是公共关系活动的工作对象作为公共关系的客体，了解公众是公关人员有效地开展公共关系工作的前提。公关人员不仅要了解有关公众的一般情况，而且还要对公众进行深层次的心理分析，把握公众的各种态度和意向的动态变化，对公众的心理状态、行为动机和心理发展变化进行科学的分析和预测，并将分析、预测的结果及时传递给决策层和有关管理部门，作为组织决策参考。由于组织面临的公众是多方面的，因此公关人员必须分析、预测不同公众的心理特征，进行相应的咨询。

总之，咨询建议实际上是公共关系工作人员有选择、有分析地向社会组织的领导层转送公众有关信息的过程，可以说是公众向社会组织反馈信息的中间环节。因此，从根本上说，它仍是一种信息的传播活动。

3.1.3 参与决策

决策就是指社会组织如何确定其运行的具体目标及为实现目标采取的方法、步骤或手段。决策是组织针对存在的问题，确定解决问题的行动方案的过程，是组织对自身条件和外界环境经过缜密考虑后所做出的决定性选择。由于组织环境和公众在组织生存发展中的作用越来越大，因此，公众是否接受组织的方针、政策与方案，是组织进行决策时必须考虑的重要问题。在组织的决策过程中，公共关系部门必须参与决策的全过程，并发挥其独特的作用。只有当公共关系成为组织管理高层决策的一部分时，公共关系活动才能最有效。具体来说，公共关系在组织决策过程中的参谋作用主要表现在以下4个方面。

1. 公共关系部门帮助组织确立决策目标

决策的第一步是确立决策的目标。不论是哪种社会组织，处在不同地位的人都是从不同的立场和角度，从不同的方面进行决策、确立决策目标的。如生产部门往往从生产的角度确立生产决策，技术部门从技术的角度确立技术开发决策，市场营销部门从市场营销角度确立市场营销决策等。各职能部门的管理人员往往将决策的焦点高度凝聚于本部门的职能目标，难以从全局和社会的角度考虑整体决策目标。由于公共关系是以公众为对象，以树立良好的组织形象为目的，因此公共关系参与组织决策，不同于组织的其他部门，公共关系部门更关心公众利益，注重从社会公众和整体环境的角度评价决策的社会制约因素、社会影响和社会效果。在确立组织决策目标的过程中，公共关系要求本组织必须站在公众立场上，充分考虑公众的利益和需求，避免只顾自身利益而忽视甚至损害公众利益的片面性倾向，从而使组织的决策目标体现组织利益和公众利益的统一、近期目标与长远目标的统一、经济效益与社会效益的统一，有利于组织形象的塑造。

2. 公共关系部门为组织决策提供相关信息

信息的充分性是组织进行决策的基本条件，公共关系部门以其掌握大量信息的优势，

第 3 章 公共关系的职能、作用与原则

为组织决策提供各种相关信息，包括内部公众信息和外部公众信息。公共关系在为决策提供各种信息的同时，还为各类公众提供信息服务，帮助公众了解组织的方针政策、组织的目标、组织的现状、组织的未来发展等信息。组织决策信息的广泛性促进了决策程序和方法的民主化和科学化。

3. 公共关系部门协助组织拟订决策方案

决策方案是实现决策目标的各种方法和措施的总和，公共关系在拟订决策方案和实施方面也发挥着参谋作用。公共关系运用公关手段，利用自己占有的数据、信息、资料等，使公共关系目标成为组织决策的有机组成部分，组织决策才是合理的。

4. 通过公众评价与反馈组织决策效果

公共关系参与决策的作用还表现在通过公关渠道评价、反馈决策实施的公众影响和社会效果，并根据评价的结果，提出改进建议，弥补组织决策的缺陷，从而为组织调整和改变决策目标、完善实施方案和制定新的决策提供依据，促使决策者不间断地改善组织形象。

咨询建议和参与决策是公共关系的高层次职能，它已越来越多地为我国各类组织所利用，在组织管理、组织发展中发挥着积极、独特的作用。

3.1.4 协调沟通

社会组织的决策方案确立后就进入了运行阶段。在运行中，社会组织必然要同现实环境中的各种因素发生关系并产生各种矛盾，社会组织与这些因素之间的矛盾大小、摩擦的多少，在很大程度上决定着社会组织的运行是否顺畅，因而也在很大程度上决定着社会组织的预定目标是否能顺利实现。

根据运行原理，摩擦是必然的，顺畅也是相对的。因此在社会组织运行中，协调各种关系、沟通各种信息，以减少同现实环境的摩擦就成为公共关系的又一重要职能。它一般包括内外两个方面。

1. 组织内部的协调沟通

在社会组织的内部，有各种各样的关系，概括起来无非是上下级关系、平级关系以及立体交叉关系。公共关系首先应该努力协调好上下级关系。任何社会组织的上下级关系结构都是正金字塔形式，下级总占据多数，如上下级关系不协调，就会产生组织重心不稳的现象。如果重心不稳，运行顺畅就无从谈起。因此，公共关系在这里必须发挥承上启下的作用。一方面，公共关系工作人员要经常向领导者反映下级员工的情绪、意见和要求，并提出如何根据下级员工的实际情况调动他们积极性的建议，从而使上级领导不断地了解和把握下级员工，及时地调整自己与下级员工之间的关系。另一方面，公共关系工作人员要积极做好上情下达的工作，要及时向组织员工宣讲组织的目标和管理方针政策，传达领导层的意见和决定等，消除可能产生的误会，使上级领导的意向和组织的现状、发展方向能及时为下级员工所了解，从而能使他们自觉地配合上级领导工作。

凡是具有一定规模的组织，总是由若干个职能部门组成的，如生产部门、销售部门、人事部门等。各部门的配合是否默契对它们的工作效率具有极大的影响。而有时各部门的配合不够默契，往往是由于信息不够畅通造成的，一般说来，虽然协调各部门的关系不是公共关系工作人员的职责，但如果是由于信息沟通上的问题而造成组织各部门的矛盾，那么，公共关系工作人员完全有责任配合领导者协调各部门的关系。当然，他们要做的主要是传播沟通信息，这种工作并不只是在矛盾产生时才做，它是一种经常性的工作，在平时就应该加强各部门之间的信息联系，使各部门能在相互了解的基础上协同工作。

2. 组织与外部的协调沟通

外部沟通协调是公共关系的经常性工作。社会组织运行过程中，要与许多外部因素发生关系，并与各种类型的公众产生联系。根据第 1 章对公众的分类，一般情况下，公共关系的外部协调工作要把与组织目标直接相关的公众作为协调沟通的重点，因为这类公众作为组织产品的消费者，最有权对社会组织及其产品作出评价。这里协调的方式是多种多样的，其中最根本的一种是反馈调节，即根据反馈信息来调整组织的运行；在其他情况下，公共关系的外部协调工作则根据组织运行情况把影响组织运行因素最大的那部分公众置为考虑的重点，这里，反馈调节也是一种重要的调节方式。

公共关系的协调工作主要依赖传播信息来沟通关系双方的感情，以建立起相互信任、相互合作的融洽关系。在社会组织运行中，由于各种关系状态不同，公共关系要沟通协调的重点和运用的方法也不一样。

其一，当双方关系处于和谐状态时，沟通的重点就应当是通过不断传播社会组织方面的业绩来保持和强化在公众方面的良好形象。如美国的南地公司(位于得克萨斯州达拉斯市)是全美第六大零售商，在社会上有良好的形象。该公司从 1981 年开始又开展了一项说服自己的顾客，特别是青少年改掉酗酒陋习的社会活动，这一社会活动通过各种传播媒介的宣传，进一步为南地公司赢得了声誉。由于这方面的工作有着比较好的社会基础，因此，如果开展得适当，往往能取得事半功倍的效果，不少声誉卓著的社会组织都深谙此道，常常开展诸如周年纪念等活动来加强自己的社会地位。

其二，当双方关系处于紧张状态时，沟通的基点应该首先是解剖组织自身，反省组织自身的责任，然后才是客观地分析关系状态，并提出改进关系状态的具体意见和措施。双方关系之所以会产生紧张状态，一般有内外两方面原因：内部原因是由于组织自身工作没有做好、危及了公众利益，这当然首先要自责，然后根据关系状态的现状，改进自身的运行机制，同时把自己的改进情况尽量向社会作出通报，以期扭转被动局面；外部原因是由于公众的误解，或他人的陷害等造成了对组织形象的损害，在这里，社会组织也应当首先自查哪些工作还有漏洞，然后才是在补漏洞的前提下向公众进行必要的解释，以澄清误会或对他人的陷害。

其三，当双方关系处于不明状态时。沟通的原则首先是用善意的态度来明确地表达自己的主张，竭力使对方消除紧张或戒备等逆向心理因素，为双方的信息交流创造正常的、平衡的心理条件。这样就可以避免发生误会、产生偏见。在此基础上，还应当把双方关系格局中含有的双方利益关系交代清楚，使对方对关系状态的实质及趋势有个"预存立场"，心中有底，这样便可减少关系发生后的摩擦。总之，在这种关系状态下，作为公共关系主体的社会组织，一要向公众(客体)交心，二要向公众交底，努力使他们明确双方的关系状况，以利于今后关系的建立和发展。

协调沟通是公共关系最根本的职责，公共关系的其他职能说到底都是为了更好地进行协调沟通而形成的，社会组织的形象主要是在协调沟通中建立和发展起来的。

3.1.5　日常事务管理

社会组织的运行必然会与各方面的公众发生关系。公众是由人构成的，人的因素对运行中的社会组织的态度趋向如何，在很大程度上取决于人们的需求满足与否和满足的程度。可见，人们需求满足与否和满足程度具有改变关系状态的效能。一般来说，人们的需求满足程度越高，关系状态就越好，反之，则无法形成良好的关系状况，甚至关系也很难维持下去。因此，如何使社会组织在其运行的日常事务中照顾到人们的需求，就成为公共关系的又一职能。

以马斯洛为代表的西方心理学"第三思潮"学派把人们的需要划分为生理需要、安全需要、社会需要、尊重需要、自我实现需要5个层次。1954年，马斯洛在《激励与个性》一书中探讨了他早期著作中提及了另外两种需要：求知需要和审美需要。这两种需要未被列入到他的需求层次排列中，他认为这二者应居于尊重需要与自我实现需要之间，但有人还是将其组成了7个层次。总的来说，人们的需要有两个特点：层次性和不间断性。因此，社会组织在运行中要把满足人们的需要贯穿于全过程中，为不断满足人们不同层次的需要做出努力。只有这样，才能使人的因素对社会组织的关系呈正态效应。公共关系在这方面的职能就是把不断满足人们各种需要的要求渗透到社会组织运行的每个环节或阶段中去。具体来说，公共关系要使社会组织的日常行为规范化、礼貌化，并遵守谅解原则。

(1) 规范化。公共关系从业人员要根据社会组织的特点制定出一套待人接物的标准程序，包括疑问有解答、上门有人接待、办事有效率和制度等，这样才能为任何一种关系的正常建立和发展提供一定的保证。组织行为规范化实际上是组织根据公共关系的要求，为满足公众的各种需要而建立的一种制度，因此，它是公共关系工作人员责无旁贷的任务。

(2) 礼貌化。在人际交往中，人们的礼貌是对对方尊重的表现，它意味着主人满足对方要求尊重的需要，它是人们相互理解和认识的基础。因此，要使人们的各种需要得到满足仅有规范化的标准程序还不够，必须辅之以礼貌化的要求。规范化加礼貌化，才既能使公众得到实惠又能使公众心情舒畅。如果只有规范化而无礼貌化，那么公众因社会组织规范化而得到的实惠就会被社会组织没有礼貌的行为而造成的心理压抑所抵消。所以，公共关系要求社会组织规范化与礼貌化并重。

(3) 遵守谅解原则。社会组织在运行过程中要同形形色色的公众发生关系，如有的公众通情达理，而有的公众则蛮不讲理。尽管这些关系状态不一、关系双方角色地位不尽相同、关系的成员也不同，但从满足人们需要考虑，社会组织必须把日常发生的矛盾放在谅解对方的角度来看待和解决。在这方面，各种社会组织都有许多有益的经验，所谓"顾客是上帝""顾客总是对的"等格言就是这些经验的概括，也是组织在具体日常事务中遵守谅解原则的体现。

社会组织行为规范化、礼貌化和遵守谅解原则，虽然本身不是传播活动，但都是传播活动中应当遵守的规范。任何活动都要遵循一定的规范，传播活动也不例外，因此制定和遵循传播活动的规范本身就成了公共关系的应有意义。

3.1.6 策划专题活动

在社会组织运行过程中,常常需要安排某种非日常事务类的专门活动来达到组织运行的一定目标,这里的专门活动在公共关系学中称为专题活动。

公共关系专题活动的种类很多,如新闻发布会、社会赞助、展览会、庆典、联谊等活动。从活动的效果看,又可分为形象效果活动和运行效果活动。不管哪一类活动,要取得效果,都离不开信息传播。因而,作为传播信息活动的公共关系在这些专题活动的组织安排中起着重要的策划作用。在这里,公共关系的职能与决策层的意图就类似于"导演"和"编剧"的关系。具体来说,公共关系工作人员至少要做这样一些工作:布置会场、筹划发言稿、编写新闻公报、拟定出席者名单、接待客人、挑选服饰等。

上述职能就是公共关系的主要职能。但是,由于社会组织所处行业不同、规模不同及运行水准不一,公共关系职能的重点及范围也不能简单统一。社会组织的运行水准决定了公共关系的职能范围,社会组织的运行水准越高,则公共关系的职能范围越宽也越完整,反之就较狭窄单一。

3.2 公共关系的作用

公共关系的作用就是指在公共关系职能发挥过程中所显示出来的效能,也就是指公共关系机构或从业人员在具体履行职责的过程中所产生的影响和效用。根据 3.1 节对公共关系职能的阐释,可以将公共关系的作用依次归纳为凝聚作用、监测作用、调节作用和应变作用。

3.2.1 凝聚作用

公共关系的现象描述论中曾经提到公共关系是一门"内求团结、外求发展"的艺术,也就是说,它有凝聚人心的作用。公共关系的凝聚作用是对组织内部公众而言的。

任何社会组织都是由人构成的,人的能动作用对社会组织来说始终存在着正反两方面的效能。从正面看,正是由于社会组织成员的能动作用,组织才能保持活力,运行才能正常发展。离开了人的能动性,组织也就不复存在、徒有其名了。与此同时,也正因为社会组织成员能动性的存在,才会使有些社会组织的内耗不断,进而产生分离的倾向,这就是人的能动性对社会组织的负面作用。公共关系的凝聚作用就在于它能使这种负面作用不断地向正面作用转化,从而使得组织内部团结一致、齐心协力,扫除阻碍社会组织正常运行的内部障碍。

从根本上说,社会组织内部成员关系的维系是由经济因素决定的。但是,任何社会组织内部成员关系的协调,又不仅取决于经济因素,它还常常依赖于内在的情感沟通和心理认同,有时甚至要依靠行政上的强制性干预。公共关系的凝聚作用不同于行政命令,也不同于经济因素的激励,它通过信息交流来沟通社会组织成员的心理情感,从而使组织成员团结起来。因此,它的作用跟行政命令和经济激励相比,更具有持久性和有牢固性。

公共关系的凝聚作用与通常意义上的思想政治工作既有相同的地方,亦有不同的地方。

第 3 章　公共关系的职能、作用与原则

一般来说，思想政治工作和公共关系的手段都是信息交流，通过"晓之以理、动之以情"的方法来协调组织内部成员的关系，以达到团结一致的目的。但是，思想政治工作的政治性较强，因而它的立足点也比较高，它注重提高人们的思想认识和社会历史责任感。相比之下，公共关系在这方面的工作层次要低一些，但也更具体、更务实。它把工作的重点放在情感的沟通上，主要强调社会组织成员对其组织的权利和义务。因此，思想政治工作与公共关系的凝聚作用是相辅相成的，所以专业的公共关系从业人员常常把它们结合起来。有人认为，如果思想政治工作效果不好，可以用公共关系活动来替代它，这实际上是不懂得它们二者之间关系的一种表现。事实上，二者各有自己的工作重点，不能相互替代。

3.2.2 监测作用

公共关系的监测作用实质是对信息资源的一种利用，是通过信息的采集、处理和反馈来发挥的。当今"信息爆炸"的时代，一切社会组织离开了信息就无法生存和发展，因此信息是社会组织创造财富的一种重要资源。从一定意义上说，公共关系工作是同信息资源打交道的工作，如何有效地利用信息资源是公共关系工作的重要课题，公共关系的监测作用就是充分利用信息资源的一种表现。所谓公共关系监测，就是通过对信息资源的把握，对公共关系主体和客体的行为、态度做监视和预测。具体来说，这种监测可以分为内外两个方面。

1) 对内监测

对内监测这是指公共关系对其主体，即社会组织的监测功能，它通过不断地进行信息采集、处理和反馈，掌握社会组织内部和外部的各种变化和最新信息，对社会组织运行状态和组织目标实现的可行性进行监测。对内监测需要采集和处理社会组织内部和外部公众两个方面的信息。如果只注意收集内部信息，忽视外部信息，那么公共关系至多只能发挥其监视社会组织运行状态的功能，而不能发挥其预测社会组织运行发展趋势和社会组织目标实现的可能性的功能；反之，如果只注意收集外部信息而不顾内部信息，那么，公共关系的对内监测功能就更无法发挥了。只有同时注意收集内外两方面的信息，公共关系的对内监测功能才能充分发挥。

公共关系对内监测作用的发挥主要是运用控制论中的反馈原理及其方法。所谓反馈，就是把系统的输出通过一定的通道再返回到输入端，从而对系统的输入和再输出施加影响的作用过程。反馈分为两类：如果反馈使输入对输出的影响增加，是正反馈；如果反馈使输入对输出的影响减少，就是负反馈。输入对输出的影响增加，意味着系统保持自身的能力降低，这种变化发展到一定程度，系统就会受到根本破坏，因此，正反馈是促使系统解体的因素。负反馈则减少输入对输出的影响，使系统达到一定程度的动态平衡，因此，负反馈是维持、保存系统的因素，公共关系的监测作用发挥的是对社会组织的负反馈功能。公共关系工作人员把通过采集掌握到的最新信息源源不断地输送到决策层那里，以使组织做出相应的反应，采取必要的措施，让组织的运行与公众的要求统一起来，这样就减少了公众信息的输入对社会组织输出的影响，使社会组织的运行持续在相对平衡的过程中，最终保证了组织目标的实现。

譬如一个服务性的社会组织，其员工在对顾客服务过程中产生了不良的顾客反映，公共关系工作人员捕捉到了这一信息，于是把它返回到决策层，企业领导根据这一输入的信息，及时对员工做出了教育与引导，这样，企业在接待顾客的服务态度与服务项目等各方面有了较大改进，顾客评价也发生了质的改变。这就是一个负反馈过程，也是公共关系对内发挥监测作用的过程。同一种负反馈过程往往不是一次性的，它通常要经过多次反复才能使输入与输出达到相对平衡的状态。同样，公共关系对社会组织的某一行为的监测也经常不是一次就能完成的，它一般要经过从信息采集、信息返回决策层到产品重新输出这样的多次反复过程。因此，公共关系的对内监测实际上就是社会组织控制其运行的一种机能，它对于社会组织目标的实现具有重要的意义。

2) 对外监测

对外监测所谓对外监测就是监测公共关系的客体即公众对社会组织的行为或态度。这种监测必须通过各种信息媒介，及时掌握与自身组织有关的各种信息及其走向，以监视公众的态度及行为的变化趋势。这种监测的目的是使社会组织在自身运行过程中，能及时做出应变对策，以防公众意向发生变化时公共关系不能适应公众的变化。社会组织要监测的范围可能很广，但不能因此而忽视了重点监测目标——大众传播媒介。大众媒介传播的信息不但影响大，而且是一切社会组织都可以共享的信息资源。同时，从信息沟通的意义来说，大众传播媒介已成为组织与社会、组织与组织之间联系的主要桥梁。因此，公共关系特别要监测大众传播媒介传播的信息，不但要注意当前与社会组织直接有关的信息，也要注意今后可能会对社会组织产生影响的信息。

3.2.3 调节作用

任何社会组织确立正确的组织目标是首要的，但仅有目标还不够，组织还必须通过正确无误的运行来实现目标。由于公共关系强调直接渗透到组织运行的每个过程、每个环节中去，因此它不但能在宏观上实现对组织进行监测的功能，而且在微观上也能表现出"现场调节"的功能。具体来说，这种功能表现在下述两个方面。

(1) 调节功能表现在避免各种矛盾的产生。任何社会组织在其运行过程中都必然会产生各种矛盾，公共关系的调节功能具有减小这类摩擦系数的作用，如像"感情投资"、"对话"等一系列公共关系的专门活动形式，就能直接避免矛盾的发生，达到防患于未然的效果。又如前所述，公共关系渗透到组织的日常事务活动中，使组织行为规范化和礼貌化等，这也具有避免某些矛盾发生的调节功能。

(2) 公共关系的这种调节功能不仅表现在"预先调节"，以防止某些矛盾的发生，而且也表现在当摩擦或纠纷发生后，能及时地防止矛盾的扩大，最大限度地减少矛盾或纠纷给组织带来的危害。当矛盾或纠纷发生后，公共关系并不是一味地为自己组织做辩护，更不是企图说服公众，而主要是通过各类传播活动来争取公众的谅解。事实上，也只有在这种争取谅解的公关意识的指导下采取的行动和措施，才是妥善解决矛盾的办法。公共关系解决矛盾的手段是信息传播，当矛盾或纠纷发生时，公共关系要求组织成员首先虚心地听取公众的意见。然后是在查清事实的基础上，与公众交流彼此的思想，以达成谅解。最后是进一步了解公众对矛盾或纠纷及处理措施的看法，把公众的看法反映给组织的决策层，建议决策层改进社会组织的运行状况，以避免矛盾和纠纷再度发生。

从根本上说，公共关系的调节功能是由公共关系调节的最基本原则所决定的。社会组织在与公众发生关系时，为了排除"关系人格化"的倾向，公共关系要求预先假定公众的要求具有某种合理性。这就使得公共关系的调节功能具有独特的作用，使得公共关系的调节达到其他调节(如行政调节、法律调节等)所不能达到的效果，从而使社会组织与公众处于一种相互了解、相互合作的融洽关系中。

3.2.4 应变作用

社会组织运行的现实环境是极其复杂的，即使是专门以了解信息、传递信息和发布信息为主要任务的公共关系职能部门，也不能对组织运行中可能发生的情况做出完全准确的预见。这样，社会组织在其运行中就不可能保证自身形象永不受损，也不可能保证自身与公众的关系始终处于最佳状态。因此，从特定的角度看，公共关系工作不在于保证社会组织形象永不受损(当然公共关系工作的理想状态，显然是组织形象永不受损，但理想是理想，现实常常是不能尽如人意的)，而在于社会组织形象受到损害，组织与公众关系遭到破坏时，如何进行弥补工作。在这里公共关系又表现出自己特殊的应变和抵御功能。社会组织的形象受到损害，或组织与公众关系不佳，通常有两种原因，相应地，公共关系也具有应变和抵御两种功能。

首先，社会组织由于其自身的原因而使其形象受损或使其与公众关系不佳。为了改变这种不良状况，公共关系就会发挥其应变作用。根据所述及的公共关系调节的最基本原则，如果社会组织形象受损或组织与公众关系不佳，公共关系预先假定公众总是对的。其目的是在没有弄清楚事实真相之前，先由自己来承担责任，这样工作起来就比较主动，便于与公众进一步搞好关系，但不能因为假定就急于改变自己组织的运行状况。当假定一旦被确认为事实，即社会组织形象受损或组织与公众关系不佳，是由组织自身的原因导致的，那么，公共关系就会发挥其应变功能，以改变社会组织的运行状况从而改善组织形象。当然，公共关系本身并不直接干预组织运行，由于公共关系职能部门是社会组织的"喉舌"或称为"窗口"部门，它最了解组织形象受损或组织与公众关系不佳的真正原因，对如何改变组织运行状况也最有发言权，社会组织领导决策层也特别重视它的意见。因此，它完全可以通过咨询建议和参与决策的职能来发挥自己的应变功能。

其次，由于社会组织外部的原因而使组织形象受损或使组织与公众关系不佳。为了改变这种不利于组织的状况，公共关系就会发挥其抵御功能。社会组织形象的受损常常是由组织外部的原因引起的，如假冒商品的出现，公众中以讹传讹的现象等。当有事实表明社会组织形象受损或组织与公众关系不佳的责任在于组织外部时，公共关系工作就发挥着强有力的抵制作用。当然，公共关系的这种抵御功能并不是通过行政、法律等强制性手段来实现的，而主要是采用信息传播的柔性手段来发挥。例如，当假冒商品出现后，有的企业就利用报纸等大众传播媒介加以揭露，提请公众注意。又如，当社会组织与协作单位之间发生法人关系纠纷并且主要责任在对方时，有的组织就先由公共关系工作人员或领导出面协调，通过彼此间的意见交换来达到协调关系的目的。由于公共关系活动采取的手段是柔性的，所以在其发挥抵御作用时往往能避免采用刚性手段的无余地无退路的弱点，使问题得到合情合理的解决，不留任何后遗症。诚然，在公共关系的协调不能达到预期效果的情况下，社会组织也可以诉诸于行政、法律等刚性手段来解决，以起到强制抵御的功能。

综上所述，公共关系的作用是多方面的，有的是相对于组织内部的，有的则是相对于组织外部的，是社会组织运行过程中不可或缺的因素。因此，尽管有些社会组织还没设置公共关系工作的专门职能部门，但是，这些社会组织的其他职能部门必然会分担这些职能和功能，以保证组织的正常运行。

3.3 公共关系的基本原则

公共关系的基本原则是指社会组织在开展公共关系活动中必须遵循的行为准则。组织面对的公众是极其复杂的，不同的组织具有不同的公众，同一组织需要面对不同类型的公众，同一类公众又可能面临不同的问题。因此，处理组织与公众之间的关系没有普遍适用的模式，只有普遍适用且必须遵照执行的基本原则。公共关系的基本原则有实事求是原则、平等互惠原则、双向沟通原则、全员公关原则、不断创新原则。

3.3.1 实事求是原则

实事求是原则是指组织在开展公共关系活动时要尊重事实。公共关系部门的大部分工作是信息传递，信息传递的首要原则是真实可信，报喜也报忧。要以事实为依据，如实向公众传递组织的信息，特别是当组织出现问题时，决不掩盖和隐瞒。

首先，传递的信息要真实。任何虚假信息的出现都会使组织受到怀疑，那么，公共关系工作就很难取得预期的效果，甚至会一败涂地。其次，当组织出现问题时，决不能掩盖和隐瞒。任何组织，特别是企业组织，在经营过程中都可能出现问题、产生过失。在这种情况下，掩盖和隐瞒都不能解决问题，反而会导致组织更大的损害。其实，发现问题、勇敢地承认并及时地采取相应措施，不仅能得到公众的谅解，还更有利于组织形象的建设。

有人认为，公共关系是"耍嘴皮"的职业，只要能说会道，能吹会编就行。但恰恰相反，胡编乱吹不但降低自己的信誉，而且损害组织的形象。世界足球明星马拉多纳，人们称他为阿根廷政府的"体育大使"。1991年3月，在意大利足球联赛中，他（当时是那不勒斯队队长）被发现使用毒品可卡因。铁证如山，马拉多纳无话可说，意大利人为之哗然，他们的说法是"我们可以原谅一位私生活不检点的偶像，但是不能容忍一位骗子"。当初以930万美元的重金聘请马拉多纳的那不勒斯俱乐部，以"损害球队形象"为由，提前两年与他中止了合同。意大利的足球迷们说："马拉多纳在他们心目中一直是一个英雄和受人崇拜的偶像，现在伟人成了小人，一切神话都不复存在了。"马拉多纳从"足球之神"跌入凡间这一事实清楚地表明，公众人物必须诚实地对待自己的组织与公众。欺骗公众是不行的，也是不能持久的，总有一天，公众会识破谎言，说谎者的形象将对组织的发展产生难以逾越的障碍，对公众的欺骗无异于自杀。

公共关系人员要贯彻"实事求是"的原则，如实地向公众报告组织的信息。这是检验公关人员是否具有一定的职业水平、是否具有职业道德的一把尺子。取信于公众的手段是开诚布公，即提供真实的材料，使公众了解组织的诚意，以及组织为共同利益所做出的努力；同时，引导公众提出对组织的看法，以便及时改变组织的行为。

3.3.2 平等互惠原则

平等互惠原则是指公共关系应以公众利益为导向，使组织与公众的利益要求都得到满足，以谋求组织与公众的共同发展。

公共关系是为组织利益服务的，但公共关系并非仅考虑组织利益，组织与公众联系的过程，实际上就是双方利益相互满足的过程。社会组织只有在满足公众利益的基础之上，才能获得自身的赢利与发展。平等互惠原则要求公共关系人员把公众利益作为首要因素来考虑，把能否充分满足公众利益作为衡量公关活动效果的重要尺度，把组织与公众的"双赢"甚至是"多赢"作为目标。

例如，国内最大的五金企业生产基地——江苏省张家港大新镇，2001年出口小剪刀等五金产品40 000万件，创汇5 000万美元，其中，朱玉宝的宏宝集团创汇额占了一半以上。近几年来，宏宝集团的五金产品远销世界75个国家，是国际上最好的同类产品之一。"自己吃肉绝不能让别人啃骨头！"朱玉宝抱定这个观念，他在盘算自家利润的同时，也为对方算一笔账，看人家有没有利润空间，能赚多少，而不是只顾自己，不顾别人，更不去坑害对方，因而他在国际五金行业内口碑甚好。美国一家代理商史密斯，2001年从朱玉宝的公司进了3 000打羊毛剪空运至澳大利亚出售，谁知道这位老板看错了行情，把剪刀的型号搞错了，在市场上根本销不了，这位老板要损失数十万美元。朱玉宝得知这个消息后，深感不安，主动跟这位老板联系，让他把货退了回来，重新发货空运的费用也由朱玉宝的公司承担。新型号的剪刀投放市场后，销售很旺。这笔生意上朱玉宝只赚了一点，却挽救了一个大客户。史密斯先生感激涕零，向远在欧洲的朋友们介绍了朱玉宝的经商美德，一下子为朱玉宝带来了1 700万美元的订单。

在现实生活中，各类公众都生活在特定的社会环境中，有着各自特定的利益要求。公共关系人员坚持平等互利的原则要求组织的决策、计划以及所有经营管理行为，都必须以公众利益为出发点，都要以社会整体利益的尺度来衡量。例如，企业在投资项目、资源利用等方面要考虑到国家整体利益、方针政策，如果只图一时一事之利，一旦国家运用法律手段进行控制，就会造成投资上的损失，甚至危及本组织的生存。

同时，坚持平等互利原则还要求组织决策时，要有很强的社会责任感，要考虑到对他人、对社会、对后代可能造成的影响。例如，企业在自己的经营活动中，一定要注意担负起保护生态环境的责任，为社会、为后代着想，也为自己创造能够长期生存的环境。正是基于此，客观上要求组织决策者要有远见卓识的政治眼光，看到良好的社会环境对组织发展的重要性。为此，组织一方面要多行善事，尽自己所能关心社会的公共事业，参与社会服务，如积极地为社会创造就业机会，关心市政设施建设，关心公共卫生事业和环境保护工作，赞助各种社会福利、文化、慈善事业等；另一方面，当局部利益与全局利益、短期利益与长期利益发生冲突时，要敢于从社会整体利益出发，从事有益于社会的公关计划，即便自己一时受损失。

总而言之，作为一个社会组织，既要重视本组织的利益，又要重视公众的利益、社会的利益。一个组织只有把本组织的利益与公众利益、社会利益结合起来才能长期立于不败之地。相反，如果一个组织只追求自身利益，忽视公众利益与社会利益，给公众与社会造成危害，那么这个组织必定会声名狼藉，无法生存。

3.3.3 双向沟通原则

公共关系的双向沟通原则就是指社会组织在开展公关活动时，要使组织与公众双方互相沟通、了解和影响，从而达到相互理解和信任的目的。组织与公众之间建立良好公共关系的过程，其实质就是信息的交流、反馈和修正，以及组织与公众之间相互理解和适应的过程。双向沟通是公共关系基本原则之一，也是公共关系的核心内容。因此，一方面，组织应通过各种渠道把相关信息告知公众，如借助大众传播、人际传播向社会公众发布信息，使公众了解、理解和支持组织；另一方面，组织也应通过各种渠道广泛收集有关公众的信息，及时把握公众动态，可以采取社会对话活动、大型公众咨询活动、举办开放日活动、建立信访和热线电话制度等。

譬如，20世纪70年代，飞鸽、凤凰、永久3种品牌是我国自行车的名牌。但却闯不进年销售1 000万辆自行车的美国市场，其原因就在于，国际市场上的自行车讲究款式，仅塑料把手就有上百种颜色可供选择，尾灯反射距离在几百米之外。国内的自行车色彩单调，尾灯反射距离仅几十米，甚至有的刹车还不灵。

由此可见，我国三大名牌自行车品牌在美国不成功的重要原因就是不能及时、广泛搜集来自美国社会公众的意见，特别是自行车消费者的信息反馈。应该把这些信息反馈给自行车生产厂家的决策层，以便他们调整组织的决策，改善组织自身的行为。

诸如此类，我们现实生活中的各种矛盾，如医疗卫生、危房拆迁、住房改革、职称改革等，多由政策不合民意造成，要么合法不合理，要么合情不合法。产生这些社会问题的主要原因就是缺乏双向沟通。

因此，公共关系工作中要协调好双方的利益关系，必须坚持信息的双向沟通原则。在双向沟通中形成一定的"共识区域"、互为角色、自我调节，从而不断完善自身形象。

3.3.4 全员公关原则

全员公关原则简称为"全员PR"原则，即通过对全体员工进行公共关系教育与培训，增强全体员工的公共关系意识，提高员工的公共关系自觉性，形成浓厚的公共关系氛围与公共关系文化。

组织的公共关系工作不仅是公关专业人员的职责，而且还是组织内所有成员的共同责任。组织形象的建立、公共关系目标的达成，仅凭几个公关人员的努力，几次公关专题活动是远远不够的，需要组织内上至领导，下到普通员工的共同努力。因为组织每一成员都处在对外公共关系的第一线，其一言一行都代表着组织形象。如电话接线员甜美的声音、礼貌的语言，可以给公众留下美好的印象；相反，门卫衣衫不整、粗鲁无礼就会破坏组织的形象。因此，公共关系部门首先要培养员工的公关意识，使其在对外公关第一线发挥良好的作用。

企业员工的责任感影响一个企业的发展。正所谓"一荣俱荣、一损俱损"。事实上，从企业公关角度来看，企业员工具有双重身份，既是公关主体，又是公关客体。不同的身份可以有不同的思考与行为：一方面，员工作为企业的公关主体，可以通过参与企业行为，提出合理化建议；另一方面，员工作为企业公关客体，对企业行为认同，对企业的产品或服务感兴趣，很自然地传递给外部公众一个信息，也就是企业是值得信赖的。企业领导者与被领导者之间由于种种因素的影响，会不可避免地存在一些沟通障碍和隔阂。全面参与、全员公关可以及时向双方传递信息，隔阂、障碍易于"淡化"，认同基点容易找到。与此同时，每一个企业员工总是希望在自己的工作环境中建立个人对社会的认同关系，获得归属感，并且希望在这样一个工作环境中以自己的才能和个性而赢得尊重。全员公关就是寻求社会认同，充分表现自我、赢得尊重的一种有效方式。这种方式会使员工感到置身企业中

第3章 公共关系的职能、作用与原则

犹如置身家庭中一样,安全、舒畅,会使企业的凝聚力、向心力增强。

3.3.5 不断创新原则

对于任何工作,当人们初次接触时,总感到新奇有趣,但长此以往,便索然无味了。因此,组织或企业必须不断创新。企业应不断生产出新式样、新款式、新色调的产品,提供新的服务项目,增添新的活动内容,提出新的工作规划、新的业务程序。只有这样,才能保持对更多公众的吸引力。因此,要做好公共关系工作,必须了解并迎合公众心理,引起公众的兴趣和重视,满足公众心理的一个重要原则就是创新。

 应用案例

【案情简介一】

"玻璃窗"佳话

"玻璃窗"佳话——柯达公司坚持建议制度100年。美国曾发生一段"玻璃窗"的佳话。著名的发明家、柯达公司创始人乔治·伊士曼,收到一份普通工人写的建议书,其内容简单得让人吃惊,"将玻璃窗擦干净"。虽然这只是件小事,伊士曼却认为这是员工积极性的表现,是一种难得的"参与意识",立即公开表彰,发给奖金,从此柯达公司建立起一个"玻璃窗制度",即"柯达建议制度"。由"玻璃窗"引起的制度一直坚持到现在,100年来,柯达公司员工提出的建议总数已超过200万项,其中被采纳的已达60多万项。

【案例点评】

案例充分说明了员工工作状态及责任感影响一个企业的发展。

【案情简介二】

顾客争座时,肯德基怎么办?

2000年8月,江西第一家肯德其餐厅落户南昌,开张数周,一直人如蜂拥,非常火爆。然而一个月未到,即有顾客因争座被殴打而向报社投诉肯德基,造成一场不小的风波。

事件经过大致如下:一位女顾客用所携带物品占座位后去排队购买套餐时,座位被一位男顾客坐住而发生争执。先是两位顾客因争座发生口角,尽管已引起其他顾客的注意,但都未太在意,此时餐厅的员工未能及时平息两人的争端。接着两人争吵上升到大声争吵,店内所有顾客则都开始关注事态,邻座的顾客则停止用餐,离座回避,带小孩的家长担心事态危险和小孩受到粗话影响,开始领着小孩离店。最后二人争吵上升到斗殴,男顾客大打出手,殴伤女顾客后离店,别的顾客也纷纷离座外逃和远远地看热闹。女顾客非常气愤,当即要求肯德基餐厅对此事负责,并加以赔偿。到此时,其影响面还局限于人际范围,如果餐厅经理能满足顾客的要求,女顾客就不至于向报社投诉。但餐厅经理表示"这是顾客之间的事情,肯德基不应该负责",拒绝了女顾客的要求。女顾客马上打电话向《南昌晚报》和《江西都市报》两报投诉。两报立即派出记者到场采访。女顾客陈述了事件的经过并坚持自己的要求,而餐厅经理在接受采访时对女顾客被殴表示同情和遗憾,但是认为餐厅没有责任,不能做出道歉和赔偿。两报很快对此事作了报道,结果引起众多市民的议论和有关法律专家的关注。事后,根据消费者权益保护法,肯德基被认为对此事负有部分责任,向女顾客公开道

73

歉,并赔偿了部分医药费,两报对此也都作了后续报道。

案例思考:

(1) 从公共关系角度来看,顾客争座,肯德基到底该不该管?

(2) 通过这一事件,我们应该汲取哪些教训?

讨论:以此案例为例试谈对公共关系功能的一点体会。

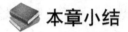 本章小结

本章主要介绍了公共关系的职能、作用和基本原则。首先介绍了公共关系承担了收集信息、咨询建议、参与决策、协调沟通、日常事务管理和专题策划等职能;然后介绍了公共关系具有的凝聚作用、监测作用、调节作用和应变作用;最后简介了公共关系的基本原则。

习　题

1. 单选题

(1) 从公共关系工作的角度看,有 3 类信息是应当注意优先采集的,这就是组织形象信息、(　　)、组织运行状态及发展趋势信息。

　　A. 产品形象信息　　　　　　　　B. 大众传媒信息

　　C. 政府政策信息　　　　　　　　D. 公众信息

(2) 公共关系的作用分为监测作用、凝聚作用、调节作用和(　　)。

　　A. 协调作用　　B. 管理作用　　C. 平衡作用　　D. 应变作用

(3) 公共关系的监测作用可以分为(　　)。

　　A. 对内和对外　　　　　　　　　B. 对上和对下

　　C. 对社会组织和对公众　　　　　D. 政府和媒介

(4) 在公共关系中,将追求平等和双赢作为处理各种关系的行为准则而形成的公关观念,一般称为(　　)。

　　A. 协调观念　　B. 互惠观念　　C. 传播观念　　D. 服务观念

(5) 组织的全员公关培训即对全员进行公关教育,其重点是(　　)。

　　A. 公关知识普及教育　　　　　　B. 公关思想及意识教育

　　C. 政治思想教育　　　　　　　　D. 公关能力及教育

(6) 在一定条件下,多种需要中会有一种最为迫切、起主要支配作用的需要,即(　　)。

　　A. 自尊需要　　B. 胜任作用　　C. 成就需要　　D. 优势作用

(7) 公共关系活动要尽可能满足公众的(　　)。

　　A. 生理需要　　B. 社交需要　　C. 自我实现需要　　D. 优势需要

2. 简答题

(1) 公共关系有哪些基本职能?

(2) 简述组织与外部协调沟通的方法。
(3) 组织形象信息包括哪些方面？
(4) 公共关系在组织运行过程中能发挥哪些作用？
(5) 公共关系在组织运行过程中如何发挥应变作用？
(6) 公共关系如何发挥参与决策职能？

3. 案例分析题

试结合下文的观点，指出公共关系可以为城市文化建设做些什么？

从文化容量到创造能量

花 建

从扩大文化"容量"，到提升创造"能量"，这是上海面对的重大命题。文化产品的价值在于原创，而以丰富多彩的文化作品和背景为参照系，才能提炼出与众不同的个性。

一个国际化大都市应该是各类资源要素的"凹凸镜"和"聚焦点"，以点燃文化创造的冲天火焰。一部文化精品所需要投入的资源要素越多，它需要的统筹和综合能力也越强。

马年新春的鞭炮还余音袅袅，文化新品的联翩推出更给申城带来了一片春意。从上海大剧院、博物馆到各广播电台、电视台的专栏和各大演出场所，不仅汇集了五湖四海的文化产品，而且有众多的文化人和艺术家，大家都把上海看作是打造原创性精品的大平台。正如一位来自南方的雕塑家所说的："我相信，20世纪90年代的上海，形成了海纳百川、兼收并蓄的容量；21世纪的上海必将具有打造精品、辐射世界的能量。"

从扩大文化"容量"到提升创造"能量"是上海面对的重大命题。文化产品的价值在于原创，而原创的精品不可能闭门造车，只有在以世界文明作为参照系的过程中，经过反复比较和提炼而成。实践证明：以丰富多彩的文化作品和背景为参照系，才能提炼出与众不同的个性，在竞争中去弱存强而提升质量；同时，了解海内外纷繁多样的文化需求，才能不断校准自己的创作定位，扩大文化的辐射面，以最大的限度满足社会的需求。融这两个对立统一的侧面于一体，恰恰是一个国际大都市为文化创造所提供的"望台"和"定位仪"作用，它体现了一种提炼独创性和拓展辐射面的辩证法。

在这方面，许多国际大都市都走过相似的历程。例如今年即将登陆上海的百老汇音乐剧《悲惨世界》来说，它那16年常演不衰的纪录和18亿美元的累积票房收入，来自它对整体风格的准确定位。它最初的剧本具有浓郁的19世纪欧洲背景，却难以适应一个国际大都市多元文化人群的胃口，通过文化市场的演出和反馈，经过8次大修改和20多次小修订，终于形成了雅俗共赏的艺术定位。不但让欧洲游客感到亲切，而且美国本土人群和各国游人也近悦远来。其实，这里所说的定位，不仅包括内容定位、风格定位，也包括价格定位、消费者定位、情感定位和类别定位。在每一个层面上，都需要精心瞄准，再合成一个整体。正如同上海大剧院版的《红楼梦》，经过反复的推敲，既适应了江南传统的越剧消费者群，具有浓郁的吴语地区特色，又适应了一流大剧院的富丽堂皇风格，具有鲜明的节日庆典特色。这种不同于传统越剧和其他表演形式的独特追求，恰恰是该剧强烈的艺术生命之所在。

从海纳百川的文化容量到打造精品的爆发能量，从作品数量的日渐增多到文化活力的不断升级，一个国际大都市应该是各类资源要素的"凹凸镜"和"聚焦点"，以点燃文化创造的冲天火焰。一部文化精品所需要投入的资源要素越多，它需要的统筹和综合能力也越强。作为一种影响广泛的社会化生产，它不仅需要文化人或艺术家的灵感创意、必要的技术手段和物质条件，还需要纵览海内外文化潮流的宏观策划能力、把握文化市场风险的投资能力、利用各种媒体的传播能力，以及协调各方面关系的公关能力。而这样一种文化工程，也只有利用国际大都市的优势，通过社会化的分工协作才能实现。

2001年金秋，当APEC成员的领导人在全球媒体的注目中，步入上海国际会议中心宴会厅时，迎接他们的是巨幅油画《世纪玫瑰》，以及设置在一楼大厅、总统套房和VIP休息室的26幅"国粹油画"。其创作者是原西安美院的青年教师刘令华。他初进上海时，曾经以强烈的表意风格和传神的写实手法相结合而获得同行好评。当时，上海宽视网络电视有限公司独具慧眼，汇聚各方高手策划，以大胆的投资承担出品人，以"京剧题材、中国气派、国际潮流、现代风格"为宗旨，鼓励他进行再创造，最后终于借助APEC会议和中国艺术节等历史机遇脱颖而出。正如一位海外学者为之感叹的："只有上海这样的大舞台，才能将天时、地利、人和结合成如此美妙的精品。"类似的文化工程，对上海应该是多多益善。

随着上海经济连续10年保持两位数的增长，城市的交通信息、生态环境、人文条件、社会保障等综合指数日益改善，这颗东方明珠正吸引着越来越多的中外投资、技术成果、文化人才、节庆会展，使文化资源的积累达到了一个空前的水平，为文化创造的质的飞跃提供了条件。让我们抓住时机、优化组合、突破重点，使文化资源的数量优势，转化为文化创造的能量优势，以回答时代对上海的殷切期望。

(资料来源：《文汇报》)

第 4 章

公共关系的组织机构及从业人员

教学目标

了解公共关系部在社会组织中的地位与职能，明确公共关系组织机构的设置原则及模式；了解公共关系公司的特点、职能及类型；熟悉公共关系从业人员应该具备的基本素质及职业能力，了解公共关系的职业标准。

教学要求

知识要点	能力要求	相关知识
公共关系部	(1) 了解公共关系部的地位与职能 (2) 理解公共关系部的设置原则 (3) 明确公共关系部的模式	(1) 公共关系部的地位和职能 (2) 公共关系部与其他职能部门的关系
公共关系公司	(1) 熟悉公共关系公司的特点及职能 (2) 了解公共关系公司的类型 (3) 了解公共关系公司的工作原则 (4) 公共关系公司的衡量标准	(1) 公共关系公司的工作内容 (2) 公共关系公司的标准衡量
公共关系从业人员素质	(1) 掌握公共关系从业人员应具备的基本素质 (2) 熟悉运用公共关系的职业能力 (3) 了解公共关系职业标准	(1) 公共关系从业人员的能力培养 (2) 公共关系职业能力的时代需要

公共关系部；公共关系公司；公共关系从业人员

引例

陶雷：奥美做最有影响力的传播

收到我的采约信息，陶雷爽快地答应了。不过他身体有点不适，当时还在医院，告知我比原定的时间推延半小时。当我按约定时间到达采访地点，安静的西餐厅里，音乐缓缓萦绕。我刚在靠近门口的空位上坐下，电话响起，一个男声传来："我看到你了，我在你的背后。"我转过身，果然是他，笑容亲和，发型整齐，坐姿端正。这是我们第二次见面，几个月前曾有过一面之缘。

双子座的陶雷土生土长于北京，是中国第一代本土广告人。1993年，28岁的"海归"陶雷加入奥美广告担任AE(客户执行)。奥美广告是最早面向国内客户服务的国际4A公司之一，原本学建筑设计的陶雷初入奥美，对广告了解不多，连AE是什么都不清楚。回想起来，他笑着表示，从小爱问为什么的性格可能是自己适合广告行业的一个重要原因。

从国际客户到国内客户，平和、理智、务实的陶雷以对事不对人的"解决问题"精神成就了无数品牌，自己也由AE做到了奥美广告中国区总裁。20年间，他目睹和经历了中国广告业从无到有，并在它的起伏变迁中留下了自己的轨迹。陶雷总结自己的广告人生，说："更看重事情，而不是人，做这个行业——你得对解决问题有兴趣，最后就跟游戏差不多，任何客户提出的需求，你就当做哥德巴赫猜想，去攻克。攻克一个个难题，会有成就感，很爽。"

【对话】

广告的本质就是帮客户解决问题

影响力是传播的唯一目标

《新营销》：你是怎么进入广告行业的?奥美当时给你什么样的印象?

陶雷：1993年，我从加拿大留学回来，不知道干什么，就先找一个小公司作为落脚点，那家公司说你是学建筑设计的，你就做广告吧。一听就知道那些人什么都不懂。学建筑设计跟广告有什么关系呢?我就开始看有关广告的资料、著作，看了五六本书觉得挺有意思的，就找到奥美了。

奥美中国那会儿特别像个创业公司，在北京展览馆一个仓库里办公，很不起眼。我第一次去都没找着地方。面试时间安排在晚上7点，我很奇怪，怎么下班时间面试呢?后来找到了，一看大家都在加班。我觉得非常surprise，不是世界上最有名的广告公司之一嘛，怎么在这样的地方?客户总监面试我，当时去国外留学的人不多，我比别人多点见识，会讲英语，被安排做AE。我那时稀里糊涂的，根本不懂AE是什么。我记得，刚进去时工资是900元，过了三月涨到1200元。我本来想，先闷头在这个公司干两年积累经验，有点本钱再去做别的，没想到如今快成一辈子了。我运气还不错，老板都拿我当回事，包括客户对我都比较赏识。

《新营销》：一开始你是怎么做业务的?

陶雷：当年中国第一个进口洗发水品牌叫威娜，来自德国，是做发廊专业渠道的，但不顺利，就做了洗护分开的新产品，那时是非常新的概念，我参与威娜洗发、美发品牌的上市策略和传播活动，包括写提案、创意策划等。当时中国广告业处于初级阶段，一切都不专业。我记得自己第一次做提案，不知道该怎么做，新来的业务总监给了我一个之前做的洗发水提案，我就照猫画虎做出一份，客户竟然通过了。有一天深夜，客户等我们完稿。我们通宵加班直到第二天早上七八点做完了给客户，我送他出门，走到门口，他对我说：陶雷，我觉得你不像是广告新人，无论从工作态度和专业能力上你都像是做过很长时间的。这就是对我莫大的鼓励。总之，付出了，客户能看得见。

《新营销》：你跟客户沟通、合作有什么体会?

第4章 公共关系的组织机构及从业人员

陶雷：因为喜欢广告，我每次见到客户，都蛮兴奋的。双子座的人都比较好奇，我主动了解客户。而且我们接触的客户都不是平庸之辈，都是做得很成功的，从他们身上能看到很多有意思的事情，学到很多东西，所以就很愿意想办法帮他们解决问题。广告行业，客户希望能够解决问题，而不是纯粹对创意感兴趣。从这个角度说，跟解数学题没有什么区别。比如提出的解决方案，让客户接受了，把它执行出来放到市场上，看到它有什么样的反响，觉得非常有成就感。比方我做了一个商业广告，结果成为一个文化现象，这比卖多少产品要来劲多了。做传播最终极的目标就是影响人，要有影响力，创造有影响力的传播活动，能够改变目标受众的想法和行为，这是最有意思的事。

《新营销》：广告的本质是什么？

陶雷：能产生实际效果的才是好创意，广告是商品、商业，不是艺术，有创意没效果不叫创意。广告应该一切只为销售和解决问题服务，很多获奖的创意实用性不强，我觉得那只是习作。广告的本质就是帮客户解决问题。

但是，一个好的传播、一个伟大的创意不止这些，不光是能帮客户卖东西，它可以帮客户更有效率地卖东西。它还能影响很多人的看法和行为，改变一些东西。这就是我们说的影响力。创造影响力是广告传播最重要的目标，我觉得是唯一的目标，没有别的。

《新营销》：你如何找到灵感？

陶雷：要充满好奇，看到一个东西要有自己的观点，要看好在哪，或者为什么不好，怎么可以更好，还要看到一些事实，从中挖出一些洞察。

新媒体营销是个伪命题

《新营销》：你怎么看新媒体营销？它们与传统广告传播是怎样一种关系？

陶雷：我认为"新媒体营销"本身就是"伪命题"。所谓新媒体只是一个阶段性的体现，未来依然只是一个大的媒体范畴。把"新媒体"和"旧媒体"割裂开来规划营销和传播本身就是不正确的做法。做营销不是赶时髦，传统媒体依然有它的价值，要客观看待。至于如何选择媒体投放的方向，则取决于受众、广告目标和预算多少。当传播策略确定之后，再决定媒体资源的具体组合方式。在新媒体突飞猛进、消费者媒介接触行为更多元化的今天，应该采取的是"媒介中立"的思考和行为。在创意上，要有媒介中立的大创意或叫"平台创意"，这样的创意想法无论在哪种媒介形式上都能发挥效力。在媒介组合的规划上，唯一的依据是目标受众的媒介接触行为。事实上，数字媒体和传统媒体一定是相辅相成甚至互相融合的关系。在实践中我们越来越发现，人为地区分传播专业很困难。这到底是一个广告想法还是一个公关想法，提出这样的问题已经没有必要了。

新媒体相对于传统媒体最突出的特性是实时与互动，也就是以往被动接受的受众现在可以参与到媒介的内容中。社会化媒体的兴盛就是因为它们给了人们表达的机会和平台。这个平台对于营销人员而言是一个新的挑战，也是新的机会。

《新营销》：新媒体营销的关键是什么？

陶雷：社会化媒体营销对于那些乐于与消费者真诚平等对话的企业提供了空前的机会。由于它的实时与互动特性，企业和品牌能够即时捕捉消费者对品牌的反馈并采取行动。同时，聪明的营销者可以利用社会化媒体让大众参与到自己的营销活动中，为传播增添内容，为品牌贡献才智。但与过去的营销方式相比，它的传播更加动态化，且难以管控。另一个特点就是，任何热点爆发得快，消失得也快。以前做广告，一切内容都是我们决定的，我们和客户面对的风险顶多是传播效果不够好。而现在，在社会化媒体上的所谓策划，是你只能计划开头，很难预料结尾。曾经有客户希望我们策划一个像"凡客体"那样的传播活动。我告诉他们那几乎是不可能的。据我所知，当初是广告公司的人拿凡客的户外广告开涮做着玩儿的，没想到放在微博上引起这么大的反响。凡客体的成功并非规划出来的。

社会化营销的前提和核心其实还是内容，把内容做好是一切的前提。同时，社会化营销对传播者提出了新的要求——就是在执行的过程中，要不断地追踪和即时调整与回应。比如，2012年伦敦奥运会期间

Nike在微博上做的"伟大"系列广告，就是实时结合当天比赛结果推出的。

从做广告到做内容

《新营销》：现在市场环境变化很大，比如互联网带来的巨大变化，广告公司怎么应对？

陶雷：媒体越来越多元化，大家接触实体的习惯也会碎片化。在这种情况下，怎么帮助客户传达信息？以前我觉得很简单，把一个电视广告拍好，基本上80%的工作就结束了。现在不行，有可能电视广告只是其中一点，还必须策划很多不一样的事情。回头看，过去广告公司做的那点事儿相对来讲太单纯了，但是做这么简单的事儿却挖得很细、很深，找消费者洞察、分析还是很准确的。只是它的外延变得越来越大，越来越复杂，仅靠电视广告和报纸广告打天下的时代已经过去了。

现在很多客户都开始投向社会化媒体。所以，我们从做广告变成做内容。虽然广告本身也是一种内容，但因为它是单向的，内容很畸形，所以就会出现脑白金和恒源祥"羊羊羊"这种灌输性的内容，这种内容要是放在互联网上是没人搭理的。"中国好声音"插播了50多条广告，除了一两个花钱最多的，其他都是打水漂，是非常愚蠢的投资，投入几千万元在那儿排不上前三名是没有任何价值的。这就是媒体环境的变化，消费者接触信息的渠道的变化，直接影响到我们怎么做内容，怎么把内容放到消费者面前，而且不让他们反感。为此，我们要做出很大的调整。

《新营销》：整合、调整的关键是什么？

陶雷：在网络普及之前，整合没那么重要。因为传统的渠道就那么几种，整合相对容易。在传播渠道越来越多元和分散的情况下，要整合就不那么容易，但整合越来越重要。未来传播可能有十个渠道，都要兼顾，不可能只把传播预算集中在一两个媒体上，因此必须整合，把复杂的内容和传播渠道整合到一个平台上，围绕一个核心的传播信息去执行。

《新营销》：在外部资源和内部资源整合方面有什么原则？

陶雷：一方面，创意怎么来。以前如果只做TV和平面，那很容易。如果未来我们要做十种创意形式，每个都要做到最好，自己做已经不可能了，势必要求我们与外部做各种内容的资源链接，建立合作模式，而不只是靠我们自己。未来广告公司需要一个很强大的团队，专门负责整合资源，从外面找资源，与这些资源合作，让这些资源围绕一个核心的传播主题和核心想法运作和执行。这是一个更复杂的工程，需要跨越很多部门和学科，需要把这些资源整合起来，变成一个解决方案。这样的人才未来非常重要。

未来，像奥美这样的广告公司要变成一个平台型的公司，整合很多资源，包括传播内容的资源、传播媒体的资源，甚至技术资源。现在技术在很大程度上能够改变我们在传播上所做的事情，因为它在影响我们与客户沟通的方式。由于很多事情要靠外部资源做，我们必须具备的能力就是整合能力。

《新营销》：在整合资源的同时，如何运用大数据了解消费者？

陶雷：以前我们了解消费者主要靠观察、靠市场调研，了解消费者说什么。但消费者说什么不代表他想什么，想什么不代表他做什么，尤其是说什么到做什么之间的距离非常大，其中不真实的程度特别大。所以我有时不看重传统的市场调研，它能够给的参考非常有限。

但在数码时代，这一切都可以解决。因为在数码时代，我们掌握的数据都是真实的消费者行为。行为是不骗人的。掌握消费者的行为，分析他喜欢什么、购买什么、关心什么，在这个基础上找到消费者洞察，找到跟他们接触的途径，以及跟他们接触的内容和载体，就更加科学。未来传播的科学性是非常重要的，可以寻找消费者的踪迹，了解他们真实的情况，然后对症下药，传播的信息也好，传播的时机也好，传播的渠道和内容本身都能够因为消费者的需求而产生。这就要求我们对自己的传播负起更多的责任。广告有没有效果，传播活动能不能达到目标，都是可以衡量的，以至于跟广告公司的收入挂钩，这都是数码时代带来的变革。

(资料来源：中国公关网，http://www.chinapr.com.cn/)

思考：从上述引例可以看出公共关系公司的影响力和培养优秀公关人才的重要性。那么何谓公共关系部和公共关系公司？如何设置？优秀公共关系人才应该具备怎样的职业素质和职能能力呢？

第 4 章 公共关系的组织机构及从业人员

本章将介绍：公共关系部的特点、职能、设置原则及模式；公共关系公司的特点、职能、种类及工作原则；公共关系从业人员的基本素质和职业标准。

社会组织要想在所处的环境中生存和发展，就必须适应环境，并与环境的变化取得协调和平衡。社会组织具有不同的类型，不同类型的组织具有不同的目标。各种不同类型的组织都应该而且必须按照自己的既定目标主动开展公共关系活动，组织开展公共关系活动作为社会组织的主导行为，主要依赖于组织内部或外部的公共关系机构。

4.1 公共关系部门

公共关系部是组织内部针对一定的目标，为开展公共关系工作而设立的专业职能机构。这一名称在国际上已得到广泛应用，但也有叫公共事务部、公共信息部、公共广告部、社区关系部等名称的。公共关系的职能，客观上要求有与其相适应的组织机构来执行。收集信息、咨询建议、参与决策、协调关系、日常事务管理和专题公共关系等工作都必须由专业的公共关系机构来承担。

公共关系部是有效地开展公共关系工作的组织保证。公共关系部的组建主要由组织自身状况、公众的特点以及组织与公众之间联系的状况所决定。公共关系工作开展得好的组织，都有一个显著的特点，就是公共关系机构健全并且能很好地发挥作用。

4.1.1 公共关系部的地位与职能

1. 公共关系部的地位

公共关系部作为社会组织系统内的子系统，它的作用是其他子系统(其他职能部门)所无法替代的。在组织内部管理中，公共关系部的地位介于领导部门与职能部门之间，负责沟通和协调领导决策人员与其他职能部门之间的关系，同时沟通和协调各个职能部门之间的关系，向相关领导部门提供信息并协助分析、判断和决策。在组织外部经营中，公共关系部的地位介于本组织与其公众之间，对外代表组织，对内代表公众，通过传播沟通活动，保持组织与公众之间的双向沟通。孤立地看，这两方面的工作是可以由其他子系统来完成的。

事实上，我国许多企事业单位内部的职能部门确实还承担着某些公共关系的工作，如宣传部门的宣传工作，信访部门的信访接待工作等。但是，这种"分而管之"的情况与全面而完善的公共关系工作相差甚远。

社会组织面临的公众是面广量大、复杂多样的，社会组织需要完成的公共关系工作也是纷繁复杂的，如果没有专门的公共关系部来处理这些多种多样的关系，则势必造成组织内部各职能部门各自为政的局面。这样，有的公共关系活动项目会重复进行，而有的项目则没有人负责落实。从系统论看，此时各子系统之间的联系方式就不再处于最佳状况，而且整个系统也不是最优系统。由此可知，公共关系部的地位和作用就显得更为重要。

2. 公共关系部的职能

1) 信息情报职能

公共关系的首要职能就是采集信息。任何关系到组织生存、发展的信息都是公共关系机构所要收集的信息。组织通过这些信息的收集和整理，了解现状，预测趋势，适应变化。公共关系部在这方面要做的工作主要有：了解内部公众对组织的意见和建议；了解社会政治、经济、文化的现状及变化，并预测其未来趋势；了解外部公众对本组织方针、政策、行为的反映等。公共关系部要建立广泛的社会联系和通畅的信息网络系统，发挥组织"耳目"的作用，将收集到的信息加以整理分析后提出意见或建议，呈报给决策部门和各有关的职能部门作为有益的参考。

2) 决策参谋职能

公共关系工作关系到组织的信誉和形象，关系到与公众的沟通，关系到组织战略目标的实现，因而它不是一般的管理部门，而是组织的"智囊团""思想库"。公共关系部不是一线指挥和最后决策的部门，而是在采集、整理、分析信息的基础上，提供可供选择的决策方案，协助决策层进行决策。在市场经济条件下，任何一个社会组织与其周边的社会环境都是有机联系的。社会组织做出的任何重要决策，都不可能与社会环境无关。关起门来搞经营，不顾社会环境因素而盲目决策，将会使组织完全丧失社会适应能力。现代企业组织的决策已日益专业化，整个企业的总目标被分解为许多专门化的分目标，整个组织的宏观决策被分割为各个职能部门的专门决策。这样社会产生一个不可回避的问题，各职能部门从自身利益出发进行的决策，往往可能有悖于整体决策的利益。因此，亟需有一个部门对各自职能部门的活动可能引起的社会效果进行预测，敦促有关部门依据社会价值及时修正可能导致不良社会效应的决策，这就是公共关系部所发挥的决策参谋的职能。

3) 传播宣传职能

一个组织要获得公众的了解、理解和信任，取得公众的支持与合作，需要不断地向公众宣传组织的政策，解释组织的行为，增加组织的透明度。随着组织与外界交往的日益密切，对外联络和应酬交际的任务越来越重；同时，组织与外部的各种摩擦和纠纷也随之增多，需要进行协调。公共关系部是担负这些工作的最佳机构，可以说，它是组织的"喉舌""窗口"和"外交官"。具体工作有：组织各类展览、参观、访问、联谊会、信息发布会、记者招待会、交流会以及各种专题活动。这样，既可以教育和引导内部公众，使之理解并执行本组织的政策；又能够使外部公众了解、谅解、理解本组织的政策与行动，并给予合作和支持。而完成这些任务，需要进行编辑和制作方面的工作，要根据不同公众和不同时期的计划要求，撰写新闻稿、编辑各种内部刊物、宣传手册，并设计、制作各种有关的声像节目等。通过新闻宣传、信息传递，为组织树立良好的形象，创造和谐的气氛，使组织的政策和行动能为公众理解和支持。

4) 协调交往职能

公共关系部承担着沟通和协调的职能。它要通过正常途径，妥善处理好各种关系，如内部公众之间的关系，组织与组织之间的关系等。日常工作中，需要接待来访、来信、投诉等，必要时需协助组织进行协调各种关系的谈判、洽谈活动。与此同时，公共关系部为开展社会交往，要利用或举办各种适宜的社交活动，广泛接触社会各界组织和人士。公共关系部的这些工作对组织创造良好的内部和外部环境有着重要的作用。公共关系部通过协调关系和社会交往，能使组织与外界加强横向联系，减少社会摩擦，广交朋友，建立良好的社会关系网络，赢得社会的理解和支持。

公共关系部门可以根据组织的不同情况和不同发展阶段的需要，确定不同的工作侧重

第4章 公共关系的组织机构及从业人员

点和开展不同形式的公共关系专题活动。如广东核电公司根据大亚湾核电站的特殊性设立了"公共关系处",提出了明确的任务:树立形象、处理信息、编辑资料、发布新闻、科普宣传、接待参观等,并设立了一个 1 700m^2 的公众信息中心;杭州"娃哈哈"集团公关部的职能是公关、营销、广告宣传三位一体,强调为创建名牌服务。以上两个企业公关部的职能各有侧重,实际工作的特点也不相同。

4.1.2 组织公共关系部的原则

组建公共关系是组织内部机构设置,主要根据社会组织自身的规模、实力、需要与可能,但总体上说,应当遵循如下几个原则。

1. 精简原则

所谓精简原则就是要求公共关系部既能出色地完成该机构所担负的任务,又能将人员减少到最低限度。精简的关键是精,即工作效率要高,应变能力要强,能够在较短的时间里用最少的人力完成任务。精简的主要标志有:配备的人员数量与所承担的任务相适应;机构内部的分工粗细适当;职责明确,有足够的工作量。

2. 专业性原则

公共关系部是专门开展公共关系工作的组织机构,它的每一项工作都涉及到组织的声誉和影响。因此,在组织上和工作内容上要保证其正规性。如果把与公共关系无关的事务性工作都交给公共关系部去办理,势必会影响其正常工作。在公共关系工作内容专业化的同时,还应做到队伍的专业化,即公共关系部的全体人员应有强烈的公共关系意识、受过一定的专业训练、具有一定的专业水准和能力、具有开拓创新精神等。

3. 协调性原则

在实现公共关系目标时,公共关系部要依靠其他部门的配合才能实现。公共关系部主要起沟通、协调、组织的作用。同时,要考虑到公共关系部与其他职能部门的关系。公共关系部协调多方面、多层次错综复杂的关系:对外起到主动沟通的作用,这是组建公共关系部的目的之一;对内能够维系组织各方面关系的平衡,这是实现公共关系目标的必要条件。

4. 自动调节性原则

公共关系部具有相对的独立性,能够在确定的范围内自主地履行职责,并能适应客观环境的变化。在公共关系部内部也要给予各工作环节一定的灵活性,使其能够在不断变化的客观环境中主动地处理问题。当然,这种灵活性是以实现总目标为前提的。

4.1.3 公共关系部的模式

公共关系部的各种设置模式可以从不同的角度进行比较并予以选择,一般可划分为以下类型。

1. 职能型

以公共关系工作手段和所发挥的职能来设置。可设新闻通信组、编辑出版组、信息调查组、活动策划组、美工制作组、业务拓展组等。其优点是职责明确，有利于工作人员业务水平的提高，有利于工作人员熟练掌握专业的公共关系手段，如图4.1所示。

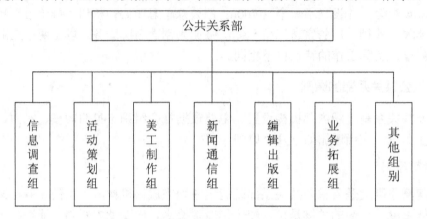

图4.1　职能手段型公共关系部模式图

2. 公众对象型

按工作对象的不同设置机构，并以相应的工作对象作为机构名称。可下设内部公共关系部与外部公共关系部两大类：内部公众关系包括员工关系、股东关系，外部公众关系包括顾客关系、媒介关系、政府关系、社区关系、竞争者关系等。其优点是工作人员较熟悉自己的工作对象，能够有针对性地开展工作，争取到不同类型公众对组织的支持，如图4.2所示。

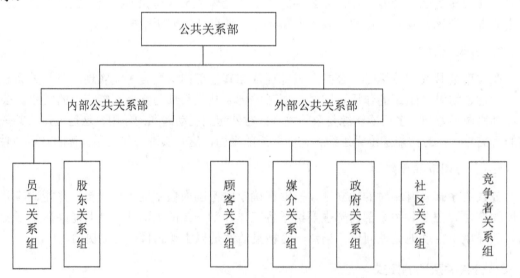

图4.2　公众对象型公共关系部模式图

3. 工作区域型

一般大中型组织机构或者组织的工作对象(公众)分布面比较广时，可以按照工作对象所在的不同区域来设置公共关系部。每个工作区域内的公共关系部都有相对较大的独立性。这样，有利于区别对待不同地区公众的不同需求，从而有针对性地开展工作，如图4.3所示。

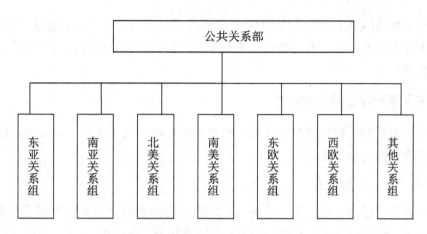

图 4.3 工作区域型公共关系部模式图

另外，按照公共关系部在组织中所处的行政地位，也可进行如下划分。

(1) 总经理直属型。组织设有办公室、人事部、公共关系部、财务部、业务部等部门，公共关系部直属总经理主管。

(2) 部门并列型。与办公室、人事部、业务部、财务部、保安部等部门并列，公共关系部由一位副总经理分管。

(3) 部门所属型。在办公室下设秘书科、文印室、公共关系部等，公共关系部由办公室主管。

其中，总经理直属型是较为理想的模式，其组织形式明确地表明和突出了公共关系工作在组织中的重要作用。

4.2 公共关系公司

公共关系公司是由专业的公共关系专家组成，运用专门知识、技能和经验，受客户委托，专门从事公共关系活动和咨询的服务性机构。由于公共关系公司在开展公共关系工作时影响广泛，效果显著，很多客户的公共关系业务就委托公共关系公司代理。公共关系公司又称为公共关系咨询公司、公共关系顾问公司。

公共关系公司诞生于20世纪初的美国，随着公共关系作为一种职业的出现而产生和发展起来的。被后人称为"现代公共关系之父"的艾维·李于1904年首创了具有公共关系公司性质的"宣传顾问事务所"。1920年，N.W. 艾尔正式成立了公共关系公司。鉴于公共关系公司在克服美国20世纪30年代经济危机中所发挥的作用，之后，公共关系公司在美、英等国乃至全世界的地位被确立并蓬勃发展起来。

在商品经济发达和市场竞争激烈的社会里，不同的社会组织客观上都需要开展公共关系工作。但不同类型的组织因行业的特点、规模不同，需要不同类型的公共关系机构。规模较大、资金较雄厚的企事业单位有条件组建组织内部的公共关系机构，但规模较小的社会组织无力也无必要专门建立公共关系部门，即使组织内部设有公共关系部，它们往往也需要在某一个专门问题上求助于同行专家,这就为公共关系公司的出现提供了可能和条件。社会上需要有专门的人员、专门的机构来从事专门的公共关系服务,公共关系公司适应并能满足这种需要。

4.2.1 公共关系公司的特点与职能

由于公共关系公司在开展公共关系工作时影响广泛,效果显著,很多客户的公共关系业务都委托给公共关系公司代理。

1. 公共关系公司的特点

公共关系公司已在全球成为一个新兴、蓬勃发展的组织。国外许多企业不仅在内部设置公共关系部,而且还聘用公共关系公司的专家作顾问。在美国,1/3 工商企业的公共关系活动是由公共关系公司代理的。随着公共关系公司信誉和策划水平的提高,服务项目不断扩大,它在社会生活中发挥着愈来愈大的作用。

公共关系公司从事或代理公共关系业务具有如下特点。

(1) 分析、评价问题具有客观性。由于公司与委托办理业务的组织单位没有直接的利益关系,公共关系公司的人员不是客户的员工,因而可以从外部冷静地观察问题,实事求是地分析问题,对问题做出客观的估价。

(2) 提出的建议、方案具有权威性。公共关系公司是由各具专长的专家组成的,这些专家有着丰富的公共关系实务经验,所以他们提出的建议和方案更具有说服力,容易得到决策者的高度重视。

(3) 社会联系的广泛性。公共关系公司长期从事公共关系实务,已经建立起一套较为完善的信息网络,同政府部门、社会团体、新闻媒介等有密切联系,信息来源广泛,渠道通畅,客户可以充分利用有关信息,作为决策的依据。

(4) 整体规划的经济性。虽然组织自己的公共关系部门开展公共关系工作,可以省下付给公共关系公司的相关费用,但受组织自身条件以及工作可能存在的复杂性的影响,公共关系部缺乏工作必需的全部技术、设备、人员、经验和沟通网络,工作效果往往并不理想,费用可能会更大。如果委托有实力、信誉好的公共关系公司开展工作,现实与长远效果可能会好得多,也可能更节省费用。

然而,公共关系公司同 4.1 节所讲到的组织内部公共关系机构——公共关系部相比,在深入了解客户内部情况、与客户进行沟通、参与客户决策管理等方面还有一定的局限性。同时,社会及客户对公共关系公司认识、认同态度的不同,也会给公共关系公司的业务拓展带来困难。

2. 公共关系公司的职能

按照客户关系对公共关系公司的特定要求,公共关系公司的主要工作是如下。

(1) 确立目标,调查研究。根据客户所要实现的公共关系目标,通过市场调查、民意测验等手段,调查研究影响公共关系目标实现的因素,分析公共关系现状,提出解决问题的办法。

第 4 章　公共关系的组织机构及从业人员

(2) 制定和实施计划。在调查研究的基础上，帮助客户制订出有效的公共关系计划，经过可行性研究后，逐步落实实施。

(3) 提供咨询服务，作为决策参考的根据。针对客户要求，有针对性地提供咨询服务，向委托单位提供解决问题的具体方案。

(4) 代理公共关系业务。为客户进行公共关系策划，代理专门的公共关系业务，帮助客户建立信誉，塑造形象。

(5) 提供全面公共关系服务。需要特别指出的是，一个专业公共关系公司一定要避免超越自己的特定职能，不能从事直接的、具体的商品贸易或开办自己的生产企业，否则就会在公众中失去能够向大家奉献无私服务的形象，成为狭隘的利益集团。

4.2.2　公共关系公司的种类

公共关系公司的结构模式是多种多样的，从不同的角度观察，可划分为不同的类型。

从服务项目看，既有综合性的公关咨询服务公司，又有专项的公关咨询服务公司。综合性的公关咨询服务公司的专业人才比较多，技术手段也比较全面，能为组织提供各类公共关系专家、顾问，也能为组织提供各种公共关系咨询和技术服务。专项公关咨询服务公司的专业人才有限，技术手段比较单一，与前者相比，其经营规模和业务范围都要小一些，主要为特定组织提供一项或几项公共关系方面的咨询和技术服务。

从经营方式看，既有独立经营的公关公司，又有与广告公司合并的公关公司。独立经营的公关公司与其他社会组织没有隶属关系，它们独立开展各种公关业务，为自己的客户提供服务。另一类公关公司则与广告公司有隶属关系。公关公司与广告公司合并的趋势，国外早在 20 世纪 50 年代就已出现。美国目前公认的十大公共关系公司中，有 6 家是广告公司的分公司或一个部门，这类公司的服务对象可以是广告公司的客户，也可以是独立地发展的客户。

公共关系公司的组织机构并没有一个固定的模式，但大致有以下几个主要部分。

1. 行政部门

该部门由公司总经理、副总经理和一定数量的业务经理人员组成。总经理负责公司的决策工作和检查决策的执行情况；副总经理协助总经理分管几个具体部门，并负责公共关系工作的开展和对公共关系工作的评估；业务经理人员则具体组织和实施为委托者服务的各类公共关系项目。

2. 审计部门

该部门由业务经理人员、业务部门负责人和高级公共关系专家组成。其主要任务是审查项目的可行性，监督项目的实施情况，统筹安排人力、物力和财力，及时为有关项目提供指导和咨询，避免事故，保证公共关系项目的质量。

3. 专业部门

专业部门是指具体从事公共关系项目的业务部门，它要根据公司的业务范围和专业特色来设置。各专业部门分别由一定数量的精通本部门业务的公共关系专家组成,他们一般不直接对外承揽业务,而是听从业务经理人员的安排,业务经理人员根据所承接的公共关系项目分别安排有关专业部门提供专业的技术指导和咨询服务。

4. 国际业务部门

国际业务部门是指专门为外国和外地区提供公共关系服务的业务部门。一般在大型国际公共关系公司内部应设置,目的是为特定地区或国家提供公共关系咨询和技术服务。每一个负责外国或外地区公共关系的部门,其内部专业人员必须全面掌握该国的风土人情、民族习惯、宗教信仰、国情民情、礼仪礼节等方面的知识,有目的地提供周到的服务。

4.2.3 公共关系公司的工作原则

公共关系公司所从事的工作,一方面要保证维护委托单位或个人的信誉、形象和利益,另一方面也必须要对广大社会公众负责。公共关系公司在工作中应遵循以下原则。

1. 客户至上原则

从客户的需要出发,全力维护客户的信誉、形象和利益;对客户所提出的诸如公司服务项目、收费标准等合理问题作全面真实的介绍;从客户利益角度考虑费用预算;不干涉客户内部事务,严格保守客户秘密;不得在无限制条件下,为相互竞争的客户同时服务,以避免造成误解和纠纷。

2. 对社会公众负责原则

公共关系公司为委托单位服务时,要接受社会公众监督,向社会公众公开事实真相。当客户的要求同社会公众利益冲突时,要以社会公众利益为重。

3. 遵纪守法原则

公共关系公司要自觉遵守国家法律、法令及有关方针政策。公司既是社会服务性机构,又是一个经济实体,其主要任务是为社会服务,不能将贸易开发、商品经营作为它的主营项目。公司要在国家方针政策的指导下开展活动,以遵纪守法和高质量的服务赢得公众的信任。

4. 真实可信原则

公共关系公司必须保证将真实的、准确的信息提供给客户。真实就是要客观地报道,不隐瞒任何情况,对待客户一片真心诚意,决不搞虚情假意,敷衍塞责。也就是说不夸大、不缩小、实事求是,并针对利弊提出改进的出路,决不避重就轻。

4.2.4 客户选择公共关系的标准

客户往往需要公共关系公司为其策划运作大型的公共关系活动,即使是设立了公共关系部的组织,在某些情况下,也要求助于公关公司。选择专业的公共关系公司,客户需要考虑以下几个因素。

第4章 公共关系的组织机构及从业人员

1. 公司的实力

组织可考察公关公司成立的时间、规模、影响力、服务范围；开展过哪些著名的公共关系活动，影响有多大；成立以来为哪些客户服务过，客户的社会地位怎样，客户对公关公司的服务满意程度如何，等等。实力强的公关公司经验足，创意新颖，可靠性强，成功率高，但收费高，工作态度投入度不够深；资历浅的公关公司可能缺乏经验，但所收的费用低，工作态度上的投入深，往往能有出其不意而又节约资金的创意。因此，组织可根据自身的战略需要权衡二者，选择合适的公司。

2. 人员的业务水平

组织要了解公共关系公司的领导人和从业人员具有哪些方面的专业知识，专业技术水平能否与客户的要求一致并能提出合理的建议，能否满足客户的要求，在时间上能否保证按时完成工作，公关公司拥有哪些方面的专门人才，以往的工作业绩如何等。公共关系人员的素质往往决定公关公司的业务水平，因此，组织要慎重考虑。

聘请公共关系顾问要注意几个问题：一是选择有专业水准及良好品德的顾问；二是信任顾问，为其提供真实准确的资料；三是与顾问保持良好的沟通与合作，定期邀请顾问出席情况分析会议和决策会议；四是尊重顾问的判断意见，虚心听取忠告，不予采纳要做出详细说明；五是以"防火""防病"为主，不要出了事才急忙聘顾问；六是聘请顾问应相对稳定，因为双方的默契合作需要一个磨合期。

3. 收费标准

任何一个组织都希望花较少的费用取得较好的效果，信誉好、规模大的公司收费标准自然就高。因此，组织可根据自己的公共关系目标的要求及经费预算，选择合适的代理公司。

4.3 公共关系从业人员

根据中华人民共和国劳动和社会保障部关于公共关系从业人员的界定，公共关系人员是指专门从事组织的公众信息传播、关系协调与形象管理事务的调查、咨询、策划和实施的人员。公共关系工作是树立、塑造和维护组织形象的一种高级劳动，绝不是任何人都可以胜任的，特别是随着我国市场经济体制的逐步深化，公共关系人员的队伍也在不断扩大，因此，有必要让从事或有志于将来从事公共关系工作的人员了解和掌握公共关系工作对他们的要求，从而通过各种有效途径，更多、更快、更好地培养合格的公共关系人才。

4.3.1 公共关系从业人员的基本素质

所谓公共关系人员的素质是指从事公共关系工作的职业人员的气质、性格、兴趣、风度、学识和技能等方面的综合品质。是其本人个性特征的总和，是一种综合能力的概括。

从心理学的角度看，人的素质是人所具有的生理和心理特点，而人的能力则是这些特点的外在表现与发挥程度。科学研究表明，人的素质与能力既有某些先天因素，又是在后天的教育与实践中发展起来的。二者相比较而言，后者更为重要。人的素质与能力具体表现在四个方面，即性格特征、仪表风度、智能结构和道德品格。对公共关系从业人员的素质要求围绕上述四个方面，具体阐述如下。

1. 性格特征

性格特征是人们心理活动中带有稳定性倾向因素的总和，一般包括个性、情绪、意志和兴趣等方面的稳定性倾向因素。公共关系工作对公关人员的性格特征有如下要求。

1) 开朗外向的个性

外向开朗的个性主要是指乐于与人交往。公关的目的是"内求团结，外求发展"，公关人员需要"多交友"，开朗外向的个性有助于与周围的人迅速地建立起融洽的关系，很快地沟通人际间的感情；公关人员常常作为组织的"代言人"出现，开朗外向的个性易于做到从容不迫，应酬自如；公关人员是组织形象的塑造者和传播者，开朗外向的个性有利于直抒己见，便于说服别人接受自己的观点和主张，从而达到其预定的目的。

2) 稳定的情绪

稳定的情绪是指对有事业热情，善于控制自己的感情。公关人员在与公众交往过程中，常常面对瞬息万变的情形，喜怒哀乐、成功失败乃家常便饭，这时需要公共关系从业人员有稳定而乐观的情绪，才能为开辟和发展对外交往持久地奋斗。

3) 坚强的意志

坚强的意志表现在坚持不懈、百折不挠、不达目的不罢休。公关人员在与外界的交往中，经常会遇到困难，遭到误解甚至流言蜚语，只有具备坚韧不拔的毅力，才能知难而上，不畏人言，勇于开拓。

4) 广泛的兴趣

广泛的兴趣表现为有强烈的好奇心与旺盛的求知欲。公关人员不仅对本行业感兴趣，而且对一些无关学科也要有兴趣。兴趣是人们进取的动力之一，也是公关人员全面发展、获得多方面才能的重要前提。

总之，公关人员应当努力完善自己，使自己在遇到困难时临危不惧，在受到挫折时奋力拼搏，在获得成功时沉着冷静。

2. 仪表风度

公关人员的仪表风度主要体现在相貌服饰和表情两个方面。

1) 相貌服饰

相貌服饰是公关人员仪表风度的一个方面。公关工作要求公关人员相貌端庄健康，表现出精神饱满的精神状态；服饰整洁大方，给人以美感。心理学家曾做过一个有趣的实验：把10张女孩子的照片给受试者看，其中8人长相漂亮，服饰也美观，另外两人长相较差，衣服也破旧。然后告诉受试者，"其中一人是小偷，请指出"。试验结果是，80%的受试者认为小偷是两个长相较差、服饰较差的姑娘中的一个。这说明相貌服饰给人的印象是很重要的。

第4章　公共关系的组织机构及从业人员

"爱美之心，人皆有之。"公关人员相貌端庄，服饰得体，在人与人的交往中至少有3大好处：一是自我感觉良好，可以增强自信心，消除自卑感；二是使对方感受到了应有的尊重，人家请你去赴会，或者你请人家商谈，你打扮一新，衣冠楚楚，表明了自己的诚意；假如你马马虎虎，衣冠不整，就是不尊重对方的表现。三是给对方留下良好印象，端庄的相貌，得体的服饰，使人感到精神饱满，由此可以推断这个人所代表的组织充满朝气，从而平添几分好感。通常，人们认为不可以以貌取人，但是爱美却是一种普遍的心理。

2) 表情

人们在相互交往中，除了使用有声语言表达自己的思想感情外，往往借助表情等无声语言来表达自己的思想感情。人体语言学认为，人体是一个信息发射站，它发射出的种种动作、体态、表情等无声语言，常常可以补充有声语言的未尽之意，或者揭穿其中的虚情假意，有助于人们正确地、完整地表达自己的思想，理解别人的意思。国外有一位语言学家总结出这样一个公式：

$$感情表达 = 言词(7\%) + 声音(38\%) + 表情(55\%)$$

从这里可以看出，表情在感情表达方面占有很大的比例。

眉目在表情中占据着重要的地位，它能传递出人们最细微的感情。公关人员在公关活动中，要了解对方通过眉目所表达出来的情感，同时利用自己的眉目传递信息给对方。这样，即使有一些公关人员不十分善于言谈，说话没有惊人妙语，但只要恰如其分地运用自己的"体态语言"，也同样能赢得好的社交效果。

微笑也是一种表达感情的无声语言，它所传递的信息也是十分丰富的。有人说"微笑是消除一切障碍的良方"，的确很有道理。微笑可以使彼此心灵相通，表达出自己对对方的欣赏和欢迎，也可以表达一种宽容、谅解、豁达的思想信息。公共关系活动的重要内容是相互交往与沟通，其中微笑能起到某种微妙的作用，因此，有人把公共关系称为"微笑的艺术"，这从一个侧面说明了微笑在公关中的必要性和重要性。作为一名公关人员，应该很好地体会微笑的作用，用微笑去协调组织与公众的关系，去架设组织与公众之间友谊的桥梁。

3. 智能结构

1) 公关人员的知识结构

公关人员把整个社会作为自己活动的舞台，公关人员需要打交道的人各式各样，公关人员需要处理的事务错综复杂。根据公共关系工作的特点，公关人员的知识结构应当是广博的，也就是说，公关人员在知识方面应该是"通才"和"杂家"，熔科学与艺术于一体，具有哲学家的思维、经济学家的头脑、组织家的才干、政治家的胸怀、外交家的纵横、企业家的胆识、军事家的果断、宣传家的技巧、战略家的眼光、幻想家的想象、律师的善辩、新闻记者的敏感。在一个组织内部，除了有"通才"型的公共关系人才外，也有一种专家式的公共关系人才，即精通某一方面的公共关系技术，如新闻写作、广告设计、市场调查、美工摄影和编辑制作等。此处就"通才"型公共关系人才的知识结构略作说明。

公关人员应该努力掌握以下学科知识：经济学知识、管理学知识、市场学知识、社会学知识、新闻学知识、语文知识、史地知识、广告学知识、心理学知识、法律知识等，如果要求更高一些，那么还应该具备外语、民俗学知识等。对于在企业担任公共关系部门负责人的专职公关人员来说，除具备以上公关专业知识和技能之外，还一定要熟悉本行业、本企业的生产情况、业务活动，了解与企业经营活动有关的国家和地区的情况，了解市场和竞争对手的情况，以及这一行业的技术发展趋势等方面的知识。要获得这些知识，就要持续不断地学习。

2) 公关人员的能力结构

公关人员应当具有较强的组织能力、社交能力、应变能力、表达能力、创新能力以及自控能力。

(1) 组织能力。公关人员要经常组织各种公关活动，如集会、联谊、庆典、游园纪念活动以及接待工作等。要使这些活动有条不紊地进行，并且使每一位参加者都心情舒畅，公关人员必须具有较强的组织能力。公关人员的组织能力首先表现为，善于根据公共关系目标，组织好各种形式的活动，安排好邀请的对象，确定出席活动的名单和数量，做到恰如其分，以礼相待。其次，表现为对组织公共关系活动的程序有一个合理的安排，做到有条不紊、时间紧凑、内容丰富，避免冷场和僵局。最后，表现为在公共关系活动的中心角色中，把公众的注意力有效地引向既定的公共关系目标。

(2) 社交能力。公关人员面对的是各种各样的公众及客户，其主要任务就是为本组织建立一个"人和"的环境，这就需要公关人员具备与各种人打交道的能力。随着我国已经融入全球化的经济大舞台，区域组织和世界性组织活动日益增多，对外交往和横向联系的加强，组织内外交际的应酬更多，公关人员的社交能力尤为重要。社交能力除表现在公关人员懂得交往对象所在地区的礼仪、风俗、习惯之外，很重要的一个方面就是要善于识别人的不同性格，针对不同的性格，采取不同的方式和方法与之交往。首先，要善于从对方的表情、服饰上去发现和判断对方的性格特征。其次，要善于从对方的言谈举止去发现、了解其性格特征。再次，要善于从对方的肢体语言上去发现对方的性格特征。通过了解其性格特征，才能做到"到什么山上唱什么歌，见什么人说什么话"。

(3) 应变能力。公关人员在与社会各界打交道的过程中，由于工作对象的复杂性，往往会遇到各种各样事先意想不到的情况，所以公关人员必须具备高超的应变能力来处理一些特殊的事件。如果没有应变能力或应变能力不强，工作将会连连受挫；反之，如果具有较强的应变能力，常常能使计划得以出色地完成，从而使企业受益。

公关人员的应变能力表现在两个方面：一方面，能敏锐地感受外界给予的微小刺激，迅速地做出相应的自我调整和应对措施。例如，一位导游带领一大批游客游览北京北海公园的九龙壁，人们东张西望，离离散散，用什么办法使他们集中起来呢？导游提出了一个有趣的问题："这九条龙都是用琉璃砖砌成的，可是其中有一块是假的，哪一位能在 2 分钟之内把它找出来？"游客们立刻惊奇地围过来，并在九龙壁前仔细搜寻。然后导游才指出了那块假的琉璃砖，并解释了缘由。这位导游针对游客十分松散的状况，采取先设疑，后解答的方法将游客集中起来，其应变能力是很强的。另一方面，能够对偶发的、随机的和不稳定的因素做出迅速的判断，并善于把握局势的变化，使之趋利避害，摆脱危机。例如，一次，某企业晚间在宾馆宴请宾客，席间突然停电。这时，该企业的公关人员急中生智，立刻说："女士们、先生们，为了增添宴会的气氛，我们特意安排了这次烛光晚宴。"紧接着，服务人员拿来蜡烛点燃，使这次晚宴别开生面，受到客人的称赞。

(4) 表达能力。表达能力是指用语言、文字、动作等方式将自己的知识、观点、意见明确有效地传播给他人的能力。信息传播与沟通是公共关系工作的基础，组织与公众沟通、协调的成功主要取决于公关人员的表达能力。表达能力是综合性的技巧，它既需要简洁、清楚、清晰，又需要注入感情。一次成功的微笑可以使你立足；一句真诚的赞美可以使你获得信赖；一个恰到好处的体态语言可以使你的态度得到展示；一则趣味盎然的广告给你的组织带来财富；一场激烈的谈判可能会改变组织的历史进程。表达能力包括演讲能力、解释能力、说服能力、谈判能力、协调能力、做结论的概括能力、文字写作能力以及非语言传播能力等，这里主要就文字表达和口头表达两种重要的能力加以分述。

首先，是文字表达能力。美国著名的公共关系专家卡特李普、森特和布鲁姆三人在他们的权威著作《有效的公共关系》中提出，公共关系人员在技术方面的两项主要要求是，有效的文字表达和具有说服力的演讲。他们认为："在所有要求中，一种条件常常处于第一位，那就是文字表达能力。正确地运用语法，写出易懂、具有情报价值和较强说服力的稿件，供发表和讲话使用，是公共关系人员所应具备的基本条件。"对于公共关系人员来说，文字表达能力主要表现为能够拟定各种公文，如新闻稿、企业通信、人物特写、各类报告、发言稿、演讲稿、调查报告、解说词、说明书、公函、简报及书面咨询等。这类文体要求行文简洁、合乎规范、内容充实，具有较强的说服力。同时，还要求公共关系人员利用自己的丰富知识给文章润色、加工，创造出尽可能完美的文字材料，使文章给人以清新、生动、流畅、亲切之感。

其次，是口头表达能力。文笔流畅的人未必出口成章，有的人只擅长动笔，却不习惯于动口，所以说起话来不仅显得口齿不清，甚至结结巴巴，严重的还会神经紧张，面红耳赤，自己不自在，听者也不舒服。公共关系人员要想具备较强的口头表达能力，首先要具备一定的文化素质，如扎实的语言文字功底，较强的分析判断能力，吐字清晰，符合逻辑的口才。其次，表情达意、叙述得当、反应敏捷、对答如流也是口头表达的重要方面。最后，要善于抓住听众的心理，表达中语言要精炼，不拖泥带水，词汇应当丰富，又不故意卖弄，做到语言表达既大方得体、恰到好处，又风趣动人、不失风度。如能做到妙语连珠，幽默而又有新鲜感则更为上乘。当然，要做到这点需要较高的文化修养和丰富的临场经验，同时还需要锻炼口才。

表达能力这种语言和非语言的表达形式既相互作用，又相互区别。公共关系人员应综合运用，互相配合，以求达到最佳效果。

(5) 创新能力。所谓创新能力是指人创立新的思想、新的事物和新的环境等，以满足自我或适应自我变化的能力。在充满竞争的现代社会中，公共关系工作特别需要创造性的劳动。在同行的竞争中只有不断求新、求异才能技高一筹、领先一步，才能达到扩大影响、树立形象、推销产品、争取公众的目的。这就要求公共关系人员应该具有突出的创新才能，要敢于想别人所未想，做别人所未做之事；要不断地突破常规，勤于思索，多动脑筋，大胆设想，刻意求新。

(6) 自控能力。自控能力是指一个人自己控制自己情绪的能力。公共关系人员经常要同各类社会人员打交道，面对有人平白无故的指责，如果缺乏自控能力，不能做到豁达大度、忍耐容人，心平气和地认真听取公众的指责、意见和建议，就无法取得公众的谅解，更谈不上妥善处理各种纠纷了。公共关系人员应该认识到他们的言行举止关系着组织的声誉，应该以公共关系人员的真诚服务来树立组织的形象，应该学会"忍"，这种"忍"不是装出来的，而是真诚的，是涵养性强的表现。

譬如，广州某化妆品厂发生过这样一件事：一天，一位女士来到公关部，她从手提包里取出一盒化妆品，然后怒气冲冲地质问公关部经理："这个倒霉的东西是不是你们厂的产品？广告上说能除去雀斑，可我用过以后，不但没有去掉，反而弄坏了我的皮肤。"公关部经理一看，女士脸上果然有许多因药品刺激而形成的红斑，于是经理关切地说道："别急，我们一会儿再说，你的皮肤要紧，我们马上陪你去医院检查，医药费我们厂全包了。"

医生检查后指出：这位女士的皮肤属敏感性皮肤，不适宜使用这种类型的化妆品，幸亏这种化妆品药性不强，不会引起什么恶果。听完医生的这番话，女士脸上的表情缓和了许多。这时公共关系经理不慌不忙地从化妆品包装盒里取出原来就附在里面的说明书，对女士说，"其实，这说明书早就说明什么皮肤不宜使用这种化妆品。我们厂还生产其他类型去雀斑的药物化妆品，根据医生刚才的检查，我觉得另一种牌子挺适合你，你不妨试试看。"听了公关经理的一席话，女士的脸上露出了满意的笑容，一场可能激化的纠纷化解了。不难想象，如果公关经理面对怒气冲冲的女士，就和她争论谁是谁非的话，是很难消除那位女士对厂家的敌意。

公共关系是一门专业化程度较高的职业，除了具备广博的知识、多方面的修养和能力之外，公共关系工作人员还必须掌握一些实用性较强的知识和技能。例如在舞场擅长各种舞步，掌握诸如摄影、计算机技术、网络技术、书法、下棋、打桥牌、烹调等一系列社会交往的娱乐方法和艺术手段，有助于公共关系人员在更广阔的社会生活领域施展自己的才能。

4. 道德品格

1) 品德素质

公共关系人员在公共关系活动中，要协调和处理各种复杂和微妙的关系。除了要应用各种技巧协调处理这些关系之外，还要依靠自身的人格力量。其中，良好的品德是对公共关系人员的基本要求。品德素质主要包括以下内容。

(1) 公道正派，实事求是。公共关系人员在与外界联系、协调处理各方面关系时，代表组织的形象，因此，公道正派，实事求是是非常重要的。在维护组织声誉时，即使与对方是竞争的关系，也应将对方看作是合作的伙伴，凡事采取公道态度，实事求是，切不可诋毁对方的声誉。

(2) 积极热情，言而有信。热忱、守信是一种积极进取的工作态度。公共关系人员在对外交往时，要用自己的热忱感染公众，取得公众的信任。同时，在对公众有承诺和保证时，应千方百计尽快地履行诺言，切不可违约失信，降低组织的声誉。

(3) 顾全大局，不谋私利。公共关系人员服务于组织，应不为私利所诱惑。社会生活中竞争激烈，公关庸俗化倾向和危险始终存在，其根源是人们的思想素质不高。因此，公关人员要时刻警惕私利的侵蚀，处处维护组织和公众的利益，正确处理个人与组织和国家的利益关系。

(4) 热爱事业，充满信心。组织在发展过程中，有时会困难重重，危机四伏，公关人员应当充满信心地为实现组织的目标而努力。公关人员不仅要认识到组织发展时能施展自己的才华，而且应当认识到，当组织遇到困难时，更是检验自己、锻炼自己能力的机会，应全力以赴,为促进组织的发展而工作。

2) 职业道德

凡属社会性活动,都需要一定的道德规范从个人的内心和社会舆论两方面对人的行为加以约束。因此,每一种特殊的社会活动都有特定的道德标准,所谓"师有师德"、"医有医德",公共关系活动也不例外。公共关系活动是一种特殊的社会性活动,在这种活动中,公共关系人员的品格与行为将直接影响到组织在公众中的声誉与形象,也影响到能否有效地建立与公众长期沟通的渠道。因此,确立良好的公共关系人员职业道德规范,对于保证公共关系的正常开展,发挥公共关系在社会生活中的积极作用显得十分必要。随着公共关系活动的普及和公共关系理论研究的深入,尤其是公共关系作为一种职业的出现,世界各国公共关系协会制定了一些大同小异的自律性行为规范。

4.3.2 公共关系从业人员的职业准则

《中国国际公共关系协会会员行为准则》于 2002 年 12 月 6 日经中国国际公共关系协会第三次会员代表大会审议通过,决定于 2003 年 1 月 1 日实施执行。转引如下。

前　　言

20 年前,现代公共关系理论和实务随改革开放引进中国,一批有识之士投身于公共关系知识传播、理论研究和实践探索,开创了中国公共关系事业的先河。伴随着我国经济体制改革的不断深入,中国公共关系事业经历了 70 年代末至 80 年代初酝酿期(即导入期);80 年代中至 90 年代初知识传播期(即普及期);90 年代专业发展期(即实践期)的曲折发展和积累。2000 年,公共关系职业在我国终于得到政府的正式认可,业务市场规模、专业服务细分、本土化发展以及从业队伍形成等都预示着中国公共关系业进入其发展的第四阶段——快速增长期(即成熟期),一个新兴的行业——公共关系业在我国正式形成。

1991 年 4 月,中国国际公共关系协会(CIPRA)在北京宣告成立。通过十年来的不断总结和探索,CIPRA 已发展成为全国权威性的公共关系专业组织,一批中外著名企业、专业公关公司和组织成为单位会员,一大批资深公关从业人员、专家、学者作为个人会员加盟了协会。中国最佳公共关系案例大赛、中国国际公共关系大会、定期专业座谈和培训以及其他业内交流活动成为 CIPRA 服务中国公共关系业的基本工作内容。近年来,为推动中国公共关系业的职业化、专业化、规范化发展,CIPRA 加强了全国公关员职业资格考核认证、中国公共关系行业年度调查、中国公共关系业年度工作研讨会等行业性工作,这些工作得到业内的普遍认可和支持。

对于中国公共关系业——这一茁壮成长的新兴行业,我们认为,有必要不断提高专业技术水平,加强人才培养和交流,制定行业标准,规范市场行为。我们应该同心同德,共同努力,为繁荣我们的行业而做出应有的努力和贡献。

2001 年中国国际公共关系协会用近一年的时间,在反复研究欧美等发达国家公关专业人员行为准则的基础上,广泛征求了国内外公关界专家、学者的意见和建议,制定出这部《中国国际公共关系协会会员行为准则》。这一《行为准则》借鉴了国际公共关系协会(IPRA)、美国公共关系协会(PRSA)、英国公共关系协会(IPR)等成功经验,结合中国实际情况,着眼于未来行业发展,原则性地规定了公共关系从业人员的行为规范。

《中国国际公共关系协会会员行为准则》

公共关系是组织机构进行信息传播、关系协调和形象管理的一门艺术和科学,它通过一系列有计划、有目的、有步骤的调查、策划、实施、评估以及咨询等手段来实现。公共关系职业在我国是国家正式认可的一个职业,中国公共关系业服务于社会主义市场经济建设和改革开放,促进物质文明和精神文明建设,推动社会的进步和发展。

鉴于公共关系业是一个严肃的职业,每个公共关系专业公司和从业人员应该追求崇高的职业道德并遵循职业的行为准则。为此,CIPRA所有会员(单位会员和个人会员)均同意遵守本准则。

第一章 总 则

第一条 教育、引导原则。为组织机构提供有效的、负责任的公共关系服务,教育社会公众并正确引导公众舆论,以服务公众利益。

第二条 公平、公开原则。以公平、公开的态度对待组织机构、社会公众乃至竞争对手,争取良好的商业环境,促进社会进步。

第三条 诚实、信誉原则。以诚实的态度服务组织机构和公众,准确、真实地传播信息;讲求商业信誉,将公众利益放在首位。

第四条 专业、独立原则。运用专业技术和经验服务组织机构和公众,为组织机构提供客观、独立的建议和服务;通过持续的专业开发、研究与教育来推动本职业的发展。

第二章 行为准则

第一条 信息传播是公共关系服务的基础,惟有准确、真实的信息传播才能更好地沟通组织机构与新闻媒体、政府、公众之间的关系,真正服务组织机构和公众利益。CIPRA会员:

1. 确保信息传播手段和信息内容符合国家法律的有关规定;
2. 应该确保信息传播的完整性、真实性、准确性;
3. 应该兼顾公众利益和组织机构利益;
4. 不应该隐瞒事实真相或欺骗公众,有责任迅速纠正错误的传播信息;
5. 不应该向媒体赠送"红包"或其他形式的报酬,媒体必须的版面费、车马费除外。

第二条 以组织机构利益为导向是本行业赖以生存的基础,应该通过不断完善的专业技术和经验来满足组织机构的需求,帮助组织机构实现既定的目标。CIPRA会员:

1. 应该诚实地告知组织机构自己的专业能力,说明代理业务的规范流程,提交标准文案,明示收费标准;
2. 代表组织机构与公众沟通时,应该明示组织机构的名称;
3. 服务组织机构时,不应该在媒体上宣传自己和自己的组织;
4. 不应该承诺自己不能直接控制的结果;
5. 不应同时服务于两个利益冲突的组织机构,除非在详细陈述事实之后得到组织机构同意。

第三条 专业服务涉及组织机构众多秘密,因此严格保守组织机构秘密和个人信息是获取组织机构信任、保持商誉的根本。CIPRA会员:

1. 应该保守组织机构过去、现在以及将来的秘密;
2. 应该保护组织机构及其雇员的隐私;
3. 如发现组织机构秘密外泄,有义务向组织机构提示;
4. 严禁利用他人秘密获取商业利益。

第四条 避免现在、潜在的利益冲突可以建立组织机构和公众的广泛信任,是本行业健康发展的基础。CIPRA会员:

1. 应该做到个人利益服从组织机构利益,组织机构利益服从公众利益;

第4章 公共关系的组织机构及从业人员

2. 应该避免因外界因素而引起个人利益与行业利益的冲突；
3. 有责任向组织机构提示可能影响组织机构的利益冲突；
4. 有义务帮助本行业解决可能存在的利益冲突。

第五条 优胜劣汰，惟有保持公平、公开的竞争，才能不断完善健康、繁荣的行业大环境。CIPRA会员：
1. 应该尊重平等的竞争，避免因竞争而损害竞争对手的行为发生；
2. 应该通过提高专业技术水平和服务品质来增强竞争能力；
3. 严禁采取欺骗组织机构、诋毁竞争对手等手段来取得竞争优势；
4. 有责任保护知识产权，不应将他人的劳动成果据为已有。

第六条 人才资源是行业发展和繁荣的基本条件，只有不断培养和吸收优秀人才进入本行业，才能不断壮大行业队伍，提升本行业在社会的地位。CIPRA会员：
1. 有义务对其员工进行专业培训，同时将自己的经验和成果与行业分享；
2. 应该允许人才流动，但不得通过猎取人才来争取相关客户；
3. 流动人员应保守原公司的秘密和知识产权(如客户资料等)；
4. 流动人员不得主动争取原公司的客户资源。

第七条 没有行业的繁荣，也就没有个体的利益。每个成员应以不懈努力，创造一个不断发展、繁荣的行业为己任。CIPRA会员：
1. 应该积极宣传和传播公共关系知识；
2. 应该不断追求专业技术水平的提高；
3. 应该正确诠释成功的公共关系案例或经验；
4. 应该维护和巩固本行业的职业地位；
5. 应该要求下属及相关人士同样遵守本《准则》的有关规定。

第三章 附 则

第一条 如果CIPRA有足够证据证明某会员在履行其职业义务过程中有违反本准则的行为，该会员将受到CIPRA的劝戒、警告、通报以及开除等处罚。

第二条 本《准则》中所指的"组织机构"，即通常所指的"客户"，包括政府机构、企事业单位以及非盈利机构。

第三条 本《准则》最终解释权归中国国际公共关系协会。

二〇〇二年十二月六日，北京

《中国国际公共关系协会会员行为准则》既反映了当代公共关系实践对从业人员的客观要求，又符合国际惯例和国际公共关系道德准则。

4.3.3 公共关系从业人员的培养与考评

公共关系人员的培养有两个方面，其一是学校培养，其二是自身修养。对公共关系人员或即将成为公共关系人员的人来说，当然后者是重要的，从内容上来看，应包括道德修养、知识积累、心理素质的磨练，这些都将综合地表现出公共关系人员的能力。

1. 人际交往能力的培养

(1) 完善人格，努力使自己更有魅力。要让别人喜欢你、接纳你，最好的办法是使自己更有魅力，而只有自身性格完善的人才有魅力。

① 正确地对待自己的错误。敢当众说出自己的毛病，当别人指出你的毛病时，你的态度及举止、言行的反应，是一个人总体素质好坏的标志之一。

在人际交往实践中，要敢于承认自己的毛病和缺点，不要故意去隐瞒，更不能仇视指出自己缺点的人。当有人揭丑时，不要辩解，更不要一听就怒，这不仅是一种人格的训练，同时也是一种心理素质的训练。如果平时总有意识地这样做了，那么日久天长，就会形成一种自觉的"态度"。公共关系人员完善的人格就需要这样一种自觉的"态度"。

② 干净彻底地铲除虚荣心。一个人的虚荣心，经常是人际交往中失败的一个原因，因为虚荣心太强，使别人对自己的喜爱与信任程度下降，使自己一会儿自负，一会儿自卑，心理很不稳定。对此，要训练自己不要斤斤计较，遇到挫折和失败不要气馁和灰心，要心平气和，从容坦荡，这样久而久之，承受能力就会提高，虚荣心就会逐渐被铲除。公共关系人员的虚荣心是一大忌讳，一定要根除。

③ 不失时机，抓紧锻炼。很多人也认识到这一点，但常常却由于怕"出丑"、丢面子，借口其他理由而放弃这个机会。对于交往能力弱的人来说，更应抓住一切机遇，广泛交际，以使自己在交际中经受各种交往方式和交往对象的冲击和考验。这样，交往能力自然会有很大的提高。

④ 拓宽自己的交往范围。公共关系工作的性质要求交往对象多样、多彩。要求具有以各种方式同各种对象进行交往的能力。为此，公共关系人员不能将自己固封于某个小圈子，只有广泛接触，才能获得更多的信息，才能在广泛的接触中悟出人际交往的真谛与技巧，才能吸取营养，使个性的发展得到补充，得到完善。总之，公共关系人员的交往应是立体化的，这样不仅对工作有益，同时对提高交际能力，培养公共关系素质也大有好处。

此外，要善于总结每一次交往成功与失败的原因。总结能使自己提高，因为在总结之后，成功的经验能得以保留，失败的教训能够改正，这样定能使交际能力有很大的提高。

(2) 掌握技巧并善于应用。做任何事都有技巧问题，而这些技巧的获得有两个途径，其一是学习前人总结的经验，其二是在实践中摸索。常言说"熟能生巧"，学习技巧是捷径，在实践中摔打是必不可少的。

(3) 提高总体素质，带动交际能力的提高。公共关系人员交际能力的表现并不是孤单的，它是受其他诸因素的影响与制约的，要想单纯地提高交际能力而忽视其他因素的影响，是一种错误的想法。如口才、思维、知识、素养、风度等诸因素，既可以在交际实践中提高，同时又作用于交际活动而影响交际效果。对公共关系人员来说，要想提高交际能力，其他素质也必须同步发展。

2. 创造策划能力的培养

在公共关系实务界中处世圆滑、人际关系融洽、听话遵命者较多，从而吃吃喝喝，走走访访，小打小闹搞得很不错，但足智多谋、具有创造策划能力者较少。真正地抓住时机，推出公共关系活动的"力作"就有点欠缺了。要解决这一问题，无非是培养公共关系人员的创造策划能力，这是一个系统工程。当然在学校实施创造教育，培养学生的创造素质是一个重要的途径，但远水不解近渴。公共关系人员若要提高自己的创造策划能力，可参考如下途径。

(1) 重视创造策划理论的学习，理论指导实践，提高实践能力。

(2) 学习国内国外具有影响的、具有创造策划技巧的公共关系案例，从中悟出创造策划的技巧和原则。

(3) 积极实践。创造策划素质的提高，有赖于在实践中锻炼。

3. 自我调节能力的培养

人有情感也有理智，当情感战胜理智时，表现出不能自我控制，当理智战胜情感时，表现出行为严谨，逻辑性强。作为公共关系人员，要时刻保持清醒的头脑，保证理智支配言行。人的喜怒哀乐的表现主要受 3 个方面因素的影响，即理性、感情、成熟程度，提高自我调控能力也要从这 3 个方面着手。

(1) 控制情感，强化理性。人的情感非常复杂，常带有非理智的色彩。当人们应对某一具体事件时，经常表现出能够认识与理解，就是感情上接受不了，"我也知道这么做不对，可就是控制不了"。公共关系人员一定不能表现出如此的状态，否则将会严重影响公共关系工作的效果。每当遇到事情时，不管什么事，都不要太冲动，在激动状态下最好不要做决定。决定事情时要养成"冷静一下"的决策习惯，这是很重要的。

(2) 努力使自己成熟起来。人的成熟程度与多种因素有关，强化训练的具体内容如下：对自己充满信心；有强烈的时间观念；做有效的事情；对人对事要有理性；具有开拓进取精神；注意吸收并筛选信息；视野开阔，知识结构科学化；关心政治，有自己的思维方式；正确评价自己，合理评价他人；用发展的眼光看人看事；广泛社交；完善才能；对新鲜事物采取积极态度；生活态度乐观；保持心理平衡；尊重他人；给人以信任感；保持自己独特的个性。

4. 组织协调能力的培养

1) 基础能力的培养

组织协调能力是一种综合能力，具体包括计划能力、组织能力、用人能力、决策能力、指导能力、实践能力等。

(1) 计划能力。指选定目标，指出问题的能力，也包括制订具体的方案，从而向目标靠近的能力。要求公共关系人员平时就练就办事有远大目光，心中有数，不能杂乱无章，颠三倒四，出尔反尔，言而无信。要从平常的小事做起，"行积成习，习积成性，性积成命"。

(2) 组织能力。指代表组织或帮助组织号召公众的能力。如大量地调派人力、物力、财力，要求公共关系人员练就临阵不乱、有条不紊、沉着冷静、有计划、有步骤地使用人、财、物的能力。

(3) 用人能力。知人善任是组织协调的重要手段，公共关系人员要善于用人，要善于调动人的积极性。一个合格的公共关系人员能有效地调动他人。

(4) 决策能力。对组织各种活动做出综合判断和应变的能力，这是公共关系人员必备的能力之一。

(5) 实施能力。公共关系活动的关键是实施，计划做得再好，也需付诸实践才能见成效。

(6) 指导能力。就算公共关系人员浑身是铁，所制的钉也是有限的，所以在公共关系实务中，公共关系人员需要具有依靠并指导他人的能力。

2) 要善于克服各种缺陷

作为合格的公共关系人员要克服自身的缺点，才能做好公共关系工作。

(1) 克服缺乏自信的缺陷。缺乏自信的人表现为优柔寡断，反复无常，行为举止消极被动，驻足不前。缺乏自信是公共关系人员的一大忌讳。

(2) 孤芳自赏。公共关系人员必须有让别人接纳的素质，也就是使人愿意与你接近，与你交往。所以你的个性必须随和，为人须豁达，来不得半点的孤芳自赏。

(3) 独断专行。组织协调是一个群策群力的多边活动过程，要求公共关系人员集思广益，广开言路，绝不能独断专行。

3) 提高组织协调能力组织协调能力是一项综合性很强的素质，需要经过刻苦的磨练才能造就出来。这和一个人的阅历、知识、经验有关，公共关系人员，需要在工作中不断锻炼自己，只当空头的理论家是不能提高组织协调能力的。

5. 传播表达能力的培养

(1) 树立正确的观念。传播表达能力是公共关系人员的基本功底。公共关系人员一定要克服传统观念，努力提高传播表达能力。一说话脸就红，一见人就低头是公共关系人员的大敌。

(2) 求师、苦练。"三人行，必有吾师焉。"公共关系人员要虚心请教，学他人的长处来补自己的短处，另外还可互相练习，共同提高。

(3) 勤勤恳恳地学，持之以恒地练。所有人的先天素质相差不多，尤其是在传播表达上更是相差无几。其实，身边许多妙笔生花、口若悬河的人的能力大多是出自"勤"和"恒"。

(4) 克服心理上的障碍。公共关系人员锻炼自己的传播表达能力不要有惧怕心理，要敢于在任何场面出头露面，要敢于同任何对象交谈，要敢于创作文章，要善于理解和运用态势语言，要勤奋、刻苦并持之以恒，这是唯一的道路。

应用案例

【案情简介】

企业公关最需要什么样的人才

入世的到来加快了中国企业与国际经济接轨的步伐，塑造企业新形象，创建跨国公司，打造世界品牌已成为有志企业家的追求。实践证明，传统的公关人才已无法满足企业的需要，与国际接轨，企业公关迫切需要"新鲜血液"的加盟。

企业新闻发言人

企业需要自己的新闻发言人，并通过新闻发言人对外发布信息，传播企业形象。新闻发言人制度是当今世界许多大企业推行的一种基本的信息发布制度，这一制度体现的公开性和透明性在促进

第4章 公共关系的组织机构及从业人员

企业由传统封闭型经营方式向现代开放式经营模式的转变过程中具有重要意义。形象地说,企业新闻发言人是企业与新闻媒体及社会公众的中介人,是企业公关部门的核心人物,也是企业的高级管理人才,他们受企业委托,来向公众表达企业对某些事情的意见与主张,通过发言人可以及时稳定地向公众和媒体发布企业发展的各种信息,吸引媒体关注,保持企业声誉。通过发言人可以更好地与顾客沟通,使顾客产生信任感,让顾客了解企业,关爱企业。

作为企业新闻发言人要有良好的综合素质,发言人要气质涵养好,仪表形象佳,交际能力强,敏捷善言有口才,知识渊博有思想,沉着冷静善应付。专家认为,一个成功的企业新闻发言人,不仅要精通新闻业务,还要具有公共关系学、市场营销学、企业管理学、社会学等多方面的知识,而出色的口才,文明的礼仪和优秀的应变能力更是不可缺少的。

危机公关人才

最近,宁波一家企业在当地招聘危机公关人才,引起多方面的关注。其实,这在国外的企业早已不足为奇,招募专职的危机公关人才或者聘请公共关系公司的危机公关专家作为自己的高参是很普遍的行动。俗话说:"不怕一万,只怕万一。"企业在进行正常的生产和经营中,某种事故、意外、灾难的发生,总是在所难免,它的突发性、灾难性,犹如地震、火山爆发一样,往往是不期而至的。这种危机尤其以工商企业居多,如近年来发生的冰箱爆炸、电视机起火、保健品闹出人命案,等等,对企业来说,都是一场危机。在这紧急关头,危机公关人才就显得尤为重要。如能临危不惧,处理得宜,便可化险为夷,危机转为契机也不是不可能的事,企业还可得到更多消费者的关心和支持。

危机公关人才可谓"临危受命",要在短时间内度过"形象危机",并维护、匡正、重塑企业形象。这要求从事危机公关的人员,必须具备下列素质和能力:首先,反应要敏捷。要在危机发生的第一时刻作出反应,赶赴现场,迅速了解事件的来龙去脉,找出根源,分清责任及其承担者,确保企业对危机事件的立场在第一次报道中得到准确描述。其次,应具有良好的分析判断和处理能力。危机发生后,通过深入分析公众心理和企业所处的特定环境,对危机进行准确定性,采取相应的对策。公关人员在对危机进行诊断时,需站在客观、公正的立场上,找出问题症结之所在,运用有效的手段,对症下药,争取多方支持,并根据形象受损的内容和程度,开展弥补形象缺陷的公关活动,重塑企业形象。再次,善于与媒体打交道。危机发生后,往往会成为公众关注的焦点,媒体也会对事件进行连篇累牍的报道,使企业面临一个冷漠的舆论环境。危机公关人员需积极地配合媒体的工作,真实、客观、及时地提供给他们所需的信息,保证企业与公众之间信息传播的及时畅通,引导公众,使各种不利的传闻、猜测、流言等不攻自破。

网上代言人

找个明星当产品或品牌的形象代言人,在今年称得上是蔚然成风。服装、化妆品、饮料甚至是房地产,但凡是和我们的时尚生活沾沾点边儿的,都有相应的大腕儿或者小腕儿们一身前卫打扮挺身而出为其摇旗呐喊。结果堪称双赢:产品借了星气扶摇直上,"星星们"自然也赚了个酣畅淋漓。不过,先别美:早已经有人嫌弃用真人面孔作招牌这套把式太过千篇一律没创意,趁着FLASH动画及RPG电子游戏大行其道,虚拟的网上代言人开始频频露脸儿。

形象前卫但气质温柔的美少女美亚(MYA),是摩托罗拉为了顺应WAP移动电话而推出的代言人。曾在美国以排山倒海的广告造势24小时在线,随时准备着用她动听的声音与客户沟通,根据客户需要提供各种有用的资讯,有了她,正好补救手机屏幕太小的不足。恐怕没有比美亚更"敬业"的代言人了:不跟你讨价还价、任劳任怨,真是又听话又能干!鉴于虚拟代言人的种种好处,有人索性做起了这门生意。网上第一间虚拟模特介绍所于去年10月已经开张了,这家以德国为驻点的网站,名字就叫"NODNA",因为里面的模特儿只存活于电子空间,但全部都有名有姓、有年龄、有出生地、有不同的个性,可能比真人还活色生香。他们可以出任代言人之职,表演时装、推销产品以至担任活动主持人全不在话下,而且形象也没有重复的:俊的、丑的、酷的、楚楚可怜的——还能根据需要为你量身订制。

(资料来源:《新民晚报》)

【案例点评】

此案例表明培养优秀公共关系人才的重要性。因为优秀的公共关系人才一方面传递社会组织的形象,另一方面扩大组织的社会影响力。

 本章小结

本章主要介绍了公共关系组织机构及从业人员。首先介绍了公共关系部的特点、职能、设置原则及类型;然后介绍了公共关系公司的特点、种类及工作原则;最后介绍了公共关系人员的基本素质及职业标准。

习　题

1. 单选题

(1) (　　)要求公共关系部既能出色地完成该机构所担负的任务,又能将人员减少到最低限度。

　A. 精简原则　　　B. 专业性原则　　C. 协调性原则　　D. 自动调节性原则

(2) 以其工作手段和所发挥的职能来设置(　　)公关部。

　A. 公众对象型　　B. 职能型　　　　C. 工作区域型　　D. 部门并列型

(3) 公共关系公司从经营方式看,既有(　　),也有与广告公司合并的公关公司。

　A. 专业部门　　　　　　　　　　　B. 综合性的公关咨询服务公司

　C. 专项公关咨询服务公司　　　　　D. 独立经营的公关公司

(4) 培养公共关系人员的(　　)是一个系统工程,也是公共关系职业能力的重心。

　A. 创造策划能力　　　　　　　　　B. 人际交往能力

　C. 自我调节能力　　　　　　　　　D. 组织协调能力

(5) 能客观公正地提供公关服务的组织是(　　)。

　A. 组织内设公关部门　　　　　　　B. 公关公司

　C. 公关协会　　　　　　　　　　　D. 公关委员会

(6) 某人在组织公关部中主要负责评估组织的形象和公关工作的效果,以寻找出现问题的原因,他属于(　　)。

　A. 公关计划人员　　　　　　　　　B. 公关技术人员

　C. 公关调查分析人员　　　　　　　D. 公关传播人员

(7) 在公关人员心理素质中,其最基本的要求是( )。
　　A. 热情心理　　B. 自信心理　　C. 开放心理　　D. 创新心理
(8) 在部门隶属型公共关系机构中较好的一种形式是( )。
　　A. 归属于销售部门　　　　　　B. 归属于广告宣传部门
　　C. 归属于接待部门　　　　　　D. 归属于办公室
(9) 口头语言交流的一般特点是( )。
　　A. 准确性　　B. 扩散性　　C. 双向性　　D. 渗透性
(10) 身体语言的基本主体是( )。
　　A. 眼语　　B. 手势语　　C. 口语　　D. 情态语
(11) 人脸上各部位构成的语言是( )。
　　A. 声势语言　　B. 角度语言　　C. 情态语言　　D. 距离语言

2. 多选题

(1) 组织内设公关部门的特点是( )。
　　A. 了解内情　　B. 便于协调　　C. 效率较高
　　D. 成本较低　　E. 不够客观公正
(2) 公共关系人员日常业务中最一般的内容包括( )。
　　A. 文字撰写　　　　　　　　B. 设计与创作传播资料
　　C. 调查研究　　　　　　　　D. 策划组织活动
　　E. 游说
(3) 公共关系的组织机构一般包括下列类型( )。
　　A. 职能机构　　　　　　　　B. 组织内设的公关职能部门
　　C. 专业公关公司　　　　　　D. 综合职能部门
　　E. 独立公共关系社团
(4) 公共关系人员职业道德和工作准则的主要内容是( )。
　　A. 公正和正派　　B. 知识和创造性　　C. 对社会负责
　　D. 经验和技能　　E. 真实和保密
(5) 各类组织在具体设置公关机构时,必须考虑的具体情况有( )。
　　A. 自身的性质　　B. 自身的实力　　C. 自身的特点
　　D. 自身的需要　　E. 自身的规模
(6) 专业公共关系公司服务的特点是( )。
　　A. 较为客观公正　　　　　　B. 技术全面,专业性强
　　C. 较灵活,适应性强　　　　　D. 不了解内情
　　E. 运作成本较高
(7) 公共关系人员的职业道德准则的主要内容是( )
　　A. 公正　　B. 正派　　C. 对组织负责
　　D. 真实　　E. 保密

3. 简答题

(1) 公共关系部有哪些特点与职能?

(2) 公共关系部的设置模式有哪些?
(3) 公共关系公司的特点与职能是什么?
(4) 公共关系公司有哪些种类?
(5) 公共关系从业人员需要有哪些职业能力?
(6) 公共关系人员应具有哪些知识素养?

第 5 章

公共关系的工作对象及活动模式

教学目标

掌握公众的概念、特征及分类；明确内部公众在社会组织中的地位，熟悉建立内部公共关系的方法和途径；理解外部公众的种类，熟练掌握建立良好顾客关系的途径，了解媒介公众、政府公众、社区公众、名流公众和国际公众等关系的建立途径；了解公共关系的活动模式。

教学要求

知识要点	能力要求	相关知识
公众的概念及分类	(1) 准确理解公众的概念 (2) 掌握公众的特征、公众的分类	(1) 公众、群众与人民的关系 (2) 社会组织与公众的关系
内部公众	(1) 明确内部公众的分类 (2) 掌握建立良好内部公众关系的途径	内部公众之间的关系
外部公众	(1) 明确外部公众的类别 (2) 掌握建立外部公众关系的途径	外部公众之间的关系
公共关系的活动模式	了解各类活动模式适用的条件	各类活动模式在组织发展的不同阶段的适用性

 基本概念

公众；首要公众；次要公众；边缘公众；顺意公众；逆意公众；独立公众；非公众；潜在公众；将在公众；现在公众；宣传型公共关系；交际型公共关系；公务型公共关系；社会型公共关系；征询型公共关系；矫正型公共关系；维系型公共关系；进攻型公共关系；建设型公共关系

引例

只有一名乘客的航班

英国航空公司所属波音747客机008号班机,准备从伦敦前往日本东京时,因故障推迟起飞20小时。为了不使在东京候此班机回伦敦的乘客耽误行程,英国航空公司及时帮助这些乘客换乘其他公司的飞机。有190名乘客接受了英国航空公司的妥当安排,分别改乘别的班机飞往伦敦。但其中有一位叫大竹秀子的日本老太太,说什么也不肯换乘其他班机,坚持要乘英国航空公司的008号班机。在这种情况下,英国航空公司决定另有飞行安排,008号班机照旧到达东京后,再飞回伦敦。

一个罕见的情景出现在人们面前:东京—伦敦,航程达13 000千米,可是英国航空公司的008号班机上只载着一名旅客,这就是大竹秀子。她一人独享该班的353个飞机坐席,以及6位机组人员和15位服务人员的周到服务。有人估计说,这次只有一名乘客的国际航班使英国航空公司损失约10万美元。

思考:顾客永远是正确的吗?当社会组织与公众发生矛盾时,应当如何解决?英国航空公司的这种做法是否值得?

本章将介绍公共关系的工作对象及其活动模式。主要内容有公众的基本概念、特征及分类;社会组织的内部公众和外部公众;公共关系的活动模式。

5.1 公共关系的工作对象及其分类

公共关系的工作对象是指组织的特定公众,对他们的了解、分析与把握是组织开展公共关系工作的必要条件。了解和掌握了各类公众之后,通过开展各项工作,才能与公众建立良好的关系,使组织形成良好的公共关系状态。

5.1.1 公众的概念

公众是社会组织适应环境需要,有针对性地开展公共关系活动的先决条件。正确理解公众的含义、树立正确的公众意识,对于科学地理解和把握公共关系工作的实质具有重要的指导意义。

如前所述,不同学者对公众的解释不尽相同,本书认为,公众是与公共关系主体利益相关并相互影响、相互作用的个人、群体或组织。这一概念涵盖了公共关系工作的所有对象,凡是公共关系传播沟通的对象都可称为公众。

5.1.2 公众的基本特征

公众作为公共关系的对象,具有如下特征。

1. 广泛性和相关性的统一

公众具有外延上的广泛性。任何组织与个人都有可能成为某一社会组织的公众。因此,公众不是单一的组织、群体和个人,而是与某一组织运行有关的整体环境,在公共关系学中被称为公众环境,它是组织运行过程中必须面对的社会关系和社会舆论的总和。

公众也具有相关性。公众的相关性是指一定社会组织的公众，总是与这个组织存在着某种利益关系，即一个社会组织面对的公众，一般都是要求从这个社会组织获得某些权益的个人、群体或社会组织。他们的意见、观点、态度和行为对该组织的目标和发展具有实际或潜在的影响力、制约力，甚至决定组织的成败。同样，该组织的决策和行为也对这些公众具有实际或潜在的影响力、作用力，制约着他们利益的实现、需求的满足、问题的解决等，这种相关性是组织与公众形成公众关系的关键。

2. 同质性和异质性的统一

公众的同质性是指同类型的公众都面临着共同的问题，有着共同的意识，因共同的需要、共同的目标、共同的兴趣、共同的背景等而结合。在社会中，只要有充分数量的人面临共同的问题，这些人往往就会有"同属一类"的意识，就会形成特定的社会组织的特定公众。如到同一商店购物或购买同一产品的顾客，由于他们面临了"购物"这一共同的问题而结合在一起成为"商店"的公众。

公众又有异质性，即构成公众的不同群体和个人存在着差异性。个人和由个人所构成的社会群体是千差万别的，他们对同一问题所表现出的态度和做法也不同。组织在进行公共关系活动时，对其公众不可依它的同质性一概而论，必须据其异质性区别对待，针对不同公众采取不同方式，做好工作。如超市的公众，有性别、年龄、文化层次、爱好、审美观念、商品偏好程度等各种不同方面的差异。

3. 多样性与可变性的统一

多样性是指公众的存在不是单一的，而是复杂多样的。就某一组织而言，其日常的公共关系工作对象包括各种各样的个人关系、群体关系、团体关系、组织关系等。即使是同一类公众，也可以有不同的存在形式。

可变性是指公众不是一成不变的，而是处在不断的发展变化之中的。任何组织所面对的公众的性质、构成、形式、心理、数量及范围都会随着主体条件、客观环境的变化而变化。公众环境的这些变化必然导致公共关系的目标、方针、策略、手段的变化，这使公共关系工作富有动态性和挑战性。

5.1.3 公众的分类

公众的分类是公共关系理论的重要内容。从公共关系实践操作的角度来看，公众对象的构成是非常复杂的。公共关系政策的制定和公共关系方法、技巧的运用以及公共关系调查研究和组织形象评估等都依赖于对公众构成进行科学的分析。

1. 公众分类的意义

公共关系工作目标的确立、政策的制定、方案的设计、活动的开展以及效果的评估，都有赖于对公众进行科学的分类，具体体现在下列的说明中。

(1) 科学的公众分类为公共关系的调查研究和工作目标的确立打下基础。公共关系工作是从调查研究开始的，通过调查研究来客观地评价组织形象，发现公共关系问题，研究公共关系战略目标和具体的活动目的，这是公共关系的第一步。而要走好这一步，就必须首先正确地确定自己的公众,从而确定调查的对象和研究的范围。只有对公众进行科学的分类,才能保证调查的效果和效率,也才能确定恰当的工作目标。

(2) 科学的公众分类为公共关系政策的制定和公共关系方案的设计明确方向。正确的政策和成功的方案是公共关系活动的灵魂,制定公共关系政策和设计公共关系方案是公共关系活动过程中的第二个重要步骤。决策和策划的水平将决定整个公共关系工作的水平和成败,而科学的决策和周密的策划是建立在对实际情况了解的基础之上。没有分析就没有区别,没有区别就没有正确的政策,没有正确的政策就没有合适的方法。通过对公众的分析,区分亲疏远近、轻重缓急,把握住公众发展的脉络,为制定不同的政策、策划不同的方案提供依据,明确方向。

(3) 科学的公众分类对公共关系活动的开展产生重大影响。公共关系工作成功与否要通过实际的公共关系活动来体现。这是公共关系工作的第三步,也是最实质的一步。公共关系活动的许多环节都离不开对公众的认真分析和研究。通过对公众的分类研究和分析,为选择传播媒介和沟通渠道提供可靠的依据,也为确定传播、沟通方法和应变措施提供可靠的根据,从而保证公关活动的顺利进行和最后的成功。

(4) 科学的公众分析为科学评估公共关系工作的效果提供了重要依据。公共关系工作的最后一步是科学的检测和评估公共关系工作的成效。公共关系工作成效的评估是多层次、多视角的,比如,信息的传递范围和效率、感情的建立和深化、公众态度的形成和改变、公众行为的支持与配合等。这些效果的评估都直接与公众的研究有关,需要分门别类地考察各类不同的公众,从而分析实际的效果与预期的效果之间的差距,为下一阶段的工作提供帮助。总之,科学的公众分类为评估公共关系效果提供了重要依据。

2. 公众的基本分类

1) 按照公众对组织的重要程度分类

根据不同的层次、不同的角度、不同的标准,可以对公众进行不同的分类。

(1) 首要公众。首要公众是指对组织有重要的制约力和影响力,甚至关系到组织的生死存亡,决定组织成败的公众。他们与组织联系最密切、最频繁,对组织具有特殊的意义。首要公众包括两部分:一是组织的工作人员即内部员工,没有这些公众,也就没有组织本身;二是决定组织生存和发展的公众,如顾客、股东、供应商等。此类公众是关系组织兴衰的最基本因素。

(2) 次要公众。次要公众是指对组织生存和发展虽有影响,但并不起决定性作用的公众。对于一个组织来说,多数公众属于次要公众。次要公众虽然对组织不产生决定性作用,但也不应完全放弃,要在保证首要公众需求的前提下适当兼顾,因为次要公众也可能转化为首要公众。

(3) 边缘公众。边缘公众是指与组织虽有关系,但联系较少、影响较小的一类公众,其重要性最小。以一家商店为例,其首要公众有员工、顾客、上级主管部门、业务往来单位;次要公众有政府机构、社区、新闻媒介等;边缘公众主要是行业竞争对手等。

对任一社会组织来说,它的首要公众、次要公众和边缘公众是处在一个闭环系统中,它们在不同的时期内可以互相转化。这种发展变化主要由组织的目标决定,同时也取决于形势的发展。今天的首要公众可以成为明天的次要公众,明天的次要公众又可能成为日后的首要公众。同样,次要公众并不永远是次要的。如何处理好这 3 种公众之间的辩证关系是处理公共关系的一门艺术。

2) 按照组织对公众的态度分类

(1) 受欢迎的公众。受欢迎的公众是指完全符合组织的需要并主动对组织表示兴趣和沟通意向的公众,如自愿的投资者、捐赠者、赞助者、主动地为组织采写正面宣传文章的记者等。这类公众的特点是:主动地对组织表示兴趣和意愿,组织也对其相当重视并期望与之建立和发展良好的关系。受欢迎的公众与组织之间是一种两厢情愿、一拍即合的关系,不存在沟通的障碍,沟通的结果对双方都有较为平等的利益。

(2) 被追求的公众。被追求的公众是指符合组织的利益和需要,但对组织却不感兴趣,缺乏交往意愿的公众,如著名记者、社会名人等。这类公众属于符合组织的利益和需要,组织单方面希望建立和发展关系,而其自身却缺乏相应的热情,即组织一厢情愿的公众。这类公众与组织之间存在较大的传播障碍,不易沟通,需要组织制定较为特殊的传播对策,通过切实有效的公共关系活动来努力争取和追求。

(3) 不受欢迎的公众。不受欢迎的公众也称需回避的公众,是指那些违背组织的利益和意愿,对组织构成潜在或现实威胁的公众,如各种对组织抱有敌意的人士,或对组织构成额外压力和负担的团体。这类公众有求于组织,试图与组织建立关系,但他们却对组织不断构成压力、负担或威胁,成为组织的"入侵者"。与这样的公众接触,会使组织感到不安,或受到损害,因而组织不愿意与其交往和接触,力图回避。对待这样的公众,组织往往需要采取针锋相对的传播对策。

3) 按照公众对组织的态度分类

(1) 顺意公众。顺意公众是指对组织的政策、行为和产品持赞赏、支持和认同态度的公众。他们是推动组织发展的工作对象。这类公众对美化、宣传组织,提高组织的知名度和美誉度有着极为重要的作用。应该把这类公众作为组织的宝贵财富,悉心维护。

(2) 逆意公众。逆意公众是指对组织的政策、行为或产品持批评、反对甚至敌视态度的公众。这类公众是公共关系工作的重要对象,他们之所以产生逆意,定是事出有因。组织的公共关系人员要全面调查逆意公众产生的背景条件,主动进行适时有效的沟通,澄清事实、说明情况,争取谅解、理解和合作,促其改变敌对态度,由逆意向顺意转化,以达到"多交友、少树敌"的目的。

(3) 独立公众。独立公众又称为中立公众或不确定公众,是指持中立态度或态度不明朗、或未表态的公众。由于独立公众的态度具有极大的可塑性,他们既可以向顺意公众转化,也可以向逆意公众转化,因此宜采取说服、争取的工作方式,争取他们向组织有利的方向转化,绝不能掉以轻心。

由此可见,对于公共关系工作人员来说,顺意公众是组织的基本依靠对象,逆意公众是组织亟需转化的对象,独立公众是组织值得争取的对象。

4) 按照组织的内外对象分类

(1) 内部公众。内部公众是指由本组织内部成员构成的公众群体,如企业内的员工、股东,政府部门内部的干部、工作人员等,还包括组织的员工家属。员工是组织直接面对并且最接近的公众,是组织赖以生存与发展的细胞,是组织的内部公众的主体。如果组织中的员工都与组织离心离德,组织将破裂、崩溃而不复存在。任何组织的首要任务都是要培植内部的凝聚力、员工的向心力。因此，每个组织公共关系的基本任务之一都是内求团结，搞好员工关系。同样，股东是组织的投资者和资产拥有者，具有一定的法定权力，是组织的"自家人"，只有争取他们的信任和支持，才能创造出有利的投资环境和融洽的气氛。员工家属虽然不是组织的一分子，但他们与组织形成了一种特殊的归属关系，是组织的"后院"或"保障"，可以起到凝聚或涣散人心、强化或损坏组织向心力的作用。

根据内部员工的特点也可以做更详细的划分，如新职工、老职工、高级管理人员、中层管理人员、专业技术人员等。组织的内部公众是组织内求团结的对象，他们归属于组织，依赖于组织，组织也离不开他们。组织的生存和发展、各项目标的实现包括公共关系目标的实现，必须依靠内部公众。内部公众既是组织公共关系工作的客体，又是组织对外开展公共关系工作的主体，具有身份上的两重性，组织与内部公众的利益是一致的。

(2) 外部公众。外部公众是指组织外部对组织的生存与发展有现实或潜在影响力的公众。即除内部公众之外，一切与组织发生相互影响、相互作用的公众，包括消费者、协作者、竞争者、新闻记者、社会名流、政府官员、社区公众等。组织的外部公众是组织外求生存和发展的条件。一般来说，在组织的外部公众中，消费者公众、传播媒介公众、社区公众、政府公众等对组织的发展尤为重要。这类公众与组织的关系虽然不像内部公众与组织的关系那么直接、密切，但他们和组织之间有这样或那样的利益关系，并且他们的数量要比内部公众大得多，情况要复杂得多。因此，需要对他们进行进一步的分类，以便有的放矢地开展公共关系工作。一个社会组织只有加强对外交往，同外部进行联系和沟通，获得外部公众的信任和支持，才能发展壮大。

5) 按照公众发展过程的阶段分类

(1) 非公众。非公众是指处在社会组织公共关系工作视野之外，并在一定时空条件下与社会组织之间不存在任何关联和相互作用的社会群体。非公众的观点、态度和行为不受组织的影响，也不对组织产生任何作用和后果。因此，可以将这类公众排除在公共关系工作对象之外。实际上，非公众并不是组织的公众。划分出非公众是为了减少公共关系工作的盲目性，提高公共关系工作的准确性和针对性，避免不必要的浪费。

(2) 潜在公众。潜在公众是指将来有可能与组织发生直接利益关系的公众。对潜在公众可以有两种理解：一种是指有待开发，但尚未与组织发生任何直接利益关系的那部分公众，或称"潜在顾客"、"潜在用户"；另一种是指已经和组织发生了某种关系，并由此出现了某些问题，但对组织的生存和发展起到积极的推动作用。对有可能产生负效应、造成危机、影响本组织生存和发展的潜在公众必须给予充分关注，实行有效的控制，做到未雨绸缪，加强预测，积极引导，密切监视，分析后果，制定多种应对方案，防患于未然；而消极等待、被动应付，以为这类公众还未对组织的生存与发展构成威胁，便不去研究和着手处理的做法是完全错误的。

(3) 知晓公众。知晓公众是由潜在公众发展而来的，指已经知晓自己的处境，明确意识到自己面临的问题与特定组织有关，迫切需要进一步了解与该问题有关的所有信息，并开始向组织提出有关的权益要求的公众。知晓公众已经基本明确某个问题的性质、发展趋势和对自身利益的影响，已经开始注意寻求有关信息，构思相应对策，但还未采取相应行动。他们在静待事态发展，并根据事态的发展方向来决定自己的行动方向。他们的行动可能对组织有益，也可能会对组织不利。因此，公共关系部门应该采取积极的公共关系姿态，主动应对、积极沟通，满足公众要求被告知的愿望和要求，使公众对组织产生信赖感，同时使舆论态势得以控制。尤其是对那些可能会对组织不利或产生危害的公众行为，必须及时采取防范行动，抢先开展公共关系工作，及时沟通、讲清问题、化解疑虑、求得谅解、防止矛盾扩大。

(4) 行动公众。行动公众是由知晓公众发展而来的，指不仅意识到问题的存在，而且准备或正在采取行动，以求捍卫自身利益、解决知晓的相关问题，并迫使组织采取相应行动的公众。行动公众有两种情况，一是行动公众的存在有利于组织的生存发展。组织与公众存在密切的联系，双方形成了充分理解和相互信任的关系，呈现出组织与公众浑然一体的状态。二是行动公众不利于组织的生存发展。这种情况下，行动公众往往与突发事件或公共关系纠纷有关，处理不好则会对组织的生存、发展构成直接的压力或威胁，或给组织造成较大的困难及恶劣的影响。组织要尽量避免这类行动公众的产生，最好能把这类公众的问题解决在潜在或知晓阶段。倘若行动公众已经出现，应冷静对待，集中力量及时进行补救，与他们充分交流意见，达成谅解，妥善处理，以免使组织陷入被动状态。公共关系部门必须及时充分协调，做好这部分公众的工作，将压力转变为动力和对组织有利的合力。

从非公众到行动公众是一个连续发展的过程。一个组织的公共关系部门或人员应该及时注意公众的变化情况。首先，应把工作的重点放在知晓公众和行动公众上，因为知晓公众特别是行动公众与组织有着密切的利害关系，不协调好这部分公众的关系会直接危及组织的利益和地位。其次，应该考虑到潜在公众，做到未雨绸缪，防患于未然。公共关系人员必须进行细致的调查研究，以利于掌握良好的公共关系机会。

6) 根据公众的稳定性程度分类

(1) 流散性公众。流散性公众的流动性大、分散性强，如飞机上的乘客、观光的游客、饭店的顾客等。对此类公众开展公共关系活动，能取得更快、更好、更广泛的传播效果，有利于扩大组织的知名度。

(2) 临时性公众。临时性公众指因某一临时事件、活动或某一共同问题而临时聚集在一起的公众，如舞会的来宾、球场、剧院、展览会、运动会的观众，因飞机航班误点而滞留机场的乘客等。

(3) 周期性公众。周期性公众指按一定规律和周期出现的公众，如逢节假日出现的游客、购买节日货物的顾客、招生时节的考生和家长、定期到某学校上课的函授班学员等。周期性公众的出现具有规律性，可以预测，这有利于组织做好必要的准备，有计划地开展公共关系活动。

(4) 稳定性公众。稳定性公众由于兴趣、爱好、习惯的影响，比较集中地与某些组织发生稳定的联系，是组织的基本公众。定期去某医院体检的老年人、经常购物的顾客、组织的内部公众、社区的居民等均属此类。

(5) 权力性公众。权力性公众是组织最为严密、拥有某种行政权力的公众，主要指政府及各级行政管理机构等。

从以上分类方法和标准可以看出，公众的分类是多维度的，每一类公众都可以按各种分类标准细分为相应的类型。但实际上，任何现实生活中的具体公众都不纯粹属于某种类型。某一个体公众或组织公众可能同时承担或被赋予多重公众身份。如一类公众是外部公众，同时也可能是首要公众、顺意公众、行动公众等。在具体的公共关系实践中，应有针对性、有重点地选择公众对象，在符合公众利益的前提下进一步对公众施加影响，并取得公众的信任和支持。

5.2 社会组织的内部公众

内部公众是指组织内部沟通、传播的对象，包括组织内部全体成员构成的公众群体，如企业内的员工、股东，政府部门内部的干部、工作人员等。内部公众既是内部公关工作的对象，又是外部公关工作的主体，是与组织自身相关性最强的一类公众对象。

5.2.1 内部公众的分类

组织的性质、类型不同，内部公众的分类方式也不完全相同。这里以企业为例来加以说明。组织内部公众一般包括员工和股东两类，其中员工是组织的首要公众。从组织内部公共关系来看，要加强内部公众的沟通，增强内部公众对组织的认知引导和控制内部公众的行为，形成共同的社会观、价值观，增强组织成员的向心力、凝聚力，培养组织成员的主体意识和形象意识。

1. 员工公众

员工公众指组织内部的全体成员，是最重要的内部公众。它是组织内部公共关系的客体，但对组织的外部公众来讲，它又是公共关系的主体。员工是组织直接面对而又最接近的公众，是组织赖以生存和发展的基础。

员工是企业生存和发展的基本力量，企业的工作需要依靠员工的合作努力才能完成。要想调动全体员工的积极性，必须真正尊重员工的人格尊严，为他们提供一个发挥个人才能、实现人生价值的舞台，营造融洽的家庭式气氛，增强员工的主人翁意识，为员工提供优厚的福利待遇和终身保障，使他们获得认同感、归属感、自豪感和幸福感。

员工也是企业组织对外公关的主力军。员工遍布企业的各个环节，是组织与外部直接接触的触角。其言行举止不同程度地代表着组织形象，所以他们时常站在对外公关的第一线。当一个组织员工的积极性被广泛调动起来的时候，他们就会主动热情地充当对外公关员的角色，这时组织对外公关的成功才能有最大的保障。

2. 股东公众

股东是股份制经济组织的投资者、资产拥有者。有些股东是社会个人，它们是普通的股票持有者，有些股东是具有法人资格的组织，还有些股东本身是组织内部的员工。从利益关系看，股东是组织的内部公众。

组织的发展与股东密切相关。首先，股东是组织重要的资金来源，是组织的投资者，稳定的投资者是组织发展的资金保障。其次，股东是组织重要的信息来源，众多股东分布在社会各个阶层和领域，信息广泛。得到股东的关心和支持，就能获得多角度、多方位的信息。再次，股东和企业的形象息息相关，股东是组织产品、形象和服务的宣传员、推销员。股东若大量抛售股票，将使股票价格下跌，影响企业形象；反之，企业前景好，大量股民加入,将增加企业的资金。另外,股东的身份、股东自身的形象也会在公众心理上暗示企业形象。

股东公众大致有以下3类:

(1) 持有不等股份的股东。他们的人数众多,是组织的真正所有者,是组织各种权力之源、资金之源。股东也是真正与组织同甘共苦的公众,他们关心组织的经营状况,希望组织兴旺发达;一旦组织经营不善,他们受到的冲击也最大。当然,对于上市公司来说,那些小股东的行为可能更像外部公众。他们是出于投机的目的而选择组织的股票,只要时机合适,他们就会买进或卖出股票,很少忠诚地对待一个组织。

(2) 董事会。董事会成员一般是占有较多股份的个人、组织或社会名流,他们通常是由股东大会选举产生的,并代表股东行使对组织的管理权。

(3) 金融舆论专家。这些公众以他们的观点、评论、意见,影响甚至左右股东的行为,对组织的影响很大。

5.2.2 内部公众是公共关系工作的起点

内部公众主要是员工。员工是一个组织直接面对的公众,是组织赖以生存的细胞。组织的方针、政策、计划、措施,首先必须获得员工的理解和支持,并身体力行、付诸实施。员工站在生产第一线、服务最前沿,他们是组织与外部公众交往、交流的触角,代表着组织的形象。因此,员工关系是组织公共关系工作的起点。

(1) 员工是组织具备竞争能力的起点。在当今社会,一个组织要得以生存和发展,必须具备竞争力,而竞争能力除了要有健全的运行机制和高效的工作能力外,全体员工的精诚合作、奋发图强也是组织富有竞争能力的保证。因此,公共关系工作首先要团结全体员工,协调组织内部各部门之间、各科室之间、各员工之间的合作关系,使组织内部各方面协调作战,这样的组织才能充满生机与活力,在竞争中立于不败之地。

(2) 员工关系是塑造组织形象的起点。公共关系工作的核心是塑造组织良好的形象。一个企业的形象是通过其内在精神和外在事物显现出来的。内在精神包括组织的精神风貌、经营管理特色、创新与开拓精神,以及员工的思想意识和工作态度等;外在事物则表现为组织的名称、商标、产品、服务、店容、厂貌等。员工是组织形象的代表和象征,组织的精神风貌和管理特色是由员工创造的。没有良好的员工关系,则塑造不了企业的美好形象。

(3) 员工关系是"内求团结、外求发展"的起点。内求团结是基础,没有内部的团结,就没有外部的发展。员工处在组织与外部关系的前沿,直接与外部接触,许多细致、具体的公共关系工作都是从员工开始的;大量的公共关系活动都是由员工去开展的。公共关系人员本身就是员工,他们的一举一动都关系到对外部公众的影响。如果企业内部公共关系处理的不好,组织就不可能成为一个合格的公共关系主体,从而就不可能向外发展。

5.2.3 建立良好的内部公众关系的方法与途径

内部公共关系工作的重点就是处理好员工关系。建立良好的员工关系的目的是通过加强与员工的关系与沟通,提高组织活动的透明度,增强组织的凝聚力和向心力,培养员工的主体意识、形象意识和全员公共关系意识,建设稳定、忠诚、积极进取的员工队伍。建立良好股东关系的目的是为了稳定已有的股东队伍,获得股东的信任与支持,创造出有利的投资环境和融洽的气氛，以争取新的投资者。因为股东的投资利益取决于组织的生产经营活动，作为投资者和资产拥有者，他们具有法定的投资权益。组织应该根据相关法律，最大限度地保护股东权益，通过及时召开股东大会、发布组织年报、加强与股东沟通、听取股东意见和建议等方式，鼓励股东关心组织事务，全面了解组织情况，提高组织及领导者在股东心目中的地位和威望，为组织发展奠定良好的内部公众基础。

1. 建立良好员工关系的方法

为建立良好的内部公众关系，组织可以从以下方面入手。

1) 了解员工对组织的期望和要求

员工对组织的期望和要求以及这些期望和要求的满足程度，决定了员工对组织的态度和表现，是组织一切行为的基点。所以，了解员工对组织的期望和要求是建立良好员工关系的先决条件。

美国一项调查表明，只要工作合适，员工并不在乎多做额外的工作；员工们要求工作具有挑战性，能运用创造性，能激发他们的潜力；足够复杂多样的工作能发展新的技能，并提供进步和团结的机会；员工工作中需要友情，他们乐于在良好的合作关系中工作并互相帮助，分享快乐和痛苦，并了解怎样才能把工作做得更好。导致员工不满意的3个主要原因是：报酬不够、工作单调和人情冷漠。由此可知，员工对组织的期望和要求是多方面的，满足员工的需要、提高他们的积极性、发挥他们的潜能与创造力是组织内部公共关系发展的关键。概括起来，了解员工对组织的期望和要求主要有：合理的工资报酬；稳定的福利保障；良好的工作环境；高素质的领导者和管理队伍；民主的组织管理方式；公开透明的人事制度；良好的经济状况；光明的组织发展前景等。上述内容既有物质方面的，也有精神方面的，它们构成了员工对组织基本的期望和要求，是员工关系的重要组成部分。

物质需求的满足是员工关系的基本保证，物质利益的需要是人类最基本的需要。根据马斯洛需要层次理论，员工也只有在满足基本生存需要的前提下，才能实现较高的需求。合理的收入、应有的福利待遇是绝大多数员工首先关心的问题，也是维持员工劳动热情、激发员工动力的基本保证。因此，组织对于广大员工的物质利益应给予足够的重视，尽量提高员工的工资，保证员工的物质利益不断增加；应该严格遵守"各尽所能，按劳分配"的原则，更好地发挥工资收入对员工的激励作用；同时，还要重视组织内部员工的福利待遇，公平合理地解决工资晋升和奖金分配问题，不仅可以免除员工的后顾之忧，而且可以培养他们的集体主义精神，并使之转化为持久的工作热情。最后，组织还应该不断改善内部劳动条件、劳动环境和劳动保护措施。这是组织应尽的义务，也是员工应享受到的合法权益，而且对提高劳动生产率、调动员工工作积极性、协调企业与员工的关系也具有十分重要的意义。

社会组织还要高度重视员工的精神需要。精神需要既包括人们自由地发挥自己创造性的需要，又包括人们对各种精神产品的需要。不同的员工因其文化素养、工作性质、个人经历和兴趣爱好的不同，其精神需要也存在明显的差异。为了尽量满足组织内部员工的精神需求，组织要充分尊重员工的主人翁地位，提高员工的责任感；要合理地开发和利用人才，增强员工的自信心；努力提高组织的向心力，培养员工的自豪感；善于引导员工在日常工作中寻求生活的乐趣和意义，通过培养员工对本岗位、本企业的责任心、自信心和自

第5章 公共关系的工作对象及活动模式

豪感，使每位员工获得心理上的平衡与精神上的满足。

2) 建立有效的沟通机制

美国"民意调查公司"的一项调查表明，只有1%的员工认为公司的事与自己无关，而99%的员工都渴望知道公司的最新动态，希望了解公司的内情。因此，建立有效的沟通机制，把组织的信息及时告知员工，增强组织的透明度，是建立良好员工关系的重要途径。沟通的内容主要有以下几个方面。

(1) 向员工介绍组织的管理和决策情况，如组织的目标、规模、经济效益、财务收支状况、市场占有率、高层动向、投资方向、新的重大决策等，让员工全面了解组织，争取员工的支持。

(2) 向员工介绍组织的竞争对手，增强员工的紧迫感和危机意识。

(3) 向员工介绍组织的发展历史、取得的成果、技术创新、组织荣誉、模范人物等，增强组织对员工的吸引力，激发员工的自信心和自豪感。

(4) 介绍员工动态，如工作经验交流、文体活动、工作职位变动、业绩表彰等，增进员工之间的了解，拉近员工与组织的心理距离。

2. 实施员工沟通的途径

加强员工沟通的目的，是培养组织成员的向心力、凝聚力，培养组织成员的主体意识和形象意识。

1) 加强员工沟通的传播意义

(1) 组织需要通过自身成员的认可和支持来增强内聚力。一个组织的存在价值和整体形象在取得社会的认可之前，首先需要得到自己成员的认可；组织的目标和任务在赢得社会支持之前，首先需要赢得自己成员的配合与支持。否则，组织的价值和目标将会落空，组织将无法作为一个整体面对外部社会公众。每一个成员都是组织的细胞，他们对组织有机体的认同和依附是这个有机体得以存在的基础。因此，良好的内部关系是公共关系的起点，组织内部的公关工作首先要增强内聚力，将全体成员组合成为一个有机的整体。

要达到这一目的，就需要将本组织的成员视作传播沟通的首要对象，尊重组织成员分享信息的权利，争取他们的了解与理解，形成信任与和谐的内部气氛。如果内部传播障碍、沟通不通畅，成员对本组织的信息没有了解的优先权，甚至外部社会早已纷纷扬扬，自己的成员还不知情，就会在组织内部产生麻木不仁、忧虑不安、焦急烦恼、猜疑传言等消极情绪和现象，从而形成隔阂冷漠、离心离德的状况。要避免这种情况的发生，就需要健全组织内部的传播渠道，完善组织内部的沟通机制，使全体成员在信息分享和感情沟通中与组织融为一体。

(2) 组织需要通过全员公共关系来增强外张力。一个组织的对外影响力有赖于全体成员的努力与配合。因为每一个组织成员都是组织与外部公众接触的触角，都处在对外公共关系的第一线，组织的整体形象必须通过他们在各自工作岗位上的良好行为具体体现出来。如电话总机的接线员、服务台、问询处、接待室的工作人员，行政部门的办事员，业务部门的业务员，甚至生产线上的员工等，都是有形无形的公关人员，他们的一言一行都代表着组织的形象。在对外交往中，每一位组织成员都是非常重要的公共关系行为主体。这种主体性的发挥则有赖于他们对组织的认同感和归属感、向心力和凝聚力。组织的外张力是与组织的内聚力成正比的。一个组织如果希望其成员能够自觉地维护组织的形象，就应该善待和尊重自己的成员，将他们作为重要的公共关系对象，努力培养他们对组织的认同感、归属感，增强他们对组织的向心力、凝聚力。

从管理哲学的角度看，公共关系工作要处理好团体价值与个体价值之间的矛盾。公共关系的目标是要追求较高的团体价值，即塑造本组织良好的整体形象，提高本组织的社会地位，争取较好的组织知名度和美誉度。从公共关系工作的实际着眼点来说，它是专门做人的工作的，必须从确立个人的价值入手，使团体中的每个成员(以及与这个团体有关的所有个人)都能在团体的环境中追求和实现个人的价值。如果能够创造这样一种团体环境：在这个环境中，个体能充分展示自己的个性和追求自己的价值，那么这个团体就具备了足够的凝聚力，并且使团体价值通过许多个体的创造性活动得以充实和体现。也就是说，追求团体价值的公共关系工作，首先应该从尊重个体价值做起，必须将个体价值与团体价值辩证地、有机地结合。

2) 员工沟通的途径

(1) 通过管理人员、意见领袖与员工沟通。通过管理人员进行正式的直接双向沟通是最基本、最有效的方法。管理人员可以向员工及时传递组织的信息，解释各项政策，分析讨论各种问题，消除误解等，成为组织员工的纽带。意见领袖的沟通属于非正式沟通，由于他们在员工中拥有较高的威信和较强的影响力，组织应注重调动和发挥意见领袖的作用，通过非正式渠道来加强与员工的沟通，弥补正式沟通的不足。

(2) 通过会议形式进行沟通。管理者可在会上就组织的工作总结、工作计划、新政策、新产品、新方法等向员工报告或说明，还可以表彰先进、研讨问题、听取意见等。既传递了信息，又加强了管理层与员工的联系。

(3) 通过组织内部出版物进行沟通。如员工手册、报刊、广播、影视、板报、墙报、宣传栏等都是进行沟通的有效载体。

(4) 建立合理化的建议制度。现代组织的显著特征就是职工广泛参与、民主管理，培养员工的参政、议政意识是提升组织管理水平和组织效益的关键，而员工参政、议政的主要形式就是建立合理化建议制度。每个员工都是各自领域内最熟悉情况、最有发言权的人，完善合理化的建议制度，就是广泛征集员工对改进经营管理、工作程序、操作技术的意见和有效手段。它一方面使员工的创造能力和工作潜能得到开发利用，另一方面又使员工的精神需要得到满足、个人价值得以实现，从而可以提高员工的自信心、自豪感和责任感。如果其建议被采纳实行，会使员工感到自己在企业中得到重视，从而更大地调动起员工的主动精神，形成一种良性循环，促使组织不断发展。推行这一制度，需要建立配套的激励机制，对员工的合理化建议进行奖励，并保证落实。

5.3 社会组织的外部公众

社会组织的外部公众是指除内部公众之外的一切与组织有直接或间接关系的个人、群体和组织。外部公众是一个外延很广的范畴，不同的组织有不同的外部公众。组织与外部公众的关系构成了外部公共关系，它是一张比内部公共关系更复杂、内容更丰富的系统网

第5章 公共关系的工作对象及活动模式

络。外部公众对组织,特别是对企业的生存和发展具有直接或间接的制约力和影响力,是企业必须适应、协调和不断完善的外部力量。企业与外部公众的关系如何,往往能直接反映企业的生存环境和发展水平,是衡量一个企业素质的基本标准之一,也是决定企业成败的关键。

5.3.1 顾客公众

顾客公众是指购买、使用本组织提供的产品或服务的个人、团体或组织,如企业产品的用户、商店的顾客、酒店的客人、电影院的观众、出版物的读者等,既包括个人消费者和社团组织用户,又包括经济组织为之服务的物质产品的购买者,还包括文化组织为之服务的精神产品的购买者;既包括有形产品的购买者,也包括无形产品(即劳务)的购买者。顾客是与组织具有直接利益关系的外部公众,是工商企业组织市场传播沟通的重要目标对象。

顾客是组织面对的数量最多、与组织具有直接利益关系的外部公众,是组织对外公共关系的首要对象。20世纪50年代,市场营销理论就从以生产者为中心转向了以顾客(消费者)为中心;到20世纪70年代的"少品种大量生产",消费者关系更上升为直接影响组织生存的核心层次,"顾客就是上帝"成为组织的普遍共识和行为准则。20世纪80年代的"多品种少量生产",特别是20世纪90年代的"变种变量生产",21世纪的"新品种适量生产"和"订单生产、定制化生产",使市场形式由"卖方市场"转变成"买方市场",市场状态也由"短缺经济"过渡到"过剩经济"。在大多数情况下,已不是商品选择顾客,而是顾客选择商品,顾客成为组织生存和发展的决定性条件。美国公共关系专家加瑞特说:"无论企业大小,都永远必须按照下述信念来计划自己的方向,这个信念就是企业要为消费者服务,要为满足人民的需要生产,这是企业唯一正确的方向。"因此,组织要想获得生存和发展,就要建立良好的顾客关系。

1. 正确认识良好顾客关系的重要性

(1) 良好的顾客关系能够为组织带来直接的利益。顾客是与组织利益关系最直接、最明显的外部公众,赢得顾客就赢得了市场,就赢得了组织生存发展的机会。没有了顾客,组织存在的价值就无法实现。

(2) 良好的顾客关系体现企业组织正确的经营理念和行为。公共关系的基本原则之一,要把公众利益放在首位。满足顾客需求,实现顾客利益诉求,作为组织的根本宗旨,充分体现了组织的价值核心。

2. 建立良好顾客关系的途径

建立良好顾客关系的目的是促使顾客形成对组织及其产品的良好印象和评价,提高组织及其产品的知名度和美誉度,增强对市场的影响力和吸引力,为实现组织和顾客公众的共同利益服务。要做到这一点,组织就要按照"顾客第一"、"顾客至上"的理念来规划公共关系计划,实现公共关系目标,努力创立良好的组织形象、产品服务形象,争取顾客,开拓市场。

1) 明确顾客权利,满足顾客诉求

要争取顾客对组织的信任与合作,就必须充分尊重顾客在购买产品和服务时所享有的权利,这也是顾客关系的基础。《消费者权益保护法》明确规定:消费者享有自由选择商品或服务的权利。也就是说,消费者有权主动选择提供商品或服务的经营者;自主选择商品品种或服务方式;自主决定购买或不购买某种商品,接受或不接受某项服务;有权进行比较、鉴别和挑选。在实际生活中,顾客拥有4项基本权利:其一,有权了解产品质量与使用要求等方面的真实信息;其二,有权比较、鉴别和挑选商品的样式、种类、价格;其三,有权决定是否购买商品或服务;其四,因使用商品或服务受到损害时,有权获得赔偿。

顾客诉求即顾客需求。社会组织提供的产品或服务应该满足顾客多样化的需求。近年来,世界快餐巨头麦当劳在中国市场上成功推出了麦乐鸡、麦辣鸡腿汉堡等符合中国消费者饮食习惯的快餐食品,满足了中国顾客的品味,实现了产品的本土化转型。

应该明确,满足顾客需求,不单纯指跟随在顾客后面的消极适应,而是应该研究顾客需求的发展趋势,善于引导潮流,创造需求。正如管理学大师德鲁克所说的:"组织目的的唯一一个适当的定义:创造顾客。"苹果公司的营销策略是让顾客"占便宜",而不要"卖便宜"。顾客并非要"买便宜",而是想"占便宜"你能提供绝佳品质和醉人体验,让顾客觉得物超所值,像捡了个大便宜,再贵顾客也趋之若鹜。传统的营销定位理论是外求,而苹果营销的创始人乔布斯则内求,乔布斯认为,人生时间有限,不能将生命浪费在重复其他人的生活上,顶礼那些成功的条条框框,就是被其他人喧嚣的观点掩盖了你内心的真实声音。最重要的事是,鼓起勇气深入一下,再深入一下,去倾听你的直觉和内心的想法,去找到你内在的出发点,去搞明白自己究竟想要成为什么样子,这样,所有其他的事情都是次要的。正是在这样一次次探索内心的过程中,乔布斯找到了自己的出发点:创造未来,改变世界。他坚持:永远不该怀着赚钱的目的去创办一家公司。你的目标应该是做出让你自己深信不疑的产品,创办一家生命力很强的公司。

2) 为顾客提供优质的产品和服务

产品和服务是组织满足顾客需求的载体,服务又是产品价值的延伸。社会组织建立良好顾客关系的根本途径就是为顾客提供优质的产品和服务。"蓝色巨人"IBM的经典格言是"IBM就是服务",概括了IBM的理念精华,成为IBM企业文化的核心,并自始至终、一以贯之。这种文化创立于老托马斯·约翰·沃森(Thomas J. Watson)时代,他在1914年创办IBM公司时设立了"行为准则":必须尊重个人;必须尽可能给予顾客最好的服务;必须追求优异的工作表现。这些准则一直牢记在公司每位人员的心中,任何一个行动及政策都直接受到这3条准则的影响,"沃森哲学"对公司的成功所贡献的力量,比技术革新、市场销售技巧,或庞大财力所贡献的力量更大。IBM凭借其"尊重个人、给予顾客最好的服务和追求优异工作表现"的原则和信念,构成了特有的企业文化,成就了计算机帝国的伟业。

3) 妥善处理顾客问题

社会组织在提供产品和服务的过程中,经常会遇到顾客的质疑、抱怨,甚至是辱骂和投诉。在这种情况下,组织不能无动于衷、听之任之,也不能激发矛盾,站在顾客的对立面上。而是应该恪守"顾客永远是对的"这一顾客关系最高准则,迅速做出反应,给予妥善解决,争取顾客谅解。有条件的工商企业组织还应尽可能建立顾客关系的科学管理机制,通过开展消费指导、消费教育活动,建立起一支充分信任本组织的稳定的顾客队伍。

妥善处理顾客问题的核心是尊重和维护顾客权益。社会组织要站在顾客的立场上,想顾客之所想,急顾客之所急,认真对待顾客的质疑和投诉,虚心地听取顾客对产品、对服务的意见和建议，积极为顾客排忧解难，就能化危机为机会，赢得顾客的理解、尊重和赞赏，树立良好的组织形象。

4) 加强与顾客的沟通

社会组织应以积极的姿态、热情的态度和主动的精神与顾客保持正常联系，以增进彼此之间的了解，加深感情，消除误解。除日常工作业务交往外，加强与顾客沟通主要有以下方式：其一，口头或书面联系，包括面对面的答复及电话咨询，建立顾客热线，寄发公共关系手册，新产品介绍等。其二，内部刊物。组织通过编发定期或不定期的刊物，向顾客介绍组织发展情况、发布新产品，使顾客对组织有较为深入的了解。其三，公共关系广告。通过加强组织形象宣传，吸引公众注意力，发展顾客群体。其四，开展顾客联谊活动。如进行慈善募捐、组织社区服务、赞助公益事业等，回报社会，回报顾客。社会组织应根据组织的具体情况和目标，恰当地选择与顾客沟通的方式，使双方保持良好的关系。

5) 推进 CS(顾客满意)战略

CS 是英文 customer satisfaction 的缩写，译为顾客满意。CS 战略思想产生于 20 世纪 80 年代，最早由瑞典斯堪的纳维亚航空公司提出。该公司认为，"企业利润的增长取决于服务的质量"。这一观点得到了企业界的普遍认同，对客户关系的探讨和实践不断深入，形成了战略理论并得到了迅速推广和广泛应用。作为一种企业行销战略，它要求组织通过发掘在组织生产经营范围内的产品或服务，达到顾客满意的程度，然后使其产品或服务设计向顾客满意需求靠近，实现其产品或服务的个性化，使顾客在接受该产品或服务时达到满意状态。

CS 战略认为，产品满意是 CS 战略的前提和基础，服务满意是 CS 战略的保证，客户忠诚是 CS 战略的目标。它包含了"顾客至上""顾客永远是对的"和"一切为了顾客" 3 个基本思想。"顾客至上"要求企业把顾客放在经营管理体系中的第一位，尊重和实现顾客利益，真正善待顾客，让顾客感到自身的价值，获得顾客认同；"顾客永远是对的"思想是"顾客就是上帝"的观点的发展，是企业赢得顾客、赢得市场并获取长远利益的关键；"一切为了顾客"要求企业一切从顾客的角度出发，想顾客之所想，急顾客之所急，最大限度地满足顾客需求。

5.3.2 媒介公众

媒介公众是指新闻传播机构及其工作人员，如报社、杂志社、广播电台、电视台及其编辑、记者。媒介公众是公共关系工作对象中最敏感、最重要的一部分，这种公众具有明显的双重身份：一方面，新闻媒介受众巨大、传播迅速、客观真实、影响力强，在传播信息方面具有其他组织无法比拟的优势，是组织与公众实现广泛、有效沟通的必经渠道，是组织竭力追求的公众；另一方面，新闻媒介人员又是组织必须特别重视的公众，记者、编辑、专栏作家、节目主持人等新闻从业者对新闻和社会舆论具有很大的操控性，被称为"无冕之王"。可见，媒介公众对于组织公共关系具有特殊的重要意义。

1. 正确认识媒介关系的重要性

与新闻媒介建立良好关系的目的是争取新闻传播界对本组织的了解、理解和支持，以便形成对本组织有利的舆论气氛，并通过新闻媒介实现与大众的广泛沟通，增强组织对整个社会的影响力。

1) 好的媒介关系有利于形成良好的公众舆论

新闻传播机构及人士是社会信息流通过程中的"把关人"(gatekeeper，传播学中亦称为"守门人")，他们决定着各种社会信息的取舍、流量和流向，确定公众舆论的中心议题，能够赋予被传播者特殊的、重要的社会地位，即具有"确定议程"和"授予地位"的功能。如果某个组织、人物、产品或时间成为新闻界报道的热点，便会成为具有公众影响力的舆论话题，获得较高的社会知名度；而且，新闻界作出的客观报道容易使企业获得公众的信任，有利于美誉度的提高。公共关系的一项重要任务就是为组织创造良好的公众舆论，争取舆论的理解和支持。因此，与"把关人"建立良好的关系，有助于争取媒介报道的机会，使组织的有关信息比较顺利地通过传播过程中的层层关口，形成良好的公众舆论环境。

2) 好的媒介关系是运用大众传播手段的前提

组织要实现大范围、远距离的沟通，就必须借助于各种现代大众传播媒介。大众传播借助于现代印刷、电子等传播技术，大量地、高速度地复制信息，跨越时间和空间的限制，实现大范围、远距离的传播。这是现代公共关系的主要手段之一。然而，大众传播媒介一般不是由组织内的公共关系人员直接掌握和控制的，有关信息能否被大众媒介所报道，以及报道的时机、频率、角度等取决于专业的传播机构和人士。除花钱做广告之外，公共关系对大众媒介的使用必须通过新闻界人士才可能实现。因此，与新闻界人士建立广泛、良好的关系是运用大众媒介、争取媒介宣传机会的必要前提。与新闻界关系越多，组织有关信息的报道数量越多；与新闻界关系越好，组织有关信息的报道质量就越好。媒介关系的这种公关传播性之强是其他公众对象难以比拟的。

2. 建立良好媒介关系的途径

社会组织需借助新闻媒介向公众传递信息，扩大组织的影响，提高组织的知名度，营造一个有利于组织的舆论环境。在与媒介机构交往的过程中，社会组织一定要平等相待、以礼相待、以诚相待，相互配合，讲究工作方法和工作技巧。

(1) 组织内部具有新闻价值的事件，主动向新闻媒体提供新闻素材。社会组织要熟悉各类新闻媒体的特点及受众情况，帮助收集、提供新闻素材，主要有：组织的结构、经营方针、运作模式、生产技术、人事安排的重大变革；组织的开业庆典、纪念活动、公益活动；组织的新成果、先进人物、先进事迹；与社会知名人士的交往等。

(2) 进行新闻策划，放大新闻效应。新闻策划又称"制造新闻"，指以组织内部发生的真实事件为基础，有计划地推动或挖掘事件的新闻价值，引起公众和新闻媒体的注意，获得新闻效应。新闻策划不是无中生有、凭空捏造、欺骗公众，而是通过对真实事件新闻价值的挖掘、放大和升华，推动事件的发展。

(3) 加强与媒介公众的联系与沟通，经常与电视台、广播电台、报社、杂志社等媒介联合举办各种活动，提高组织在新闻报道中出现的频率。

5.3.3 政府公众

政府公众是指政府各行政机构及其官员和工作人员，即组织与政府沟通的具体对象。

任何社会组织都必须接受政府的管理和制约，因此需要与政府的有关职能部门打交道。政府公众包括工商、人事、财政、税务、市政、治安、法院、海关、环保、卫生、检验检疫等政府职能部门及其工作人员，它是所有传播沟通对象中最具有社会权威性的对象。组织必须与政府各职能部门建立和保持良好的沟通，这是组织生存、发展的重要保障和条件。

1. 正确认识政府关系的重要性

与政府保持良好沟通的目的是争取政府及各职能部门对本组织的了解、信任和支持，从而为组织的生存和发展争取良好的政策环境、法律保障、行政支持和社会政治条件。具体来说，政府关系的重要性有以下两个方面。

1) 政府的认可和支持是最具有权威性和影响力的认可和支持

政府掌握制定政策、执行法律、管理社会的权力职能，具有强大的宏观调控力量，代表公众的意志来协调各种社会关系。一个组织的政策、行为和产品如果能够得到政府官方的认可和支持，无疑将对社会各个方面产生重大影响，甚至使组织的各种渠道畅通无阻。为此，应该把握一切有利时机，扩大本组织在政府部门中的信誉和影响，使政府了解本组织对社会、国家的贡献和成就。例如，一个企业可以利用新厂房落成、新生产线投产、企业周年志庆、新技术新产品问世等机会，邀请、安排政府主管部门领导及党政要人出席企业的重要活动，主持奠基仪式或落成剪彩，参观新设备、新产品，通过种种现场活动，提高政府部门对本企业的信心和重视程度。

2) 与政府建立良好关系能够为组织形成有利的政策、法律、管理条例

政策、法律、管理条例是一个组织决策与活动的依据和基本规范，组织的一切行为都必须保持在政策法令许可的范围之内。通过良好的政府关系，组织能够及时了解到有关政策的变动，能够较方便地争取到政策性的优惠或支持，能够对有关本组织的问题在进入法律程序或管理程序之前提出参考意见，从而对组织的发展有利。为此，应该主动建立和加强组织与政府有关部门之间的双向沟通。一方面，组织的公关部门应该详尽地分析研究政府的方针、政策、法令，提供给本组织领导及各部门参考，使组织的一切活动都保持在政策法令许可的范围内，并随时按照政策法令的变动来修正本组织的政策和活动。另一方面，组织的公关部门应随时将实际工作部门的具体情况上传至政府有关部门，并根据本地区、本行业、本部门的特殊情况，主动地提出新的政策设想和方案，并通过适当的渠道进行说服性的工作，协助发现及纠正政策执行中出现的偏差或失误。

此外，处理政府关系还需要熟悉政府机构的内部层次、工作范围和办事程序，并与各主管部门的具体工作人员保持良好关系，以免因办事未循正规的程序或超越固定的工作范围而走弯路，减少人为造成的"公文旅行"或"踢皮球"现象，提高行政沟通的效率。

譬如，美国汽车巨子克莱斯勒公司在20世纪70年代曾经亏损116亿美元，濒临破产。艾柯卡临危受命，在其他方案都行不通的情况下，决定以公司全部资产做抵押向美国联邦政府申请贷款。消息一传开，举国哗然，反对声鹊起，联邦政府一时拿不定主意。为了争取到全国公众和政府的理解支持，艾柯卡发起了强大的舆论攻势。媒介发表了一系列阐述公司主张的有艾柯卡亲笔签名的社论，这些社论的标题和内容是公众最为关心的问题：失去了克莱斯勒，美国的境况会更好吗？克莱斯勒有前途吗？克莱斯勒的领导部门是否有足够的力量扭转公司的局面？卡特政府的官员和国会的议员们每天都拿着这些广告和社论边

看边议。同时，艾柯卡还派出专人到国会和联邦政府进行游说活动。这些公共关系活动的开展逐渐恢复了各界公众对公司的信任，国会也终于在圣诞节前夕通过了贷款法案。有了这笔巨资的支持，克莱斯勒终于起死回生，于20世纪80年代东山再起。

2. 建立良好政府关系的途径

如何建立并协调好组织与政府的关系？一般来讲，应把握好以下几点。

(1) 熟悉政府权责范围及运行特点，坚持以国家利益为重，遵守国家法律、法规，合法经营，照章纳税，不做有损社会公共利益的事情。

(2) 注意和政府的信息沟通。企业组织要及时、准确地向政府通报情况，时刻关注政府法令政策的变动情况，必要时将企业的有关情况向政府汇报，使之了解真实情况，从而影响政府，使之制定有利于组织生存发展的法规、政策。

(3) 替政府着想，为政府排忧解难。这样就能够获得政府的好感，得到政府的热情关心、主动支持和友好合作。

(4) 多与政府进行感情交流。通过邀请政府领导出席组织的有关活动，加强双方的联系。

5.3.4 社区公众

社区公众是指组织生活所在区域(市、区、乡、镇、街道、村)的地方政府、其他社团和居民。社区公众与组织之间有着千丝万缕的联系，社区居民可能成为组织的员工或组织最稳定的顾客；社区的其他社团可以成为组织良好的合作伙伴；而社区所在地的政府则是组织的"父母官"。能否和社区公众建立良好的关系，关系到组织和员工能否拥有一个安静、和谐的生产、生活环境。

1. 正确认识社区关系的重要性

良好的社区关系是为了争取社区公众对组织的了解、理解和支持，为组织创造一个稳固的生存环境；同时体现组织对社区的责任和义务，通过社区关系扩大组织的区域性影响。

1) 社区关系直接影响着组织的生存环境

社区如同组织扎根的土壤，没有良好的社区关系，组织就会失去立足之地。社区公众是由特定的活动空间所确定的，区域性、空间性很强。地方性组织的活动直接受社区公众的制约，社区关系便直接影响着组织其他各方面的关系，如员工家属关系、本地顾客关系、地方政府关系和媒介关系等。跨区域性的组织也不能脱离特定的社区，甚至要善于同各种不同背景的社区公众打交道，以争取为社区提供各种地方性的服务和支持，使跨区域性组织能够在各种完全不同的社区环境下生存和发展。因此，组织需要将社区作为自身发展的一个组成部分，将社区公众视作"自家人"。

2) 社区关系直接影响着组织的公众形象

社区公众涉及当地社会政治、经济、文化、教育等各个方面和阶层，类型繁多，涉及面广，对组织客观上存在着各种不同的感受、要求和评价；由于处在同一社区，对组织的某一种评价和看法又极容易相互传播，形成区域性的影响，从而形成组织的某一种公众形象。很显然，组织的社区关系好坏直接影响着组织的社会公众形象。比如一家企业，即使产品很好，远销海外，但如果社区关系恶劣，所形成的不良形象最终也会影响到市场销售。

第 5 章 公共关系的工作对象及活动模式

一个组织如果连左邻右舍的关系都处理不好，就很难在社会上获得良好的名声。组织要提高自身在社区中的地位，就要树立一个"合格公民"的形象，主动承担必要的社会责任和义务，像爱护自己的家业一样爱护社区，在社区的物质文明和精神文明建设方面发挥中坚作用，为社区造福，为社区公众多作贡献。

2. 建立良好社区关系的途径

(1) 要维护社区利益。应积极参与社区建设和发展，要保护好社区的生态环境，不能给社区公众的生产生活造成负面影响。当与社区公众发生纠纷时，组织要勇于面对问题，采取积极措施解决问题，及时平息社区公众对组织的批评和不满，尽量消除冲突和矛盾，化干戈为玉帛。

(2) 支持社区活动。组织应支持和配合地方政府的领导、管理和监督，积极参与社区内的各项政治、经济、文化活动和社区公益事业。

(3) 密切与社区公众的往来，加强双方的沟通和了解。

5.3.5 名流公众

名流公众是指那些对公众舆论和社会生活具有较大影响力和号召力的有名望人士，如政界、工商界、金融界的首脑人物，科学界、教育界、学术界的权威人士，文化、艺术、影视、体育等方面的明星，新闻出版社界的舆论领袖等。这类关系对象的数量有限，但对传播的作用很大，能在舆论中迅速"聚焦"，影响力很强。通过社会名流去影响公众和舆论，往往具有事半功倍的效果。

建立良好的名流关系的目的是借助名流的知名度扩大组织的公共关系网络，扩大组织的公众影响力，树立组织的社会形象，其意义和作用包括以下几个方面。

1. 借助于社会名流的知识和专长

与社会名流建立良好关系，能充分利用他们的见识和专长为组织的经营管理提供有益的意见咨询。社会名流往往见多识广，或是某一方面的权威，组织的管理人士能够在与他们交往的过程中获得广泛的社会信息或宝贵的专业信息，无形中使企业增添了一笔知识财富、信息财富。

2. 借助于社会名流的关系网络

与社会名流建立良好关系，能通过他们良好的社会关系网络为企业广结善缘。有些社会名流虽然不能为本组织直接提供所需的专业信息或管理咨询，但由于他们与社会各界有广泛的联系，或对某一方面的关系有特别重大的影响，组织便能通过他们与有关公众对象疏通关系，扩大社会交往范围。

3. 借助于社会名流的社会声望

与社会名流建立良好关系，能借助他们较高的社会地位，或某方面的权威，或他们对社会的特殊贡献、突出成就等，从而提升企业的知名度。同时，由于一般公众存在"崇尚英雄"、"崇拜明星"的社会心理，组织与社会名流建立良好关系，就将本组织的名字与社会名流的名望联系在一起，利用公众崇拜名流的心理，可以提高本组织在公众心目中的位置。

5.3.6 国际公众

国际公众主要是指组织在国际性活动中面对不同国度和不同文化背景的公众对象，包括对象国的政府、媒介、消费者等。国际公众是一种跨文化传播与沟通的对象，涉及公关主体所在国不同的语言、文字、历史、风俗、社会制度和公众心理。国际公众对象具有与本组织完全不同的社会和文化背景，因此，传播沟通活动具有显著的跨文化特征。

搞好国际公众关系的目的是争取国际公众和舆论的了解、理解与支持，为本组织及其政策、活动、产品和人员塑造良好的国际形象，创造良好的国际声誉。

1. 发展国际公共关系，为对外开放服务

我国实行对外开放政策，企业发展外向型经济，参与国际经济大循环，需要发展国际公共关系。一方面，需要通过公共关系手段来及时、准确地了解国际市场动向，了解有关国家的政治、经济、文化、社会等方面的信息，了解国外的投资者、合作者和客户等；另一方面，需要运用国际公共关系手段，向国外的公众、舆论和市场传播自己的信息，树立自己的形象，介绍自己的产品和服务，提高自己的国际知名度和国际信誉。即使不出国门的企业，在对外开放的条件下，也要运用国际公共关系，为来华投资、经商或合作的外商以及来华旅游参观的外国客人提供信息服务，做好接待工作。

在文化、艺术、科学、教育、医疗、体育等方面的国际交流中，也需要接触许多国际公众对象。良好的国际公共关系有利于促进这些方面的交流与合作，有利于树立中国在世界上的良好形象。

2. 运用跨文化传播手段，促进组织形象的国际化

参与国际性活动的组织需要建立国际化的形象，即能够适应别国公众、获得各国人民接受和欢迎的形象。这就需要注意研究和适应别国公众的社会和文化差异，调整公关的政策和方法。国际公共关系是一种跨文化传播，与国内公共关系有很大不同。在信息的传播和对外交往方面，不仅要懂得运用外国的语言文字，还要了解对象国的历史文化、风俗习惯、公众心理，以及了解国际商法和对外交往的国际惯例，使传播的信息尽量符合对象国公众的习惯。

国际公共关系要成功，还必须善于运用国际新闻传播和广告传播手段。不仅运用我国的对外传播工具，更要了解对象国及国际上知名的新闻媒介和广告界，与国外的新闻机构和广告业建立联系，懂得如何为他们提供新闻资料和广告资料。国际公共关系早已进入中国，中国的企业及各类组织一定要抓住机遇，运用国际公共关系帮助自己走向世界。

以上列举的组织的外部公众仅是常见的几种类型，在社会组织开展公共关系活动中，具体涉及的外部公众关系还远远不止这些，需要针对组织的所处的行业及组织发展所处的阶段来具体分析不同类型的外部公众。

5.4 公共关系的活动模式

公共关系活动模式是以一定的公共关系目标、任务以及这些目标和任务所决定的具体方法和技巧构成的一个有机系统。不同类型的组织机构，或同一组织的不同发展阶段，或同一阶段中针对不同的公众对象及不同的公共关系目标都需要选择不同的公共关系活动类型。

5.4.1 按活动的性质不同划分

根据公共关系活动性质不同，可以将公共关系活动模式分为宣传型、交际型、服务型、社会型、征询型。

1. 宣传型公共关系

宣传型公共关系就是运用各种传播媒介和沟通方法，开展宣传工作，树立良好组织形象的公共关系活动模式。其目的是迅速地将组织的有关信息传播出去，形成有效的社会舆论。其特点是：主导性强、时效性快、传播面广、推广组织形象效果快。

根据宣传对象的不同，此种模式又可分为对内宣传和对外宣传。具体形式多种多样，如内部刊物、员工手册、黑板报、宣传窗、闭路电视、演讲会、讨论会、记者会、新产品展示会，经验或技术交流、公共关系广告、对外开放参观、各种典礼和仪式等。

宣传型公共关系模式的具体形式包括两类：一类是利用大众传播媒介传播信息，如在报刊、电视、电台发布新闻稿、专题、专访、公共关系广告，或举行新闻发布会、信息发布会等向大众媒介提供信息；另一类是社会组织举办一些活动进行宣传，如展览会、展销会、经验技术交流会、制作各种视听资料、演讲、表演等。2010年在上海举办的世博会就是一个国际公共关系的宣传大舞台，各国利用这个宣传平台，尽力做好宣传攻势，提升国家或区域的形象。

宣传型公共关系应坚持双向沟通的原则。既不断向公众传播组织信息，又注意收集公众的反馈信息，沟通外部意见。宣传时要坚持新闻的真实性原则，以事实说话，不能夸夸其谈。还要注意宣传的"火候"，避免引起公众的逆反心理。

2. 交际型公共关系

交际型公共关系是在人际交往中开展公共关系工作的一种模式。目的是通过人与人的直接接触，进行情感上的联络，为组织广结善缘，建立广泛的社会关系网络，形成有利于组织发展的人际环境。其方式是进行团体交际和人际交往。团体交际包括各式各样的招待会、座谈会、宴会、慰问、舞会等；个人交往有交谈、拜访、祝贺、个人署名、信件往来等。交际型公共关系具有直接性、灵活性、人情味的特点。需要注意的是，开展交际型公共关系要坚决杜绝各种不正当的手段，而且切记这只是公共关系的手段之一，不是公共关系的目的，更不能把一切私人交际活动都作为公共关系活动。

交际型公共关系模式不仅通过感情投资的方式达到社会组织与公众的互助、互利、互惠的目的，而且还是获得信息的有效方法。公共关系人员处于社会关系网络中，通过人际交往来捕捉有价值的信息，使组织在竞争中出奇制胜，许多地区纷纷成立企业家俱乐部、联谊会等社会交往组织，使企业家有机会聚在一起、互通信息，在沟通中建立良好的社会关系网络，进而密切合作，促进各自的发展。

值得注意的是，在人际交往中，应遵循以下原则：其一，以诚待人，以真诚的言行对待公众，杜绝使用不正当的手段欺骗公众。其二，以礼待人使公众感受到礼遇和尊重，要一视同仁，杜绝轻视某些公众、厚此薄彼。其三，目光放远既结交新朋友，又不忘老朋友，善于巩固和发展友谊。

3. 服务型公共关系

服务型公共关系是一种向社会公众提供优惠、优质、特色服务为主的公共关系活动，目的是以实际行动来获取社会的了解和好评，树立自己的良好形象。服务型公共关系最显著的特征是有实在的行动。组织以特殊的媒介——服务来密切组织与公众之间的关系。优质的服务不是仅靠公共关系部门的工作，而是需要依靠组织中所有成员的共同努力来实现，因此，它是一种最实在的公共关系。服务型公共关系绝不仅限于专门的服务行业，社会上任何一种组织都能以自己独特方式向公众提供必要的服务。

一位残疾人买不到合适的鞋，面露难色，上海某商厦的营业员主动热情地为他量了尺码，留下了他的家庭地址。几天后的一个大雨天，那位营业员把定制好的鞋送到残疾人家里时，感动不已的残疾人愣住了："一双鞋怎么会是三只？"营业员笑答："你一只脚比较费鞋，多做了一只，这样三只鞋就等于两双鞋了。"上海某商厦的这种服务不只是有特色，而且真正做到了"为顾客着想"，从细微处见真情。这种实实在在的服务获得了公众的好评。

4. 社会型公共关系

社会型公共关系是社会组织利用举办各种社会性、公益性、赞助性活动来塑造组织形象的活动模式。其目的是通过积极的社会活动，扩大组织的社会影响，提高组织的知名度和美誉度，赢得公众的支持。这种公关模式从近期来看，往往不会给组织带来直接的经济效益；但从长远来看，却为组织树立了较完备的社会形象，为组织创造了一个良好的发展环境。

社会型公共关系模式的具体形式有 3 种：一是以社会组织的重要活动为中心开展的活动，如利用开业剪彩或周年纪念的机会，邀请各界人士光临，渲染气氛，播种友谊。二是以赞助社会福利事业为中心开展的活动，如赞助社会福利、慈善事业，资助公共设施建设等，它可以树立组织具有社会责任感的形象。三是与新闻媒体共同举办活动，提高组织的知名度，如举办冠以组织或产品名称的大奖赛、文艺演出、智力竞赛等，既活跃了文化生活，又宣传了组织形象。

北京同仁堂药店秉承"治病救人、扶危济困"的传统美德，急患者之所急，想患者之所想，历经沧桑，老而弥坚。不仅提供的药品货真价实，而且还为患者提供煎药、熬药、寄药、名医坐堂等免费服务，同时还对贫困者减免药费，对广大民众夏天送绿豆汤、降暑药，冬天施舍棉衣和粥，在社会公众中树立了良好的形象。其药品、员工、领导、企业的声誉等受到几代人的极高赞誉。

5. 征询型公共关系

征询型公共关系是以采集社会信息为主的公共关系模式。目的是通过信息采集、舆论调查、民意测验等工作，了解社会舆论，为组织的经营决策提供咨询，使组织与环境保持动态平衡。

号称"拥有世界第一饮料"的可口可乐公司通过征询调查，掌握了主动权，战胜了诸多的竞争对手；广州市政府举办的"假如我是广州市长"的征文活动，为政府角色的转换提供了有力的帮助；北京某饭店更是将调查研究经常化，坚持日调查、月调查、半年调查相结合，这种全方位的调研制度，宏观上使饭店决策者高瞻远瞩地了解全世界旅游业的形势，进而可以了解本地区的行情，微观上可以了解本店每个岗位、每项服务及每个员工的工作情况，从而使决策有的放矢。

5.4.2 按组织的社会环境状况不同划分

根据社会组织的社会环境状况不同，公共关系活动模式划分为建设型、维系型、进攻型、矫正型、防御型等。

1. 建设型公共关系

建设型公共关系模式是社会组织为开创新的局面而采取的公共关系活动模式。它采用宣传与交际相结合的方法，向公众主动介绍自己，给公众留下良好印象，提高组织的知名度，主要用于组织的开创阶段或新产品的问世阶段。

建设型公共关系模式采用的方式很多，主要有开业广告、开业庆典、新产品展销、免费招待参观、赠送宣传品等。此方法的关键是在众多新成立的组织中给公众留下深刻印象，所以必须使活动有新意、与众不同。

2. 维系型公共关系

维系型公共关系模式的活动方式分为两种，即硬维系和软维系。硬维系的活动方式目的明确，对象明确，主客双方都能理解活动的意图。如西方某航空公司明确宣布，凡乘坐该公司航班若干次的旅客，公司可以提供免费乘机一次或提供特定服务一次。许多商家对顾客给予某种优惠以及赠送礼品等都属于硬维系。软维系的维系对象不很明确，目的也不具体，表现较为超脱。维系型公共关系模式的特点是，一方面采取较低姿态，用渐进方式影响公众；另一方面不断通过各种优惠服务来与公众保持持久的联系。

3. 进攻型公共关系

进攻型公共关系模式是社会组织与公众发生某种冲突、摩擦，其发展受阻时，为摆脱这一局面，组织采用以攻为守，改造环境，创造新局面，使组织与外部环境协调一致地发展的活动模式。其特点是以较高的姿态、较强的频度、进攻的方式开展工作。社会组织与环境的关系一方面要积极适应，另一方面要积极主动改造环境。为此，组织可采用以下策略：一是改变组织对环境的依赖关系。组织通过研制新产品、推出新服务项目，开拓新市场，建立新的合作关系，改变对旧环境的依赖，创造有利于组织生存、发展的新环境。二是加强沟通。想方设法形成支持组织的社会舆论，减少公众对组织的对抗情绪，减少组织与环境的摩擦。三是争取得到上级部门的支持。通过公共关系活动，争取政府制定有利于组织摆脱困境的新政策，促成上级部门给予更多的扶持，创造利于组织生存与发展的新环境。

2000 年 4 月 24 日，一家水饮料公司突然宣布退出纯净水市场，而只做天然水，同时在中央电视台推出一则广告，以水仙花的生长来强调自己的诉求点，认为天然水比纯净水更有益于健康。同年 5 月 25 日，又紧锣密鼓地开展"争当小小科学家"的活动，倡议小学生进行天然水、纯净水比较实验。这一举措引发了中国水市场的一场大战，也因此引发了以另一家公司为代表的诸多纯净水厂家之间的系列矛盾。媒体对此争相报道,并给纠纷双方提供了辩论的舞台。全国同仁更是密切关注,并积极参与讨论,这一场战役打得有声有色,深入人心,使得这一家水饮料公司的名字几乎家喻户晓。

这家公司的行为属于很典型的进攻行为。当时这家水饮料公司与另两家公司三大品牌在市场上的占有率一直相差无几,但在另两家公司都与法国某公司合资之后,这一家水饮料公司很自然地感到了压力和威胁,于是情急之下主动出击,先发制人。

4. 防御型公共关系

防御型公共关系是组织为针对或防御经营和管理上可能出现的"失调"或"危机"而采取的一种公共关系模式,其出发点是抓住潜在公众形成的时机,及时寻找对策,把问题消灭在萌芽状况,并借此作为宣传组织形象的契机。防御型公共关系的特点是以防为主、防患于未然,避免矛盾尖锐化,同时防御与引导相结合。

2001 年 9 月 11 日,美国受到恐怖袭击。由美国商会主席史蒂夫·温安洛任董事会主席的全球最大的直销公司——美国安利公司在广州宣布:"公司运转正常,公司两周前签订的在广州经济开发区增加投资 2 500 万美元的协议也绝对不会更改。"没有等社会各界人士询问"9·11"恐怖事件会不会影响安利公司在中国的政策,安利(中国)公共关系部已先行一步,通过媒体向社会发表了以上声明,有效地防御了可能引起的危机。

5. 矫正型公共关系

这是一种在组织形象发生严重损害时所采取的一系列有效措施,协同组织的其他部门来挽回组织声誉的公关模式。矫正型公共关系的主要功能是纠正或消除损害组织形象的因素,恢复公众对组织的信任。矫正型公共关系一般有两种情况:一是由于外在的某种误解、谣言甚至人为的破坏,损害了组织的形象;二是由于组织内在不完善而导致外部公共关系的严重失调。

开展矫正型公关活动的关键是要反应迅速,处事冷静,以对公众负责的态度处理危机。这样才能把危机造成的负面影响减到最低,甚至可能使自身的形象得以提升。

 应用案例

【案情简介】

"感情激励" 凝聚人心

著名的日本松下电器公司,在内部员工关系的处理上是很让人称道的。松下经过常年观察研究发现:按时计酬的员工仅能发挥工作效能的 20%～30%,而如果受到充分激励则可发挥 80%～90%。于是松下十分强调"人情味"管理,学会合理的"感情投资"和"感情激励"。

建立"提案奖金制度":由员工选举成立一个推动提供建议的委员会,在公司员工中广为号召,积极鼓励员工随时向公司提建议。公司对每一项提案都予以认真地对待,及时、全面、公正地组织专家进行评审,视其价值大小、可行性与否,给予不同形式的奖大,公司员工一共提出了 66.3475 万个提案建议,其中被采纳的多达 6.129 9 万个,约占全部提案的 10%。

第 5 章　公共关系的工作对象及活动模式

拍肩膀：车间里、机器旁，当一个员工兢兢业业、一丝不苟操作时，常常会被前来巡视的经理、领班发现。他们先是拿起零件仔细瞧瞧，然后会对着员工的肩膀轻轻拍几下，并说上几句"不错"、"很好"之类的话。

送红包：当员工完成一项重大技术革新，当员工的一条建议为企业带来重大效益时，老板会不惜代价地重赏。

请吃饭：逢年过节，或厂庆、员工婚嫁，厂长经理们都会慷慨解囊，请员工赴宴或上门贺喜、慰问。在餐桌上，上级和下级尽可能唠家常、谈时事、提建议，气氛和睦融洽，它的效果远远比站在台上向员工发号施令好得多。

久而久之，松下公司就形成了上下一心、和谐相融的"家庭式"氛围。在与同行竞争中，松下公司的电器产品总是格外受人青睐。

(资料来源：《日本企业的经营管理》)

【案例点评】

通常，企业组织与职工之间相互满足对方的要求，是提高企业生产的根本保证。松下公司通过员工公共关系，尽力满足职工对企业的各种需要，系统筹划以提高员工的归属意识。要采取能满足员工多种需求的措施，综合采取一系列的措施满足员工的方向感、成就感、信任感、实惠感，营建一种员工和企业和谐共生的关系。

(1) 要注重增强员工的方向感。建立"提案奖金制度"、拍肩膀、送红包等措施表明了企业倡导创新、鼓励实绩的精神，使员工能明确自己的工作方向，激励员工朝着这个方向努力。

(2) 要注重增强员工的成就感。在松下公司，小至做好一个零件，大至完成一项重大技术革新，而且建议无论是否采用，都能得到公司管理层的赏识和鼓励，使员工为自己的工作感到自豪，进而追求更多的绩效和成就。

(3) 要注重增强员工的实惠感。当员工完成一项重大技术革新，当员工的一条建议为企业带来重大效益时，老板会不惜代价地重赏。物质是基础，物质奖励增强了激励的效果。

(4) 要注重增强员工的信任感。松下公司的一系列"感情投资"措施使员工感到努力工作公司会赏识，个人婚嫁公司会关心，上级和下级还可以在餐桌上唠家常、提建议，气氛和睦融洽，这样有助于培育企业内部的信任关系，打造团结的团队。

本章小结

本章主要介绍了公共关系的工作对象和活动模式。首先介绍了公众的定义，即公众是与公共关系主体利益相关并相互影响、相互作用的个人、群体或组织；其特征是广泛性和相关性的统一、同质性和异质性的统一、多样性与可变性的统一。对于公众的分类，按照公众对组织的重要程度分类可以分为首要公众、次要公众、边缘公众；按照组织对公众的态度分为受欢迎的公众、被追求的公众、不受欢迎的公众；按照公众对组织的态度分为顺意公众、逆意公众、独立公众；按照组织的内外对象分为内部公众、外部公众；按照公众发展过程的阶段分为非公众、潜在公众、知晓公众、行动公众；按照公众的稳定性程度分为流散性公众、临时性公众、周期性公众、稳定性公众、权力性公众。然后介绍了社会组织的内部公众和外部公众；建立良好的内部公众关系的方法是了解员工对组织的期望和要求、建立有效的沟通机制；其途径有通过管理人员、意见领袖与员工沟通、通过会议形式进行沟通、通过组织内部出版物进行沟通、建立合理化建议制度；建立良好顾客关系的途径有明确顾客权利、满足顾客诉求、为顾客提供优质的产品和服务、妥善处理顾客问题、加强与顾客的沟通、推进 CS（顾客满意）

战略。简要介绍了媒介公众、政府公众、社区公众、名流公众、国际公众的关系。最后介绍了公共关系的活动模式。根据公共关系活动性质的不同，可以将公共关系活动模式分为宣传型、交际型、服务型、社会型、征询型；根据社会组织的社会环境状况不同，公共关系活动模式划分为建设型、维系型、进攻型、矫正型、防御型等。

习　题

1．单选题

(1) 按照公众对组织的重要程度，公众可以分为首要公众、次要公众、(　　)。
　　A．受欢迎公众　　B．被追求公众　　C．独立公众　　D．边缘公众

(2) (　　)公众的流动性大、分散性强，如飞机上的乘客、观光的游客、饭店的顾客等。
　　A．流散性　　B．临时性　　C．周期性　　D．稳定性

(3) (　　)就是运用各种传播媒介和沟通方法，开展宣传工作，树立良好组织形象的公共关系活动模式。
　　A．交际型公共关系　　　　　　B．宣传型公共关系
　　C．服务型公共关系　　　　　　D．征询型公共关系

(4) 与组织自身相关性最强的一类公众对象是(　　)。
　　A．内部公众　　B．顾客公众　　C．媒介公众　　D．政府公众

(5) 组织与环境发生某种冲突、摩擦的时候，为了摆脱被动局面，采取的公关活动方式是(　　)。
　　A．矫正型公关　　B．防御型公关　　C．进攻型公关　　D．维系型公关

(6) 主导性强、时效性强、传播面广的公关类型是(　　)。
　　A．交际型公关　　　　　　B．社会活动型公关
　　C．服务型公关　　　　　　D．宣传型公关

(7) 首次阐明人们的逆反心理形成的主观原因的美国心理学家是(　　)。
　　A．霍夫兰　　B．纳普　　C．布林　　D．阿什

(8) 双向不平衡模式认为，当组织与公众发生冲突时，解决的办法是要求(　　)。
　　A．组织改变公关行为　　　　　　B．媒介改变行为方式
　　C．公众改变行为　　　　　　　　D．组织与公众共同改变行为

(9) 政府减少因办事程序错误造成低效率和扯皮现象而采取的办法是(　　)。
　　A．办事公开　　B．领导决定　　C．班子协商　　D．新闻发布

(10) 边缘公众对组织所持的是(　　)。
　　A．支持态度　　B．中间态度　　C．反对态度　　D．赞许态度

(11) 组织开创阶段适用的公共关系活动方式是(　　)。
　　A．维系型公关　　B．建设型公关　　C．防御型公关　　D．矫正型公关

(12) 以输入信息为主，具有较强的研究性、参谋性的公关类型是(　　)。
　　A．征询型公关　　B．宣传型公关　　C．交际型公关　　D．社会活动型公关

第5章 公共关系的工作对象及活动模式

2. 多选题

(1) 公共关系活动的行为方式有( )。
   A. 建设型公关   B. 维系型公关   C. 防御型公关
   D. 进攻型公关   E. 矫正型公关

(2) 按公众不同的发展阶段对组织的影响程度可将公众区分为( )。
   A. 非公众   B. 潜在公众   C. 知晓公众
   D. 行动公众   E. 观望公众

(3) 根据组织公关活动的内外部对象不同，可将公众分为( )。
   A. 目标公众   B. 优先公众   C. 内部公众
   D. 外部公众   E. 个体公众

(4) 政府公共关系的客体包括( )。
   A. 个体公众   B. 组织公众   C. 内部公众
   D. 外部公众   E. 目标公众

(5) 由价值观念产生的人们的追求和向往，直接决定着人们的行为取向，这种追求和向往的努力程度取决于( )。
   A. 个人的成就感   B. 过去的成功或失败的经历
   C. 周围环境、生活条件和影响   D. 对目标的接近程度
   E. 社会生活背景和文化传统

(6) 交际型公共关系的特点是( )。
   A. 直接沟通   B. 形式灵活   C. 信息反馈快
   D. 富于人情味   E. 便于加强感情联络

3. 简答题

(1) 公众有哪些特征？
(2) 为什么说内部公众是公共关系工作的起点？
(3) 建立良好的内部公众关系的方法与途径是什么？
(4) 建立良好顾客关系的途径有哪些？
(5) 建立良好媒介关系的途径有哪些？
(6) 建立良好政府关系的途径有哪些？
(7) 建立良好社区关系的途径有哪些？

4. 案例分析题

【案例一】

为普通工人树碑立传

广州羊城药厂1991年建立了一座碑廊，碑廊内耸立着5块2米多高的大理石碑。上面篆刻的不是什么英雄人物的业绩或高级领导人的题词，而是本厂195位普通工人的名字。原来，他们都是立功受奖人员，厂里为他们"树碑立传"了。

公共关系学实用教程(第2版)

羊城药厂曾有一段时间境况不佳。为了扭转这种状况，该厂领导号召全厂职工振奋精神，积极献计出力，打好翻身仗。上述195位普通职工努力工作，为药厂的振兴作出了突出的贡献，立下了汗马功劳。1990年，羊城药厂举行评奖活动，这195位普通工人分别荣获金羊奖、银羊奖和铜羊奖。

羊城药厂的领导认为，广大工人是企业的主人。这195位有功人员虽不是什么英雄，但是他们发挥了主人翁的精神，对药厂的振兴繁荣做出了突出的贡献，因此，他们的名字应该载入本厂的史册，让后人永志不忘。于是，该厂就为这195位普通工人树起了纪功碑。

这些纪功碑树立起来后，在羊城药厂引起了很大的反响。碑上有名者感到自豪，受到了鼓舞。老工人曹球抚摸着碑上自己的名字自语道："从没有想过自己竟有被'树碑立传'的一天！"他决心为药厂的发展作出更大的贡献。而碑上无名者也感到学有榜样，干有方向，纷纷表示也要干出成绩来，争取自己的名字也被刻上纪功碑。因为他们看到，那5块纪功碑中的最后一块是空白的，它将留给后来人。一位小伙子说，他相信，通过努力，自己的名字终有一天也会被刻在碑上。

(资料来源：http：//www.wccep.com.)

思考：
1. 树立和宣传先进典型对凝聚员工有什么作用？
2. 你所在组织在树立和宣传先进典型方面做了哪些工作？能做哪些改进？

【案例二】

漠视让爱立信输掉了中国市场

2001年6月21日，来自全国各地的36名爱立信手机消费者集体向北京市朝阳区法院递交诉状，将爱立信告上法庭。事件的起因是，爱立信T18、T28这两款手机给这36位购买者带来了无休止的麻烦。原告之一杨建初称，他于2000年5月1日购买了爱立信T18手机，半年内共维修7次，更换主板4块，18次往返于客户服务中心，可还是出现自动关机的毛病。杨建初第一次向法院递交的民事诉状的诉讼请求是：要求爱立信对其产品质量问题做出公开的、真实的解释，并向原告道歉；要求赔偿原告因在手机修理、更换、退货过程中发生的误工费、车旅费等；要求爱立信按照原告购机款的10%赔偿精神损失费；要求对爱立信进行惩罚性赔款；要求退还购机款；由爱立信承担诉讼费用。他在与爱立信公司最初的交涉中提出4.5万元的赔偿，而爱立信没有答应。他又提出另一个方案，要爱立信公司对中国公益事业进行资助，算是对他的赔偿。双方经过多次接触，在赔偿和赞助活动等方面仍旧没有达成共识。杨建初的遭遇被媒体披露之后，引来上百名有类似情况的爱立信手机用户的声援与支持，致使这一事件由一个个案发展成一个公众性的问题。

应该说，善良的中国消费者已经给了爱立信补救的机会，只不过爱立信没有好好把握。手机存在质量问题本来就是一种错误，但更大的错误是爱立信漠视这一错误。

面对众多消费者对企业的投诉，爱立信公司邀请北京几家媒体召开了一个小型记者见面会，会上爱立信公司表示："T18、T28拥有国家颁发的合格证，质量没有问题。况且一部手机换了4个主板，都出同样的问题，这种情况太罕见了。"爱立信公司负责与媒体联系的一位先生还解释说，T18、T28维修量剧增的原因是"爱立信手机的型号较少，出现故障就会非常集中，不像一些品种多的厂家可以分摊一下。"(仅这一点就犯了危机公关的大忌，自己的问题，为什么要牵扯对手呢？要知道，公然把没有牵扯的同行对手拉到对立面上来，实在是害人又害己。)

此外，另一个情况也让中国消费者对爱立信失去了信心。

据《上海青年报》报道，2000年底，新加坡一些手机用户投诉3款爱立信手机——T28、T10和T18有自动关机和线路差等问题，爱立信公司代表因此向新加坡用户道歉，向消费者协会保证要找出问题的原

第 5 章 公共关系的工作对象及活动模式

因，并呼吁使用以上产品的消费者一经发现问题，就将它送到其维修中心检查，承诺爱立信将为这些用户免费更换有故障的手机零件。

爱立信可以向新加坡的消费者道歉，为什么就不能给中国消费者一个真诚的说法？截然不同的态度不能不让中国消费者感到愤慨。

随着媒体的深度报道，引发了消费者以及知名人士对爱立信的大规模批评，有消息说，爱立信的 768、788C 以及当时大做广告的 SH888，居然没有取得入网证就开始在中国市场大量销售，轻易不表态的中国电信管理部门的声明证实了此事。至此，爱立信手机存在问题这一事实得到了证实。但是，在整个事件中，爱立信一直采用掩耳盗铃的方式来解决问题，一方面拒不承认手机的质量问题，另一方面试图掩盖业已明显的事实真相。据说，爱立信曾试图拿出几万元广告费来封住媒体的嘴。既然爱立信选择了拒不认错，自然就不会去切实地解决问题。也许爱立信的产品真的一直做得很好，这起事故只是一个意外，但市场不会花费时间去探究事情的真相，你无视它，它就会无情地疏远你。拙劣的危机处理方式，让爱立信输掉了它从未想放弃的中国市场。

（资料来源：http://www.hroot.com/bookpublish/html/557.htm）

思考：

爱立信输在了哪里？

第6章 公共关系工作的一般程序

教学目标

掌握公共关系工作的一般程序,了解公共关系调查的意义、过程,掌握公共关系调查的原则、内容及方法;了解公共关系策划的定义和原则,熟练掌握公共关系策划的程序及内容,学会运用公共关系策划的方法;了解公共关系实施的意义与特点,掌握公共关系实施的原则与方法,理解公共关系实施的媒体选择及障碍排除;了解公共关系评估的意义及程序,掌握公共关系评估的标准与方法。

教学要求

知识要点	能力要求	相关知识
公共关系调查	(1) 熟练运用公共关系的工作程序 (2) 掌握公共关系调查的原则、内容与方法	(1) 公关调查与市场调查的联系 (2) 公共关系调查注意事项
公共关系策划	(1) 熟练掌握公共关系策划的程序及内容 (2) 灵活运用公共关系策划的方法	(1) 公共关系工作计划与策划的区别 (2) 策划与战略规划、工作程序的区别与联系
公共关系实施	(1) 掌握公共关系实施的原则与方法 (2) 理解媒体选择方法及公关实施的障碍排除	公共关系实施障碍排除的技巧与方法
公共关系评估	(1) 了解公共关系评估的意义与程序 (2) 掌握公共关系评估的标准与方法	公共关系评估对后续工作的借鉴与指导

 基本概念

公共关系调查;公共关系策划;知名度;美誉度;信誉度;头脑风暴法;逆头脑风暴法;片方法;特性列举法;戈登法;检核表法;形态分析法;信息交合法;成对列举法;提喻法;匿名咨询法

第6章 公共关系工作的一般程序

引例

第29届奥运会会徽发布案例

项目主题：中国印·舞动的北京

项目主体：第29届奥林匹克运动会组织委员会

项目执行：第29届奥林匹克运动会组织委员会

项目背景：

奥运会会徽是奥运会形象景观的核心元素，是当今世界最具价值的无形资产，因而构成奥运会市场开发和奥运会形象宣传的重要载体。因此，此次北京奥运会会徽发布活动是奥运筹备阶段具有里程碑意义的重大事件。会徽发布时期恰逢北京非典之后，是北京及全中国恢复国际形象的重要契机，也是中国人民恢复信心的重要时机，这无疑使会徽发布活动显得更加意义非凡。

项目调研：

根据北京在举办大型活动方面取得的经验，北京奥组委多次组织国内活动的创意精英，就北京奥运会会徽发布方式进行讨论。从近几届奥运会来看，2000年悉尼奥运会和2004年雅典奥运会以及2006年都灵冬奥会均针对其新会徽的推出举行了发布仪式，特别是悉尼奥运会，创造出了奥林匹克大家庭团结、庆典的良好氛围。

经过深入的研究讨论，北京奥运会会徽发布活动确定采用大型推广活动的形式，将会徽形态融入恢弘的、富有中国特色的表演当中。通过电视和互联网方式向全世界进行直播，体现全国各地对北京奥运会会徽的企盼以及对奥运会筹备工作的关注与支持。

项目策划：

聘请国内外大型活动和奥林匹克策划专家，组成核心创意国际团队。

严格保密，保证会徽发布前的悬念。

消息披露层层递进，以预热宣传营造强大新闻悬念。

整合政府、社会各方有利资源，组成活动实施团队。

充分做好各项预案，如天气变化预案、反复演练，确保电视直播成功。

聘请国际专业公关公司，确保充分境外媒体宣传。

项目实施：

活动准备：

A. 成立核心创意国际团队和制作团队。

B. 成立发布活动领导小组和指挥部。

C. 协调北京市各委办局进行任务部署和分工；提前做好场地技术保障工作。

D. 多次彩排，制定详细活动脚本，程序安排精确到秒；充分做好天气变化预案。

E. 设计并制作会徽宣传片、会徽徽宝，制作会徽纪念品。

F. 设计制作全面的媒体报道手册，制订危机处理方案。

媒体预热和报道准备：

A. 充分利用有关会徽评选过程各新闻点，组织媒体宣传，保证前期关注热度。

B. 利用多种媒体平台。提前组织记者撰写通信《会徽诞生记》；请中央电视台、北京电视台体育节目中心提前录制专题节目；请电视台播放预告性片花；安排公关公司通过多媒体传播技术向全球媒体定向发出报道安排，使媒体关注度不断升温。

C. 发布前两周组织9次新闻发布和新闻访谈，激发报道热情，引起公众期盼。

现场发布：

A. 发布仪式地点选定在中华古老文明的象征性建筑天坛祈年殿，为会徽发布搭建起了一个前所未有的东方文明的背景和平台。

B. 会徽从世纪坛经长安街运送到天坛，由邓亚萍、成龙护送会徽入场，期间通过电视直播，向全世界展示了现代化北京的风采，为发布活动做了精彩铺垫。

C. 全国人大常委会委员长吴邦国和国际奥委会协调委员会主席维尔布鲁根为会徽揭幕，活动提升到了国家庆典的水平。

D. 播出国际奥委会主席罗格的电视致辞和张艺谋执导的宣传片。

E. 诠释会徽元素和理念的文艺表演。

F. 中央电视台和北京电视台对发布仪式互动式现场直播，奥组委官方网站进行网上直播。

G. 仪式后，现场举行简短新闻发布会，邀请会徽设计者，评审等相关人员会见媒体。

后续宣传：

A. 安排中央电视台、北京电视台各频道在黄金时间、重点栏目于会徽发布当晚和之后一周全面推出有关会徽的专访、专题节目。

B. 组织平面媒体和电台进行后续新闻报道和专访，深度挖掘会徽诞生的故事。

C. 首届奥林匹克文化节期间，在世纪坛举行会徽展，推出会徽专题论坛，加深公众对会徽的了解。

D. 在青岛、沈阳、天津、上海等奥运会协办城市举办会徽巡展，继续扩大会徽在全国范围的影响力。

项目评估：

● 2008年奥运会会徽发布仪式圆满成功，隆重、典雅、富有中国文化特色的会徽发布仪式得到社会各界的一致好评。

国际奥委会官员在发布后举行的媒体见面会上称，北京奥运的会徽发布是奥运会百年历史上最出色的会徽发布。中国印·舞动的北京一夜之间深入人心。

● 媒介的热烈反响是会徽发布活动取得空前效果的最好注脚。

国内、各大媒体在头版或重点时段刊发、播出大量全面、强势的新闻报道，会徽形象深入人心。会徽发布仪式当日及第二日，国内主流报纸先后刊发报道28篇、图片29张；新华社发组稿20余篇，全国近200家媒体转载；北京市属报纸共刊发报道56条、图片93幅、专版9块，其中头版头条报道3篇。

境外媒体报道充分全面，且基本上为正面或中性报道。来自35个驻京境外新闻机构的100多名记者出席了会徽发布仪式，全球共产生了635篇次的平面和电视报道，全球各大主要电视台和广播电台反复播放现场发布的壮观场景，共实现了37亿人次的媒体印象。

● 会徽的成功推出，同时也为之后北京奥运会市场开发的顺利启动奠定了坚实的基础。

发布仪式第二天推出的包括衣、帽、纪念邮票、纪念邮品、纪念章、纪念币在内的会徽纪念品热销京城；市场开发计划尚未启动，国内外企业纷纷致电询问市场开发情况。

(资料来源：中国国际公共关系协会)

思考：一个完整的公共关系工作程序，包括哪几个环节？

本章将介绍公共关系的一般工作程序，包括公共关系调查的过程、原则、内容及方法；公共关系策划的原则、程序、内容与方法；公共关系实施的原则与方法、媒体选择及障碍排除；公共关系评估的意义、程序、标准与方法。

公共关系学不仅是一门艺术，也是一门科学。所谓艺术主要是指公共关系活动的各种技巧；所谓科学就是指进行公共关系活动所必须遵循的原则，这些原则经过无数次的实践和经验的总结也就具有某种规范性，公共关系工作程序就是科学的总结。组织的公共关系工作是针对组织的公共关系状况进行的，时期不同，组织开展公共关系工作的内容和方式也就有所不同。但无论哪个时期，组织开展公共关系工作的程序基本都是一致的。通常将公共关系活动的程序分为公关调查、公关策划、公关实施、公关评估，这就是1952年出版又被后人誉为美国"公关圣经"的《有效的公共关系》的两大理论观点之一。这4个步骤也就是公共关系学中所谓的"四步工作法"。从整个公共关系的过程来看，这4个步骤虽然各自相互独立，但又相互衔接，前后连贯，构成一个整体。

6.1 公关调查

公关调查是调查和掌握与组织政策和活动相关并受其影响的公众的情况，主要是为了发现并确定问题。公关调查是公关活动的开端或第一步，是公关其他活动的前提。成功的企业都十分重视公关调查。如美国《幸福》杂志介绍的排名前1000位的大企业中，大约有一半都利用公关调查来为其形象建设服务。许多著名的公关公司也纷纷加强自己的调查能力，如伟达公关公司调研部门的人数在短时间内增长了几倍。

6.1.1 公关调查的意义

公关专家格鲁尼格将现代社会的组织分为两大类，一类是"开放的、解决问题的组织"，另一类是"封闭的、受命运支配的组织"。前一类组织总是积极地对待自身与环境的交互作用，及时地了解环境的变化，了解公众对自身行为的反响，从而调整自己的下一步政策。这类组织的决策者总有一批助手或顾问在充当"社会的末梢神经"，总是不断地吸收并研究来自环境的各种信息，然后找出组织面临的问题，进而确定解决问题的方法。后一类组织则使自己处于与外界割裂的状态，世事的变迁，如技术的进步、市场的萧条、竞争者的新产品、公众需求的改变，他们可能都没有任何的触动，总是按照"既定的方针"我行我素，到头来完全"受命运的支配"。"幸者存，不幸者亡。"当然任何组织不可能生来就是开放的、解决问题的，同样也不是生来就是封闭的、受命运支配的，属于哪一类组织完全取决于组织决策者的选择。一个具有公关意识的决策者必定会充分认识到调查研究的重要，认识到收集信息的重要。格鲁尼格就公共关系在组织中的作用进行过一次调查，他发现，原来强调的是"提供信息"，而不是"寻找信息"，现在渐渐地开始转向对"寻找信息"的强调了。这说明信息对现代组织的生存和发展的作用越来越大。

公共关系调查对公共关系工作具有如下作用。

(1) 可以使组织更准确地了解其在公众中的形象地位。组织的形象地位是指用定量的方法判断组织在公众中的形象地位，可以测量出一个组织自我期望的形象和其在公众中实际形象的差距。公共关系人员可以根据这个差距，策划有效的公共关系活动方案，从而增强公关活动的针对性和目的性。

(2) 为组织决策提供科学依据，有效地预测和检验决策的正确性。要保证决策的正确，调查是最好的方法，通过调查了解公众的要求和愿望，从而作出符合公众需要的决策。

(3) 使组织及时地把握公众舆论。公众舆论是自发产生的并处于不断扩大和缩小的动态中,它是公众对组织的一种浮动的和表层的认识。当少数人的观点、态度扩展为多数人的观点、态度,分散的、彼此孤立的意见集中为彼此呼应的公众意见,声势尚小、影响甚微的局部意见变成声势浩大的公众的共同反响时,组织的形象将产生很大的影响。积极的公众舆论有利于组织塑造良好的形象,消极的舆论则有损于组织的形象,甚至会造成组织形象的危机,在此公关调查对公众舆论的监测作用就不可缺失。

(4) 提高公共关系工作的成功率。公关作为管理的一种方式或手段同样需要对现有的人力、物力、财力等资源进行调查和研究,对组织所拥有的主体及客体的条件进行解剖,从而提升各种资源的使用效率。这种效率的追求是从真正的意义上将公关纳入到现代的管理轨道中。

6.1.2 公共关系调查的一般过程

公共关系调查的一般过程也就是公共关系调查的程序,按照时间先后依次安排和进行的调查活动步骤。公共关系调查作为一种实践性的活动与操作过程,具有明显的阶段性。将公共关系调查活动的全过程区分为不同的步骤,有利于调查活动的程序化、规范化和科学化。了解公共关系调查的程序,有助于认识、理解和掌握公共关系调查的操作性特点及其相关的方法和技巧。

公共关系调查的全过程可以划分为以下5个基本步骤。

1. 调查准备阶段

调查准备阶段是公共关系调查的起始阶段和基础环节。能否通过调查获得开展公共关系活动所需要的信息,在很大程度上取决于调查的准备工作是否充分。调查准备阶段的工作主要包括以下三项。

(1) 确定调查任务。确定调查任务是公共关系调查准备阶段的第一项工作。公共关系调查的任务是由调查的内容确定的,根据不同的调查内容,确定不同的调查任务。开展公共关系活动所需要的信息有可能千头万绪,与此相对应,公共关系调查的内容就可能十分广泛。但任何一次公共关系活动都有具体目标、具体对象、具体要求和规定,因此,调查的内容就没有必要包罗万象。也就是说,需要根据开展公共关系活动的目标、对象、要求和规定确定调查内容,再根据调查内容确定调查任务。确定调查任务的意义在于使调查具有针对性,做到有的放矢、突出重点。

(2) 制订调查方案。明确调查任务以后,接下来的工作就是制订调查方案。一个全面完整的调查方案应该包括的内容有:第一,调查研究的课题及调查的目的和意义;第二,调查研究的公众范围和目标公众;第三,调查研究准备采取的方式和方法;第四,调查对象的选择方案或抽样方法;第五,调查内容、调查指标和调查项目;第六,调查的场所、需要的时间和进度;第七,需要的经费以及其他物品的计划;第八,选择调查人员,并进行提前培训。调查方案的制订或设计必须全面考虑以上8个方面的问题。

(3) 做好物质准备。开展公共关系调查活动还需要具备相应的物质条件。相应的物质条件主要涉及调查人员、所需经费、设备器材三个方面:

① 调查人员。公共关系调查人员的条件包括知识、能力、素质等方面的质量要求,也包括一定的数量要求。应该根据调查活动的实际需要,有针对性地对调查人员进行培训。

② 所需经费。应该做好经费预算，确保经费到位。
③ 设备器材。即开展调查活动需要的器材，如录音机、摄像机、电话机、传真机、计算机等。

2. 搜集资料阶段

搜集资料阶段就是具体的调查阶段，是公共关系调查过程中的核心阶段。搜集资料阶段的主要工作是：实施现场调查，取得支持配合。

(1) 实施现场调查。收集资料阶段是公共关系调查的现场实施阶段。应该按照公共关系调查方案的要求，深入调查现场，接触目标公众，采取各种调查方法，实际搜集相关资料。在公共关系调查中，可以从不同的角度将搜集资料的方法分为：直接搜集和间接搜集；正式途径搜集和非正式途径搜集；公开搜集和秘密搜集等。现场搜集的资料基本上可分为两类：原始资料和现成资料。原始资料也叫做第一手资料，是指调查者深入现场实地调查所搜集到的资料，这类资料应该成为搜集的重点。现成资料也叫第二手资料，是指经他人搜集、整理过的相关资料。现成资料可以避免重复劳动，减轻调查负担，用于核对原始资料。

(2) 取得支持配合。现场实际调查需要得到被调查者及其相关组织或人员的支持与配合，才能顺利进行，并能搜集到真实、准确、全面、丰富的资料。因此，调查人员必须注重处理好各种关系，争取相关人员的支持与配合。首先，要处理好与被调查者的关系，争取得到被调查者的真诚支持与通力合作；其次，处理好与被调查者相关的组织或人员的关系，争取得到这些组织或人员的支持和帮助。

在现场搜集资料的过程中，必须注意恰当合理地应用调查的策略技巧和技术手段，因为这将直接影响搜集资料的数量和质量。

3. 整理分析阶段

整理分析阶段是运用科学的方法，对搜集到的各种调查资料进行去伪存真、去粗取精并加以归类、排列的信息处理过程。通过对搜集的资料进行整理分析，实现由此及彼、由表及里、由感性认识上升为理性认识的飞跃。本阶段的主要任务是整理调查资料和分析调查资料。

(1) 整理调查资料。一般来说，从现场搜集到的调查资料具有以下特点：其一，真伪混杂，良莠并存，真实性和准确性都需要加以确认。其二，内容分散，形式各异，完整性和条理性都需要加以提高。其三，主次无序，冗余量大，针对性和概括性都需要增强。显然，根据这样的调查资料难以准确地判断组织当时的公共关系状态，难以清晰地反映组织存在的公共关系问题，也难以有效地预测组织未来的公共关系趋势，因此，对现场调查搜集到的资料，必须加以整理。整理资料是对资料进行分析研究的基础性工作，是从具体调查阶段过渡到研究阶段，由感性认识上升为理性认识的中间环节。

整理调查资料的工作内容主要包括以下三点：
① 按照真实性、准确性、完整性的要求对调查资料进行审核；
② 按照科学性、针对性、实用性的原则对调查资料进行分类；
③ 按照条理性、系统性、概括性的标准对调查资料进行加工。

(2) 分析调查资料。对调查资料的整理为调查资料的分析奠定了基础。调查资料的分析是指调查人员运用一定的科学方法，对调查资料的内容进行深入加工的过程。分析资料所运用的科学方法可以概括为定性分析方法和定量分析方法两类。调查人员应该对经过整理的调查资料由此及彼、由表及里、由现象到本质地进行深入的比较、归类、推测、判断、概括、统计，从而发现其中的重要信息，揭示其中的关键问题。在此基础之上，形成调查的认识成果，提出解决问题的对策。

分析调查资料是对调查资料的认识、深化和提高的过程，也是决定调查结果能否充分发挥作用的关键环节。

4. 形成结果阶段

当对调查资料进行整理分析后，一般应该形成书面形式的调查结果，即形成一份完整的公共关系调查报告。公共关系调查报告是指用以反映通过公共关系调查所获得的主要信息成果或初步认识成果的书面报告。调查报告集中地反映了调查过程中所获得的信息成果和认识成果，便于组织的领导人员或决策人员参考，便于将调查成果应用于公共关系活动。

(1) 写作调查报告的工作内容。写作调查报告实质上是调查者对获得的信息资料的加工处理过程。这一过程的具体工作内容如下。

① 分析经过审核和处理的信息资料，确定调查报告的主题。
② 汇集相关信息资料，概括出存在的问题及其变化的情况。
③ 对重要信息资料进行综合研究，从中概括出明确的观点。
④ 选择应用信息资料，说明公共关系工作应该注意的问题。

(2) 写作调查报告的基本要求。公共关系调查报告既应该体现调查者的调查能力和写作水平，也应该体现调查在公共关系活动中的重要地位和巨大作用。因此，写作公共关系调查报告应该符合以下基本要求。

① 确保调查报告内容的客观性和真实性。这是对调查报告最基本的要求。这一要求的基本含义是写作调查报告必须以调查所获得的信息资料为依据，包括以信息资料为依据确定主题，以信息资料为依据概括情况，以信息资料为依据提炼观点，以信息资料为依据说明问题等。

② 确保调查报告体例的系统性和完整性。系统性是指调查报告的体例安排和内容表述应该具有严谨的逻辑性；完整性主要是指调查报告的结构应该包括题目、目录、概要、正文、结论、建议和附件等几个部分。

③ 确保调查报告表述的准确性和通俗性。调查报告的语言表达主要要求做到准确、通俗。准确是指行文要把握好分寸，恰如其分地反映事实；通俗是指语言要简洁、朴实、易懂，不需要修饰和美化。

5. 总结评估阶段

调查报告形成以后应该对整个调查过程和调查结果进行总结评估。总结评估是公共关系调查的一个必不可少的重要步骤。通过总结评估，调查人员可以在以下三方面取得新的收获：其一，可以清楚地了解本项调查的完成情况；其二，可以准确地掌握本项调查取得的成果；其三，可以总结出本项调查的经验和教训。总结评估的主要内容通常是以下两个方面。

(1) 评估调查成果。评估调查成果主要是指衡量调查成果的价值。衡量调查成果的价值通常使用学术价值和应用价值这两个指标。在学术价值方面，应该对调查所提供的事实资料和数据资料的完整性、真实性、可靠性作出客观的评价，应该对提出的理论观点和研究结论的科学性、合理性、创新性等作出客观的评价；在应用价值方面，一般需要根据调查成果被采用的情况、调查成果对公共关系活动的实际指导作用和所取得的实际效益作出具体的评价。

对调查成果进行评估，大致可分为调查人员自己评估、成果应用者评估、同行专家评估、组织领导评估等4种情况。这4种形式的评估各有利弊，应该综合其中的优点，克服其中的弊端。

对调查成果进行评估的具体方法主要有：定性的、定量的，集中的、分散的，面对面的、背对背的等，在实践中可以根据具体情况选择使用。

(2) 总结调查工作。总结调查工作是指对整个调查活动的工作过程和有关情况进行回顾并加以归纳概括。其内容主要包括：其一，调查工作的完成情况，如是否按时完成了调查任务，是否真正达到了调查目的，是否需要补充或重新调查等；其二，调查所取得的经验教训，如本项调查有哪些成功之处和不足之处，调查的各个阶段取得了哪些具体成绩和收获，事先确定的调查目的、任务、范围、过程是否妥当，调查的条件、方法、手段是否适用等。

总结调查工作的主要目的是积累成功经验，吸取失败教训，为以后的调查活动提供参考与借鉴的依据。

6.1.3 公共关系调查的原则

公共关系调查与一般的社会调查相比更注重的是其特定公众对象对一个特定的社会组织的认知与评价，因此，它不仅具有一般调查所应具有的规范和科学，同时也具有公关调查的特殊规定性，一般应坚持以下原则。

1. 全面性原则

公共关系调查的全面性要求调查人员在搜集调查对象对组织形象的评价时必须搜集各方面公众的意见。公关调查的对象是人，由于被调查对象有各自不同的社会背景，如年龄、职业、教育程度、信仰、居住环境等条件因素的差异，其态度及行为会呈现出千姿百态的复杂图景。公关调查要把握的当然不是他们中的个别成员的态度及行为特征，而是总体现象的全面情况。正如列宁所说，这种总体的全面情况"只能表现为平均的、社会的、普遍的规律性，至于个别偏差情形则会相互抵消"。根据"大数定律"，前期调查应做到大量观察，必须使观察的量所代表的样本与总体数所表现出的平均值接近。为了在更大程度上符合"全面性"原则，还有必要着重选取某些典型作为重点调查。

公关调查的全面性要求注意两点：一是调查对象必须能够代表公众，如果调查对象没有代表性，尽管他们对组织形象的评价是客观公正的，并不能代表公众的整体态度。所以，调查人员必须用严密的科学方法收集所有具有代表性的调查对象的客观态度；二是调查所得的资料必须全面，既要有调查对象的正面意见，也要有调查对象的反面意见，既注意到一方面公众的意见，也注意到另一方面公众的意见，并注意各种意见之间的联系，不能一叶障目、不见泰山。以偏概全的调查对组织是十分有害的。

2. 代表性原则

由于调查对象在数字上是巨大的，在分布上又是十分广泛的，因此在公共关系调查中通常采用从调查对象的总体中抽取样本的方法进行。样本的代表性对反映总体全面情况的质量至关重要，因此，样本的选择应采取随机抽样的方式，力求样本具有代表性，能够反映总体的特征。

3. 客观性原则

指在公共关系调查实务操作中要有一个统一的标准尺度。在公共关系调查中，往往需要很多人共同完成一个调查课题。因为每个人对问题的分析能力、理解能力不同，如果没有一个客观的标准，对同一问题就会出现不同的调查结果，这样就失去调查的意义。如"形象"一词是公共关系活动中经常涉及的，当就"形象"进行调查的时候，如果不加以界定，仅凭主观评价，就会出现"仁者见仁，智者见智"的情况。而如果在调查中对这一抽象的概念具体化、指标化，就不会产生歧义。

公共关系调查的客观性还要求调查研究人员在调查过程中，应从客观实际出发，要注意区分公众的客观态度和主观臆想。公众的客观态度是指调查对象对组织形象的直接感受和评价，而主观臆想则是调查对象对组织形象的一种想象和愿望。在调查过程中，只有把握了调查对象的客观态度，才能对公众的有关评价得出科学、准确的结论。

4. 量化原则

对客观事物进行分析，不仅需要定性分析，还需要定量分析。对客观事物从定性分析进入定量分析，标志着人的认识从笼统、模糊的低级阶段走向了精准、清晰的高级阶段。在公共关系调查中，量化原则包含着这样几层意思：运用统计学的原理对调查作规划；运用数学模型来收集和分析调查资料；用数学关系显示和表达调查的结果。比如，我们将"形象"这一主观概念分解为3项指标：知名度、美誉度、信誉度。而这3项指标可以用统计学的方法来确定其数值，从而进行定量分析。

6.1.4 公共关系调查的内容

公共关系调查内容取决于公共关系调查目的，它既可能是日常公共关系工作调查，即常规调查，也可能是专项公共关系活动的调查，即专项调查。虽然这两类调查所涉及的内容有所不同，但仍存在一些共性的问题。一般的公共关系调查包括：组织形象调查、社会环境调查、公共关系活动效果调查等。

1. 组织形象调查

组织形象就是社会公众对一个组织机构的全部看法和总体评价，是组织的表现与特征在公众心目中的反映。塑造形象是公共关系工作的重要职能，是组织日常公共关系工作和专项公共关系工作的一个重要主题。组织形象调查，主要是对组织知名度、认可度和美誉度等方面的调查。公共关系工作者只有充分地认识组织的期望形象，通过对公众态度的调查，了解到组织的实际形象，才能找到组织形象的差距。

1) 组织的期望形象调查

组织的期望形象是指一个组织期望达到的形象，它是组织开展公共关系活动的内在动力和方向，对组织公共关系工作的成败起到至关重要的作用。了解组织的形象目标可从以下三个方面入手。

(1) 组织决策层对形象目标的期望。一个组织的领导层对本组织形象的期望，往往代表了这个组织整体对自身社会形象的期望，它对于这个组织的社会形象的选择和建立具有决定性的意义。所以，调查一个组织的自我期望形象，首先必须调查了解组织的领导层对组织形象的期望。组织的决策者和领导者往往从企业发展战略的高度来确定组织的形象目标，公共关系工作的调查研究必须详尽研究决策者和领导者对组织形象目标的思考，领会领导者的决心和意图，研究他们的言行和经营管理手段，测定他们对组织形象的期望水平和具体要求，并以此作为设计组织形象的重要依据。

(2) 调查组织员工的要求和态度。一个组织的目标和政策应得到员工的认同和支持，才有可能实现。换言之，员工的态度和行为对于组织的目标和策略的实现具有决定性意义的。因此，调查了解员工对组织形象的看法，可以了解他们对领导层提出的总目标的信心和支持程度，吸取他们合理的建议，使组织形象建设更具有群众基础。

(3) 分析组织形象的现状和基本条件。公共关系人员了解和掌握了组织的领导层和广大员工对本组织的社会形象的期望情况，就基本上弄清楚了这个组织的自我期望形象，但是，公共关系人员还必须根据本组织的现状和基本条件，对这个"期望形象"进行审定，使之既能有力地鞭策组织的全体人员，又能较为顺利地真正树立起来。客观上要求公关人员对组织的实际状况和基本条件进行调查和研究，完整地掌握本组织在各个方面的基本资料，包括组织理念、文化、经营方针、人力资源、财务状况等。

2) 组织实际形象调查

组织的实际形象是指公众对组织客观形象的实际评价。了解组织实际形象，就是调查组织在其公众中的知名度、美誉度、信誉度，亦即"公关三度"。知名度是指一个组织被公众知道、了解的程度以及组织在社会影响的广度和深度，它是评价组织名气大小的客观尺度；美誉度是指一个组织获得公众信任、赞美的程度以及组织社会影响的好坏评价，它是评价组织好坏程度的指标；信誉度表示公众对组织的信任程度。这三度反映了公众对组织的总体态度和评价。

在现实的公关管理中，知名度、美誉度和信誉度往往会产生以下关系：有知名度不一定有美誉度，有美誉度也不一定有知名度。尽管有知名度而没有美誉度是一个不好的公共关系状态，但是光有美誉度而没有知名度也将会失去很好的市场机会。其中信誉度与美誉度又互相联系，一般来说，有良好信誉度的组织，都有着良好的美誉度，同时，有着良好的美誉度的组织也一定是由良好信誉度引发而来的。但二者也有着一定的差别，衡量信誉度的高低是以一个组织的经济指标和行为指标为依据。经济指标在经济组织中表现为销售指标、市场指标，如销售额、销售增长率、资金运转力、市场占有率等，行为指标在经济组织中表现为办事效率、服务水准、业务工作、管理能力、承诺兑现率等。衡量美誉度的高低则以社会公众对组织的态度和评价为标准。在现实对组织评价的过程中，往往可用信誉度替代美誉度，也可用美誉度替代信誉度，二者的替代具有互逆性。所以可以从三度中确定二度(或信誉度，或美誉度二者选一)，对组织形象进行评价。

只有了解了组织在公众心目中的实际形象，才能找出期望形象的差距，更进一步了解公众对组织形象的期望。

(1) 公众分析。组织所面临的公众是处于变化之中的，为了找到正确的调查对象，获取相应的信息，必须对本组织的公众范围、类别、目标公众等进行调查分析。如果调查对象不能够准确地确认，将直接影响调查结果的准确性和调查经费投入不当等问题。

(2) 形象地位测量。在对公众进行调查分析的基础上，根据知名度和美誉度两项指标，综合分析公众评价意见，运用形象评估坐标图，测定组织的实际形象地位。组织形象评估坐标图如图 6.1 所示。

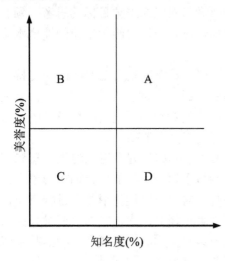

图 6.1　组织形象评估坐标图

组织形象评估坐标图，四个区(A、B、C、D区)分别表示组织形象地位的不同状态。

A 区表示高知名度，高美誉度，处于这种形象地位，说明组织形象处于较好状态。B 区表示高美誉度，低知名度，处于这种形象地位，说明组织具有良好的基础，公共关系活动的重点应该是在维持美誉度的基础上提高知名度。C 区表示低美誉度，低知名度，处于这种形象地位，表明该组织形象不佳，公共关系工作需从零开始，首先要完善自身而在传播方面暂时保持低姿态，待享有较好的美誉度以后，再着手大力提高知名度的工作。D 区表示低美誉度，高知名度，处于这种形象地位，说明该组织处于名声不佳的恶劣境况。公共关系工作应先从扭转已形成的坏名声做起，踏踏实实改善自身，逐步挽回信誉。

(3) 形象因素分析。组织形象所包含的内容十分广泛。对企业单位而言，具体涉及经营方针、产品质量、服务态度、办事效率、业务水平等。要全面评价组织的实际形象，需要对涉及的诸因素进行分析研究，找到影响某种形象的具体原因，以便更有针对性地策划改善形象的公共关系活动。

3) 寻找组织形象差距

通过公共关系调查，既了解了组织的期望形象，又考察了组织形象的实际状况。下一步的工作就是进行分析与比较，找出二者的"形象差距"，而弥补或缩小这种距离则成了公关努力的基本方向。如图 6.2 所示，图中的虚线表示自我设计的形象，而实线则是根据上述调查及分析后所得出的一个组织在公众中的实际形象。实线的标示方法是通过实际统计而得出的，其计算方法可以是：将组织形象要素调查表示不同程度评价的 7 个档次相应数字化，成为数值标尺，如 1 表示非常差，2 表示相当差，3 表示稍微差，4 表示一般，5 表示稍微好，6 表示相当好，7 表示非常好；然后根据上表的调查统计结果计算公众对每一个调查项目主人的平均值，将各个平均值，分别标在数据标尺相应位置上，连接各点，即成为组织形象的实际形象曲线。找出实线与虚线之间存在的距离就是公关调查所要完成的工作。(见图 6.2，如经营方针是否正直这一项：相当好得 6 分，共 65 人，则得 390 分；稍微好得 5 分，共 25 人，则得 125 分；一般的得 4 分，共 10 人，则得 40 分，全部相加为 555

分，再除以人口基数 100，则为 5.55 分，这样就可以将它标示在图表上了。)

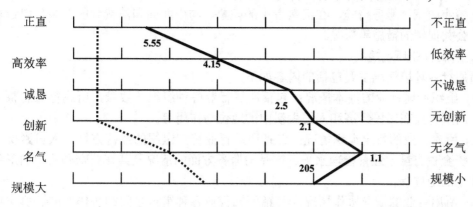

图 6.2　形象差距比较图

2. 社会环境调查

任何一个组织都面临着影响组织生存和发展的社会环境。所谓公共关系中的社会环境是指与组织有关的各类公众和各种社会条件的总和。由于社会环境对组织的生存与发展影响很大，所以必须对公共关系环境进行调查，协调组织与社会环境的关系，使组织适应社会环境的变化，从而获得发展。社会环境情况一般包括以下内容。

1) 基本社会环境情况

基本社会环境情况一般包括的主要内容如下。

(1) 人口环境情况：包括现有人口的总数、增长速度、年龄结构、性别比例、地理分布、婚姻状况、教育状况、就业状况、流动状况、国家的人口控制政策与人口管理措施等。

(2) 政治环境情况：包括国家或地区的政治体制及其改革情况，国家或地区的方针政策的提出，法律法规的颁布、实施以及其他政治性因素存在与变化的情况等。

(3) 经济环境情况：包括国家或地区的经济体制及其政策情况，国家或地区的产业结构、分配政策、交换政策、消费水平、技术水平及其调整变化情况，国家或地区的经济发展及相应的战略措施情况等。

(4) 文化环境情况：包括国家或地区的民族特征、文化传统、宗教信仰、教育水平、社会结构、风俗习惯、价值观念、生活方式、社会道德规范与精神文明建设等情况。

例如，2005 年以来，政府制定了一系列抑制商品房房价过高的政策。作为房地产开发企业就要密切关注这一政策的导向作用，调整好自身的经营战略，使其既能符合国家的房地产新政策的要求，又能够很好地满足消费者的需求，从而更好地塑造房地产企业的形象。

2) 具体市场环境情况

具体市场环境情况一般包括的主要内容如下。

(1) 市场需求情况。包括市场容量、社会购买力、居民的消费结构与消费水平、现有的或潜在的购买人数、近期需求和长远需求及其需求变化趋势、国家是否鼓励某类消费、银行是否贷款支持某类消费等。

(2) 消费者的情况。包括消费者的总体数量、消费者的构成情况、消费者的消费欲望与购买动机、消费者的偏好及造成消费者偏好的原因等情况。

(3) 市场竞争情况。包括市场是否形成竞争态势、竞争对手的生产能力、产品或服务特色、销售政策、服务措施、在消费者中的印象、与中间商和消费者的关系、广告宣传的力度、公关促销的措施等情况。

3) 所属行业环境情况

所属行业环境情况主要包括的内容如下。

(1) 组织所属行业的基本情况：包括所属行业各种组织的数量，所属行业的整体发展水平，所属行业在国民经济和人民生活中的地位与作用等。

(2) 所属行业的特定组织情况：包括所属行业特定组织的经营方针、人员素质、技术力量、资金占有量、经营管理水平、产品与服务方面的情况及其在公众心目中的形象、在同行业中的地位等。

(3) 所属行业的横向协作情况：包括所属行业各种组织之间的协作意向、协作项目、协作类型、协作可能取得的效果，是否有同行组织愿意与本组织开展协作等。

(4) 所属行业的竞争对手情况：如竞争对手的发展历史、竞争对手的优势、竞争对手的横向联系情况、竞争对手的公共关系状态、竞争对手的关键技术和关键人物、竞争对手已经形成的竞争对手或合作伙伴等。

注意调查社会新近发生的重大事件，并研究事件有可能会对组织产生何种影响。2005年初，引起全国关注的"苏丹红事件"无疑会对餐饮业产生巨大影响。一旦"涉红"被曝光，后果将极其严重。自出现"苏丹红事件"后，麦当劳对此十分关注，不仅立即进行了自查，还积极协助有关部门的检查。当检查的结果表明麦当劳的所有产品不含"苏丹红"时，麦当劳终于松了一口气。尔后积极策划相关的公共关系活动，一方面赢得了顾客，另一方面强化了企业形象。而肯德基在 2005 年 3 月 13 日、3 月 18 日先后两次被有关部门查出两种产品含有"苏丹红一号"后，虽然紧急采取了危机公关，但是企业形象已受到一定的损害，经济损失超过了 3 000 万元。

要经常关注国情民意的变化，社会价值观念的变化，社会对企业评价标准的变化。掌握这些变化，组织才能够有针对性地策划公共关系活动，使组织在变化中获得发展。

3. 公共关系活动效果调查

公共关系活动效果是对公共关系工作成果的检验，一般不是立竿见影地在短期内可见成效的，要准确地评估公共关系活动的效果有一定的难度，但仍可以从如下几方面调查。

(1) 调查组织知名度和美誉度变化情况，了解组织自我期望形象和实际形象的差距是扩大了还是缩小了。

(2) 从新闻媒介搜集涉及对本组织各方面报道的情况，尤其是对开展公共关系活动的报道情况，如版面位置、篇幅大小、报道时机、新闻媒介的层次及本组织向媒体提供有关资料的实际使用情况等。

(3) 通过直接和间接方法，了解公众对本次公关活动的评价等信息。如通过召开座谈会，问卷调查，摘编公众来信，接待来访等渠道，分析目标公众对公共关系活动的评价。

6.1.5 公共关系调查的方法

公共关系调查方法是指用来保证公共关系调查目的顺利实现的途径、方式、手段、措

第 6 章 公共关系工作的一般程序

施等。公共关系调查方法对于公共关系调查任务的顺利完成具有极其重要的作用。公共关系调查的方法是多种多样的，可以从不同角度、根据不同标准对其进行分类。例如，根据信息的不同来源，可以划分为组织内部的调查方法和组织外部的调查方法；根据搜集信息的不同方式，可以划分为直接调查方法和间接调查方法；根据搜集信息的不同途径，可以划分为正式途径调查方法和非正式途径调查方法等。这里介绍的调查方法是适用性比较广泛的、最基本的分类方法。基本的分类主要有两种：即以调查对象的数量作为标准的分类和以搜集信息的方式作为标准的分类。

1. 以调查对象的数量作为标准的分类

以调查对象的数量作为划分标准，可以将公共关系调查的方法分为普遍调查、抽样调查、典型调查、重点调查、个案调查 5 种。

1) 普遍调查

普查也可以称全面调查或整体调查。普查是指对一类调查对象中的全部个体都进行调查，以搜集调查对象总体情况的调查方法。根据调查的目的，普遍调查可以在大范围内进行，也可以在小范围内进行。普查的主要作用是对组织面临的某种公共关系现象作出全面准确的描述，以把握这种现象的总体情况，得出具有普遍意义的结论。

普遍调查的优点是：普遍调查获得的资料全面、准确，经过归纳得出的结论具有精确性、概括性、适用性、真实性等特点。

普遍调查的缺点是：需要大量的人力、物力、财力和时间，适用的范围受到限制。在公共关系调查中，普查一般适用于调查对象总体数量不大的情况。

2) 抽样调查

抽样调查是指借助于一定的抽样方法从调查对象总体中抽取一部分个体作为样本进行调查，并根据样本具有的属性来推论总体属性的调查方法。

抽样方法可区分为概率抽样和非概率抽样两种。概率抽样是指调查对象总体中的每一个个体都具有相同的被抽作样本的概率。其具体方法有：简单随机抽样、等距随机抽样、分层随机抽样、多段随机抽样等。非概率抽样则是指调查对象总体中的每一个个体具有不同的被抽为样本的概率。其具体方法有：偶遇抽样、主观抽样、配额抽样等。

抽样调查既能保持普遍调查的优点，又能克服普遍调查的缺点。与普遍调查相比，抽样调查具有费用低、进度快、适用范围广泛、精力相对集中等优点。

决定抽样调查结论可靠程度的因素有抽样方法和样本数量，而其中的关键是抽样方法。一般来说，应用概率抽样方法所得到的结论要比非概率抽样方法所得到的结论可靠。

3) 典型调查

典型调查是从调查对象总体中选择具有代表性的少量个体作为典型进行调查，并根据典型具有的属性来认识同类现象的本质及其规律的调查方法。典型调查的认识过程是从具体到抽象，从特殊到一般。

典型调查的优点是：占用的时间、人力、物力、财力较少；可以深入地剖析某一具体调查对象，从而得出结论；调查的方式和过程比较灵活。典型调查的缺点是：选择典型时难以避免主观随意性；典型的代表性和结论的适用性难以用科学的手段准确测定；典型调查局限于定性研究，难以进行定量研究。典型调查结论的可靠程度取决于选择的典型是否具有代表性。因此，采用典型调查法，要求调查人员应该对调查对象的总体情况具有比较全面的了解，并以实事求是的态度来选择典型。

4) 重点调查

重点调查是从调查对象总体中选择具有某种突出特征并对总体具有某种决定性作用的少量个体作为具体调查对象进行调查，并根据这些具体调查对象的属性来掌握总体基本情况的调查方法。

重点调查的优点是：比较容易确定具体调查对象；比较省时、省力、省钱；结论可以反映总体的基本情况。重点调查的缺点是：适用的范围具有局限性；结论的可靠程度比较低。通过重点调查能够迅速掌握总体在一定范围内的基本情况。

5) 个别调查

个别调查也称个案调查，是指对特定的对象所进行的深入调查。个别调查即通过"解剖麻雀"的办法，了解或解决某一特定的问题。

个别调查具有调查的方式灵活多样，可以做到详尽、深入，能够全面、完整、系统地搜集个案资料，可以灵活地安排时间，调查与研究结合进行，对个案得出具体结论的优点。

个别调查适用于以下情况：其一，了解某一特定公众对象的形成和发展过程；其二，了解某些独特因素或事件对公众特定行为的影响；其三，具体分析某一特定公众对象对组织的需要、动机、兴趣；其四，深入探讨公众对象的行为方式与组织公共关系工作之间的关系。

个别调查一般按确定个案、登记立案、访问案主、搜集资料、分析诊断5个步骤进行。通常通过现场观察或深入访谈来搜集调查资料。

进行个案调查应该特别注意的是个案调查的具体对象可能具有某些个别属性，对其进行调查的结论只能反映个案的具体情况，而不能用于推论其他个案和一般公众的情况。

2. 以搜集信息的方式作为划分标准

以搜集信息的方式作为划分标准，可以将公共关系调查分为观察法、询访法、问卷法、检索调查法、量表测量法等几种主要类型。

1) 观察法

观察法也叫做实地观察法，是指调查人员亲临现场通过仔细察看来获取信息的调查方法。实地观察法可采用多种方式。观察者可以参与被观察者的活动进行观察，也可以不参加活动以旁观者的身份进行观察；可以在自然状态下对被观察者进行观察，也可以在有意制造的人为情景下进行观察；可以事先设计统一内容、规范结构、具体要求，再进行观察，也可以不作具体规定而进行随意观察。以上方法各有利弊，各有适用范围，在一般情况下，往往综合地运用，更有可能达到快速、准确地搜集信息的目的。

使用观察调查法最好是在被观察对象没有任何觉察的情况下，因为这样才能搜集到比较真实、客观的信息。观察调查法只能了解被观察对象的行为，而对于被观察对象的动机、需要、态度、打算等心理活动则了解得不够深入。

2) 访问调查

访问调查是指调查人员通过提问请对方作答来获取信息的调查方法。访问调查法按其所采用的方式或手段，可分为面谈访问、电话访问、书面访问、电子邮件访问等。按其有无确定格式和是否公开意图,还可分为以下 4 种方式:①有确定的访问格式,意图公开;②有确定的访问格式,意图不公开;②无确定的访问格式,意图公开;④无确定的访问格式,意图不公开。此外,还可以根据接受访谈的人数多少区分为个体访问和集体访问。

以上具体方法各有所长、各有所短,适合在不同的情况下使用。如面谈访问可以对信息的多种相关因素进行细致的了解,可以在了解的同时对信息的准确性、实用性进行推断与分析,但花费时间多,要求访问人员具备良好的观察判断能力、口语表达能力和综合分析能力,具备一定的临场经验和相关知识。这种方法主要适用于较为复杂的信息搜集。在搜集信息的问题上,到底采取哪种访问方法更合适,只能根据具体情况来确定。一般来说,搜集简单的、时间性强的信息,以电话访问为好;搜集涉及面广、层次较深的信息,则以面谈为妥;搜集不便于当面交谈的信息,则以书面访问为宜。电子邮件访问则兼有其他几种访问方式的优点,可以广泛地应用于信息搜集。

3) 问卷调查

问卷调查是指由调查人员向对方提供问卷并请其对提出的问题作出回答从而获取信息的调查方法。问卷一般是一份经过精心设计的问题表格,根据不同标准可以区分为不同类型。按问卷由谁填写,可区分为自填问卷和访问问卷两种。自填问卷应该由被调查者自己填答,访问问卷则由调查人员根据对方的口头回答来填写。按问卷的设计方式,可区分为封闭式问卷和开放式问卷。封闭式问卷的提问方式是在提出问题的同时,给出若干个备选答案,要求对方选择其中的一项或几项;开放式问卷的提问方式是只提出问题,不提供具体答案,由对方自由填答。按问卷的发送方式还可分为邮寄问卷和送达问卷。邮寄问卷通过邮递方式发出和回收,送达问卷则由调查人员亲自送到并收回。

以上各种问卷的结构基本相同,一般包括封面信、指导语、问题、答案、编码等几个部分。其中的问题和答案是问卷的主体,也是设计问卷的关键。

问卷调查的优点是:可以节省时间、经费和人力;被调查者不必填写姓名,调查人员比较容易搜集到真实的信息;得到的信息资料便于定量处理和分析;可以避免调查人员的主观偏见,减少人为误差。

问卷调查的缺点是:回收率难以保证,尤其是邮寄问卷;被调查者必须具有一定的文化程度,否则难以作答。

不同类型的问卷调查各有特点,应该根据具体情况选择应用,才能取得比较好的信息搜集效果。

4) 检索调查

检索调查是指从已经储存的信息资料中选择并索取有关信息的调查方法。"检索"是信息情报工作的常用术语,指的是按一定程序,从电脑储存库中挑选、索取所需要的信息。而我们这里所说的"检索",包括对电子信息的检索和对印刷信息的检索,从一定意义上来说,也包括对自己头脑中记忆信息的检索。

印刷信息检索主要是通过查阅相关文献的目录、索引、文摘和年鉴、手册、百科全书等来进行,电子信息检索是通过计算机终端从其信息库中查找已经存储的相关资料。以上两种方式,有时都可能直接检索到所需要的具体信息,有时可以从中发现所需资料的线索,进而查找到需要的具体信息。

现阶段,印刷信息检索仍然是应用检索调查搜集信息的主要方式。电子信息检索在我国已逐渐开发出来,目前大量的统计数据库系统、高等学校数据库系统、科研成果数据库系统、企业数据库系统、产品数据库系统、市场营销数据库系统以及金融数据库系统、交通数据库系统等都已经开通使用。我们已经能够通过计算机信息网络检索到全国各地、各行各业甚至世界范围内主要信息库中存储的各种数据和信息。

检索调查具有简单、快速、节省费用、不受时空限制等特点,尤其适用于对历史资料和远程区域信息资料的搜集。检索调查既可以作为一种独立的调查方法运用,也可以作为实地调查方法的补充来运用。

5) 量表测量法

量表测量法是指借助于量表对调查对象的主观态度、观念或潜在特征进行测量,以搜集信息资料的调查方法。量表是调查工具,它由一组精心设计的问题构成,用以测量公众对某一事物的态度、观念或公众在某些方面的潜在特征。

人们的态度、观念和潜在特征都具有不同程度的隐匿性和模糊性,有时连自己都难以察觉,更难以进行精确的描述。因而,调查公众的态度、观念和潜在特征并不容易,尤其以直接调查方式更是很难达到目的。这就需要采取量表测量这种间接的调查方法。

量表可以分为多种类型。以其测量内容作为划分标准,主要有态度量表、能力量表、智力量表、人格量表、意愿量表、人际关系量表等;以其作用作为划分标准,主要有调查量表和测验量表;以其设计的方式作为划分标准,则主要有总加量表、累积量表以及语义差别量表等。

6.2 公关策划

公共关系策划是公共关系"四步工作法"的第二步,是公共关系工作中一个极其重要的环节。公共关系策划是在调查研究的基础上,对组织的公共关系工作进行谋划,以此来指导公共关系活动,并提出评估公共关系活动的成效标准。因此,它是公共关系"四步工作法"的灵魂与核心。

6.2.1 公共关系策划的含义和原则

《中国公共关系大辞典》把策划定义为:"人们为了达成某种特定的目标,借助一定的科学方法和艺术,为决策、计划而构思、设计、制作方案的过程。"首先,策划表现为事先决策做什么、何时做、如何做以及由谁来做等,而不是行动;其次,策划不是计划,策划把握的是原则和方向,计划则是关注细节及程序;再次,策划也不是战略或战术,战略是脑力思维的过程,而策划是动手的过程,战术则是实施的细节,策划的结果必须是一种战略的体现和一种战术的实施,因其关联性,在日常使用中往往会将上述的一些概念进行套用。

1. 公共关系策划的含义

公共关系策划是策划理论在公共关系活动中的具体运用。所谓公共关系策划,就是策划人员为了达到组织的目标,在充分调查研究的基础上,对组织总体公共关系战略、对组织总体公共关系策略、专门公共关系活动和具体公共关系操作进行谋略计划和设计的工作。

第6章 公共关系工作的一般程序

2. 公共关系策划的原则

公共关系策划是制定组织的公共关系战略的关键环节，它需要理性的思考和艺术的提升，同时，它还必须遵循一些原则。这些原则并非出自公共关系专家的"概念模式"，而是源于公共关系实践活动的经验和总结。

1) 公众利益优先的原则

公众利益优先的原则，是公共关系策划的首要原则。公众利益优先，不仅是公共关系工作的指导思想，同时也是公共关系人员所应遵守的职业道德标准。

所谓公众利益优先，并不是要组织完全牺牲自身的利益，而是要求组织在考虑自身利益与公众利益的关系时，始终坚持把公众利益放在首位。要求组织不仅要圆满完成自身的任务，为社会作出贡献，同时还要重视其引起的公众反应，关心整个社会的进步与发展。组织只有时时、处处为公众利益着想，坚持公众利益至上，才能赢得公众的好评与社会的支持，才能使自身获得更大的、长远的利益。公众利益优先原则的具体内容是：公共关系策划必须将组织利益与公众利益相结合，必须将社会效益与经济效益相结合。

2) 目的性原则

公共关系策划要有明确的目的，不可无的放矢。目标越明确、越清晰，公共关系策划相对越容易，公共关系活动的执行方案越具有可行性，整体目标越容易实现。因此，在公共关系策划设计时，要着手研究组织应该树立什么样的形象，考虑在公关活动中应重点解决什么问题及其解决的先后次序。公共关系策划设计所确定的目标分为总目标和具体目标(或特殊目标)。总目标是指任何公共关系活动都希望达到的最终目标。一般来说，这个最终目标就是富有理想的知名度和美誉度的组织形象。但任何理想的目标均不能一蹴而就，在一定的时间内，受一定的人力、物力、财力的约束，因而任何组织只能就某个具体目标进行公共关系策划设计，具体目标逐项实施、实现，才有可能一步一步实现总目标。因此，策划设计的目标性的体现就是总目标与具体目标的统一。如2001年，为申办2010年世界博览会，上海市政府在对该项目进行大量调查研究的基础上，策划了专项公共关系活动，该活动的公关目标是："塑造上海国际大都市形象，展现上海魅力，最终夺取2010世博会主办权。"由于目的明确，具体项目的开展就有了依据。

3) 创新性原则

创新是公共关系策划的灵魂，公共关系策划的思维过程是一种创造性的思维。策划设计往往追求独创性，以新颖的策划设计方案提高公共关系活动成功的概率。因为公共关系策划设计既是一门科学，又是一门艺术，而创新正是一切艺术的生命源泉、价值所在。离开了创新，艺术也就失去了魅力，不成其为艺术了。

公共关系策划依靠公共关系人员的创造性素质，遵循公共关系的基本原则，通过辩证的思维过程，开拓新的境地，使之产生别具一格、标新立异的结果。创新性是公共关系策划的生命力，它集知识、智慧、谋划、新奇于一身，不断放射出耀眼的光芒，从而使之备受青睐，成为当今组织谋求发展的一大法宝。

创新性原则既可以体现在不同时期一个组织形象的差异性上，也可以体现在与其他同类组织形象的差异性上，这是一种形象的特定个性，即针对特定公众对组织的特定要求而设计的特定形象。如美国假日宾馆的"所有都可以来住宿"，与日本山之上宾馆的"文化人的宾馆"的形象肯定是不同的。同样,从时间的推移来看应该体现一种对公众新的需求的满足,这就是为什么从1886年5月8日可口可乐发明至今,可口可乐公司在不同的时期会推出不同主题的宣传口号:1886年,可口可乐刚上市时是"提神味美的新饮料";1888年是"美味爽口,醒脑提神";1890年是"可口可乐,令你精神爽朗,回味无穷";1907年是"可口可乐,来自南方的圣水";1923年是"令人精神爽朗的时刻"、"遍及每一个角落"、"使炎热的夏天变得凉爽";1925年是"一天喝6 000 000瓶";1929年是"要想提神请留步";1936年是"喝新鲜饮料,干新鲜事";1944年是"可口可乐,全球性的符号";1953年是"恢复你的精神"、"好味道的标志";1960年是"享受可口可乐""只有可口可乐,才是真正可乐";1970年是"心旷神怡,万事如意,请喝可口可乐;喝一瓶可口可乐,你就会展露笑脸";1980年是"微笑的可口可乐";1990年是"如此感觉无与伦比""挡不住的感觉"。在美国人看来,可口可乐不仅是一种饮料,它的独特品味带来的感觉和体验实际上已成为美国人生活方式的一部分,成为美国人精神的化身和延伸,其产品的销售过程更多的是在传播美国人不同时期的生活方式和精神。

创新性原则的关键在于公共关系策划要新颖别致,其创意要独具匠心、奇妙绝伦。要求做到如下几点。

(1) 新颖。公共关系要刻意求新,善于策划出有别于其他公共关系活动的新方案。要求思路新、题材新、内容新、形式新。

(2) 奇异。公共关系策划要善于策划出与平常不同的公共关系活动。这就要求敢于打破常规,策划出各种奇谋异计。角度选择得巧妙,时机把握得准确,对形势的运用恰到好处,方式方法奇妙,就能使公共关系活动的效果出人意料。

(3) 独特。公共关系策划要善于策划出与众不同的公共关系活动。要求策划者匠心独具,设计出有明显个性特征的组织理念、行为规范和视觉标识,突出组织的经营特色,塑造个性鲜明的组织形象。

4) 灵活性原则

世界唯一不变的是一切都在变。变化是绝对的,不变是相对的。这就要求进行公共关系策划时,必须遵循灵活性原则,即应使所选定的公共关系方案具有充分的回旋余地,并尽量在方案中考虑到各种未知的或不确定的因素,对各种可能出现的新问题、新情况、新动向,要制订具体的应对措施和应变手段,从而使公共关系策划既周密可行,又灵活主动。如企业周年纪念要借助名人效应来扩大影响,设计方案时就要考虑所邀请的名人的具体名单,与名人的联系方法,接送名人的交通工具,名人届时生病或有其他原因不能出席怎么办,交通工具出现故障如何解决,名人出席后若有对组织形象不利的言行时怎么处理等方方面面的情况,只有通盘考虑可能出现的各种情况,制订出来的公共关系活动计划才具有较强的灵活应变性。灵活性原则主要体现在两个方面:其一,策划方案要保持一定的弹性。具体表现为公关策划的定量指标和定性指标相结合,既要确定明确规定指标,又允许有一定的调整范围。这样就提高了公共关系策划的可操作性和应变性。其二,策划方案要灵活运用相关的理论和依据。进行公共关系策划要以相关的科学理论作指导,在操作时要根据实际情况灵活运用,不能犯教条主义错误。

5) 可行性原则

可行性原则是指策划方案应该切实可行,方案的实施能够取得良好的效果。策划方案是策划活动的最终结果,方案是否切实可行必须经过实施才能得到验证。切实可行的策划方案有利于树立组织的良好形象,不符合实际的方案则可能适得其反。公共关系策划应该保证策划方案符合实际,方案的实施能够取得良好的效果。可行性原则的具体要求是:对策划方案应该进行可行性分析、可行性试验和可行性评估。

6.2.2 公共关系策划的程序

公共关系策划是一项系统工程,是在调查研究的基础上,对组织的公共关系工作进行谋划,以此来指导公共关系活动。公共关系策划是一个动态的过程,一般经过 3 个阶段,共 9 个步骤。

1. 策划构思与准备

1) 信息的分析

在前期调查的基础上,公共关系策划者要进一步对调查所获悉的大量信息作认真的分析。公共关系策划是对特定的公共关系工作或公共关系专项活动的谋划,因此,信息分析的任务就是选择与特定的公共关系工作或公共关系专项活动有关的信息。

2) 目标的确认

一般组织在运行中都有既定的发展战略目标和公共关系整体目标。公共关系策划中的目标确认,是对特定的公共关系工作或专项公共关系活动目标的确认。公共关系工作或专项公共关系活动目标,一方面要为组织发展战略目标和公共关系整体目标服务,另一方面要能够为具体的公共关系工作或专项公共关系活动指明方向。目标的确认,是在信息分析基础上,针对具体的公共关系工作和专项公共关系活动的期望和要求提出的,目标的表述要明了、简洁。

3) 公众的选择

具体的公共关系工作或专项公共关系活动都是针对特定的公众而言的,需要明确公众的范围,分析公众的特征,了解公众的需求。只有辨认相关公众,才能有针对性地设计公共关系活动主题,才能较为恰当地选择媒体,才能在公关活动中突出公众利益,得到公众的支持与合作。

4) 主题的设计

在公共关系策划中,主题是策划的灵魂、核心,贯穿于整个策划中,是公共关系活动内容的高度概括。主题的设计要经过精心的构思,使其表述得精炼传神。为此,必须明确构成主题的三要素:第一,服从和服务于策划目标;第二,要有独特、新颖、具个性特色的信息;第三,要准确传递公众需要的信息。

5) 媒体的选择

公共关系工作或公共关系活动的开展离不开传播活动。媒体选择是公共关系策划的重要内容。在媒体选择的构思中,一是根据公共关系工作或公共关系活动的目的、特点;二是依据目标公众接触媒体的习惯;三是组织与媒体的关系状况。在全面衡量的基础上,有针对性地选择媒体。一般情况下,公共关系策划者选择媒体时应特别重视对大众传播媒介的选择。随着网络技术的发展与普及,网络媒体的功能日益受到重视,公共关系策划者也应研究和重视网络媒体在传播和沟通中的作用。

2. 计划编制与经费预算

1) 计划编制

公共关系策划者在经历了上述步骤之后，对策划要做总体规划，使比较零乱的、局部的构思形成一个有序的整体，使公共关系计划具有可操作性。这项工作就是制定切实的专项活动计划，一般包括：年(月或周) 公共关系具体目标，年(月或周) 公共关系工作项目，各项目财务预算，各项目的计划及组织保证与人员的分工，评估及评估方式。作为公共关系专项活动计划，一般包括：目标、主题、时机、方式、地点、人员、步骤、经费和总结。

2) 经费预算

公共关系工作或公共关系活动都需要一定的经费支持。在经费预算中既要考虑公共关系工作或公共关系活动本身对经费的客观需要，又要考虑组织的经费承受能力，要按工作或活动的轻重缓急统筹兼顾，安排好经费的使用。经费预算的办法有两种：一是总额包干，量入为出，有多少钱办多少事；二是各项费用汇总加上不可预见的费用。

公共关系经费预算具体有以下几点。

(1) 具体某项公共关系活动的费用。它包括每次公共关系活动的宣传费、调查活动费、人员培训费、场地租赁费、赞助费及布展、接待参观费。

(2) 器材设施费，即购买、租借或维修各种视听器材、通信器材、摄影器材等的费用，及制作各种纪念品、印刷品、音像制品和各种传播行为所需要的实物及用品。

(3) 劳务报酬费，包括组织内部公共关系人员的薪金或工资、奖金及其他各种福利费、组织外聘专家顾问的工时报酬等费用。

(4) 其他杂费，包括房租、水电、电话、办公用品、保险、差旅及其他通信费用等。

3. 策划书的形成

1) 策划书的审定

公共关系策划者在完成上述步骤后，初步的策划书已经形成，为了确保计划的可行性，对策划书的审定是一个不可缺少的步骤。参加审定的人员一般包括：组织高层领导、公共关系专家、项目负责人及具体工作人员。审定的内容主要如下。

(1) 对目标、主题及活动开展的各要素(如资金、人力、时间、传播计划等) 进行分析论证；

(2) 对策划书中的实施过程可能遇到的问题、补救措施等进行论证；

(3) 对预期效果进行综合效益分析，判断该策划的方案是否可以付诸实施。

2) 策划书的形成

策划书是策划全过程最后形成的文案，是公共关系活动实施的依据。策划书的基本结构由 8 个部分构成，即：标题、主题、目标、组合分析、活动步骤、传播渠道、经费预算和效果预测。此外，还有策划者署名、时间，以及根据策划书篇幅长短列有附件等。

6.2.3 公共关系策划的基本内容

公共关系策划工作的内容一般包括公关目标的策划、公关方案的策划、公关时机的策划及公关计划的制订。

第6章 公共关系工作的一般程序

1. 公关目标的策划

公共关系策划事实上就是将公共关系目标具体化和可操作化。公共关系的目标如前所述，可以分为总目标和具体目标(或特殊目标)。就总目标来说，塑造一个组织的良好形象、提升组织的社会声誉是一个组织的公关工作的总体目标和要求，也可以理解为是一个组织公关运行中的最基本的或一般的目标要求，它直接体现了一个组织形象策划中的基础；特殊目标体现了一个组织形象的独特定位。

不论公关目标的时间长或短，公共关系自身目标一般都会表现在以下4个方面：一是传播信息，这是最基本的目标，一个组织初创时期大量的公关工作几乎都是围绕着传播信息这一公关目标而展开的，对于改变公众的态度、行为等问题尚未列入议题；二是联络感情，感情投资既是一个组织的公关的长期方针，也是一种在短期可以立即见效的方针；三是改变态度，不管公关理论有什么新的发展，在实践中改变公众的态度始终是公共关系工作的目标，也是最容易检验公关成效的一种目标；四是引导公众产生预期的行为。

数十年来，美国花旗银行一直是在日本开展业务最大的外国银行，由于外国银行在日本银行业务中所占比重不到3个百分点，故花旗银行在日本所取得的成绩远远不能与其盛名相符。究其原因，人们不难发现，完全是因为数十年来，几乎所有的外国银行没有一家把目标放在日本的小额存款业务上，尽管这种业务不十分赚钱。但是这一情况终于有了改善，1984年，美国花旗决定实施一种全新的策略，这一策略是向日本银行业的小额存款业务进军。

要在日本设立一个储蓄网，对于花旗银行来说有许多必须加以消除的障碍。花旗银行的服务形象远比其他日本竞争对手差，它只有为数极少的几家分支行，还没有形成银行网络，这在一个主要以现金进行经济活动的社会中是一个极为不利的因素。但另一方面，花旗也有自己的优势，它善于用战略性很强的市场营销策略去推进银行业务，同时，在银行储蓄业务所应用的软、硬件方面，它也总是领先于他人一步。作为在日本最大的外国银行，花旗银行的一言一行都有着举足轻重的分量。如果把所有这些因素都加到一起的话，那么花旗银行对日本的银行市场进行了周密的研究，并精心选定了它的目标：主要针对那些倾向于将储蓄与流动资金进行投资的具有所谓"世界性"意识的人。为了让这些人了解花旗银行，该行决定提供与目标竞争对手不同的产品与服务，投那些具有超前意识和全球意识的日本人所好。花旗银行将目光瞄准了日本市场上对其独有的与众不同的产品和服务最感青睐的那部分日本人，这些人包括：需要大量流动资金进行投资而不愿浪费时间等待的专业人员和企业家；日本大公司中的高收入人员，尤其是那些有海外生活工作背景的人，因为这些人习惯于"比较购物"，即用他们的钱去获得最佳收益。

由于花旗银行所具有的美国形象及由此而来的对于日本人所产生的神秘感，使日本妇女，尤其是那些做生意时受过性别歧视的日本妇女，成为花旗银行的忠实客户，而且有研究表明，这些妇女对收益率情况极为敏感，且比日本男人更易于接受新产品。很明显，花旗银行首先通过对其目标的确定找到了它的目标公众，针对特定的目标公众开展策划是一个策划成功的前提。花旗银行必然会在其方案的选择上围绕其所确定的目标及目标公众进行选择。

2. 公共关系方案的策划(活动方式的策划)

活动方案或方式应该体现对活动目标的实现。在公关方案的策划中涉及一个创意的问题，即指在公共关系方案的策划过程中，有自己的特色，是以创造性思维、形象思维为主要思维方式的创新性活动，它没有固定的程序和统一的格式。但是一般来说在选择一个实现目标的方案时，不仅要围绕着公关设计的目标同时也必须考虑方案的可行性和对公众可能产生的影响。如上述的花旗银行就此确定了其行动方案：用高收益进行竞争。由于日本没有任何法规禁止花旗银行为其外汇存款自行制定储蓄利率，因此，花旗银行推出了美元储蓄。通过做广告积极宣传其高收益优势，来自公众的反应是极为踊跃的，日本的银行及大藏省的官员及宇航局对此极为担忧，却未采取任何禁止行动。同时，花旗银行为日本顾客创造了一种全新的银行服务概念，向日本顾客推出了电话储蓄业务，用极为方便的方法使花旗银行打进了它尚未开设分行，而其日本竞争对手却有着舒适的银行设施的地方。

事实证明它的这一套方案是成功的。现在，该行的大部分零散客户都是日本人，尽管该行只有6家分支机构，但他们仍然选择花旗银行，花旗银行保证其顾客利用东京最大的ATM网络，因为该行同13家日本城市银行的自动提款机网络实行了并网运作，(所有这些银行在日本的3 000家分支机构中拥有20 000台自动提款机)这些又加强了顾客对花旗银行提取现款的信心。

在进行公共关系方案的设计时，主题的设计成了对公关活动的精髓的提炼，公关活动主题是公关活动的灵魂，因此，如何设计主题是整个公关方案设计的最重要环节。一般来说，主题是根据目标而设计中心思想的，可以通过活动的各项内容表达出来。所以，活动主题首先必须与目标一致，同时其传递的信息必须要独特新颖且具有强烈的号召力；同时，公共关系主题的设计必须适应公众的心理要求，既要生动形象，又要诚信可靠。最后，公关的活动主题要简明扼要，易传播也易记，即具有传播性。如杭州西湖博览会的主题是"让杭州走向世界，让世界了解杭州"，朗朗上口，易于传播。

3. 公关时机的策划

公关策划中的时机选择主要包括以下两个方面。

1) 选择公关"由头"

公关"由头"是指一个公关活动得以开展的价值与依据，即给一个"理由"。一般来说，公关由头是由三个要素组成：一是符合公众的利益，为公众提供了信息、知识、思维性的服务；二是符合组织机构的总体目标和自身利益，与组织机构的性质有关，而不至于牵强附会；三是具有新闻价值，公关的活动策划中一般应该体现其传播的效用，因此，公关活动需要具备新鲜性、突出性、接近性和公益性的特点。一种最好的理由是公众利益、组织利益和新闻价值的交汇点，这就需要公关人员善于挖掘有效时间内公众最关心的话题和机遇进行策划。

2) 选择公关时机

一般来说运用各种固定的特殊时机来策划公关活动是最常见的方法。如重大节日、重大纪念日、其他有规律性的节日，如学校的开学日、高考日等。运用各种信息传播事件或活动来策划专项公关活动，如学术活动、调研活动、发布活动、艺术展览、比赛活动等。运用各种偶然的机遇和社会上的热门话题来策划专门的公关活动。社会上每日每时都会发生许多事件，公关人员应该具备强烈的公关意识，应该学会不失时机地利用这些事件进行公关策划。在公关时机的选择时，还应该注意不要在同一天或短时期内策划两项内容不同的专项公关活动，以免影响效果。

4. 公关计划的制订

进行了公关的目标、方案、时机的策划后必定要将它具体化，这就需要进行公关计划的安排。一个完整的公关计划通常包括公共关系活动的目标、主题、公共关系活动针对的目标公众、活动项目、媒介选择和经费预算等内容。公关计划的制订是难度最大也是最为关键的一步，它是将公关的所有思想付诸行动的关键点，也是将策划的思路具体化的关键。公关目标能否实现，关键看计划本身是否完整地体现了公关目标和方案的要求，以及具体公关资源的安排是否合理。

公关计划一般可以分为长期计划和短期计划两种。

(1) 公关长期计划是指与组织总体发展目标相一致的战略性计划，它是起决定性作用的基本计划，对于一个企业来说即是与生产、营销、经营管理等所有管理活动一致的、决定企业发展的计划。

(2) 短期计划可以是针对某一个具体的问题制定的计划，也可以是为意外的突发事件而准备的后备计划，如推出一个新产品、企业开张、庆典等。短期计划可以分为预防性计划和治疗性计划两种。预防性计划是指万一发生什么问题，事先针对下一个阶段的目标制定的一个超前的公共关系计划；治疗性计划是指组织出了问题或发现问题后所应该采取的应急计划。一般以预防性计划为主。

长期计划经过长时间才能生效，而短期计划可以及时收到效果，二者共同构成了组织公共关系计划。

制订公关的计划时需要关注几个技术性的问题，如公众分析和目标的具体化等。确定目标时首先需要明确的指导思想，即把公共关系的目标与组织的总任务联系起来。公关计划的制订固然能使公关工作顺利地进行，但有时也有可能会制造障碍。因此计划应该具体但不能过于细节化。因为计划过于繁琐，细节过于冗杂，往往会限制人们的主动性和创造性，而且计划过于僵化，也不会有好的效果。

总体来说，公关的计划只能是"蓝图"，再精确的计划也不能囊括公共关系活动过程中可能出现的各种情况，计划只能成为行动的指南。这就既要认真细致，又要具有随时根据情况的改变来改变行动计划的能力和魄力。

6.2.4 公共关系策划的方法

公共关系策划是高度创造性的思维活动。创造性思维是公共关系策划的主导思想，它贯穿策划活动的各个方面和策划过程的始终，并且需要很多方法予以配合。创造性思维是重新组织已有的知识、经验，提出新的方案、程序和新成果的思维方式。现代社会知识密集，社会分工如此发达以至于任何一个人都不可能穷尽其所有的知识，因此，现代社会的策划必然是一个合作与展现群体智慧的过程，它需要调研人员、工程人员、设计师、营销人员、广告人员等协作完成。这里我们将介绍公共关系策划中常用的创造性思维的联想法、组合法和类比法。

1. 公共关系策划中的联想法

联想是指由感知的某事物引起回忆有关的事物，或由想起某事物而又想起与其相关事物的思维过程。依据联想所反映的事物间的不同关系，可以把联想分为相近联想、相似联想、对比联想、关系联想等种类。相近联想，是指在空间或时间上接近的事物容易形成联系，使人由一事物想到另一事物，例如，提到"长虹"就容易使人想到彩色电视机。相似联想，是指由对某事物的感知或回忆引起对与它在性质上相似的事物的回忆，例如，由"耕耘"想到教师的教书育人。对比联想，是指由对某一事物的感知或回忆引起对与它具有相反特点的事物的回忆，例如，由一宾馆服务员的恶劣态度想起另一宾馆服务员的周到服务。关系联想，是指由于事物之间的某种联系而形成的联想，例如，由室内寒冷而想到取暖。

联想法以头脑风暴法为主要形式，在头脑风暴法的基础之上又衍生出逆头脑风暴法、NHK头脑风暴法、默写式头脑风暴法、三菱式头脑风暴法、川喜田法、七乘七法、片方法、特性列举法、戈登法等一些新的方法。我们仅介绍公共关系策划常用的几种方法。

1) 头脑风暴法

头脑风暴法也叫做自由讨论法或集思广益法，是联想法中最有代表性的一种方法。它是指在宽松的环境中，以专题讨论会的形式，通过专家间的自由交流，引起智力碰撞，从而产生出新的智慧火花，使专家们的观点不断集中和升华，以形成优化方案的一种集体思维方法。

头脑风暴，最早是精神病理学上的用语，指精神病患者头脑的错乱状态。1938年，美国创造学专家阿历克斯·奥斯本将这一词语借用过来命名他首创的、作为一家广告公司团体解决问题的方法，并转其意为思维自由奔放、打破常规、创造性地思考问题。我国的学者结合我国的国情特点，在头脑风暴法的基础上，总结出了具有中国特色的"智力激励法"或"脑力激荡法"。

头脑风暴法的核心是高度自由的联想。这种技法一般是通过一种特殊的小型会议，使与会者毫无顾忌地发表见解，彼此激励，相互诱发，引起联想，导致连锁反应，产生众多的创造性设想。

(1) 头脑风暴法的具体实施要点。第一，召集5~12人参加会议；第二，会议有一名主持者，1~2名记录员。主持人在会议开始时应先简要说明会议的目的、要解决的问题或目标，宣布会议遵守的原则和注意事项；在会议进行中要鼓励人人发言，听取一切新构想，随时注意保持会议主题方向，努力使发言简明，气氛活跃。记录员要记下提出的所有方案、设想(包括平庸、荒唐、古怪的设想)，力求不要遗漏，会后协助主持人分类整理各种设想。第三，会议一般不要超过1小时；第四，会议地点应选择安静的场所，并且尽量避免外界的干扰；第五，会议通知应提前发出，在备忘录上注明会议的主题和涉及的具体内容，使与会者事先有所准备。

(2) 头脑风暴法必须遵守的规则。头脑风暴法的应用最重要的是必须严格遵守下列规则。第一，保留评判的规则。对于所有与会者提出的任何一种设想和看法，不论其正确与否，也不论其是否符合自己的想法，一律不准提出怀疑和批评。第二，自由畅想的规则。这一原则要求与会者要独立思考，敢于冲破传统逻辑和常规思想的限制与束缚，海阔天空地想，无拘无束地谈，始终使自己的思想保持在自由驰骋的状态。第三，多多益善的规则。在有限的会议时间里，与会者提出的设想数量越多越好。据国外调查统计资料表明，一个在同一时间内能比别人多提出两倍设想的人，最后产生的有实用价值的设想可以比别人高出十倍。第四，借题发挥的规则。与会者要善于吸收其他专家提出的合理或创新的设想，巧妙利用他人的想法来开拓自己的思路，并在此基础上提出更新更奇的设想。

在上述 4 条规则中，头脑风暴法的创建者阿历克斯·奥斯本特别强调第一条规则的重要性。他指出："当一些设想刚刚产生的时候你就运用智能加以十分仔细的研究，这是不妥当的。因为它有碍于我们进行创造性思维。"因此，只有当会议严格遵守保留评判的规则时，才称得上名副其实的"头脑风暴"会议。

(3) 开好头脑风暴会议的经验。头脑风暴法自 20 世纪 50 年代开始推广以来，人们在实践中总结出以下经验：第一，确定的讨论题目应该具体、明确、大小适度；第二，提出设想与自我考虑交替进行；第三，按照顺序一个接一个地发言；第四，集中精力听清所有与会者的发言；第五，参加会议的成员应具有代表性；第六，应该尽量制造热烈、愉快、宽松的气氛；第七，主持人应该将提出的设想按序编号；第八，由未参加头脑风暴会议的其他人对提出的设想进行评价和筛选。

2) 逆头脑风暴法

逆头脑风暴法是美国"热点"公司开发的方法，又称对演法。一般头脑风暴法禁止批评他人发言，而逆头脑风暴法反其道而行之，不但不禁止批评，而且重视批评，对已有的设想大做文章、评头品足，通过批评缺点，促使设想完善。

除了禁止批评之外，头脑风暴法的相关原则在逆头脑风暴法中均被沿用。其具体做法是将参加会议的人员分为两组，通过唱对台戏的方法进行辩论，互相攻击对方所短，充分揭露矛盾；也可以对需要讨论的方案人为地设置对立面，相互挑剔反驳，以期使一些潜在的问题得到比较充分彻底的揭露，促使新见解更加成熟、完善。

3) 片方法(ZK 法)

片方法是由东京工业大学片善治所创，以其英文姓名字头"ZK"命名的。ZK 法的特点是解题信息按"启、承、转、合"的线索发展，由此寻求解题最佳方案。片方法既可以一人使用，也可以多人一起运用。

(1) 启。议题提出之后，与会者各自搜集与议题相关的资料和信息。

(2) 承。根据所搜集的信息与资料，按自己的思路，把解决方案写在纸上。每个与会者就自己的方案发言。在此期间，巧妙利用他人的解决方案，思考新的解决方案。

(3) 转。大家把所写的内容贴在墙上，必要的话，关掉灯光，进行默想，对各自的方案进行思考和推敲，加以增删或修正。

(4) 合。各自宣读修正后的观点，然后再进行思考和推敲，将最后确定下来的方案写到黑板上，全体成员对各种解决方案进行分析比较，找出最佳方案。

4) 特性列举法(AL 法)

特性列举法是美国内布拉斯加大学教授克劳福德创立的。这一技法既适用于个人，也适用于集体，比较简单。它采用的主要手段是：通过对策划对象的特性分析，逐一列出其特性，然后进行排列，分清主次，并由此引起各种联想，提出改进方案。这是进行企业诊断、理清思路的一种好方法。特性列举法可按以下两步进行。

(1) 选择一个目标比较明确的策划或革新课题,接着列出策划或革新对象的特性。一般事物的特性包括以下三个部分:①名词特性……全部、部分、材料、制造方法;②形容词特性……性质、状态;③动词特性……功能。

(2) 从各个特性出发,通过提问或自问,启发广泛联想,形成头脑风暴,产生众多的新设想,然后,通过评价分析,找出效益良好、美观实用的设想来。

使用特性列举法要注意将一事物所有的属性都列举出来,尽量不遗漏。另外,还要注意选择的题目宜小不宜大,否则由于工作量太大,最终将影响此法的效果。

5) 戈登法

这是1964年由美国阿沙·德·里特尔公司戈登创造的技法。戈登在评论奥斯本的头脑风暴法时指出:"奥斯本方法在会议一开始将目的提出来,这种方式容易使见解流于表面,难免肤浅。"为了克服这一缺点,戈登所采用的方法是:除了会议主持者之外,会议开始时不让与会者知道真正的意图和目的。

主持者在似乎漫无边际的讨论中,因势利导,把握方向,捕捉有创造性的思想火花,最后把真正的意图向与会者和盘托出。在此技法中,会议主持人是关键,主持人的水平和能力直接影响着会议的质量和效果。

2. 公共关系策划中的组合法

组合是指将各种事物或观点相互连接以产生新的事物或观点的思维形式。组合是创造性思维产生的重要途径。合乎逻辑的组合,往往能够产生新颖而有用的构想。公共关系策划依赖于组合这一创造性思维形式。日本千叶大学多湖辉教授认为:策划内容里的 97.7%是任何人都知道的、非常常见的、普通的东西,当它们被一种新的关联体系重新组合起来,具有相对有效性时,就能发展成为策划。公共关系策划中常用的组合方法主要有:检核表法、形态分析法、信息交合法和成对列举法。

1) 检核表法

检核表法,又称设问法,是通过组合进行创造的技法中最著名的一种方法。

检核表法就是根据需要解决的问题,或者需要策划创造的对象,列出有关问题,然后从不同角度一个个地审核、讨论和研究,从而促进产生新的决策方案、产品或发明的一种创造技法。检核表法几乎适用于任何类型与场合的创造活动,因此享有"创造技法之母"的美誉。目前,有许多各具特色的检核表法,其中以奥斯本的检核表法最为著名。

(1) 奥斯本检核表法的使用步骤。第一步,对某一决策方案、产品或某一事物,从多方面进行提问。第二步,为了解决所提出的各种问题,产生出一系列的新设想。第三步,对所列出的所有新设想逐一加以分析研究,取其精华,舍去糟粕,权衡利弊,综合一体。奥斯本认为通过以上3步便可以产生一种最佳的决策方案,或一种功能更强、造价更低的产品,或一件尽善尽美的事物。

(2) 奥斯本检核表法常提的问题。奥斯本总结了麻省理工学院有关人士拟定的检核题目,主要列出以下问题:可否将产品的形状、制造方法、颜色、声音、味道等加以改变;可否将现有的发明应用到其他领域;可否在现有的发明中,引入其他创造性设想;可否在现有发明的基础上加以创新,使它增加功能、延长使用寿命;可否将现有的产品缩小体积、减轻重量或者分割化小;可否用其他材料代替原有的产品或发明;可否将现有的发明更换一下型号或更换一下顺序；可否将现有的产品、发明或工艺进行颠倒；可否将几种发明或产品组合在一起。

2) 形态分析法

形态分析法，又称形态方格法，是由美籍瑞士科学家、加利福尼亚大学茨维基教授于1942年提出来的。此法是一种利用系统观念来网罗组合设想的创造发明方法。其具体做法是：将发明课题分解为若干相互独立的基本因素，找出实现每个因素功能要求的所有可能的技术手段，然后加以排列组合，得到多种解决问题的方案，最后选择出最优方案。

形态分析法的一个突出特点是：所得方案具有全面性和完整性。

形态分析法的应用一般分为以下步骤：第一步，明确问题。即对需要策划的事件作出明确的界定。第二步，要素分析。即确定需要策划事件的主要组成部分，也就是基本要素。要求所列的每一要素都是缺一不可的，各要素之间彼此独立，不能遗漏一个要素。第三步，形态分析。即寻找实现每个要素可能的技术手段。一般采用列矩阵表的形式，把各要素以及实现各要素相对应的各种可能的技术手段列在一张二维的表格中。第四步，形态组合。按照对需要策划事件的总的功能要求，分别把各要素的形态一一加以排列组合，以便得到所有可能的组合设想。第五步，评价淘汰。制定价值标准并按标准的要求对所有的组合方案一一评估，去掉一些明显不合要求和不够理想的组合方案。第六步，选择方案。即选择最佳或最满意的组合方案。

3) 信息交合法

信息交合法由我国华夏研究院思维研究所所长许国泰副教授经过8年验证，于1986年首创。信息交合法又称"魔球方法"。其基本思路是使信息"繁殖"，不同性质的信息交合生成新的信息。信息交合的反应场是使一个"魔球"旋转，新构思就会源源不断地出现。

信息交合法的运用分为以下4步：第一步，确定中心。即确定研究对象，将它定为信息坐标系中的零坐标(魔球)。第二步，画出标线。至少两条线能够交合，多者不限。第三步，注出标点。即在信息标上注明有关信息点。如我们为某食品企业策划推出一个新食品，那么如何选择宣传角度呢？就可以在产品特殊坐标线上写上产品的各种特性，如名称、质量、材料、形状、重量、功能、味道等。另一坐标可标上可借用的形式，如文学、绘画、文艺、体育、医疗、音乐、化学、养生、武术、历史、民族等。第四步，相互交合。即以一条标线上的信息为母本，另一条标线上的信息为父本，交合后便可产生新信息。例如，我们以食品为一标点，与历史相交至少可产生出各朝各代的风味特色信息；与民族交合至少可推出56种产品；民族再与历史交合，开发新食品的思路就更宽了；再与文学交合，就会得到古今中外大量信息。信息交合简直是一个取之不尽、用之不竭的思想宝库。

4) 成对列举法

成对列举法是根据所要解决的问题，事先将考虑到的所有事物或想法依次列举出来，然后任意选择两个进行组合，列举其成对特性，并从这些组合起来的方案中选择一种最符合目标要求的最佳组合方案的创新方法。成对列举法包括任意组合法和排列组合法两种方式，其中任意组合法比较便于操作。

任意组合法的使用程序如下：第一步，详细列举。即根据需要策划的问题，把所能想到的因素详细地列举出来。第二步，两两组合。即把所列的事物两两组合起来，构成一种组合方案。第三步，筛选择优。对上述所列的组合方案进行筛选和择优。第四步，确定最佳组合方案。

3. 公共关系策划中的类比法

类比法是把不同的两类或几类对象进行比较，根据已知的相似性，来推论其他属性的相似，使人们触类旁通，从已知事物的特征看到未知事物的特征，把未知变为已知，从中获得新知识的创造性思维形式。公共关系策划需要借助于类比这种创造性思维形式。公共关系策划中常用的类比创造技法主要有提喻法和匿名咨询法。

1) 提喻法

提喻法是由美国创造学家戈登在1944年提出的。这个词的原文"Synectics"是一个希腊语，意思是把不同的、看上去不相干的因素联系在一起。Synectics方法的核心是类比，所以中文译作提喻法，我国台湾学者将其译为综摄法或举隅法。

(1) 提喻法的主要依据。提喻法的主要依据是以下三个基本假设：第一，人类的创造过程可以具体描述，而且正确的描述应该能够应用数学方法，从而提高创造效果。第二，发明作为一种文化现象在艺术中和在科技中是相似的，而且都可以用同样的基本心理过程来体现。第三，创造工作中的个人过程与小组过程直接类似。

(2) 提喻法的实施要点。提喻法的实施要点如下：第一，由不同知识背景、不同气质的人组成小组，相互启发，集体攻关，小组一般由5～7人组成。第二，提喻法遵循变陌生为熟悉和变熟悉为陌生的思考原则。所谓变陌生为熟悉就是在头脑中把给定的陌生东西与早先已知的东西进行比较，根据比较结果，把新问题变成某种熟悉的事物。所谓变熟悉为陌生是指对已有的各种事物，运用新的方法来进行观察、分析和处理。第三，在提喻法中，变陌生为熟悉、变熟悉为陌生的思维方式主要是类比法。戈登认为，没有类比方法的应用，要阐明问题和解决问题是不可能取得成功的，这是提喻法的核心内容。第四，通过审美快乐反应，对想象力产生的各种类比进行选择判断。快乐反应就是对一个新设想进行逻辑分析或检验之前凭借对该设想的一种强烈审美愉快感，作出"太妙了！事情肯定是对头的！"之类的选择判断。戈登认为，这种快乐选择判断基本上是审美的。上述4个环节互相联系，组成一个有序的统一整体，在提喻法应用中缺一不可。

戈登把实施提喻法的全过程分为以下9个阶段：第一，题的给定；第二，变陌生为熟悉；第三，问题的理解(分析问题，抓住要点)；第四，操作机制(发挥各种类比的作用)；第五，变熟悉为陌生；第六，心理状态(对于问题的理解达到卷入、超脱、迟延、思索等心理状态)；第七，把心理状态与问题结合起来(把最贴切的类比与已理解的问题作比较)；第八，观点(得出新见解、新观点)；第九，答案或研究任务(观点付诸实践或变为进一步研究的题目)。

2) 匿名咨询法

匿名咨询法亦称特尔斐法。特尔斐是古希腊传说中的神谕之地，因而借用此名。匿名咨询法是一种比较先进的调查研究和科学预测方法。一般的策划研讨会讨论时往往仁者见仁，智者见智，争论不休，结果常常受到与会者心理及开会时间、环境等因素的干扰。匿名咨询法采用许多专家背对背多次咨询的办法征求意见。领导小组对每一轮意见都进行汇总整理，再作为资料发给每位专家，请他们分析论证，提出新设想。由于它采取匿名方式，应聘专家互不了解，完全消除了心理因素的影响，专家们可以参照前一轮的成果修改自己的方案而无需公开说明,无损自己的威信,效率又高。这样反复几次,专家们的意见日趋一致,方案的可靠性就日益增强。

以上介绍的联想法、组合法和类比法是公共关系策划常用的重要思维方法。公共关系策划人员在进行策划时,应该主动自觉地运用这些方法与技巧。

6.3 公共关系实施

公共关系实施是将公共关系策划方案中所确定的内容转化为现实的过程。公共关系实施过程就是公共关系人员灵活地运用各种公共关系活动方式,实现公共关系目标的过程。

6.3.1 公共关系实施的意义与特点

1. 公共关系实施的意义

公共关系工作者必须充分认识到公共关系实施的重要意义,公共关系的实施是一项创造性的工作。从某种意义上说,公共关系的实施比策划更为重要,这是因为以下原因。

1) 公共关系实施是实现组织公共关系目标的关键环节

公共关系工作或公共关系专项活动的策划过程是根据组织的发展战略和组织公共关系目标,对当前组织公共关系状态进行分析,而后提出问题和制定解决问题方案的过程。如果这一过程不继续向前发展,公共关系策划只能停留在纸上,它不能自动变为现实。组织的公共关系目标不能实现,再完美的公共关系策划也没有意义。只有将策划付诸实施,才有可能实现组织公共关系目标。

2) 公共关系实施决定了公共关系目标的实现程度

实践证明:一个好的公共关系策划方案可能被无效的实施所抵消,而一个有欠缺的公共关系策划方案也会因为有效的实施而得到完善。虽然在公共关系策划中,策划者都尽可能地完善策划方案,但是"完善"是相对的,存在"欠缺"则是绝对的,因为想象和现实会存在差距,时间的推移会使此时的环境和彼时的环境存在差距。因此,公共关系的实施不是像"照葫芦画瓢"那么简单,而是一项富有创意性的工作,实施效果如何直接影响到组织公共关系目标的实现程度。

3) 公共关系实施的结果为下一个公共关系策划提供了参考的依据

公共关系实施落实后,不论是否取得成功都会在社会上产生影响,公共关系工作者应及时将反馈的信息进行收集和整理并得出结论。组织的公共关系工作是连续不断的,此次公共关系策划的实施结果为下次公共关系策划提供依据。总结成功的经验和教训,有助于以后的公共关系活动有效展开。

4) 公共关系的实施可以检验策划工作的水平

公共关系策划方案只有通过实施才能发现问题。如搜集资料是否全面、准确;分析是否科学,是否具有针对性;策划的技巧、方法及策划的创意是否新颖等。

2. 公共关系实施的特点

公共关系实施作为一个完整的活动过程,一般情况下它包括以下内容:首先是实施的准备阶段，它包括设计实施方案，制定对各类公众的行动、沟通计划，确定实施的措施和程序，建立或组成实施机关，训练实施人员并向他们介绍实施计划的内容和具备的条件；其次是实施的执行阶段，实施机关按照已经设计好的实施计划的程序，落实各项措施；最后是实施的结束阶段，实施机关需要为下一步的效果评估做好相应的准备。公共关系实施作为一个完整的活动过程具有以下特点。

1) 实施过程的动态性

公共关系实施是由一系列接连不断的活动共同构成的一个完整过程。在这个过程中，需要对原来的活动方案内容进行不断调整，因此可以说，方案的实施过程是一个思想和行为不断变化、不断调整的过程，计划的实施过程具有动态性。这种动态性取决于以下两方面：一方面，从所属领域来看，计划属于思想认识，而实施属于社会实践，无论一项公共关系方案制订得多么周密、具体和细致，与实际情况总是存在着一定的差距；另一方面，从时间关系来看，必定是计划在先，实施在后，随着时间的推移、实施的进展、环境的变化，实施过程中仍会遇到一些原方案中没有考虑到的新情况和新问题。因此，适时地改变、修正或调整原定的实施方案、程序、方法和策略等则是实施活动中的正常现象。也就是说，实施过程中的修正和调整属于实施的正常状态，这是实施动态性的表现，而不能实施说具有随意性。如果不考虑社会环境的发展引起的条件变化，而按一个固定的模式去机械地"执行方案"，不仅不能实现公关目标，反而会给组织自身带来新的麻烦。同时，也必须说明，不能将实施的动态性与实施人员的主观随意性混为一谈。强调实施过程的动态性，并不意味着实施人员可以随意以一些无关大局的变化为借口而不执行原定方案。

2) 实施主体的创造性

公共关系实施是一个不断变化和需要调整的动态过程。这就决定了公共关系实施的过程不是一个简单的照章办事的过程，而是一个由一系列不同层次的实施主体发挥主观能动性的过程。实施主体应该掌握实施过程的动态性特点，根据整个方案的实施原则和自己现有的条件、面临的环境、遇到的时机，充分地发挥自己的积极性、主动性和创造性来确定自己的实施策略。例如，根据公众的变化情况，重新选择传播渠道、媒介与方法；抓住临时出现的有利时机，灵活地调整步骤；根据实施进展情况，随时更换人员或调整任务等。

如果公共关系实施人员能够充分发挥创造性，那么，公共关系方案实施的过程就不仅是一个执行原方案的过程，而且也是一个对原方案进行再创造，以此丰富公共关系工作经验的过程。在此，需要特别强调的是主体应该发挥创造性，并不意味着允许实施人员随意违反实施的原则或以各种借口对原定方案的实施进行抵触。

3) 深刻广泛的影响性

一般来说，设计一个公共关系方案需要涉及众多的因素和变量，而方案的实施则可能对各类公众甚至社会产生深刻广泛的影响。这种影响在方案策划阶段仅仅是纸上谈兵，只有在实施后才能真正体现出来。而实施所产生的影响性主要表现在以下两个方面。

首先，公共关系实施可能对目标公众产生深刻广泛的影响。一项公共关系方案实施成功后，常常会使该组织的逆意公众转变为独立公众，使独立公众转变为顺意公众。即使有时不能彻底转变目标公众的立场，那么也会在观点、态度等方面使其产生不同程度的变化，至少可以使目标公众的态度由消极(敌视、偏见、漠然、无知)向积极(了解、理解、感兴趣、支持)的方向转化。

第6章 公共关系工作的一般程序

其次,公关方案实施可能对整个社会产生深刻广泛的影响。公共关系实施虽然是某一社会组织的行为,但因其方案中蕴含着某种顺应社会潮流的思想,很可能对整个社会的文化、习俗产生深刻影响。例如,1971年,美国的汉堡包在一项公共关系方案的实施中远涉重洋,"登陆"日本。这一成功的公共关系方案的实施,不仅使日本人2 000多年来以大米、鱼类为主食的习惯发生了改变,而且使日本人进餐的方式也有了变化。以往日本人习惯于端坐在桌旁用筷子吃饭,现在吃汉堡包却可以用手抓着吃,可以边走边吃,忙碌时甚至可以边工作边吃。这一进餐方式由于适应了日本民族快节奏的现代生活方式而为日本人民普遍接受。

由此可见,一项公共关系方案的实施所产生的影响和作用往往不局限于其本身所制定的目标,同时也可能对整个社会的文明和进步产生推动作用。

6.3.2 公共关系实施的原则和方法

公共关系的实施是一个复杂而科学的过程,客观上需要有一套科学的实施原则和方法作指导。公共关系实施的原则是公共关系实施的工作准则,是公共关系工作人员在具体操作过程中,排除各种实际困难,完成公共关系实施的各项工作,实现公共关系目标的成功法则。

1. 实施的原则

1) 目标导向原则

目标导向原则是指公共关系策划方案实施过程中,保证公共关系实施活动不偏离公共关系目标的实施原则。在实施过程中,由于环境的变化,需要对原方案做一些调整,但这些调整不能改变原来的目标,否则就要重新制订计划。遵循目标导向原则实际上是加强控制的一种手段,因此,目标导向原则又称目标控制原则。不同的控制有不同的控制主体、客体和手段。在公共关系实施中,目标控制的主体是实施公共关系计划的社会组织,客体是组织面对的公众,手段就是目标本身。

2) 控制进度原则

控制进度原则是指在公共关系方案实施过程中按各项工作内容实施时间的进度要求进行,随时检查各项工作内容的完成进度,及时发现滞后和超前的情况,搞好协调与调度,使各项工作按计划协调、平衡地发展,并确保按时完成。同时要做好方案实施过程中的预测和及时发现各种可能影响实施工作进度因素的工作,针对关键原因采取有效的预防和应急措施。

3) 整体协调原则

整体协调原则就是要求在公共关系实施过程中,要使各项内容之间达到和谐、合理、配合、互补和统一的状态。公共关系实施是一项系统工程,各项工作只有相互有机配合才能达到整体最佳的效果。各自为政,相互矛盾,只能增加内耗,严重时必然导致公共关系实施的失败。总之,整体协调的目的要求全体实施人员思想观念与行动保持一致,保证实施活动的同步与和谐,这样才能提高工作效率,减少或杜绝人力、物力或财力的浪费,保证公共关系目的的实现。

4) 反馈调整原则

反馈调整原则是指通过监督控制机制及时发现公共关系实施中的方法偏差甚至错误,

165

并及时进行调整与纠正。由于各种因素干扰，或由于实施人员自身素质问题，在实施过程中常会出现与原有计划不一致的情况；同时由于环境变化，原来设计的实施方法无法操作等情况都要求建立一种灵敏的监督和反馈机制，快速发现问题征兆，并立即采取有效措施调整实施方案。

2. 公共关系实施的方法

1) 组织、人员、经费落实

根据公共关系策划书的要求设置实施机构，机构的规模应当与公共关系工作或公共关系专题活动的任务相匹配，机构设置的原则是精简和高效。人员的选择要根据公共关系任务的要求，结合参与者的专业素质进行选拔。公共关系活动经费和必要的物资，在活动开展之前就要安排好，避免在活动过程中后续资金或物资供应不上，导致活动中断。

2) 培训

在活动开展之前，公共关系策划者和组织者必须对参与实施的所有人员进行培训，让所有的参与者都能够明确此次公共关系工作或活动的目的、任务、要求，了解此次活动对组织的重大意义。对活动中的有关技术也要进行训练，以期能够熟练掌握，这对提高活动的准确性及高效率是十分重要的。

3) 分工

公共关系工作或活动往往是一项系统工程，需要组织中各部门、各环节相互协调、相互配合。为避免相互扯皮、推诿现象的发生，在公共关系活动开展前就要对组织的各职能部门做合理分工，各部门也要对本部门人员做合理的分工。

4) 做好公共关系的动态调整

公共关系策划在实施过程中会出现由于外部环境的变化，或内部环境的变化，或原策划中的疏漏等引起原策划方案与现实有不相符合的地方，需要对原策划方案进行调整、修改，以保证在较合理的情况下，顺利完成规定的任务。因此，要做好对实施过程的监控和动态调整。

6.3.3 公共关系实施的媒体选择

公关的实施过程即公关的传播过程，必然面临传播媒介的选择与利用问题。前面曾专门介绍过公共关系可运用的各种媒介及可使用的各种传播沟通方式，在此将介绍公共关系活动该如何选择各种传播媒介。当然在从事公关活动时，可以把上述的媒介和方式全都或部分用上，但事实上并不一定都有必要或都有效。那么该如何选择呢？一般来说可以根据以下原则。

1. 对象原则

对象原则即公关的对象是谁，这些人的教育程度如何？经济状况如何？工作和生活习惯如何？所选用的传播工具能否传达到？如果你的对象是出租车司机，那么电台的广播会比电视更有效；你的对象是朝九晚五的白领阶层，则晚间的电视节目会比电台广播更好；你的对象是受教育程度不高的人，则电台的播音和电视会比报纸更为有效；你的对象是买得起豪华汽车的富翁，而你却只在一般的影剧院登银幕广告，恐怕会难以达到预期的效果，如果你的对象是一位网络购物的爱好者,那么即时通的信息传播平台(微信、微博和客户端等)将是最佳选择。欧洲有一款专门针对男士而设计的品牌,为了打开16~24岁的叛逆青年男士的香水市场,专门进行了非主流媒介的运用,在迪斯科舞厅发放香水片,在小巷里贴上很特别的海报,上面的宣传词非常特别:"这只是一款香水,你喜欢它就买,你不喜欢它就不要买。"这种传播媒介的选择充分体现了针对对象的要求。

2. 区别内容原则

区别内容原则即你要传达的信息或内容是什么?你说的东西复杂吗?需要再三反思才行吗?单是文字应付得了吗?要不要图解?是否涉及一个进展的过程?这些问题需要考虑清楚。如果一种信息需要进行反复的思考,那么播音就无法交代清楚,因为听广播的时候根本无法进行反思,如果听不明白再慢慢考虑,那么接下来的内容就听不清楚了,如果选择印刷品,如报纸,则可以一看再看地慢慢考虑,更可以加上图解。如果介绍一件事的整个过程,那么选择电影、电视作为传播媒介似乎略胜一筹,但仍比不上报纸和印刷品可以随时随地地看。

3. 合乎经济原则

无论我们做什么事情都必须记住一点,就是所有的资源包括人力、物力、财力和时间都是有限的,所以绝对不能浪费。通常一个机构只能拨出一小部分资源开展公共关系活动,所以公共关系人员就应该在这范围内选择适当的媒介。当然真正的经济并非越省钱越好,而是要看投入和产出的对比关系。如运用大众传播媒介发新闻,尽管是经济的、免费的,但是我们要想传播的信息必须具备新闻价值,才能有机会利用这些媒介传播出去,但即使传播出去也会被删节修改,而且缺乏重复性,这不符合公共关系活动需要持久和一再重复的原则,况且能否刊登或播出都是无法自主的。此时如果采取花钱做广告的方式效果可能会更好。因为广告的形式、日期和时间、次数都是按照自己的意思,虽然要付钱,但广告可以设计得十分显著以吸引公众的注意力,而且一再登广告可以收到累积的效果以使别人获得更深刻的印象。严格说来,利用大众传播媒介发新闻还是利用大众传播媒介做广告要根据信息的性质来决定,现在无论做什么事情都要投入,切忌为了省钱而忽视传播的效果。

6.3.4 公共关系实施的障碍排除

公共关系实施过程中,要排除各种可能影响和阻碍公共关系实施的因素所造成的各种障碍。影响公共关系实施的因素是众多而复杂的,既有方案本身的问题,也有在实施中发生的问题,这样实施过程就不会一帆风顺。因此,在实施之前或实施之中,都要随时对实施中可能出现的问题进行分析,这样才能有利于达到预期的目的。

1. 实施主体障碍

实施主体障碍主要是来自实施主体即组织自身的影响因素,产生这种障碍的主要原因有。

(1) 实施人员的障碍。要排除来自实施人员的障碍,关键是选择优秀的实施人员并进行严格的培训,建立一套有效的激励机制和约束机制。

(2) 目标障碍。在做公共关系目标策划时,一定要征求各方面的意见,形成目标共识;

要对目标进行可行性论证,切实确立明确和具体的目标。

(3) 创意障碍。要减少创意障碍,关键在于提高组织策划水平,充分利用组织内外的专家,集思广益,应用创造技法。

(4) 预算障碍。经费预算要了解开支标准,反复测算,并留有充分的余地。尽管如此,有时还会出现超支,但对必要的支出追加经费是应该的。

(5) 实施方案障碍。公共关系实施方案要由实践经验丰富、管理能力和责任心强的人员来设计,同时要征求实施者的意见,力求达到科学、适用、有效、节约,才能克服这方面的障碍。

2. 沟通障碍

这是在公共关系方案实施过程中组织与公众之间的传播沟通障碍。公共关系方案实施的过程实际上是传播沟通的过程。实施过程中的传播沟通并不是一帆风顺的,常见的沟通障碍主要有。

1) 语言障碍

语言是人类交流思想的工具,也是公共关系传播的工具,比如演讲、专题发言、记者招待会,都是通过语言传播的方式来表达传播者及其所代表的组织的思想、理念,以寻求传播对象的理解和支持。但语言的运用又是一个异常复杂的问题。从表面分析,如语言文字的词不达意、语义不明、模棱两可,或不同语言之间交流出现的障碍等;从深层次分析,还受环境、时间、地点、受众心理、观念等因素的影响,而且这些因素往往是决定性的。常言道"话不投机半句多",就是指交流的双方有心理距离,即心理障碍。心理障碍的形成主要由于人的认识、情感、态度和看法的差异。克服这些障碍的策略就是研究受众的心理、观念,找到心理观念的差距,关键是什么,然后运用语言技巧缩短差距,寻求共同点,只有这样,才有可能达到预期的效果。

2) 风俗习惯障碍

风俗习惯是指在一定的民族、文化、宗教、信仰等历史背景下形成的、具有固定特点的、调整人际关系的社会因素,如道德、习俗、礼节、审美观等。风俗习惯是世代相传的一种习俗。不仅不同国家、不同民族的风俗习惯不同,有时同一国家、同一民族也会因距离的远近不同而习俗不同。在当今,经济全球化已经成为不可阻挡的趋势,组织的公共关系范围也随之扩展,跨地区、跨国界的公共关系活动已经成为组织公共关系工作的重要内容。因此,深入了解目标公众的风俗习惯,克服由此产生的障碍就十分必要了。我国有句古话"入境而问禁,入国而问俗,入门而问讳"是值得我们借鉴的。

3) 组织障碍

组织障碍是由于组织的结构设置不合理而导致组织的内外信息不能有效地传递。主要有:组织层次过多,造成信息传递速度慢且容易失真;条块分割,造成信息通道的断裂,使信息传递受阻;沟通渠道单一,造成信息量不足或传递渠道狭窄而无法做到信用充分传播和沟通而形成障碍。

解决组织障碍的方法是:首先,在组织结构上减少层次,减少信用传递的环节;其次,要建立多种信息传递及反馈通道,做到及时传递,及时反馈;再次,要健全组织结构,建立高效、快捷的信息传递机制。

3. 突发事件障碍

对开展公共关系活动影响最大的是突发事件。它主要包括：一是指人为的纠纷，诸如公众投诉、新闻媒介的批评、不利舆论的冲击等；二是不以人的意志为转移的自然灾害等不可抗力，如地震、水灾、火灾、空难等。

6.4 公共关系评估

6.4.1 公共关系评估的意义和程序

公共关系效果评估就是根据特定的标准，对公共关系策划、实施及效果进行对照、检查、评价和估计，以判断其优劣。在公共关系工作程序中，效果评估是最后一个环节，也是一个很重要的环节，它不仅可以考察组织当前公共关系工作状况，而且可以为组织下一阶段公共关系工作的开展提供参考依据。

1. 公共关系效果评估的意义

1) 对组织内部的员工起到很好的激励作用

一般来说，组织的公共关系工作或专题的公共关系活动在经历了深入的公共关系调查、精心的公共关系策划、创造性的公共关系实施之后，成功的概率还是很高的，会产生积极影响。比如，组织开展的是以提高自身形象为目的的公共关系活动，活动是以某项公益活动为内容，并得到社会各界的积极响应，组织的知名度和美誉度都得到了空前的提高。组织通过公共关系效果评估工作，把组织所获得的这些成就客观地向员工宣传，使员工了解到组织所拥有的良好社会声誉及在社会中的地位。这无疑使员工获得鼓舞，增强他们的自信心和荣誉感，使他们对组织充满信心。

2) 开展后续公关活动的必要前提

从公共关系活动的连续性来看，任何一项新的公共关系活动方案的制订与实施都不能孤立产生和存在，它总是以原来的公共关系活动及其效果为背景。一项新的公共关系活动方案的制订和实施，应该以前一项公共关系活动方案及实施作为借鉴。即使是前后两项公共关系活动所要解决的问题各不相同，它们之间也会存在着某些相通之处，前一项活动也可以为后一项活动提供经验和教训。因此，对前一项公共关系活动的评估，可以为后一项公共关系活动方案的制订提供决策依据，为后一项公共关系活动方案的实施提供经验和教训，为后一项公共关系活动的开展提供前提条件。这是公共关系活动连续性的必然表现。

3) 为组织决策层的其他决策提供依据

组织的任何决策无不与组织的公共关系状态有关。以企业为例，企业领导层对企业的发展战略进行决策时，他们的依据是什么？是企业的内部环境与外部环境的实际状况。内部环境的重点是员工的状况，即员工的素质、员工对企业的认同感，其次还有企业文化，也就是内部公共关系状态。外部环境的重点是企业的知名度和美誉度，即社会公众对企业的知晓度和赞同程度，也就是外部公共关系状态。20 世纪 80 年代初，当青岛海尔还是一个濒临倒闭的集体小厂时，员工队伍涣散，当时，张瑞敏的发展思路是如何整顿员工纪律，甚至把"不准随地大小便"列入规章制度；20世纪80年代至90年代，海尔集团走"抓质量、创品牌"的道路；20世纪90年代开始走多元化的道路；20世纪90年代末开始拓展海外市场。试想，如把海尔的现在发展战略放到20世纪80年代或者是把20世纪80年代的发展思路放到现在，都是贻笑大方的。因为海尔的每一步发展战略都是结合自身发展实际制定的。因此，任何组织在制定发展战略时，都应该对自身的公共关系状态作全面的评估，有针对性地制定。

2. 评估的程序

公共关系评估是一项系统工程，其内容繁多，要保证其评估的准确性、科学性和有效性，必须遵循一定的程序。由于评估的项目不同，内容和手段也不相同，但无论如何，其程序大体相同。

1）明确评估目标

制定评估目标是公共关系实施评估工作的第一步，也是进行评估的基本方向。只有有了明确的目标，评估才会有的放矢，评估所得的结果也才会有价值。评估目标的设定既可以是定性的，也可以是定量的，无论采用哪一种方式，评估人员都必须将公共实施过程中的相关问题，如评估重点、提问要点等形成书面材料，以便为决策层提供有说服力的依据。

2）细分评估标准

明确了评估目标以后，要将总目标进行分解，使目标落实到每一个具体环节，提高可操作性程度，如目标公众究竟是谁、会取得哪些预期效果、什么时候进行评估等。如果是一个笼统的总目标，项目评估根本无法进行。

3）选择适当的评估标准

评估标准是评估人员开展公共关系工作绩效的依据。从根本上说，评估标准只有一个，即开展公共关系活动所要达到的目标，但在不同的阶段、不同的部门，评估标准又有不同的表现。一般情况下可从定量和定性两个方面来确定评估的基本标准。

(1) 定量标准是将评估标准用数字表现出来。如通过某次公共关系活动的实施，要使本企业的知名度由原来的10%提升到30%，或者说在某一公共关系活动实施范围内，要使本企业的市场占有率提高5%，等等。这些用数量来说明的评估标准能具体地反映公共关系活动的开展情况。定量标准主要有：

① 沟通有效率。它指沟通有效数与沟通信息总数之比，用公式表示如下。

沟通有效率＝(沟通信息总数－无效数) / 沟通信息总数×100%

② 公共关系信息传播速度。指单位时间内传播的信息量或一定的信息量传递所需要的时间。单位时间内传播的信息量越多或一定信息量传递所需的时间越短，则传播速度越快。用公式表示如下。

信息传播速度＝传播的信息量/传播所需时间

③ 视听率。即实际视听人数与某一调查总人数的比例，用公式表示如下。

视听率＝实际视听人数 / 调查总人数×100%

④ 知名度。是指掌握公共关系信息的人数与某一被调查的总人数之比。用公式表示如下。

知名度＝掌握公共关系信息的人数 / 被调查总人数×100%

第6章 公共关系工作的一般程序

(2) 定性标准则是对评估对象进行粗略、抽象的性质描述。如企业拥有良好的形象、本次公共关系活动取得了成功等，这种标准往往反映的是一个总体印象的定性描述，说服力没有定量标准强。定性标准可从以下几个方面反映出来：报道的篇幅与时数；报道的内容；新闻媒体的层次和重要性；新闻资料的使用方法；记者、编辑的反应等。无论是采用定量标准还是定性标准，也不管是分为传播沟通标准或公众态度改变的标准，都必须具有现实性、可信性、明确性和可接受性，且评估时都必须根据具体情况进行选择。

4) 确定搜集相关资料的最佳途径

通过对公共关系活动实施的评估，可以掌握大量有效资料，特别是在小范围内，通过评估来获得相关资料是十分有效的。由于公共关系活动前期的调查资料是为实施公共关系活动服务的，因此有时所得的相关资料并不都是围绕主题进行的，但通过评估所得的资料就有较强的针对性。

5) 保持完整的计划实施记录

在进行评估时，一定要保持实施记录的全面、细致，其记录资料一定要反映公共关系项目的实施过程、工作方式、工作效果及存在的问题等。

6) 评估结果分析、运用

在进行公共关系实施的评估工作时，评估者不能简单地将所有资料不分主次地交给决策层，而必须对所得资料进行科学合理的分析，并将所得的结果运用到以后的公共关系活动实施过程中，为组织的长远发展提供依据。

7) 形成评估报告并向管理者报告

将评估资料向管理者汇报是评估必须有的程序。这是为了保证管理者及时掌握相关情况，以便对现有战略目标或发展方针进行全面调控，同时也说明公共关系活动在实现组织目标中的重要作用。

6.4.2 公共关系评估的标准和方法

公共关系效果评估是一种总结性的评估，是对公共关系活动成效的一次全面结论式的评估。建立正确的评估体系，是确保评估客观性和有效性的基础。而公共关系效果评估标准的制定，又因组织的公共关系工作或专项的公共关系活动的目的、内容、方式、对象等不同而不同，必须区别对待。

1. 标准

1) 主观标准

主观标准，就是以公共关系工作或公共关系专项活动的计划(或方案、策划书) 中制定的目标作为衡量标准。目标是经过深入的公共关系调查，经过反复推敲、筛选后形成的，它是公共关系活动的出发点和归宿点。比如上海市为申办 2010 年世博会主办权所开展的公共关系活动，该活动的公关目标是"塑造上海国际大都市形象，展现上海魅力，最终夺取 2010 世博会主办权"。这项活动是否成功，就是根据预期的目标，即最终夺取 2010 世博会主办权进行判断。如果国际展览局成员国在 2002 年 12 月 3 日国际展览局举行的第 132 次大会上对 2010 年世博会主办国进行投票表决，中国没有获得 2010 世博会的主办权，那么这次活动是不成功的，因为没有实现预期目标。因为用既定的活动目标作为公共关系效果的评价标准，具有直接性。目标制定越具体，评估越容易操作。但是，用目标作为评估依据，有时具有一定的局限性。公共关系工作或大型的专项公共关系活动时间周期较长，因而原定的公共关系目标随时间的推移会不适应或欠缺。因此，尽可能用修订后的目标作为评估依据或采用客观标准。

2) 客观标准

客观标准，就是以公共关系实践活动的社会效果为标准。用这一标准，既可以判明组织在公共关系工作或公共关系专项活动的计划(如：方案、策划书)中制定的目标是否符合实际，又可以判定组织的公共关系活动是否对公众产生积极的影响以及影响的程度如何。这是一种全面的公共关系效果评估。

(1) 是否有利于组织的发展。是否有利于组织的发展是考虑一切问题的出发点和检验一切工作的根本标准。组织之所以投入一定的人力、物力开展公共关系工作或策划专项的公共关系活动，都是有其目标的。那就是通过塑造组织形象，提高组织的形象力，实现组织的发展。

(2) 是否有利于创造良好的组织发展的内外环境。这是组织公共关系评估的最直接的客观标准。因为任何一个组织的公共关系工作，其中一个重要任务是通过有效的公共关系活动优化自身的生存和发展环境。北京历时 8 年的申奥，终于获得成功，其意义远远不只承担一项体育赛事那么简单。8 年的申奥史，是全国人民凝聚力、民族认同感不断得到增强的历史；是宣传北京、宣传中国的历史；是世界了解北京、了解中国的历史；也是世界认同北京、认同中国的历史。这为我国提供了很好的发展环境。

2. 评估的方法

公共关系评估方法根据评估的内容不同而采取不同的方法，在完成公共关系活动的反馈信息收集整理工作之后，就要利用恰当的方法对公共关系活动效果实施评估。具体采用的方法有以下几种：

(1) 自我评估法。自我评估法就是由主持和参与公共关系计划实施的人员凭自我的感觉来评估工作效果。由于当事人自我心得和心境的特定作用，这种评估的结果往往是比较独特的，通常表现为别人感觉不错的地方自我感觉不好；别人感觉不足的地方自己却相当欣赏；感觉与表达不一致等。

(2) 公众评估法。公众评估法就是依据公众的反应评估工作效果，而公众的反应一般要通过调查研究获知。公众评估法是一种最重要的评价方法，通过调查研究公众的反应，便可以确认公共关系工作在影响特定公众的认知、态度、观点和行为等方面可度量的效果。

(3) 组织评估法。组织评估法就是由本组织出面对公共关系工作效果进行评估。这种评估一般由组织的主要负责人主持，由组织的各部门负责人或有关人员参加，但参与公共关系计划实施的人员一般要回避，以免影响评估的效果。

(4) 专家评估法。专家评估法就是聘请组织外部的公共关系专家对组织的公共关系工作进行评估。外部专家通过调查访问和分析，能对组织的公共关系工作效果做出较为客观的评价，并能对组织今后的公共关系工作提出有价值的建议和意见。因此，这种评估方法很值得重视。

(5) 几个常用的公共关系评估指标如下。

$$知名度 = \frac{知晓组织的人数}{被调查者总人数} \times 100\%$$

$$美誉度 = \frac{赞誉组织的人数}{被调查者知晓组织的人数} \times 100\%$$

$$信誉度 = \frac{信任组织的人数}{被调查者知晓组织的人数} \times 100\%$$

$$注意度(率) = \frac{被调查者都是看过组织信息的人数}{被调查者总人数} \times 100\%$$

$$熟知率 = \frac{被调查者中知晓信息50\%以上的人数}{被调查者总人数} \times 100\%$$

$$信息的传输率 = \frac{新闻报道、广告等次数组织的人数}{应该报道的次数} \times 100\%$$

6.4.3 公共关系评估的内容

公共关系评估的目的，是获得关于公共关系工作或公共关系专项活动过程、工作效率和公共关系效果的信息，并依此总结成功的经验、吸取失败的教训，为制定后续的公共关系工作计划提供依据。因此，公共关系效果评估的内容包括以下三个方面。

1. 公共关系策划准备过程的评估内容

(1) 公共关系策划时所依据的背景资料是否翔实、全面；
(2) 收集的信息是否准确；
(3) 活动所确定的目标公众的选择是否恰当，范围是否适宜；
(4) 调查研究的方法是否恰当；
(5) 信息的表现形式、媒介的选择是否针对目标公众的特点而设计。

2. 公共关系实施过程评估的主要内容

1) 信息传递方面内容的评估

公共关系实施过程，往往是信息传播的过程。组织要高度重视信息传递中的资料，这是评估公共关系工作或公共关系专项活动效率、效益的主要内容。评估的内容主要包括：组织向社会发送的信息的次数，如发送的新闻稿件、宣传资料、新闻发布会的次数等；组织信息被新闻媒体采用的次数；目标公众接收到信息的情况及注意度。

2) 公共关系实施方式方面内容的评估

公共关系活动方式是否新颖、是否有创意，直接影响公共关系活动的效果。评估时主要从新闻媒体对行动的注意度，目标公众对组织所开展的活动是否有热情，参与度如何，组织的活动能否在实施时成为所在地的新闻热点等几个方面着手。

3. 公共关系总体效果评估

(1) 组织形象的评价。主要从"公关三度"即知名度、美誉度、信誉度的改善情况入手，详细了解公共关系活动后组织"公关三度"的实际状况。

(2) 公众的观点、态度、行为是否朝着对组织有利的方向转变。尤其在"危机公关"中，公众的观点、态度、行为朝着有利于组织的方向转变，对组织的生存具有决定性的影响。

(3) 组织既定目标的实现程度。把实现的公共关系效果和预定的效果进行比较。

6.4.4 公共关系评估报告的撰写

公共关系评估报告是对公共关系工作进行评判而提出的书面报道。评估是对本次公共关系活动的总结，也是下一轮策划的开始。

1) 评估报告的内容

评估报告的内容主要是根据评估的内容和委托人的要求而定的。常规的评估内容如下。

(1) 对活动策划和准备阶段的评价。例如，这一项目是否的确必要？其依据是否科学？这一活动的策划是否富有创意？准备工作是否充分？参加这一活动的人员是否完全理解这一项活动的意义？是否投入了足够的力量？

(2) 对活动实施阶段各项工作的评价。如整个活动的实施是否到位？有哪些不足之处？为什么会出现这种情况？

(3) 对活动结果的评价。例如，活动短期目标和长期目标是否得以实现？活动的实施是否导致了舆论和行为模式的改变？是否达到了策划者所考虑的其他目标？

(4) 对活动经费使用情况的评价。例如，经费的使用是否合理？整个活动费用是否超出了预算？

(5) 其他特定内容。例如，品牌、无形资产、人员素质等相对静态项目的评估，以及广告效果、销售额等动态项目的评估。

总之，目标越具体，对它的结果进行测评就越容易。

2) 评估报告的格式

俗话说："文无定法"。公共关系评估报告书没有固定的结构格式。按照评估的目的与要求，公关评估报告的结构可以采用不同的格式，灵活安排，结构服从于内容表达的需要。公共关系评估报告书的基本格式包括以下内容。

(1) 封面。封面的主要内容包括评估书或项目的题目、评估时间、评估人及保密程度、报告书编号，题目要反映出评估的范围和对象，排版应醒目、美观。

(2) 评估成员。反映哪些人参加了评估工作，负责人是谁。

(3) 目录。用来方便阅读报告书的索引。

(4) 前言。反映评估任务或工作的来源、根据，评估的方法、过程及其他特别需要说明的问题。也有的评估报告书把评估的方法、过程等写进正文部分。

(5) 正文。正文是评估报告书最重要、最主要的部分，也是评估报告书的主体。它包括评估的原则、方法、范围、分析、结论、存在的问题及建议等。

(6) 附件。附件内容是对正文内容的详细说明和补充，是正文的证明材料。

(7) 后记。主要说明一些相关的问题。例如，报告书传播的范围，致谢参加人员及相关单位等。

第6章　公共关系工作的一般程序

应用案例

公共关系调查问卷样本

(某大商场服务质量及公共关系形象调查问卷)

亲爱的顾客:

您好!

为提高我市商业系统服务质量,为了您能享受到更好的服务,请您回答下列问题。(答题时请在您所选定的序号前画"√"。第20题烦请您简洁地写上几句。谢谢合作!)

某商场公关部
2005年12月

您的基本情况:

1. 您是:　　　　　　A. 本地人　　　　B. 外地人
2. 性别:　　　　　　A. 男　　　　　　B. 女
3. 年龄:　　　　　　A. 22岁以下　　　B. 23~35岁　　　C. 36~49岁
   　　　　　　　　　D. 50岁以上
4. 文化程度:　　　　A. 小学　　　　　B. 初中　　　　　C. 高中
   　　　　　　　　　D. 大专　　　　　E. 本科及以上
5. 家庭月人均收入:　A. 500元以下　　 B. 500~1 000元　 C. 1 000~1 500元
   　　　　　　　　　D. 1 500~2 000元 E. 2 000~2 500元 F. 2 500元以上

商场基本情况:

6. 您认为该商场外观设计及商品橱窗的装饰:
   　A. 很好　　　B. 较好　　　C. 一般　　　D. 不好　　　E. 很差
7. 您认为该商场的内部布局:
   　A. 巧妙美观,井井有条　　B. 没有特色,很一般　　C. 乱七八糟
8. 您认为该商场的服务质量:
   　A. 很好　　　B. 较好　　　C. 一般　　　D. 不好　　　E. 很不好
9. 您认为该商场售货员的业务水平:
   　A. 很好　　　B. 较好　　　C. 一般　　　D. 较差　　　E. 很不好
10. 在大多数情况下,您在该商场曾经受到售货员的:
    　A. 热情接待　　B. 一般接待　　C. 冷漠对待　　D. 斥责和嘲笑
11. 您认为该商场的售后服务:
    　A. 很好　　　B. 较好　　　C. 一般　　　D. 不好　　　E. 很不好
12. 您认为该商场的商品种类:
    　A. 很齐全　　B. 比较齐全　　C. 一般　　　D. 不齐全　　E. 很不齐全
13. 您每年光顾该商场的次数大概是:
    　A. 10次以下　B. 10~20次　C. 20~30次　D. 30~40次　E. 40次以上
14. 您每年在该商场购物的总金额大约在:
    　A. 1 000元以内　　　　　　B. 1 000~3 000元
    　C. 3 000~5 000元　　　　　D. 5 000元以上

15. 您认为该商场的商品质量：
    A. 很好　　　B. 较好　　　C. 一般　　　D. 不好　　　E. 很不好
16. 您在该商场购得的商品不能令您满意时，一般来说：
    A. 都能得到退换　　　B. 有个别的能得到退换　　　C. 一个都不能退换
17. 在该商场买东西时，如果您的利益受到侵害，您是否想到去找消费者协会？
    A. 想到过　　　　　　　B. 没有想到
    C. 认为没有必要　　　　D. 想找，但不知道到哪儿去找
18. 您认为该商场哪一类活动搞得最好？
    A. 优质服务竞赛活动　　B. 优惠展销　　　C. 有奖销售
19. 您认为该商场急需解决的问题是：
    A. 提高服务质量　　　　B. 提高业务水平　　C. 改变内部布局
20. 您认为应怎样解决这一(些) 急需解决的问题？

【案情简介】

蒙牛乳业提升品牌的公关策划

2003 年可谓是拥有上千家企业的中国乳品业的多事之秋。几家被曝光、几家被收购；几家欢喜、几家忧。在这纷纷扰扰中却始终有一个品牌独树一帜、高歌猛进。它就是来自内蒙古草原的蒙牛乳业。

看看其 2003 年品牌宣传的轨迹，我们就不难理解其所以最风光、最耀眼、最惹人嫉妒的原因。2003 年 3 月，伊拉克战争期间，蒙牛集团抓住央视大规模战争报道形成的收视高峰，率先进行事件营销，获得了极大成功。此后，他们与央视协商建立了一个应对突发新闻事件的快速反应机制，以确保蒙牛广告能在第一时间赢得商机。"非典"期间，很多企业纷纷停下广告，蒙牛集团不但没有撤出广告，反而加大投放，并增加了公益广告的力度，"非典"过后，马上得到了市场的回报。10 月份，蒙牛又利用获得"航天员专用牛奶"称号这一机会，进行大规模"举起你的右手，为中国喝彩"的公关活动。到 11 月，蒙牛则一举夺得中央电视台的广告标王，再次成为社会关注的焦点。可以说，正是这娴熟的公关营销技巧使蒙牛品牌知名度和美誉度大幅提升，并由此树立起一个具有民族内涵的大品牌形象，同时使蒙牛的产品销量一路奋进，一举上升至榜眼之位，值得我们借鉴推广。

分析蒙牛的每一次公关活动，尤其是借助神舟 5 号成功飞天事件的"航天员专用牛奶"公关活动，可以认为其成功的原因在于蒙牛的营销人抓住了公关策划的四大精髓：永远不忘产品的核心优势和品牌的核心价值；始终警惕转瞬即逝的市场机会；坚持感性路线和理性路线的完美结合；清醒认识执行是保证公关成功的关键。

(资料来源：中国公关网，2005—09—01)

【案例点评】

蒙牛乳业正是在适当的时机，选择适当的媒体，运用娴熟的公关营销技巧，抓住公关策划的关键使得蒙牛品牌知名度和美誉度大幅提升，并由此树立起一个具有民族内涵的大品牌形象。

本章小结

本章主要介绍了公共关系的一般程序。介绍了公共关系的一般工作程序，公共关系调查的意义、过程、原则、内容及方法；公共关系策划的定义、原则、程序及内容，公共关系策划的方法；公共关

第6章 公共关系工作的一般程序

系实施的意义、特点、原则与方法，公共关系实施的媒体选择及障碍排除；公共关系评估的意义、程序、标准与方法。

习　题

1. 单选题

(1) 公共关系实务操作过程的4个步骤中，(　　)是公共关系工作中极为重要的环节。
　　A．调查　　　　B．策划　　　　C．实施　　　　D．评估
(2) 对客观事物进行分析，不仅需要定性分析，还需要定量分析，也就是必须遵循(　　)。
　　A．全面性原则　　B．代表性原则　　C．客观性原则　　D．量化原则
(3) (　　)是公共关系策划的灵魂。
　　A．公众利益优先的原则　　　　　B．目的性原则
　　C．创新性原则　　　　　　　　　D．灵活性原则
(4) (　　)也叫做自由讨论法或集思广益法。
　　A．头脑风暴法　　B．戈登法　　　　C．片方法　　　　D．特性列举法
(5) (　　)又称设问法，是通过组合进行创造的技法中最著名的一种方法。
　　A．检核表法　　　B．形态分析法　　C．信息交合法　　D．成对列举法
(6) (　　)是由美国创造学家戈登在1944年提出的。这个词的原文"Synectics"是一个希腊语，意思是把不同的、看上去不相干的因素联系在一起，Synectics方法的核心是类比。
　　A．匿名咨询法　　B．提喻法　　　　C．戈登法　　　　D．逆头脑风暴法
(7) (　　)就是要求在公共关系实施过程中，要使各项内容之间达到和谐、合理、配合、互补和统一的状态。
　　A．目标导向原则　　　　　　　　B．控制进度原则
　　C．整体协调原则　　　　　　　　D．反馈调整原则
(8) 公关调查中使用最广泛的方法是(　　)。
　　A．资料分析　　　B．民意测验　　　C．座谈会　　　　D．随机抽样
(9) 组织的自我形象是其(　　)。
　　A．实际的社会现象　　　　　　　B．公众形象
　　C．期望建立的社会形象　　　　　D．过去已建立的社会形象
(10) 学校利用校庆进行广泛的社会宣传，这一活动本身表明它重视塑造自己的(　　)。
　　A．文化形象　　　B．产品形象　　　C．社区形象　　　D．环境形象
(11) 电视和广播媒介的共同弱点是(　　)。
　　A．感染力较差　　B．功能单一　　　C．传播效果较弱　D．传播效果稍纵即逝
(12) 适用于规模不大的人口总体的抽样方法是(　　)。
　　A．间隔随机抽样　　　　　　　　B．分层随机抽样
　　C．分区多级随机抽样　　　　　　D．整群抽样

(13) 进行民意测验的主要工具是( )。
　　A．问卷法　　　B．抽样　　　C．资料分析　　　D．实际调查
(14) 现代公共关系工作最有效的手段是( )。
　　A．口语传播　　B．文字媒介　C．印刷媒介　　　D．电子媒介
(15) 公共关系传播的对象是( )。
　　A．组织　　　　B．公众　　　C．舆论　　　　　D．媒介
(16) 通过报纸、电台、电视等媒介形成的热点舆论，称为( )。
　　A．大众舆论　　B．人际舆论　C．社会舆论　　　D．正面舆论
(17) "除了喝白开水外，你是否饮用饮料？是( ) 否( )"属于( )。
　　A．对比选择　　B．两项选择　C．排序选择　　　D．意见程度选择

2．多选题

(1) 新闻报道质的分析包括( )。
　　A．分析参与报道的媒体的重要性
　　B．分析新闻媒介对本组织的新闻资料的使用方法
　　C．分析公众对报道的舆论反响程度
　　D．分析报道的时机
　　E．分析报道的主题
(2) 实际形象分析包括以下几个步骤( )。
　　A．公众辨认与分析　　　　　　B．组织形象地位测量
　　C．员工行为分析　　　　　　　D．决策科学分析研究
　　E．组织形象要素分析
(3) 成功的公关计划应具备下列条件( )。
　　A．有创意　　　B．有调查　　　C．有约束
　　D．可行性　　　E．有风险
(4) 杂志作为公关传播媒介有下列传播优势( )。
　　A．时效性长　　B．针对性强　　C．感染力强
　　D．传播迅速增长　E．印刷精美、表现力强
(5) 组织的产品形象要素包括( )。
　　A．质量　　　　B．性能　　　　C．外观
　　D．包装　　　　E．商标
(6) 选择和应用传播沟通媒介的原则是( )。
　　A．联系目标原则　B．突出重点原则　C．适应对象原则
　　D．区别内容原则　E．合乎经济原则

3．简答题

(1) 公共关系调查的一般过程有哪些？
(2) 公共关系调查的内容有哪些？
(3) 公共关系策划的程序有哪些步骤？

第6章 公共关系工作的一般程序

(4) 简述公共关系策划的基本内容。
(5) 公共关系实施的方法有哪些？
(6) 公共关系实施的媒体选择应遵循哪些原则？
(7) 公共关系实施的障碍有哪些？
(8) 公共关系评估的内容有哪些？

4. 案例分析题

法国白兰地精彩"亮相"

1957年某日，美国首都华盛顿。主要干道上竖立着巨型彩色标牌："欢迎您，尊贵的法国客人！""美法友谊令人心醉！"整洁的售报亭悬挂着一长列美法两国的小国旗，它们精致玲珑，在微风中轻柔飘拂，传递着温馨的情意，报亭主人特意设计绘制的"今日各报"的广告牌上，最鲜艳夺目的是美国鹰和法国鸡干杯的画面和"总统华诞日贵宾驾临时"及"美国人醉了"等大标题，它们吸引着络绎不绝的路人。

马路上，许多轿车、摩托车、自行车涌向白宫……

白宫周围，已是人山人海。人们满面笑容，挥动法国小国旗，期待着贵宾的出场。贵宾是谁呢？不是政府要员，不是社会名流，在美国总统艾森豪威尔诞辰日，光临华盛顿的法国特使竟是两桶法国白兰地！

这是怎么回事？原来，这是法国公关专家精心策划实施的一幕公关杰作。

白兰地当时在法国国内已享盛誉，畅销不衰。厂商的目光开始瞄向美国市场。为此，他们邀集了几位公关专家，慎重研讨公关方案。受聘请的专家们通过调查，搜集了有关美国的大量信息，并经仔细斟酌，提出了一项颇具新意的设计。

公关宣传的基点是法美人民的友谊，整个策划的主题是"礼轻情义重、酒少情意浓"。择定的宣传时机是美国总统艾森豪威尔67岁寿辰。要求公关活动尽可能广泛地利用法美两国的新闻媒介，赠送的是两桶窖藏达67年的白兰地酒。贺礼由专机送往美国，在白宫的花园里举行隆重的赠送仪式，由4名英俊的法国青年身穿法兰西传统的宫廷侍卫服装抬着这两桶白兰地正步前行，进入白宫。

这项公关策划立即得到公司最高决策者的批准，并且获得法国政府的赞赏和支持，外交渠道的绿灯也亮了。

于是，美国公众在总统寿辰一个月前分别从不同的传播媒介获得了上述信息。一时间，法国白兰地成了新闻报道、街谈巷议的热门话题。千百万人都翘首盼望着这两桶名贵的白兰地的光临。

于是，便出现了前面所述的万人空巷的盛况。

当这两桶仪态不凡的美酒亮相时，群情沸腾，欢声四起，有些人甚至大声唱起了法国国歌《马赛曲》。

此刻，美国公众似乎已经闻到了清醇芬芳的酒香，更由此而品尝到了友谊佳酿的美味。从此，法国白兰地昂首阔步地迈进了美国市场。国家宴会和家庭餐桌上几乎都少不了它的倩影。

思考：

1. 法国白兰地的公关活动为什么能成功？
2. 结合法国白兰地的案例，谈谈在公共关系策划中如何注意时机的选择以及抓住名人效应的机会？

第7章 公共关系专题活动

教学目标

了解公共关系专题活动的目的、特点、类型，掌握公共关系专题活动的主题和专题策划活动的要求；了解新闻发布会特点和适用范围，掌握新闻发布会的策划和组织方法；了解赞助的特点、目的及类型，掌握赞助活动策划和组织；了解庆典活动的类型，掌握庆典活动的策划和组织；了解展览会的特点及类型，掌握展览会的策划与组织；了解开放组织和召开会议的组织与策划。

教学要求

知识要点	能力要求	相关知识
公共关系专题活动	(1) 理解公共关系专题主题 (2) 掌握公共关系专题策划的要求	公共关系专题活动的主题创新
各种专题活动策划	(1) 掌握新闻发布会的组织与策划 (2) 掌握赞助活动的组织与策划 (3) 掌握庆典活动的组织与策划 (4) 掌握展览会的组织与策划	各种活动与组织形象设计与传播

 基本概念

新闻发布会；赞助活动；庆典；展览会

第7章 公共关系专题活动

引例

李克强总理会见中外记者

2014年3月13日，十二届全国人大二次会议闭幕后，国务院总理李克强应大会发言人邀请，在人民大会堂与采访大会的中外记者见面并回答记者提出的问题。

傅莹：女士们、先生们，大家上午好。今天我们很荣幸的邀请到国务院总理李克强与中外记者会面，并回答大家的问题。下面我们先请李克强总理讲几句话。

李克强：媒体的朋友们，感谢你们对中国两会给予的关注和作出的报道，大家辛苦了。下面就请提问。

美国有线电视新闻网记者：李总理，我的问题是和失联的马航飞机有关。首先借此机会对机上的乘客、机组人员以及他们的家属表示同情。大家都在急切地等待飞机的有关消息。请问您的是，中国政府在民用、军事以及卫星获取图象等方面采取了什么措施来全力参与失联飞机的搜救行动？我还想问，这起事件会否对中国的对外开放政策和海内外的旅游业产生影响？中国将采取什么措施确保国内以及海外中国公民的安全？比如中国政府是否会考虑进一步加强原已十分严格的安保措施？

李克强：马航失联飞机上有239名乘客，其中154名是中国同胞，他们的亲人心急如焚，他们的生命安危牵挂了中国政府和亿万中国人的心，现在我们也在盼来有消息，哪怕是一丁点好消息。

李克强：中国政府已经启动了全面应急和搜救机制，现在到达相关海域的有8艘中国舰船，还有一艘正在驶向相关海域，而且我们还动用了十颗卫星进行信息技术支持，只要有任何疑点都不能放过。

新加坡《联合早报》记者：去年中国领导人频繁访问周边国家，提出了新的周边外交理念与合作倡议，但本区域仍然存在一些分歧和矛盾。请问您怎么看待中国与周边关系的前景？谢谢。

李克强：你的中文就更标准了，但是还是需要再翻译一次。

李克强：中国是个发展中国家，实现现代化是13亿人民的共同意志，这需要有和平稳定的周边和国际环境。我记得去年记者会快结束的时候，我说过，中国走和平发展道路的决心是坚定不移的，维护国家主权和领土完整的意志也是不可动摇的。两者归结起来还是要维护稳定，为发展创造良好环境。

英国路透社记者：想请教总理，有一个经济问题。中国经济去年增长7.7%。请问总理，您上任一年最大的挑战、最大的困难是什么？再有就是您觉得亟待解决的问题还有哪些？谢谢。

李克强：要说去年最大的挑战，那还是经济下行压力加大的挑战。一度中国的中央财政收入出现负增长，金融领域还有所谓"钱荒"，银行间隔夜拆借利率超过了13%，而且用电量、货运量的增幅也大幅回落。国际上也出现了一些舆论，说中国经济可能要硬着陆，还给出了指标，说增长可能只有3%到4%。而对我们来说，财政和货币政策运用空间又很有限，宏观调控确实面临多难选择。

中央人民广播电台和央广网记者：总理，您好。我的问题是关于雾霾天气。现在我们看到老百姓对雾霾的抱怨越来越多。我们也注意到，您在政府工作报告中对此用了"宣战"这个词，这在以往是没有的。请问总理，"宣战"到底意味着什么？

李克强：我说要向雾霾等污染宣战，这是因为这是社会关注的焦点问题。许多人早晨一起来，就打开手机查看PM2.5的数值，这已经成为重大的民生问题。

李克强：当然，雾霾的形成有复杂的原因，治理也是一个长期的过程。但是我们不能等风盼雨，还是要主动出击，希望全社会，政府、企业、社会成员，大家一起努力，持续不懈地奋斗，来打这场攻坚战。谢谢。

李克强：快到吃饭时间了，但是主持人希望再问两个问题，大家愿意吗？那好吧，我服从公众。

李克强：主持人说到吃午饭的时间了。中国人说民以食为天。所谓民是众的意思，你们的肚子加起来远远超过我一个人,还是要让大家不能挨饿。谢谢你们参与关注今天的记者会,也谢谢一些记者的提问,谢谢大家。

傅莹:今天的记者会到此结束,谢谢李克强总理,谢谢大家。

(资料来源:新华网 http://www.xinhuanet.com/)

农夫山泉的成功之路

1998年4月中央电视台出现的一部纯净水的广告,引起了消费者的广泛关注,这就是"农夫山泉有点甜"。这一年,农夫山泉凭借一部成功的电视广告和一句耐人寻味的广告语一举打响了农夫山泉这个品牌;靠差异化行销,保持了一个高价格品牌的形象。1998年年底,农夫山泉一举杀进全国纯净水行业市场占有率前三名。农夫山泉就此满足了么?没有,接下来的几项重要活动非常值得我们关注。2000年农夫山泉搭上奥运列车,出资赞助中国奥运代表团,成为中国奥运代表团指定饮用水,同时也更换了包装,全新奥运包装全面上市。2001年1月农夫山泉推出了"一分钱"的电视广告,宣布从2001年1月1日开始到7月31日为止,农夫山泉每销售一瓶天然水都提取1分钱,捐献给中国奥委会,用来支持中国2008年申奥行动。随着孔令辉那亲切的笑脸频繁地出现在电视媒体上,农夫山泉支持申奥的主张和独特的方式逐渐深入人心,随着申奥日期的日益临近,申奥气氛日益升温,农夫山泉也不知不觉成为瓶装水市场上的热点。三年来,农夫山泉不断推出新的产品概念和主题广告,不同版本、不同主题的广告轮番轰炸,同时又赞助各种体育赛事,从世界杯足球赛、世界乒乓球锦标赛到国内乒乓球擂台赛和2000年奥运会,都留下了农夫山泉的足迹。农夫山泉又一次成为瓶装水市场上最被关注的品牌。2001年,农夫山泉确立长远战略,赞助体育比赛是农夫山泉的重要行销举措之一:

1998年赞助法国世界杯,1999年赞助第45届世界乒乓球锦标赛,2000年赞助悉尼奥运会中国体育代表团,这些公益赞助活动对于农夫山泉品牌的提升也都起到了不小的推动作用。但真正形成整体战略性的还要算赞助中国申奥代表团,从而成为中国奥委会指定"荣誉赞助商"的这一重大举措。赞助中国北京申奥活动具有战略性意义,申奥成功对于赞助商的意义自然非同寻常,具有深远的战略意义;即使申奥失败,在申奥的过程中他们也赚足了眼球赢得了不少认同,对于申奥失败的负面影响自然不会转嫁到赞助商身上,因此,赞助行为是一件几乎没有风险的事情。赞助申奥只是整体策略的开始,关键是怎样利用好赞助申奥这一重大事件,挖掘出鲜明的主题来。

(资料来源:沈杰.公共关系与礼仪.北京:清华大学出版社,2006.)

思考:本案例中,农夫山泉的赞助活动属于哪种类型?其赞助活动步骤有哪些?

本章将介绍公共关系专题活动,主要包括新闻发布会、赞助、庆典、展览会、开放组织及各种会议活动的组织与策划。

公共关系专题活动是社会组织与广大公众进行沟通,塑造组织自身良好形象,扩大影响,提高声誉的有效途径。组织可以根据具体情况,策划、实施各种不同主题的公共关系专题活动。公共关系专题活动的种类很多,常见的有新闻发布会、社会赞助活动、庆典活动、展览会、开放组织、举办会议等。

7.1 公共关系的专题活动概述

所谓公共关系专题活动,是指社会组织为了某一明确目的、围绕某一特定主题而精心策划的公共关系活动。公共关系活动是社会组织与广大公众进行沟通、塑造自身良好形象

第 7 章 公共关系专题活动

的有效途径,因此,国内外许多组织经常采用公共关系专题活动的形式来扩大影响,提高声誉。

7.1.1 公共关系专题活动的目的

公共关系专题活动的策划是富于挑战性和创造性的工作,通过公关人员匠心独具的设计,使之成为公关日常工作中高潮迭起的重头戏,变"无心插柳"为"有心栽花",为企业创造有利的公共关系时机。公共关系专题活动的举办主要是为了达到以下目的。

(1) 制造新闻。吸引新闻媒体和社会公众的注意,以扩大企业的社会影响,提高企业的知名度。所谓制造新闻,是指在坚持真实性的前提下,举办具有新闻价值的活动,吸引新闻界和社会公众的注意,争取被报道的机会。公共关系专题活动一般都有明确的主题,设计独特的活动内容,会成为新闻媒体和社会公众关注的热点。当然,也可以主动与新闻媒体联系,使新闻媒体的参与成为整个活动的组成内容之一。

(2) 为促销服务。通过公共关系专题活动制造有利的营销气氛,淡化推销色彩,使社会公众从感情上接受一种新产品、新服务,从而为进一步的销售活动开拓道路。

(3) 制造喜庆气氛。利用社会传统的重大节日或企业自身富有意义的纪念日,举办公关专题活动来表达企业对社会公众的善意,改变企业的社会舆论和关系环境,改善企业内部的人际关系。

(4) 联络感情。通过策划和举办公关专题活动,与社会各界广泛联络交往,为企业广结善缘,达到"争取有用的朋友"的目的。

(5) 挽回影响。当企业形象受到损害时,需要运用多种手段加以纠正,举办公关专题活动不失为方法之一,通过巧妙的设计和有效的工作,改变公众原有的印象,使受到损害的企业形象得以恢复。

7.1.2 公共关系专题活动的特点

公共关系专题活动与其他一般性活动相比,具有以下明显的特点。

1. 针对性

公共关系专题活动突出专题的概念,重点强调公共关系对某一主题的针对性,即每一个公共关系活动应该传送一个鲜明的主题:为什么要举办这么一个活动?活动的目的,就是要通过活动把信息传播给参加活动的公众,再通过大众传播媒介的宣传,影响更多的公众。如:青岛市多年来举办的国际啤酒节活动,目的明确、针对性强、影响力大,是一项非常成功的公共关系活动。这一活动吸引了来自世界各地的朋友,宣传了美丽的青岛风光和美味的青岛啤酒,展示了青岛的旅游资源和商业资源,一举两得。

2. 传播性

公共关系专题活动的策划者把活动本身作为一个信息传播的载体,通过活动把信息传播给活动参加者,并且进一步通过参加者把信息传播到更广的范围。如:2001 年 7 月 13 日,中国申办奥运会成功,中国申奥代表团在国际奥委会第 112 届全会上的一系列公关活动,成功地向世人展示了中国的实力,树立了中国的伟大形象,赢得了国际奥委会的赞扬,取得了奥运会的主办权。

3. 协调性

公共关系专题活动是有组织、有计划、有步骤的协调行动。这种协调性表现在专题活动过程的各个方面和各个环节。一是目的与内容的协调，通过适当的内容来表达特定的活动目的；二是内容与形式协调，采取适当的形式表现内容；三是实施操作过程的协调，这是更明显的特点。尤其是大型专题活动在实施管理过程中，管理事项纷繁复杂，各个实施项目如果不能综合协调，就会影响专题活动效果，影响公共关系目的的实现，甚至造成一些相反的结果。

4. 效率性

任何一项专题活动，从策划开始到实施结束，都要动用人力、物力和财力，都要花费时间和精力，大型专题活动更是如此。因此，专题活动更注重效率性，讲求投入与产出的比率。需要说明的是，这种投资率一般不是立竿见影的，它需要经过一段时间、一定的过程才能反映出来。这是因为信息的传播要有一个过程，人们的认知也要有一个过程。

7.1.3 公共关系专题活动的类型

在实际工作中，公共关系专题活动有许多不同的类型，准确地区分不同类型的公关专题活动，有助于更好地掌握公关专题活动的策划和实施管理。公关专题活动的类型，可以按以下几种方式划分。

1. 按专题活动的规模分类

(1) 大型系列活动：以同一目标为出发点，形成不同内容、不同形式、不同场所或不同机构，组织众多人参加的多项活动。

(2) 大型活动：有目的、有组织、有计划地组织众多人参与的协调行动。

(3) 小型活动：在某个机构场所和人员范围内举行的，或人数在100人以下的活动。

掌握按不同规模划分的活动类型，有助于清晰地了解不同规模的活动要求

2. 按专题活动场所的分类

(1) 室内活动：活动在室内进行，主要考虑的是室内通风设施安全性，房间的整洁性，出入通道是否通畅。

(2) 户外活动：活动在户外进行，因为受天气影响大，所以考虑问题侧重天气状态，布置物的安全性，公众对环境的适应性等。

(3) 野外活动：因为活动在郊外进行，与都市活动相比，就要考虑多增加一些必备设施，如救助设施、通信设施、交通设施、餐饮物品等。

不同活动场所，给活动策划带来不同的制约因素，比如户外活动，就要考虑天气的因素；而野外活动，更多考虑的是安全因素。即使同一类活动场所，每一具体的地方都有具体的条件因素。

3. 按专题活动性质分类

(1) 商业性活动：商业促销活动，商业推广活动等。

(2) 公益性活动：环保、敬老、慈善、救灾、赞助活动等。

(3) 专业性活动：科技、文学、艺术、体育等某些专业内容十分突出的活动。

(4) 社会工作活动：属于社会工作范畴的活动，例如，文明礼貌、道德教育、公民教育等类型活动。

(5) 综合性活动：集各种性质活动为一体，例如，城市旅游节，可能既有商业活动又有公益活动，既有社会工作活动又有娱乐性活动等。

掌握不同性质活动的分类，有利于把握不同特征活动的独特内容，能更恰如其分地策划不同内容的活动。

4. 按专题活动形式分类

(1) 会议型活动：新闻发布会、研讨会、洽谈会、交流会、鉴定会和培训类的活动。

(2) 庆典型活动：奠基礼、落成典礼、周年庆典、开业典礼、颁奖典礼、庆功会等。

(3) 展示型活动：展览会、展销会、促销活动、电影会等。

(4) 综合性活动：集各种活动形式为一体的系列活动，例如，既有展览会，又有研讨会，同时又有周年庆典等。

正确区分不同形式的活动，有利于掌握不同类型活动的组织形式的构思。例如，庆典型活动侧重喜庆的构思，展示型活动侧重视觉传播的效果。

7.1.4 公共关系专题活动的主题

每一次公共关系活动都要有一个与企业公关总目标密切相关的明确主题。主题是对活动内容的高度概括，指导整个专题活动，一切具体操作都必须紧紧围绕主题进行。主题设计要确切、精彩，体现鲜明的目的性，其表现形式多种多样，可以是一个口号，也可以是一句陈述。

确定公共关系专题活动的主题时应考虑下列因素。

(1) 要能充分体现专题活动的目的，以实现目的为宗旨。任何有悖于目的实现的主题，设计得再精彩也是败笔，结果只能导致专题活动的失败。

(2) 要在分析公众的基础上加以设计，了解公众的需求和兴趣，充分适应公众的心理需要，增强公众对企业的亲切感，从而易于接受。

(3) 要能突出专题活动的特色，既富有激情，同时又要具有鲜明的个性，切忌空泛和雷同。主题的设计要简明扼要，容易记忆，用通俗易懂的文字表达内涵丰富、鲜明生动的主题；否则不仅不易宣传，还会使人厌烦或产生理解上的歧义。

(4) 设计主题还应考虑本次专题活动与前后活动的连续性，给人以连贯、整体的感觉和印象，以达到理想的效果。

7.1.5 公共关系专题活动策划的要求

专题策划能否成功，直接决定着专题活动的效果。无论策划哪种形式的专题活动，都不应偏离其基本要求。

1. 主题鲜明突出

主题是策划的灵魂。主题选好了，策划就成功了一半。所以，策划的主题要求鲜明、突出，以求引起社会的广泛认同、支持和关注。

2. 把握时机

每逢重大事件发生、中外各种重要节日、企业特殊纪念日及各种与组织有关的时机都可利用。

3. 富有特色

每次专题活动，力求新颖别致、富有特色，避免平淡、雷同。手法要多样、独特，可以是晚会、比赛，也可以是灯谜、竞猜。如赞美弘扬中华文化的谜语大赛，取得了较好的效果。

4. 发动媒介配合

举办专题活动，目的就是让更多的公众认识企业。虽然专题活动本身就是一种媒介，但要想发挥专题活动的辐射功能，还需要借助各种大众传播工具。如印制传单和出版物、请名人出场、在电视台播放专题片、举办记者招待会、悬挂大幅标语等。

5. 切实可行

举办专题活动耗资巨大，策划者要充分考虑其可行性，在活动开展前要做好可行性分析与论证，切忌盲目。如日本一家商店于猪年元旦，在店门口举办猪短跑比赛，结果铃声一响，猪四处乱窜，主人急得大汗淋漓，公众则感到此举好笑、无聊。

6. 有效控制

控制过程就是活动的设计者、组织者根据所要达到的目的对整个实施过程进行导向性的进程把握。一次成功的专题活动，绝不可能是被动等待、任其自由发展的；一个优秀的设计组织者也绝不会放弃包括控制在内的管理手段。然而这种控制不是凭借任何人的主观想象去加以干预，而是严格按照预定的计划方案来加以实施。

7. 积极预防

突发事件在专题活动中经常会遇到，是不可忽视和回避的问题。例如，参加人员中突然有人病倒，有关仪器设施突然出现故障，由于拥挤而造成意外事故等。对此，组织者要有足够的心理及物质条件准备，要准备好应急方案。遇有紧急情况要及时采取果断、灵活的手段与措施，力求妥善解决，不要因此而影响全局。要尽量不轻易改变原有计划，否则牵一发而动全身，一旦打乱了计划将很难控制局面。

7.2 新闻发布会

公共关系人员用来广泛宣传某一关注度极高的信息的最好工具莫过于举行新闻发布会。新闻发布会的最大优点是所公布的信息真实，可信度高，容易使组织和新闻界之间达到相互理解和沟通的良好效果。

7.2.1 新闻发布会的含义及特点

新闻发布会又称记者招待会，是指社会组织邀请新闻机构的有关记者参加，由专人宣布有关重要信息并接受记者采访的具有传播性质的一种特殊会议。

通过新闻发布会，组织可以将有关信息迅速传播扩散到公众中去。在新闻发布会上，不仅可以公布本组织的一些重大新闻，如方针、政策、措施等方面的新举措，加强公众对组织的认可，而且可以利用新闻发布会的影响力，妥善处理一些棘手的问题，以达到澄清事实、说明原委、减少误会、求得谅解等效果。

新闻发布会有如下特点。

(1) 新闻发布会是一种二级传播。首先通过记者招待会，以人际沟通和公众传播的方式，将信息告知记者，然后由记者以大众传播的方式进一步将消息告知社会公众。在这种形式下，实现社会组织和新闻媒介的沟通，并通过这种沟通，实现社会组织和广大公众之间的沟通。

(2) 发布消息的形式比较正规、隆重，而且规格较高。

(3) 与组织其他新闻传播的方式相比，无论在深度还是广度上都更为优越。

(4) 与其他新闻传播的方式相比，速度更快，减少了信息传递损耗，提高了传播效率。

(5) 记者们可以就自己感兴趣的问题和自己认为最佳的角度进行充分采访，更好地发布信息。

(6) 使组织更深入地了解新闻界，使组织与新闻界的沟通交往更加紧密和默契。

(7) 对发言人和主持人的要求较高，如要求发言人和主持人反应机敏、善于应付、反应迅速、幽默从容，同时，有较高的文化修养和口头表达能力等。

7.2.2 新闻发布会的适用范围

新闻发布会的召开首先就是要问一问有没有必要，因为新闻发布会的观众大多数是业内人士，需要精心设计和制作，才能达到预期的效果，而且开新闻发布会总是显得很正式和隆重，首先一定要有新闻才行，要有实实在在的新闻提供给媒体。否则媒体对新闻发布会提供的信息不感兴趣，无疑将公司置于传说中空喊"狼来了"的那个小孩子的地位。媒体界人士下次就不会再来了，即使下一次也许真的有重大新闻要发布，记者们一传十、十传百地为公司做负面宣传，贵公司的大名难免会沦落为媒体界的笑柄。通常，公司的新发展、新的产品或服务的推出等都是新闻，这些不仅对个别公司而言是非常重大的新闻，而且对整个行业来说也是相当喜人的新闻。

7.2.3 新闻发布会的策划和组织方法

举办新闻发布会是组织形象的一次展示，因此要精心设计和策划。

1. 确定会议主题

对会议进行可行性分析是会议必须认真审视的，会议将宣布什么，是对一桩事情进行解释，还是公布有关信息。如果是发布信息，则需要对发布的信息进行分析研究，衡量确认是否具有广泛传播的新闻价值，是否能对公众产生影响，此新闻现在发表是否合适，其紧迫性应当确认，然后决定是否召开，同时要对记者们将在会上提出哪些问题进行预测，内部口径应统一，以免说法不一而引起与会者的猜疑。

2. 确定应邀者的范围

应邀者范围应视问题涉及的范围或事件发生的地点而定。一般情况下，与会者应是与特定事件相关的新闻界人士和公众代表，如希望"广而告之"的新闻发布，则邀请的记者覆盖面越广越好。

3. 考虑安排合适的地点

会议选址，地点一般应选择在交通便利、场所较舒适的市中心，并考虑新闻发布的硬件因素，如电话、传真、打字机、照相设备等。通常新闻发布会在宾馆或新闻中心等地举行，有时也可选择在主办者单位或某一事件发生的现场举行，有时也有例外。

4. 选择适当的时机

为获得良好的传播效果，召开新闻发布会一般避开重大节日，也不宜与社会公众普遍关心的社会重大活动相重叠。

5. 准备好各种会议材料

会议材料包括口头材料、文字材料、实物材料等，供记者们深入细致地了解所发信息的全部内容。

6. 应落实好有关会务问题

包括请柬、拟订会议程序、准备会议器材、确定工作人员和布置会场等，使会场既体现企业精神、富有时代气息，又使记者及其他来宾产生宾至如归的感觉。

7. 掌握整个会议进程

首先要搞好会议签到工作，然后按预先的安排将与会者引到会场就座。会议的进行要严格遵守会议程序，会议主持人应充分发挥其主持者与组织者的作用，始终把握会议主题，维护会场秩序。记者提问有时很尖锐深刻，甚至棘手，这对主持人和发言人提出很高的要求，要求他们对问题比较敏感、思维敏捷、反应迅速、有较高的文化修养和专业水平，以及一定的语言表达能力。主持人和发言人言谈应庄重而富有幽默感，并善于调节气氛，巧妙回答问题。

8. 做好会后工作

会议结束后，要及时搜集有关这次会议的反馈信息，以便检测会议是否达到了预期目的，这可从三个方面进行：一要尽快整理出会议记录材料，从中吸取经验教训；二要搜集与会者对会议的反映，以便会后改进；三要统计每个各到会记者在报刊上发表的稿件，进行归类分析，找出舆论倾向，同时对各种报道，要及时作出良好的应对策略。

组织新闻发布会还应注意：不论发布何种新闻，都应充分、慎重地考虑它对社会的各种影响；坚持实事求是的原则，应把组织的真实情况告诉记者，记者的报道才会公正；新闻发布会必须按时举行，时间不宜过长，一般控制在 1 小时之内，这就要求所有发言要简明扼要；提前一两周向与会人员发出请柬，以便被邀请者有所准备；会议结束时可向与会者赠送一些有特殊意义的小礼品留作纪念。

成功的新闻发布会必须是别具一格的。我国香港一家公司研制出一种新的"XT"牌电影胶片，为了打开产品销路，这家公司举办了一次别开生面的新闻发布会。该公司的公关人员在会议请柬上冠之以"研讨会"，其目的在于提醒与会者，这次会议的主要内容是就"XT"牌电影胶片的质量问题进行科学论证。他们认为，既然是宣传电影胶片，就要显示出它与电影界的联系，争取电影界的合作和支持。因此，他们除了邀请新闻媒介的记者参加之外，还特意邀请了香港地区电影界的一些老板、著名编导与演员出席。在研讨会上，当技术专家就"XT"牌电影胶片的质量问题进行详细科学论证后，公司放映了一部用"XT"牌胶片拍成的电影，片名为《梦中人》，该片由一位著名摄影师拍摄，由香港地区最受欢迎的演员周润发和林青霞主演。研讨会结束后，公司公关部又在香港一家最豪华的酒店举行晚宴。他们将宴会厅原来的坐椅全部搬走，换上一种由他们专门设计的导演折椅，使豪华的宴会厅增添了摄影棚的气息。来宾们对此感到非常新奇和意外。宴会结束以后，折椅作为礼物赠送给了来宾。许多著名的电影编导和影星兴高采烈地捧着折椅走出宴会厅，这给大大小小的报纸提供了许多精彩的特写镜头。

7.3 赞助活动

所谓赞助活动，是指社会组织以不计报酬的捐赠方式，出资或出力支持某一项社会活动、某一种社会事业。开展赞助活动是组织对社会作出贡献的一种表现，越来越多的组织认识到自身的发展离不开社会的支持，作为社会的一员，自己也应对社会的发展承担一定的责任和义务，为社会贡献一份力量。实际上，现代社会开展赞助活动的主体是企业，因此，这里主要以企业赞助为例说明。

7.3.1 赞助活动的特点

赞助活动作为一种宣传组织的方式和途径，具有以下基本特点。

1. 效益性

社会组织在赞助时一定要考虑赞助后可能获得的效益。虽然开展赞助活动主要是树立社会组织的道德形象，表明社会组织积极承担社会责任和义务，但从长远来看，也要分析赞助后对本组织能否带来经济效益。也就是说，在肯定组织获得社会效益的前提下，还要考虑如何利用赞助为组织获得一定的经济效益。

2. 合法性

合法性主要体现在两个方面：一方面，赞助对象应是合法的，要赞助一些符合法律要求、符合社会道德和公众利益的人或事，否则会留下"助纣为虐"的印象，不仅不利于实现赞助活动的目标，反而会损害组织形象；另一方面，赞助的途径要合法，不能搞不正当之风。凭借赞助之名，获得虚名或趁机获得不正当的高额回报等都是不允许的。

3. 可行性

赞助活动的可行性主要体现在两个方面：一是要与组织的经济实力相符，赞助的经费和人力不能超越组织的承受能力，如冠名赞助等；二是被赞助对象是实用的，如雪中送炭的爱心奉献等。

7.3.2 赞助活动的目的

首先，通过赞助做广告，增强广告的说服力和影响力。赞助一项社会活动，使带有企业名称和产品商标的宣传品广泛地、频繁地出现在公众面前，使组织形象潜移默化地印在社会公众心中，这是其他广告方式所不能替代的。例如，由于奥运会是举世瞩目的体坛盛会，传播覆盖面广，电视收视率高，可遍及世界的各个角落，运动员都穿着某组织为奥运会特制的运动服，等于做了世界范围的巨大广告，影响之大，可想而知。

其次，树立组织关心社会公益事业、履行社会责任的良好形象。如加多宝在 2008 年 512 汶川地震捐赠。

再次，促进与某类公众或某个组织的良好感情。企业赞助某项社会活动，通常与活动的有关人员联系密切。如可口可乐公司专门赞助多种青年人举行的活动，博得青年人的好感。

最后，提高企业的知名度、美誉度。企业赞助某活动后，其名称必将随着社会活动信息的传播而为广大公众所知晓，知名度也随之提高，许多名牌产品都是通过赞助活动而使其名声更加响亮，如江苏森达鞋业有限公司借助春节赞助提升品牌知名度和美誉度。

此外，企业能为社会活动出资，在公众的心目中会产生经营状况良好、实力雄厚的印象。企业知名度和美誉度的提高还有助于争取到潜在的公众。

7.3.3 赞助活动的类型

随着我国市场经济改革的不断深化，许多企业开展了赞助活动，形式越来越多，规模、影响也越来越大。公关赞助活动根据活动目标与组织本身的实际情况选择适当的类型，提高活动的公共关系效益。赞助活动主要包括赞助体育运动、赞助文化生活、赞助教育事业、赞助社会慈善和福利事业、赞助各种展览和竞赛活动、赞助宣传用品的制作、赞助建立某一职业奖励基金、赞助学术理论活动等形式。

(1) 体育运动类赞助。随着物质生活水平的提高，越来越多的人关注体育。如今，体育运动已成为人们平时强身健体、休闲生活的一部分，甚至说是一种时尚；同时，它也是一个国家综合国力的体现，世界级的或大型的比赛往往吸引了众多的观众，新闻媒介也争相报道。因而，体育活动成为不少组织赞助的主要对象。

(2) 文化生活类赞助。随着社会物质文明程度的不断提高，人们亟需提高自己的文化素质和修养，于是文化生活便成为公众社会生活的主要内容之一。赞助文化生活的方式主要有：赞助拍摄影视片、举办音乐会和文艺演出、资助文艺队伍以及出版物等活动。组织积极赞助公众的文化生活，不仅丰富公众的生活内容，还增进组织与公众的交流，密切彼此间的关系，提高组织的文化品位，展示组织的良好形象。

(3) 科技教育类赞助。科教是立国之本、强国之路。科技教育类赞助主要是捐建图书馆、实验室、赠送教学科研设备，设立科研基金，资助贫困生，捐资希望工程等。组织自觉地将科技和教育作为赞助对象，一方面可以促进科教事业的发展；另一方面可以树立组织关心社会科教事业发展的良好形象；此外，也为组织储备自身发展的人力资源。

(4) 公益事业类赞助。即资助社会公共建设。组织赞助社会的公益性活动，从短期看，

第7章 公共关系专题活动

比赞助体育活动的影响力要小,但从社会意义来看,赞助公益性活动,既可赢得政府的支持,又可赢得公众的美誉,其影响力不可低估。

(5) 福利事业类赞助。这是组织获得政府和社区公众好感的重要途径,也是向社会表明自己承担社会义务和责任的主要方式。福利类赞助包括对孤寡老人、残疾人、病人等的救济以及对抗灾救灾等的赞助。由于福利事业类赞助对象均为老、弱、病、残、困,因此,它容易得到公众的认同,从而扩大组织的美誉度。

(6) 节日庆典类赞助。组织资助大型的节日庆典活动,能增加节日的气氛,让公众在欢乐的节日气氛中接受组织的宣传,以愉悦的心情接受组织的形象。

(7) 专业社团类赞助。即通过赞助某类专业协会、学会等社团组织的活动,一方面扶植其发展;另一方面增加本组织对该专业领域的影响。此外还有一些特殊领域和专业奖项的赞助,如对古迹、遗产、国宝类保护的捐资和赞助以及设立专业奖项的赞助等形式。

7.3.4 赞助活动的策划和组织

1. 进行赞助研究

进行每项赞助,应首先确定赞助宗旨,从本组织的经营管理政策、公共关系策略入手,调查外部赞助公共关系事业的情况,来确定本组织赞助的方向、政策、目的,明确赞助是为了提高企业的知名度、美誉度,还是改善企业形象等。目的明确了,才能具体考核所赞助的项目及选择赞助的对象,其社会上的影响、地位如何,所进行的活动是否适当,对它的赞助能否给组织带来效益和有利的影响等。一旦选错对象,不仅会浪费财力物力,还会给组织带来不利的影响。

2. 制订赞助计划

确定赞助活动的目标、方向、政策后,还应制订明确的计划。计划内容包括:赞助的目的,赞助的对象与范围,赞助费用预算,赞助的形式和宗旨等。借助于赞助计划,负责人可控制赞助的范围、规模,避免超过组织的自身承受能力,尽量杜绝浪费。

3. 审核和评定具体的赞助项目

对每一个具体的赞助项目都要详细、严谨地分析和研究,结合年度赞助计划,逐项审核、评定,确定其可行性、赞助的具体方式、赞助的数额和时机等,从而制订此项赞助活动的具体方案。

4. 落实赞助活动计划

以上各项工作确定后,组织应指派专门的公共关系人员负责实施具体方案。在实施过程中,要充分利用巧妙的公共关系技巧,尽量扩大社会影响,使组织赞助活动卓有成效。

5. 评估赞助效果,以利再战

赞助活动结束后,应实事求是地评估赞助效果,对照计划检查是否达到预期目的,以确定哪些目标达到了,哪些目标未达到;分析达到目标与未达到目标的经验和原因,将评估结果写成文字材料归档保存,以备以后进行赞助活动时查考。

7.4 庆典活动

庆典活动是指组织在其内部发生值得庆祝的重要事件时，或围绕重要节日而举行的庆祝活动，一般将其作为一种制度和礼仪。它可以是一种专题活动，也可以是大型公共关系活动的一项程序。随着社会的发展，能够举办庆典的节日越来越多，这必然使社会各界举行庆典活动的机会越来越多。因此，现代组织的管理者应想尽办法利用庆典和各种活动，让自己方为人知。显然，这是与现代公共关系为组织扩大知名度、提高美誉度的思想相吻合的。

7.4.1 庆典活动的类型

庆典活动总的要求是有喜庆气氛、隆重的场面、高昂的情绪、灵活的形式，当然还应该有较高的规范性和礼仪要求。庆典活动在形式上，一般有开幕庆典、闭幕庆典、周年庆典、特别庆典和节庆活动等 5 种。

1. 开幕庆典

开幕庆典，即开幕(开张、开业等) 仪式，就是指第一次与公众见面、展现组织新风貌的各种庆典活动，包括各种博览会、展览会、运动会和各种文化节日的开幕典礼；如企业的开业典礼或推出的重要服务项目第一次向公众开放的庆祝活动；重要工程的开工典礼或奠基典礼；重要设备及工程首次运行或运营的庆祝活动，如通邮、通车、通航等典礼活动；学校的开学典礼、部队的迎新典礼等等。组织举行一个热烈、隆重、特色鲜明的开幕典礼，会迅速提高组织的知名度，为组织自身塑造良好的形象，给社会公众留下深刻而美好的记忆。

2. 闭幕庆典

闭幕庆典是组织重要活动的闭幕仪式或活动结束时的庆祝仪式，包括各种博览会、运动会和文化节日等活动的闭幕典礼，重要工程竣工或落成典礼，学校学生的毕业典礼，组织的重要活动或系列活动的总结表彰或为圆满结束举行的各种庆祝活动等。闭幕庆典是各种活动的尾声，同开幕庆典相比，重要的程度和隆重的程度比较弱，更多的是强调活动的有始有终、圆满结束。当然，有的活动从不同的角度来看，可以作为闭幕式处理，也可以看做是开幕式，如何开展活动，要根据其内涵和意义来选择。如公路的建成也就意味着开始通车，多举行通车典礼；大型客船完工就要投入船运，通常举行首航仪式等。

3. 周年庆典

周年庆典是指组织在发展过程中的各种周年纪念活动，包括组织"生日"纪念，如工厂的厂庆、商店的店庆、宾馆的馆庆、学校的校庆，以及大众媒介机构的刊庆或台庆等，还包括组织或企业之间的友好关系周年纪念，某项技术发明或某种产品的问世周年纪念活动。组织利用周年庆典举办庆祝活动，对振奋员工精神、扩大宣传效应、协调公众关系，塑造企业形象等都有重要的意义。

第7章 公共关系专题活动

4. 特别庆典

特别庆典是指组织为了提高知名度和声誉，利用某些具有特殊纪念意义的事件或者为了某种特定目的策划的庆典活动。组织可以根据自己的具体情况推出新的内容，尤其要抓住具有里程碑意义的事件进行策划。如某国际旅行社接待第100万位国外游客、某驾驶员安全行车100万千米等，都可举行庆祝活动。

5. 节庆活动

节庆活动是指组织在社会公众重要节日时举行或参与的共庆活动，这里的重要节日可以是传统的节日，如春节、国庆节、五一劳动节、三八妇女节、六一儿童节等，还可以是改革开放后引进借鉴西方文化的节日，如圣诞节、情人节、母亲节等。节庆活动一般可以分为两种：一种是组织利用节日为社会公众举办的各种娱乐、联谊活动，免费或优惠提供服务，目的在于联络感情、协调关系；另一种是组织积极参与当地社区举办的集体庆祝或联欢活动，如准备锣鼓、花灯、彩车、龙灯、旱船、高跷等节目参加聚会或演出，目的在于塑造一个积极参与社会活动的形象。

7.4.2 庆典活动的策划与组织

1. 拟订出席典礼的宾客名单

邀请的来客一般应包括：政府有关部门负责人、社区负责人、知名人士、社团代表、同行业代表、新闻记者、员工代表及公众代表等。请柬的文字应郑重其事，印刷准确无误，尽可能提前几天寄出和送达邀请，以便对方及早做出安排。

2. 为本单位负责人拟写开幕词、致词

所有致词均应言简意赅、热情庄重。

3. 拟订典礼程序

典礼程序一般为：由主持人宣布典礼开始；宣读重要来宾名单；来宾代表致贺词(致贺词者名单及顺序应事先确定，最好事先告知对方，以便对方有所准备)本单位负责人致答词；剪彩(剪彩人员一般安排负责人和来宾中地位、名望较高的人士)。

4. 安排各项接待事宜

确定专人负责宾客签到、接待、剪彩、放鞭炮、摄影、录像、录音，以及布置环境、道路、场地、照明、音响、纪念品订制与发放等细节。

5. 安排必要的助兴节目

助兴节目可以是锣鼓、鞭炮、礼花、夹道欢迎、仪仗队、小型歌舞或专题表演等喜庆节目。

6. 典礼结束后仍要进行礼节活动

最后应做好来宾的送别，感谢致意等，以求善始善终。这样既传播了组织有关信息，让公众了解了自己，又广泛征求了意见和建议。这些意见和建议应尽快综合整理出来，反

馈给有关部门和来宾,以达到总结提高、鼓舞士气的目的。

典礼的形式不复杂,历时也不会太长,但要办得热烈隆重、丰富多彩,给人留下深刻而美好的印象却并非易事。举办此类活动的高明之处在于,发明一些适当而新颖的办法。如商场店庆、邀请普通消费者做嘉宾主持人、重大工程由普通公民或劳模代表剪彩等,都是较新颖的方式。只有新颖,才能给人留下深刻的印象。同时在安排活动时,要准备充分、细致、周到、热情、有序。

7.5 展览会

展览会是通过实物、文字、图表、图片、讲解等来展示组织的成果、产品风貌、特征的一种宣传形式。它是综合运用多种传播手段宣传组织形象,建立良好信誉的专题公共关系活动。

7.5.1 展览会的特点

1. 展览会是一种利用多种传播媒介的综合性传播方式

展览会综合多种传播媒介的优点,有机地运用文字材料、事物模型、音像,进行生动的讲解、操作、表演等,音形兼备,图文并茂,使公众能生动、形象、直观、全面地了解展览会的意图,这种沟通会强化传播效果,使公众留下深刻的感性印象。

2. 展览会是一种高度集中和高效率的双沟通方式

展览会一方面能够给公众种种方便,使公众相对全面和深刻地认识一个组织,以减少组织与公众之间联系的诸多中间环节,组织的工作人员可以通过展览会的布置、讲解向公众传递信息,当面回答公众提出的问题,就共同感兴趣的问题展开进一步讨论。这样,组织在向公众宣传产品、扩大组织影响的同时,就能及时收集到公众反馈的信息,了解公众对组织的反映和要求,以便组织不断地改进工作,从而实现双向交流的目的,增强了解和友谊,提高传播的效果和信息的逼真度。另一方面,展览会是一种综合性的大型活动,比较容易引起公众及新闻传播界的注意,因此对社会公众的影响效果很好。再者,展览会属于主动型公共关系,它具有一定的刻意性质,能够给公众留下勇于开拓、注重社会效益的良好形象。

3. 展览会以丰富多彩的形式吸引公众,促进公众对组织的了解

展览会一般通过播放电影、录像、幻灯片、安装电动模型、现场示范、文艺表演等方式来传递新的消息,展示组织内有代表性的产品或组织其他各方面的情况。这种丰富多彩的展出形式,使展览会生机勃勃,公众在参观过程中,获取大量组织信息,进一步加深公众对组织的了解。但有些单位的展览会变相地推销积压产品,引起公众的不满,受到舆论的谴责。展览会只有展出新的产品,具有新的特色,才能吸引各地的客商。

4. 展览会可引起新闻媒介的关注,促进销售

展览会往往会成为新闻媒介的追踪对象,组织可就此机会"制造新闻",扩大自身的影响。展览会也是一种促销方式，展览会上，组织和客户可当面洽谈，当场成交，缩短交易时间。同时，展览会展出全国甚至全世界的各类品牌的同类产品，这样，营销人员可在短时间内和多个厂家洽谈；组织也可以了解同行业的情况，吸取其先进经验，克服自身工作中的不足。

7.5.2 展览会的类型

可从多种角度去考察展览会的类型，但至少要从以下 4 个方面分析所办展览的形式。

(1) 展览的场所——采用室内展览还是露天展览。室内展览适宜举办较为隆重和持续时间长的展览，它不受天气影响，且能充分发挥室内装饰、展厅布置等辅助设备的作用，以提高效果，但室内展览受场地大小限制较严，不具有灵活性，且费用较大；露天展览则易受天气影响、布景工作简单、费用低，但场地限制小，比较灵活。

(2) 展览的功能或目的——贸易型展览会或宣传性展览会。前者是以销售商品为目的，后者以传达思想、感情或信息为宗旨。

(3) 展览的性质——综合性或专业性展览会。综合性展览会又称为横向展览、可混合展览，它通常全面地介绍一个组织及其产品，内容广泛，具有一定的整体性和概括性，既要突出重点，又要照顾一般，给观众留下完整的印象；专业性展览又称单一展览或纵向展览，它通常围绕一项专业或一个专题而举办，如选择某一种商品作为展览，专业性展览不要求全面系统，只求重点突出。

(4) 展览的规模——大型、小型或袖珍型展览。大型展览通常是综合性的，一般由专门机构举办，展品由参展单位提供；小型展览规模较小，一般由单位自己举办，如商店结合某个社会性主题(国庆、元旦等)而举办的展销会，工厂展出自己的商品等；而袖珍型展览规模更小，常见的有橱窗展览、流动展览、柜台展览等几种形式。

在举办展览会时，必须考虑到上述各个方面，然后选择一种具体的较适合的展览方式。

7.5.3 展览会的策划与组织

1. 明确主题和目的

每次展览都应有一个明确的主题，并将主题用各种形式反映出来，如主题性口号、主题歌曲、徽标、纪念品等。同时还要根据所拟订的主题确定相应的目的，以期达到什么样的效果，为举办展览会提供足够的理由。由于展览会的成本(人力、物力、财力等)较高，因此必须进行必要性和可行性分析。发起展览会的单位是如此，参展单位同样如此。

2. 选择展览地点

通常要考虑 3 个因素：第一，交通是否便利；第二，周围环境是否有利；第三，辅助设施如灯光系统、音响系统、安全系统、卫生系统等是否健全。

3. 预测参观者

针对公众属于何种类型，其分布范围有多大，人数估计有多少，参观者的文化层次、社会背景、年龄构成估计是怎样的，等等。再根据这些预测去设计解说词和宣传方式。

4. 确定参展单位和参展项目

通常采用广告或发邀请信的方式，吸引参展单位。广告或邀请信应注明展览的宗旨、展出项目的类型、开放对象、估计参观者的人数和范围、展览会的要求和费用预算等，以便给有关单位提供决策所需的资料。

5. 展览的总体设计

由一个总设计师构思整个展览结构，形成展览设计大纲。内容包括总体布局、主题思想及展览各部分的划分、会标、主题画及前言、中间穿插的图文说明等。

6. 绘制图纸

各分部编辑室分头收集实物和资料，并撰写展览脚本提交给设计室，由总设计师绘制出展板小样及展品排列方式，再交美术摄影组，美术师按照参展缩样要求，进行书写、绘制或放大，成为布置展厅用的最后图纸。

7. 加工制作

制作组根据图纸制作文字图表，裱贴图片，加工美术版面，制作需要的模型、道具、宣传资料、展厅目录、各种小册子等。

8. 培训工作人员

展览效果同展览工作人员的素质有很大关系。在举办展览时应对几种主要的工作人员，如讲解员、接待员、服务员、业务洽谈人员等进行培训。培训内容包括公关技能、展览专业知识和专门技能、营销技能、社交礼仪等。

9. 配备相关服务

配备服务包括两方面：一是为展览活动服务的机构、设施和人员，如工作人员的休息与食宿服务、展览会的宣传机构(新闻发布小组)、展览的后勤服务及其他等；二是在展览会上为参观者服务的设施和人员，这根据展览会的不同级别而确定。跨地区性尤其是国际性的展览会，应视情况设置产品订购、邮政、运输、商检、海关、食宿、银行等服务项目及消防和卫生检疫部门。

10. 费用预算

举办展览要花费一定的资金，如场地和设备租金、运输费、设计布置费、材料费、传播媒介租金、劳务费、宣传资料制作费、通信费等。公关人员在预算这些费用支出时，还应留有5%～10%作为备用金，供调剂补充用。

11. 布置展厅

这包括以下内容。

(1) 选择与处理展品。根据展览的性质和总体设计选择展品的品种和数量，还要对有些展品进行各种处理，如制成标本、拍成幻灯片、电影拷贝和录像片、适当的物理或化学处理等。易于破损的物品要有备用品。

(2) 进行室内装饰。展厅的主色调、背景选择及灯光照明都应认真考虑。

(3) 讲究展品陈设。同一件物品，由于摆设的角度、方向、部位不同，在不同的背景和光线下，在其他不同展品的衬托下，给人的视觉效果会大不一样。展览不仅仅是实物展示，更是一种艺术，要充分利用它的艺术性给参观者留下永久不灭的记忆。

12. 展厅开放

当一切准备就绪后，就可以择日开放了。开放时要注意。

(1) 开放前应进行适当的宣传，以引起人们的关注。

(2) 选择的时日要理想，不同的时机会有不同的效果。

(3) 参观者人数控制得当。

(4) 名词要简洁明了，解说词要生动具体，要充分利用讲解员使静态的实物和图片活动起来。

(5) 做好会务工作，要接待好每一位观众，尤其是特殊观众。

(6) 在展厅入口处应设立咨询台和签到处，并贴出展览平面图和展品目录表。

(7) 可适当发放一些纪念品，悬挂会标和会旗，播放会歌，以强化参观者的记忆。

此外，还应做好安全防卫工作，防止事故的发生。

13. 会后总结

通过设置观众留言簿，召开观众座谈会，会后登门拜访或发放调查表等，用多种形式检测展览效果，评价活动的成败，总结经验，为今后的改进工作提供参考。

以上是举办展览的一般程序和注意事项。为了达到理想的效果，必须每一步都计划周密，考虑细致，防止出现哪怕极小的任何差错。其中尤为重要的是要善于使用各种展览技巧，将展览会办得生动活泼，别具一格。这里，要特别指出以下几点。

(1) 参展或发起单位应用各种方法吸引公众的注意，以便让公众了解本组织在本次展览会中所起的作用，如用室内外条幅广告、文字说明等加以宣传。

(2) 学会变不利因素为有利因素，变消极被动为积极主动。在展位不理想、效果不明显的情况下，可采取适当的补救措施。

(3) 善于以情动人。举办展览，商业味不能过浓，应富有人情味，给公众留下注重社会效益的美好形象。

总之，展览会的作用是巨大的，但要办好并不容易，必须掌握一整套的技术和方法。

7.6 举办会议

会议是有组织、有目的的语言沟通活动方式，是围绕一定目的进行有控制的集会，有关人士聚集在一起围绕一个主题发言、提问、答疑、讨论，通过语言相互交流信息、表达意见、讨论问题、解决问题。

筹划和召开会议，利用会议形式来传递信息，沟通意见，协调关系，也是公共关系通常用的一种传播方式。会议的形式有例行工作会议、专题性会议、布置工作和总结性会议，还有各种座谈会。会议的时间有长有短，会议的组织工作也有繁有简。对于那些内容重要、会期较长，会务工作又繁杂的会议，公共关系人员要特别注意做好组织、策划和协调工作。

7.6.1 举办会议的基本要素

1. 参加会议的对象

明确参加会议的对象是成功举办会议的基本条件。人们之所以举办会议是因为自己单独无法解决某个问题，或是因为仅仅凭自己的力量无法实现某种利益，与会者的到来会协助问题的解决或者利益的实现，因此，选择哪些人与会就成了至关重要的问题。对于难以分辨是否应该邀请的人士，最好能采取"宁可邀请，而不排斥"的原则，以免遗漏。

2. 会议的主题

所谓会议主题就是会议公开提出的题目或公开打出的"旗帜"。虽然任何会议都是为了实现某种目标或利益而举行的，但在很多情况下，它并不作为公开的题目、口号或"旗帜"，而只是隐含在会议的主题之内。因此，会议主题只是外在形式，而目的、利益则是会议的内在本质。

3. 会议的目标

明确会议目标，提高会议效率。首先，会议目标必须用书面列明，用书面方式写下会议目标，其好处是：第一，有助于澄清目标内涵；第二，书面目标不易被遗忘；第三，当目标种类繁多时，书面写下比较容易调和它们之间的潜在矛盾。其次，会议目标必须切合实际，即具有实现的可能。再次，会议目标必须具体且可以衡量。

4. 会议时间

确定会议时间主要包括两个方面：一是何时召开；二是会议持续的时间。首先，在选择会议时间时，应以适合自己的时间为优先考虑，这是一种实事求是的做法。其次，也应考虑方便与会者出席的时间，以及与会者所喜爱的时间。同时，会议时间应该包括起止时间和结束时间，而且应尽量按照预定的时间结束，以便与会者做好会后规划。

5. 会议地点

会议地点也是召开会议的一个很重要的因素。通常包括两个因素：一是地理位置，如选择在某个城市或某个地区；二是具体的开会地址，如选定在城市内的某家饭店。选择会议地点时要考虑到交通是否方便，视听器材、照明通风等设备是否齐全，是否能免于噪声、电话、访客等干扰，以及食宿条件如何等多方面因素。

7.6.2 会议的策划与组织

1. 会址的选定

会址的选择主要应该考虑参加会议者到会是否方便。如果会址与参加会议者距离较远，或比较偏僻，那么必然影响会议的召开。因此，选择会议地点应当包括以下因素。

(1) 理想的会址是对于绝大多数与会者来说，应该是旅程最短的。
(2) 会址应没有打扰、噪声和其他使人分心的因素。许多会议之所以安排到远离办公

第7章 公共关系专题活动

室的地方，就是要摆脱日常事务，更有利于达到会议的目的。当然，适度的通风装置、照明度、音响效果和温度调节等都是促成有效会议气氛必不可少的主要条件。

（3）与会者桌椅的舒适程度与其注意力持续时间有明显的相互关系。

（4）会议房间的选择应与会议的规模相适应，级别较高的会议除了会场外，还要有休息室。

2. 议程的拟订

议程就是会议的程序表。议程所涵盖的内容除了足以实现会议目标和各种议案之外，还包括与会者姓名、会议时间以及会议地点等项目。在编排会议议程时要注意两点：一是按照议案的轻重缓急编排处理先后顺序，即越急的事项越应安排在议程的前段处理，越不急的事项越应安排在议程的后段处理；二是应预估每一个议案所需的处理时间，并明白地标示出来。如果这样做，则主持人可让某些人只参与同他们有关的某些特定议案的讨论。

为让与会者对会议及早准备，包括心理准备和实物准备，议程应随会议通知事先发给与会者。虽然并非所有会议都需要正式的议程，但是与会者至少应当事先有所了解，以便做好准备。议事日程是受到尊重还是被忽略，与公共关系部对它的重视程度是成正比的。

3. 会议通知的派发

一般的会议通知最好在开会前一个星期寄到与会者手中，因为现代人在安排各种活动时，多半是提早一个星期做规划，而且一个星期的时间，大概可以做好开会前的各种准备工作，而超过一个星期的会议通知，比较容易被遗忘。当有必要发出超过一个星期的通知时，最好在开会前两三天再设法向与会者提醒开会时间。

4. 会场的布置

布置会议场地，应考虑会议的性质及与会人数的多少。例如，在提供信息的会议里，倘若人数众多，则以不设桌子的剧场式安排为好，即设一个主席台，少数在主席台上，绝大多数人在台下，类似观众；还有一种设桌子的教室式安排，其方式类似学校的教室，它适合于讲解、说明的场合，也便于听者作记录；在解决问题的会议室，如果人数不多，则最理想的安排是让每一位与会者都环绕桌子而坐，这样可方便每一个人跟其他的人进行多向沟通。再如，在培训会议里，如人数不多，则可让与会者坐在马蹄形的桌子的外圈，这样不但人数众多，则最好是将与会者分成若干小组，每一小组聚在同一张桌子周围，这种安排的好处在于方便分组讨论及综合讨论。

5. 会议的视听器材

视听器材的准备是必不可少的。因为视听器材可以把与会者的所有目光和听力在同一时间内集中到共同思考的问题上。而且，视听系统能使人们产生更深刻、更持久的印象。事实证明，感官摄入越多，就越能理解、记忆和重视所传达的要点。因此，可大量选择视听器材，如：黑板、翻动的图表、幻灯片和电影胶片、投影机、录像带和电影、电子黑板、电脑传送和电视演出等，这些器材能使与会者加深印象。

6. 主持人的要求

（1）清晰敏锐的思考。尽管主持人没有必要成为参加会议的人群中思考最清晰的敏锐者，但若想获得与会者的尊敬，他的思考至少应比大多数与会者清晰敏锐。只要会议主持者在会前多做准备，则他的思考能力一定可以大大提高。

(2) 善于言辞的表达。主持者对语言应具有高度的掌握能力，以便将自己的思想观念准确、无误地表达出来。

(3) 良好的分析能力。主持者必须懂得如何澄清问题，透视问题的每一个层面，指出每一种意见的利弊得失，以及分辨事情的轻重缓急。

(4) 客观、公正、耐心地对待与会者，抱着对事不对人的态度。即使主持者本人对某些观点有所偏爱或厌恶，都不应以他的个人好恶影响他对事情的评判。当他想提出个人观点时，必须告诉与会者，他是站在个人立场上发言，而并非以主持者的身份讲话。

(5) 具有幽默感。幽默感对消除紧张气氛，以及使会议顺利进行具有相当积极的作用。主持者在运用幽默语言时应特别注意避免轻浮或浅薄的话语。

7. 其他

与会人员的住宿，应事先分配好房间，落实餐厅就餐问题。在会议结束之前，联系好与会人员返回的车票、机票。会议结束后，要对会议用的各类文件材料做好整理工作，需发的文件或简报，应从速拟发，各类记录、发言稿及原始材料应立案存档。为使会议开得生动活泼，减轻与会者的疲劳，在日程上要注意合理安排，并适当安排一些娱乐体育及参观活动。

【案情简介】

人民日报为2008年5月18日《爱的奉献》大型抗震救灾晚会发表评论：《举全国之力抗震救灾》

汶川大地震紧紧揪着党中央、国务院和全国人民的心。人们关注震区每一个村落的灾情，人们期待每一片废墟下生命的搜寻，人们企盼每一个受伤人员的及时救治……海内外中华儿女都紧急行动起来，投入到旷世罕见的生命大营救，投入到风雨兼程的千里大驰援，投入到感天动地的爱心大奉献。

这次大地震，震级之高，破坏之大，波及之广，营救之难，均超过了唐山大地震。面对这场特大地震灾害，全党全军全国人民紧密团结起来，共同抗击天灾。十多万解放军、武警、公安、消防官兵奋战在抗震救灾的第一线，大批抢险救援队伍加紧抢修受损设施，各省区市医疗救护队伍全力救治伤员，中央各部门、各省区市及社会各界组织大批救灾物资源源不断运往灾区，无数普通群众组成的志愿者大军活跃在抗震救灾的现场。此时此刻，人们比以往任何时候都更加清醒地认识到，要战胜这场特大地震灾害，必须举全国之力。

一方有难，八方支援，这是共克时艰的力量所在。九八抗洪、抗击非典、战胜特大雪灾，我们都胜利地走过来了。这场抗震救灾，我们依然在戮力同心，同舟共济，形成强大合力。从政府到民间，从军队到地方，从单位到个人，都发扬了军民团结、干群团结、党群团结的优势，形成一个强有力的救援体系，保证了救援人员和救灾物资的运送，使救援工作迅速取得进展，让受灾群众得到妥善安置。无数撼人心魄、感人肺腑的场面，构成了社会主义大团结大协作的动人画卷。

"我们都是汶川人!"、"我们与你们在一起!"长城内外，大江南北，到处都是支援灾区的实际行动，到处都是捐款捐物奉献爱心的长长队伍。从中央领导到广大群众，从企业家到普通员工，从海外华侨到港澳台同胞,从白发苍苍的老人到天真活泼的孩子,人们莫不慷慨解囊争相捐款,莫不尽已所能出一份力。国际友人这样感叹:"难以置信,这些人民没有抱怨,只是将自己的注意力集中于救济工作。13亿人同样如此,……你能在世界别的地方找到这样的13亿么?"

一切为了灾区,全力支援灾区。各行各业、社会各界,还在继续向灾区提供援助,爱心捐款捐物数额还在直线上升。全体中华儿女的大力支援,凝结着骨肉同胞的深情厚谊,极大地增强了全体军民夺取抗震救灾胜利的信心和力量。

天摇地动,摧不垮万众一心的钢铁意志;桥断路绝,斩不断心心相系的骨肉情深。抗震救灾,是对我们民族精神的一次洗礼,是对我们民族团结的一次检验,是对我们民族力量的一次凝聚。我们深信,抗震救灾的胜利,一定属于伟大的中国人民。

(资料来源:人民日报 评论文章 2008年5月18日)

【案例点评】

在国难当头的紧急关头,每一个中华儿女都伸出了援助之手,全国各地纷纷捐款捐物,铸成一道抗震救灾的铜墙铁壁,充分显示了中华民族一方有难,八方支援的共克时艰的力量。通过文艺晚会也体现了以下几点:(1)赞助的项目有利于组织或个人自身的形象传播;(2)赞助的对象有利于组织综合效益的提高;(3)赞助的主体应有适当的经济承受能力;(4)赞助的主体应注意把握赞助时机。

本章小结

本章主要介绍了公共关系专题活动的主要内容。首先介绍了公共关系专题活动的目的、特点、类型、主题和专题策划活动的要求;然后介绍了新闻发布会的特点、适用范围、策划和组织方法;赞助的特点、目的、类型、策划和组织;庆典活动的类型、策划和组织;展览会的特点、类型、策划与组织;开放组织和召开会议的组织与策划。

习 题

1. 选择题

(1) (   )是一种二级传播,形式比较正规、隆重,而且规格较高。
　　A.新闻发布会　　B.赞助活动　　C.庆典活动　　D.展览会

(2) 每一个公共关系活动应该传送一个鲜明的主题,这就是公共关系专题活动的(   )。
　　A.传播性　　B.针对性　　C.协调性　　D.效率性

(3) 使公众有充分的选择余地,接受信息的状态有较高的自由度的是(   )。
　　A.广播和电视的优势　　　　B.电视和电影的优势
　　C.电影和幻灯的优势　　　　D.报纸和杂志的优势

(4) 新闻发布会是一种(   )。
　　A.直接传播　　B.二级传播　　C.三级传播　　D.多级传播

2. 多选题

(1) 进行赞助活动必须注意以下原则(   )。
　　A.全局考虑与整体策划　　　　B.传播目标明确

C. 受资助者的声誉和影响
D. 本组织的经济承受能力
E. 能够获得回报

(2) 庆典活动应抓好的几个环节是(　　)。
A. 全局考虑与整体策划
B. 组织班子和培训人
C. 物质准备
D. 多方联络
E. 组织演出

(3) 政府的新闻发布工作内容主要包括(　　)。
A. 保持政府消息来源的畅通
B. 做好新闻分析综合工作
C. 拓宽社会沟通渠道，吸引公众参政议政
D. 例行的新闻发布
E. 安排专访

3. 简答题

(1) 确定公共关系专题活动的主题时应考虑哪些因素？
(2) 公共关系专题活动的目的是什么？
(3) 策划公共关系专题活动有什么要求？
(4) 新闻发布会的适用范围是什么？

4. 论述题

(1) 试述新闻发布会的组织与策划。
(2) 试述赞助活动的组织与策划。
(3) 试述庆典活动的组织与策划。
(4) 试述展览会的组织与策划。

5. 案例分析题

印度洋地震海啸时中国及时援助受灾国

2004年12月26日发生印度洋海啸后，国际社会立即行动起来进行救援，中国是受灾国的近邻和友邦，在这场世界范围内的人道主义大救援中贡献着自己的力量。国务院总理温家宝31日在中南海会见印度洋地震海啸受灾国家驻华使节和部分国际组织驻华代表时表示，中国将在以往援助基础上，再对印度洋地震海啸受灾国家增加5亿元人民币的援助，并根据各国需要随时派出救援队。12月30日，严寒袭击北京。上午10时，首都机场35名中国国际救援队成员整装待发，奔赴印度尼西亚苏门答腊重灾区开展国际救援。肩负着中国政府和祖国人民的真情和重托，中国国际救援队全体成员将乘坐中国民航CA051专机从首都机场飞向印尼。中国地震局局长陈建民向记者介绍救援情况："26日，得知印度洋发生地震海啸，我们立即行动，当天就组建好队伍，取消了元旦联欢会和述职会。29日，应印度尼西亚政府请求，我方连夜准备，现在随时可以起飞。我救援队主要任务是开展国际人道主义救助，紧急医疗救护、搜救遇难伤亡人员，还要进行灾害评估。我们带了必需的药品、食品、水、发电机和轻型搜救装备达7吨多，物资援助将另行运送。前方困难很大，我们不会给印尼增加任何负担，完全能够自给。印尼气温高，各种困难都可能碰到，我们已做了充分准备，保证圆满完成任务。"武警总医院副院长、中国国际救援队副总队长兼首席医疗官郑静晨说："昨晚接到命令，早上7时半告诉妻子，她很支持，鼓励我不要辜负国家和医院的重托。武警

第7章 公共关系专题活动

总医院作为中国救援队的独家医疗救助队,已是第三次涉外救援。此次 16 名医护人员是优中选优,全部参加过国际救援专业培训,通过了国际 SOS 救援组织认证,达到重型救援标准。救援队有外科和内科医生,还有特级护理人员。不管困难多大,我们都能战胜。"印度尼西亚驻华大使库斯蒂亚到机场为中国救援队送行:"感谢中国政府和人民对我们的援助。"中国国家救援队即将奔赴印尼苏门答腊受灾最为严重的亚齐省。该省是距离震中最近的陆地,遭受了地震和海啸的双重灾害。80%的房屋倒塌,4 万人死亡,受灾人口在 100 万到 300 万左右。估计今晚 11 时左右才能抵达棉兰机场。机场道路被冲毁,下了飞机救援队要连夜出发,大约还要一整天才能到达救援最前线。31 日国务院总理温家宝在中南海会见印度洋地震海啸受灾国家驻华使节和部分国际组织驻华代表时表示,中国将在以往援助基础上,再对印度洋地震海啸受灾国家增加 5 亿元人民币的援助,并根据各国需要随时派出救援队。

2005 年 1 月 6 日,出席东盟地震和海啸灾后问题领导人特别会议的中国国务院总理温家宝会见印度尼西亚总统。中国国务院总理温家宝在会上发表了题为《同舟共济重建美好家园》的重要讲话,作出郑重承诺,提出了 7 项建议,并表示中国政府将追加 2000 万美元援助。温总理还特别强调:"中国一贯说话是算数的。我们做出的承诺一定会办到、办好。过去是这样,现在是这样,将来也是这样。"

(来源:人民日报)

请从公关赞助的角度进行评析。

第 8 章

公共关系的危机管理

教学目标

掌握公共关系危机的含义及特点，了解公共关系危机的类型，理解问题管理的定义；了解危机处理的意义，掌握危机处理的原则和方法；熟悉公关危机的成因，掌握公关危机的处理程序与预防。

教学要求

知识要点	能力要求	相关知识
公共关系危机	(1) 准确理解公共关系危机的含义及特点 (2) 理解问题管理的构成要素 (3) 掌握危机处理的原则	(1) 公共关系危机与问题管理的关系 (2) 问题管理出现的时代背景
公关危机管理	(1) 正确理解公关危机的成因 (2) 掌握危机公关的处理程序与预防	(1) 危机公关的技巧与方法 (2) 公关危机的预警机制的建立

基本概念

公共关系危机；危机公关；问题管理

引例

三一集团打了一场漂亮的危机公关仗

三一集团"胆大包天"起诉美国总统奥巴马，看起来自不量力，实则是以危化危，借势造势，打了一场漂亮的危机公关仗。

第8章 公共关系的危机管理

三一集团在美国收购风电场的项目,由于美国外国投资审查委员会以及总统奥巴马的干预,吃了闭门羹,项目直接损失高达两千万美元。按照企业的常规思维,既然连总统都拍板否决了,收购肯定是没戏,打道回府算了。三一集团偏偏不吃这一套,来了个将计就计,对美国总统奥巴马提起诉讼。

危机公关讲的是借力打力,借势造势。三一集团在恰当的时机,巧妙地借势造势。现在,还有比奥巴马风头更强的"势"吗?美国总统这一特殊身份,已经是顶级的大腕了。又加之现在恰是美国大选之际,人们对奥巴马的关注度陡升。身份敏感的人物,恰逢大选这一敏感的时期,又是"外来企业诉讼美国总统"这么火爆的话题,三一集团想保持低调都难。

三一集团诉讼奥巴马,至少为三一集团带来了两大好处。

其一,三一集团知名度快速提高,增强了品牌晕轮效应。

的确,三一集团在中国名气不小,梁稳根家族也多次在中国各大财富排行榜上抛头露面。不过,在品牌影响力上还欠些火候。

三一集团属于机械行业,远离百姓的衣食住行,尤其对财经关注度较少的公众,并不怎么了解三一集团。人们可能不了解三一集团,但绝对知道政治明星奥巴马。借助奥巴马的晕轮效应,三一集团成功实现了品牌传播,品牌知名度大大增加,其品牌影响力也从之前的财经圈子延伸到社会以及时政圈子。

其二,三一集团成为民族企业的榜样,增加了品牌美誉度。

中国有大量的民族企业在美国投资,他们也曾遇到与三一集团同样的问题,被美国打着"国家安全"的幌子拒之门外,其中还不乏华为、中兴这样实力雄厚的中国大企业,但他们大多数忍气吞声,并未采取太多积极的维权行为。三一集团在美国利益受损后,出人意料地提起诉讼,且诉讼对象是美国总统,这给了中国企业积极的信号——海外投资受挫,并不止打道回府这一条路,中国企业完全可以拿起法律武器维护自己的合法权益。三一集团的勇敢诉讼行为,鼓舞了国内企业的士气,成为中国企业的榜样。

三一集团也巧妙了地利用了当下的民族情绪。不少人用"被载入中美经贸关系的史册"、"外国公司起诉'外国在美投资委员会'(CFIUS)'的先河"、"史无前例的起诉美国总统"等字眼形容"三一案",其中透出民族的自豪情绪与对三一集团诉讼行为的认同感。而且,三一集团业还懂得时不时为自己的"英雄行为"再添把火。三一重工向文波总裁在10月19日晚上发布的微博中写道:"有人问我起诉奥巴马总统会赢吗?我说过程比结果重要;有人问我要花多少钱?我说尊严比金钱重要;有人问我不担心三一在美的发展吗?我说三一做事向来取义不取利!"看重过程、民族尊严、取义不取利,这样的舆论造势足以把三一集团置于民族企业的高度,公众对其印象分高了很多。

当然,三一集团对奥巴马提起诉讼结局并不乐观。毕竟是"民告官",又是海外企业状告美国总统,成功的几率并不高。不过,也有赢的可能性。毕竟,正值美国大选,奥巴马的一言一行都是公众关注的焦点,也影响着选民对他的投票。奥巴马本人不希望节外生枝,以免影响他的连任。成为被告总归不是什么好事,如果再因为三一集团事件影响到国内相关部门对在华美国企业的态度,那情形就更不妙了,当然不会有利于奥巴马的选情。如果中国政府相关部门对美国在华企业如思科、苹果等也采取一定的反制措施,对其是否给中国政府带来安全隐患进行审查,也是向美国政府以及奥巴马施压,迫使奥巴马政府做出让步的以危化危之举,运用得好,或许三一集团还会有意外的收获。

诉讼是输是赢且是后话,无论结局如何,三一集团在此次危机公关中有勇有谋,可圈可点的地方不少,的确值得我们已走出去或将走出去的其他国内企业学习和借鉴。

(资料来源:中国公关联盟网,http://www.ggsjzzs.com/news/)

思考:为什么说三一集团打了一场漂亮的公关仗?为什么现在企业频繁出现危机?危机发生了又如何解决?

本章将介绍公共关系危机的含义、特点;公关危机的分类;危机公关的原则、程序、方法及预防。

在激烈的市场竞争中，任何社会组织都难以做到一帆风顺，遇到风险和危机是不可避免的。俗话说："天有不测风云，人有旦夕祸福。"其意义在于告诫人们要"防微杜渐"、"居安思危"，正确对待和处理可能或已经遭遇的各种祸患。在对风险和危机的预防和处理过程中，公共关系活动具有特殊的作用。正如著名的公共关系学者卡特利普所说："公共关系只有与危机联系起来才有意义。"本章将探讨公共关系危机管理的一般概念及危机事件的处理。

8.1 公共关系危机管理概述

8.1.1 公共关系危机的含义及特点

1. 公共关系危机

危机(crisis)的书面意思，在汉语里是紧急关头。在公共关系学中，危机是指由于某些人为的或非人为的突发事件及重大问题的出现，打破了组织正常有序的运转状态，使组织声誉和利益受到损害，甚至遭遇生存危险，从而不得不面临和处理这一紧张事件的状态。

公共关系危机是指危及组织形象、利益乃至危及组织生存的突发性、灾难性事故。公共关系危机的特点是其突发性、普遍性和严重性。突发性是指危机的发生往往不可预见，在事件发生前没有征兆，或者即使有征兆也没有被组织监控到。普遍性是指危机无处不在、无时不有。严重性是指危机对组织的破坏程度往往是灾难性的。但是危机又是企业新的商机，成功的危机处理不仅能成功地将企业所面临的危机化解，而且还能够通过危机处理过程中的各种措施来增加外界对企业的了解，并利用这种机会重塑企业的良好形象，即所谓因祸得福，化危为安。反之，不成功的危机处理或不进行危机处理，则会将企业置于极其不利的位置：以新闻媒介为代表的社会舆论压力将使企业形象严重受损；危机来源一方的法律或者其他形式的追究行动将使企业遭受巨大的经济损失；企业员工因为无法承受危机所带来的压力而信心动摇甚至辞职；新老客户纷纷流失等。

2. 公共关系危机的特点

了解公共关系危机的主要特点既有助于人们认真做好公共关系危机事件的预防工作，又有助于在危机发生时，更好地处理它，减少损失，减轻负面影响。其特点如下。

1) 偶发性

公共关系危机事件是一种突发性事件，它大多是在人们毫无察觉或准备的情况下偶然发生的。它让人们感到意外、恐惧并给组织带来一定程度的混乱。比如1999年5月下旬，比利时爆发二恶英污染鸡事件，随后污染猪、污染牛相继出现，比利时举国震惊。

2) 潜伏性

公共关系危机包含许多未知因素，具有不可预测的特点，危机往往潜伏着。比如，一家企业可以从日常的运作中了解企业会受到批评、指责，但却很难预料这种批评、指责的影响多大，是否会引发大的事件使企业陷入不利。又如，一所学校偶尔发生打架斗殴是正常的，但却很难预料它何时发生及后果如何。

3) 严重性

危机事件不同于一般的矛盾或问题。它的涉及面广、危害严重、影响巨大。不仅当事人及其家庭受伤害，组织的损失也将十分惨重。2014年3月8日，一架马航MH370飞机失联，造成239人失踪事件，这一危机的发生造成极为严重的世界影响。

4) 关注性

危机事件往往成为社会舆论关注的焦点和热点，它往往是新闻传播媒介的新闻素材与报道线索。每一起意外事件发生时，群众和媒介的注意力一定集中在出事的公司，有些事件甚至引起世界的关注。如2002年7月2日，一架图154飞机和一架波音747货机在德国南部上空相撞，机上人员无一生还，震惊世界。

5) 普遍性

危机的发生带有普遍性。大到一个国家，小到一个企业，都可能遭遇到灾难和不幸事件。世界上很多国家和公司在其发展过程中都会遇到形形色色的危机。如2014年3月1日，云南昆明火车站发生的暴力恐怖事件，类似的恐怖袭击事件在世界各地时有发，令人发指。

8.1.2 公共关系危机的基本类型

1. 从危机的性质上分

1) 突变危机

突变危机主要是指造成较大生命损失的危机。在这类危机中，一部分是指不可抗力，主要指自然灾害，如地震、风暴、洪水、泥石流、雪崩、火灾、流行病等；另一部分是指人为的灾难，如抢劫、盗窃、破坏、爆炸等。

2) 商誉危机

商誉危机即商业信誉危机，主要是指由于不履行合同、不按时交货、质量问题等而形成的经营危机。商誉是组织生存和发展的根本，出现商誉危机会直接威胁组织的生存。

3) 经营危机

经营危机是因管理不善而导致的危机，如投资失误、定价策略失误、产品质量低劣、管理混乱。另外，组织由于种种原因经营不下去也属于此类危机。

4) 信贷危机

信贷危机主要是指因组织丧失信誉而得不到银行贷款，同时又难以募集到股份，致使资金枯竭，组织难以为继而形成的危机。

5) 素质危机

素质危机是指由于内部素质不高危及自身生存的危机，如员工缺乏公关意识和质量意识、专业技能低下、组织科技含量不高而导致的危机。另外，组织基本设施老化，设备重大故障而导致的危机也属于此类。

6) 形象危机

形象危机是指组织由于自身形象不好，知名度、美誉度不高，或总体特征设计不好、定位不当造成的危机。当然，以上突变、商誉、经营、信贷、素质危机最终都会影响形象，导致形象危机。

2. 从危机发生的程度上分

1) 一般性突发事件危机

此类危机也叫日常纠纷，如组织内部纠纷、同公众间的关系纠纷、组织之间的纠纷等。这种纠纷一般涉及的范围不大，影响面较小，但它是突发性的，如不及时处理，事端扩大后会严重影响组织形象和声誉。

2) 重大突发事件危机

它是指重大工伤事故、重大生产经营失误、质量事故、天灾造成的严重损失等。

3. 从危机发生的外显度上分

1) 显在危机

显在危机是指危机的趋势非常明朗，爆发只是个时间问题的危机。如经营决策失误造成的产品积压、市场缩小的危机。

2) 潜伏危机

潜伏危机是指危机的因素已经存在，但没有被人们意识到的危机，如安全防火设施破坏、缺乏防火意识，或设备本身质量不过关、缺乏质量意识等。潜伏危机比显在危机具有更大的危险性，犹如一座冰山，显在危机是浮在水面的部分，所占比重小、容易被人重视；而潜伏危机犹如处于水下的冰山本体，不容易被发现且危险性更大。

8.1.3 问题管理的发现及其定义

公共关系的有效职能之一，就在于对已经发生的问题进行调查、监控与解决。这是公共关系的问题，也是公共关系的问题解决。

问题管理是美国各大公司从20世纪60年代到80年代的20年的时间里由于各种问题的不断发生而提出的一个命题。在这20年的时间里，对美国一些最大的公司所做的调查表明，问题管理应该发挥什么样的职能，承担什么样的责任，一直众说纷纭，莫衷一是，理论上也是如此。

问题管理一词最早是由公关顾问W. 哈伍德·切斯(W. Howard Chase)在1976年创造的，他是这样定义的：问题管理是一种能力，也就是理解、动员、协调和指导相关战略、战术，运用各种可能的公共事务与公关技巧来实现一个目标，有目的地参与到可能影响个人及机构命运的公共决策的制订活动中。

许多人认为，"问题管理"这个词实际上就是把"咨询管理"视为最重要的公关的另一种说法。另外一些人认为，"问题管理"是"声誉管理"的另一种表达方式，主要的任务就像调和以下这两种过程：保持企业的市场份额、降低风险、创造机会的努力与注重企业形象，并将其当作影响企业和主要股东收益的一项资产来管理的做法。

1985年，美国著名公关专家海恩思·沃斯(Hains Worth)和当时正在攻读硕士学位的马克斯·门格(Max Meng)开始对此问题进行调查研究。经过三年的努力，1988年，海恩思·沃斯在《公众关系评论》上发表了他的发现以及他对问题管理的研究成果，即《问题管理：发现与定义》。海恩思·沃斯在对问题管理的调查与研究中，查阅了大量的资料，对美国"500家最大的工业公司"排行榜中的前50家进行了调查，并发出了大量的问卷，以举证事实，深入研究。

第 8 章 公共关系的危机管理

经过大量的调查研究，他们得出这样几个结果：第一，有关的文献现在还在增加中，因此，它对问题管理的实践和理解所提供的基础还很薄弱。第二，这项研究发现，至少在所接触的那些公司中，每个公司都在从事着他们称之为或认定为问题管理的某种事情(这并不使人感到惊奇)。最后，他们认识到该是时候对问题管理这一职能下个定义了。

海恩思·沃斯说："显然，有两个因素形成问题管理的本质：第一，及早确认可能影响某一组织的各种问题；第二，采取有组织的行动，旨在影响业已确认的问题，并力求缓解其对该组织可能造成的后果。"这样，海恩思·沃斯把问题定义为："一种行动型的管理职能，它谋求确认那些可能影响某一组织的潜在的或萌芽的各种问题(立法的、规章制度的、政治的或社会的)，然后，动员并协调该组织的一切资源，从战略上来影响那些问题的发展。问题管理的根本目的应该是促成有益于该组织的公共政策。"

社会组织的公共关系运作是在不断发现问题、不断调整行为、不断解决问题、不断加强管理的进程中实施的。问题的发现是寻求开展公共关系活动的由头。行为的调整一方面是由于问题已经发生，迫使社会组织为解决问题而调查行为；另一方面是为避免今后问题的再度发生而做好的准备。问题的解决是对问题发生的处理。管理的加强同行为的调整有着共同的特点，即一方面为解决问题而加强管理工作；另一方面是为今后更好地发挥公共关系的职能，使组织中的各项工作有序运作，以避免问题再度发生而做的调整工作。

8.2 公共关系危机处理的意义、原则及方法

8.2.1 公共关系危机处理的意义

公共关系危机处理又叫危机公关(Crisis Public Relations) 或称危机管理(Crisis Management)，是指组织调动各种可利用的资源，采取各种可能或可行的方法和方式，预防、限制和消除危机以及因危机而产生的消极影响，从而使潜在的或现存的危机得以解决，使危机造成的损失最小化的方法和行为。

危机公关是公共关系学和管理学结合的产物，是运用公共关系学的基本原理和方法，科学地处理组织潜在的或现存的危机，从而把"大事化小、小事化了"，甚至变坏事为好事的一种管理行为。公共关系危机处理具有重要意义。

1. 妥善处理危机，减少组织的损失

妥善处理危机事件，迅速控制事态的发展，就能使组织的损失减少到最低限度。这对于事后迅速恢复生产经营活动具有重要的意义。

2. 妥善处理危机，维护组织的形象

组织形象是组织的重要资源，无论是纠纷事件还是突发事件，都会给组织带来一定的形象损失。公共关系以维护组织形象为己任，处理好危机事件，对于维护组织形象这一资源的重要性就不言而喻了。

3. 妥善处理危机，增强内部团结

处理危机事件不仅是对组织凝聚力的检验，也是加强内部团结的好时机。

4. 妥善处理危机，创造经营时机

在处理危机事件中的公关人员应树立"妥善处理危机就等于赢利"的观念。成功组织与失败组织之间的差别，并不在于是否出现过公众纠纷的危机事件，而在于出现危机后所采取的截然不同的处理方法，即借助于处理危机事件创造有利的经营因素和条件。

8.2.2 公共关系危机处理的原则

任何组织都难免发生危机事件。危机发生后，由于情况紧急，大家都感到手忙脚乱。为了使危机处理有序进行，需要遵循危机处理的几个主要原则，又称"5S"原则。

1. 快速反应原则(Speed)

凡是危机都具有突发性，而且会很快传播到社会中去，引起新闻媒介和公众关注。尽管发生危机时组织面临极大的压力，但仍须迅速研究对策、做出反应，使公众了解危机的真相和组织采取的各项措施，争取公众的同情和支持，减少危机的损失。高效率和日夜工作是做到快速反应不可缺少的条件。

2. 真诚沟通原则(Sincerity)

通常情况下，任何危机的发生都会使公众产生种种猜测和怀疑，有时新闻媒介也会有夸大事实的报道。因此，组织要想取得公众和新闻媒介的信任，必须采取真诚坦率的态度与各类公众保持沟通，以免引起误会。

3. 承担责任原则(Shouldering the Matter)

危机在不少情况下会带来生命财产的损失。新闻媒介等舆论界对造成危及人的生命安全的事故或事件尤其重视，甚至加以渲染。因此，在危机处理时首先要考虑人道主义精神，主动承担起社会责任。在处理危机中，组织要把抢救安置灾民或受害者放在第一位。

4. 系统运行原则(System)

在逃避一种危险时，不要忽视另一种危险。在进行危机管理时必须系统运作，绝不可顾此失彼，应始终以维护信誉为根本出发点和归宿。这是因为声誉对组织来说极其重要，是组织得到人们拥护和支持的基础。没有了声誉，组织的工作就难以进行，不但没有效率可言，甚至危及组织的合法性。在危机管理的全过程中，组织的公关人员都要综合考虑各方面因素，努力减少给组织信誉带来的损失，争取公众的谅解和信任。

5. 权威证实原则(Standard)

组织应尽力争取政府主管部门、独立的专家或机构、权威的媒体及消费者代表的支持，而不是自己去徒劳地解释或自吹自擂。因为权威部门的公众信任度高，特别是权威机构作为第三方，可以从旁观者的角度审视和评判，具有极强的说服力和可信度。

8.2.3 危机事件的处理方法

1. 认清真相，从容不迫

当危机降临时，应该头脑冷静，及时采取以下行动。

(1) 要认清危机发生的事实真相。防范和消除焦躁情绪的第一策略,就是要认清危机事件的庐山真面目,从而避免盲目性,采取有针对性的行动。

(2) 要制订处理危机的详细计划。如果面对危机不是无计可施,而且有切实可行的解决办法,那就可以做到从容镇定,而不会出现焦躁情绪。

(3) 要转变观念,增强危机意识。在竞争日益激烈的现代社会里,任何组织的生存和发展都面临着异常复杂的社会环境,因此,危机事件是难以彻底避免的。但危机事件大部分与组织自身行为密切相关,为了尽量避免出现危机,就应该增强危机意识,将危机消除在萌芽状态。

2.坦诚公开,直面危机

危机事件突如其来,逃避不是办法,抵赖更是会雪上加霜。最明智的办法是:正视现实,实事求是,敢于公开,增强透明度,及时向社会公众开放必要的信息传播渠道,以尽快求得公众的谅解和信任。

3.调查分析,决策果断

任何危机事件的发生都不是孤立的,都会受到各种因素的影响。因此,要处理好危机,就必须以清醒的头脑、镇定自若的态度,对危机事件进行全面细致的调查分析,针对公众的心理需求,果断地采取有效措施。

4.抓住关键,力挽狂澜

组织危机一旦爆发,往往涉及组织各个职能部门,例如牵涉到财务、法律、人事、生产经营销售等领域,需要处理的问题往往是千头万绪的。因此,首先应该立即组建一个精干、高效的指挥班子,以便负责指挥协调工作。一般说来,应该注意以下几点。

(1) 解决主要问题。危机一旦爆发,需要解决的问题很多,但关键是要分清主次,集中力量解决主要问题。只要抓住主要问题,次要问题便可迎刃而解。

(2) 避免节外生枝。要设法避免与危机不相关的组织或部门的干预,以免延误处理进度,导致危机蔓延。

(3) 做好善后工作。设立专门办事机构,在现场紧急情况处理完毕之后,尽最大努力进行善后工作。

(4) 重视沟通协调。抓住关键、解决主要矛盾不等于忽略其他,还应该重视全方位地沟通协调。危机事件的处理是组织被迫开展的公共关系活动。在开展活动时,不能仅仅依靠单一的处理方案,而应该考虑综合应用多种渠道,从多个侧面、多个角度,全方位地开展活动。这样才能及时扭转局面,迅速平息风波。

8.3 公共关系危机的成因、处理程序及预防

8.3.1 公共关系危机的成因

综合各种类型的组织公共关系危机事件发生的根源,其原因概括起来主要有两个方面。

1. 组织内部可控的原因

1) 经营决策失误

这是造成经营性危机的重要原因。组织不能根据内外部条件的现状及变动趋势正确制定经营战略和公关战略，使组织的生产经营活动得不到公众的支持，而遭到困难无法经营，甚至使组织走向绝路。

2) 管理不善

这主要是组织基础工作差、管理的规章制度不健全、管理方式手段不科学等原因造成的。管理不善会影响商品质量和服务质量，也易引发纠纷和突发性事件。

3) 组织素质低

组织素质是指组织领导和职工队伍素质。特别是组织领导人员，如果不能正确处理组织长远利益与近期利益的关系，往往会出现管理的短期行为，这将扩大组织素质与现代生产经营活动客观要求之间的差距。组织可能会因为自身素质偏低而被社会淘汰。

4) 公关策略失误

如果决策失误，发生误导，就会人为地造成危机。陈旧的观念、落后的形式、一般化的公共关系活动虽然不会对组织造成致命的伤害，但也提高不了组织的知名度。在市场竞争中，组织公共关系活动如果不能发挥应有的作用，本身就孕育着危机。

2. 组织外部不可控的原因

1) 不可抗力

不可抗力是指组织无法抵御的外力或突发性的自然灾害，使组织的生产经营活动无法正常进行，如地震、山洪、海啸等大自然灾害，战争、政变等社会突发事件。这些事件的爆发对组织的影响是巨大的，也是组织无法抵御的。

2) 体制和政策因素

国家的经济管理体制和经济政策是组织外部不可控因素，会对组织的经营和发展产生重大影响。国家或地区的经济体制、经济政策是构成组织外部环境的核心。如果体制不顺，政策对组织发展不利，组织经营就会遇到很大阻力，或者陷入欲进不能、欲退不忍、裹足不前的困境。如果没有良好的社会环境和经济环境，组织的危机在所难免。

在造成危机的上述原因中，可控的原因通过组织自身努力是可以解决或者改进的；而对于不可控的原因，组织也并非是完全被动的。组织有效的公共关系活动可以给外部环境以积极影响，甚至可以促进政府改进或改变政策。

8.3.2 公共关系危机的处理程序

公关危机事件的处理应该按照以下程序进行。

1. 全面调查，搜集信息

社会组织的公关危机状况是由突发性事件引起的。对于突发性事件的处理，一定要行动迅速，对整个事件进行全面调查和分析。一般应该做到以下几点。

(1) 组织人员，立即行动。组织发生了突发事件后，应该立即组织有关人员，成立专门处理事故的小组。小组要由组织的有关负责人、公关人员以及有关职能部门的人员共同组成。该小组应在事发后的最短时间内赶赴现场。

(2) 保护现场，寻求援助。事故调查人员赶到现场后，应该想尽一切办法保护现场，以便迅速、准确地查明事故的原委。同时应根据现场情况与公安、消防、卫生等相关部门取得联系，采取紧急措施救人、救物，使损失减少到最低程度。

(3) 了解情况，搜集信息。专门小组应该迅速与目击者或者当事人取得联系，了解事故发生的时间、地点、原因，了解人员的伤亡程度和人数，了解事态的发展及控制情况等。

(4) 整理分析，形成报告。调查人员要将在现场听到的、看到的所有情况认真记录下来，在可能的情况下可以利用照相机、摄像机拍摄现场，用录音机录下相关信息，以便作为分析和澄清问题的依据。在全面搜集有关信息的基础上对材料进行分类整理，组织有关人员进行考察、分析、查找事故的真正原因，形成事故分析报告，并上交有关部门。

2. 分析信息，确定对策

在对信息进行整理分析的基础上，针对不同的公众对象来确定相应的对策。这些对策大体上包括如下几个方面。

1) 对组织内部的对策

(1) 公之于众。迅速而准确地把握事态的发展，及时向内部相关人员公布事故的真相。

(2) 制订方案。制订处理事故的基本方针、基本对策和总体方案，并通告全体人员，以统一认识，协调行动。

(3) 善后服务。本组织职工如有伤亡，应立即通知其家属，并尽可能提供条件，满足治疗和善后事宜等要求。

(4) 挽回影响。如果事故确是组织本身行为所致，应立即采取有效措施以控制事态发展。然后，再经过详细调查分析，追查事故原因，迅速加以改进。

2) 对受害者的对策

(1) 了解情况，承担责任。认真了解受害者的情况，实事求是地承担相应的责任，向受害者表达歉意并通知有关各方。

(2) 倾听意见，赔偿损失。冷静地倾听受害者的意见，及时了解并尽力满足有关赔偿损失的要求。

(3) 把握分寸，注意方式。如果受害者家属提出过分的要求，应尽量不要在事故现场与受害者发生争辩，要尽量忍让，有分寸地做出让步；如果需要拒绝对方的要求，则应该把握时机，选择场合，注意方式方法。

(4) 积极提供善后服务。应该给受害者以安慰和同情，尽最大努力做好善后工作，提供其所需要的服务。

(5) 尽快兑现物质补偿。公开向受害者及其家属说明补偿方法及标准，并尽快实施。

(6) 保持工作人员稳定。在处理事件的整个过程中，要保持专门小组成员的相对稳定，一般不要轻易更换。

3) 对新闻界的对策

(1) 统一发言口径，表达明确简练。向新闻媒介公布危机事件之前，在组织内部应该统一认识、统一口径；向媒介说明事故时应该简明扼要，尽量避免使用模棱两可、含混不清的词句。

(2) 权威人士发言，提供准确消息，最好是由组织总负责人，如厂长、经理等介绍事故情况。一方面要主动向新闻界提供真实、准确的消息，公开表明组织机构的立场和态度，以减少新闻界的猜测，促使新闻界做出准确的报道；另一方面对重要事项应该尽量以书面材料的形式送发给记者，以避免报道失真。

(3) 切忌主观猜测，积极与之合作。在事实没有完全明了之前，传播消息需要谨慎，不应该对事件发生的原因、损失的程度以及其他方面进行推测性的介绍；不应该轻易地表示肯定或否定、赞成或反对。同时，对新闻界的调查和采访也要主动配合，不可采取隐瞒、搪塞或对抗的态度。对确实不便发表的消息，也不要简单地以"无可奉告"对付，而应该说明理由，求得记者的同情、理解与协作。

(4) 公众利益至上，及时提供信息。要注意引导新闻界以公正的立场和观点进行报道，不断提供公众所关心的消息，如补偿方法和善后措施等。除新闻报道外，还可在有关的报纸上发表歉意广告，向公众说明事实真相并向有关公众表示歉意及承担责任。如果有个别记者发表了不符合事实真相的报道，则应该尽快向该报提出更正要求，指出其失实之处，并提供全部与事实有关的真实资料；同时派遣重要发言人接受采访，表明立场，要求公平处理，但必须避免产生敌意。

4) 对上级主管部门的对策

(1) 及时汇报。事故发生后，应及时向组织直属的上级主管部门汇报，不得文过饰非，更不能歪曲真相，混淆视听。

(2) 定期联系。在事故处理中，应定期报告事态发展情况，及时与上级主管部门取得联系，求得上级主管部门的支持和指导。

(3) 总结报告。事故处理后，应详细报告处理经过、解决方法以及今后应采取的预防措施等。

5) 对业务往来单位的对策

(1) 传递信息。尽快如实地传递事故发生的信息。

(2) 告知对策。以书面的形式通报正在采取何种对策。

(3) 当面解释。如有必要，要选派职员直接到各个单位去当面解释。

(4) 说明经过。在事故处理过程中，应定期向各单位和各界公众通报处理情况。

(5) 表示歉意。事故处理完毕，要以书面的形式向对方表达诚恳的歉意。

6) 对其他公众的对策

(1) 疏通传播渠道。通过各种渠道向其他公众说明事件梗概，介绍事故经过及其处理方法和今后的预防措施。

(2) 热情接待来访。如果有人前来询问，不能拒绝回答，不能隐瞒事故真相，而应该热情接待，并且诚恳地与之商讨对策。

(3) 公开道歉赔偿。可根据事故的性质和造成损害的程度，以组织或个人名义向社区公众表示歉意，也可以在报纸上刊登真诚的致歉书。必要时，应该适当地赔偿经济损失。

3. 实施对策，分工协作

措施制定之后，就要组织实施。实施对策是处理公关危机事件的中心环节。在实施对策的过程中应该做到以下几点。

(1) 统一思想认识。各项工作的负责人员要统一思想、统一认识，尽心尽力地减少事件造成的损失，以避免组织形象进一步遭到破坏。

(2) 选择传播媒介。负责处理各项事故的人员，要根据自己负责处理项目的特点，选择适当的传播媒介以及活动方式。

(3) 相互支持配合。负责各项工作的有关人员要在分工的基础上进行密切配合，相互理解和支持，共同排除实施过程中的障碍。

(4) 做好实施记录。详细记录实施细节，写成书面材料，以便于向组织负责人、各主管部门、新闻单位以及有业务往来的组织通报。

4. 评估效果，查漏补缺

措施实施以后，并不能说事故的处理工作已经万事大吉，有关人员还需要检测对策实施的效果。通过信息反馈，了解公众和社会舆论，以便采取相应的措施，使处理效果进一步完善。

除以上步骤外，在通常情况下，还需要公布处理事故的结果，说明准备采取的预防措施以及进一步开展经营活动的计划方案，及时向新闻界提供赔偿损失的消息，并利用适当的传播媒介刊登致歉广告。

8.3.3 公共关系危机的预防

公共关系危机预防主要从以下几方面入手。

1. 危机事件的分析预测

对于组织来讲，危机的出现虽然是不规则的，但其中也存在一些规律性，这就需要从以下几个方面进行分析预测。

(1) 根据组织的性质做出预测。搞清楚自己的组织是什么性质的组织，列出这种组织很可能发生的各类危机事件。

(2) 从组织事件中做出预测。找出自己组织历史上曾发生过什么危机，因为发生过的事情很可能再度发生。

(3) 从同行教训中做出预测。找出自己所属组织的同行，类似组织发生过什么危机，分析危机会对组织造成多大损害。考虑这种危机事件后，谁会受影响，影响范围有多大。

2. 在日常业务中预防

在日常业务中严格执行科学管理制度，保证产品、服务质量，遵纪守法，维护公众利益，从而消除危机隐患。

肯德基快餐厅的严明的纪律就是为预防许多危机纠纷的发生，可为预防危机事件提供有益的启示和借鉴。

3. 建立危机预警系统

许多危机在爆发之前都会出现某些征兆，因此应当建立组织的预警系统来及时捕捉这些危机的预兆。建立预警系统的工作可由公关人员协同各个管理部门来进行，主要包括以下内容。

(1) 加强公共关系信息与组织经营管理信息的收集分析工作，及时掌握公众对组织活动的反映及评价。

(2) 密切注意国家方针政策及经济、政治体制改革的方向，使组织的生产经营活动与社会经济的大气候相协调。

(3) 加强对重点客户的沟通，使重点客户成为组织的稳定支持者，及时关注其变动趋势。

(4) 经常分析竞争对手的生产经营策略和市场需求发展变化的趋势。

(5) 定期或不定期地进行自我诊断，分析组织生产经营和公共关系状态，客观评价组织形象，找出薄弱环节，采取必要措施。

(6) 开展多种调研活动，并在此基础上研究及预测可能引起组织危机的突发事件，把组织危机因素消灭在萌芽之中。

4. 制订危机应变计划

危机应变计划是提供应对、处理突发事件所需要的人力、组织、方法和措施的一整套方案。一旦危机出现，就可以借助计划去应付、解决危机。

一个较健全的危机应变计划，大体上包括以下3项内容。

1) 成立危机应变小组

危机应变小组首先由组织负责人、技术专家、公关部主任和法律顾问组成一个核心；其次根据可以预见的危机，增加危机处理小组的人员。这样，在发生某种危机时，可以直接由专人负责处理；而在平时，负责处理某项危机的人就应有意识地做好各种应战准备。

2) 拟订危机应变计划

应变计划要预期各种可能发生的危机和所采取的应对行动，一些组织常常把本单位拟订的危机应变计划体现在危机应变手册上。例如，对商贸企业来说，最有可能也是最严重的危机之一是商品质量发生问题，影响企业信誉，因而在企业的应变手册中，不仅要预见到这一危机，而且要指明何处、何人可以提供紧急援助，并指明他们的姓名和联络方法。危机应变手册是处理各种危机的指南，因此，不同行业和组织应有所不同，但其计划一定要细致到足以应对危机。

3) 危机模拟训练

危机应变小组在完成危机应变计划的纸上作业后，可以举行模拟演习。演习假设一种或多种危机情况，考核危机应变小组对紧急事件的反应能力、危机处理知识和决策能力。模拟演习还要使组员接受处理紧张心理的训练，以免真正的危机发生时，紧张的心理妨碍组织成员的思维和决策。另外，还要学习如何与新闻界打交道，掌握接受记者采访和对外发言等方面的技巧。

总之，危机应变计划和训练做得越周详，处理危机的工具就越犀利。不过，仅有危机应变计划还不能解决危机。应变计划只是解决危机的工具，还需要在实际操作中执行和灵活运用。

第8章 公共关系的危机管理

 应用案例

【案情简介】

麦当劳315晚会后的微博危机公关

导读：上央视315晚会，对于品牌来说，是一个致命的打击。不管企业之后多么痛改前非，痛定思痛，因为央视不会再安排什么"痛定思痛"之类的晚会，而在社会化媒体的时代，每个企业都掌握一个粉丝TV，也许威力比央视还要大，只要企业品牌是真情实意的，我们的用户还是很宽容。

社会化媒体时代一方面让危机蔓延的范围无边界，其传播速度也更加快速；但同时也给了品牌快速回应，在最短时间回应和弱化危机影响的机会，就看你如何去应用。

以这三个小时的变化为例，从央视315晚会开播到现在三个小时。被曝光的品牌中，麦当劳第一个站出来回应，然后是家乐福。这两个品牌的官方微博声明被微博和互联网媒体广泛转发，至少从回应速度和态度上，已经获得媒体的响应。这也给他们最大范围免费扩散反映和弱化负面影响的机会。至少，明天各大传统媒体不会是一边倒的负面曝光声音，还会给他们的回应一个空间，这就是社交媒体时代的危机管理。

1. 麦当劳利用微博快速回应，效果显著

以麦当劳为例，麦当劳在问题(定义为问题，而非危机，因为并非致命伤，同时远没到危机程度)被曝光后，于一个小时候快速在新浪微博的官方微博上做出了第一个回应：

截止当天23点20分，在@新浪财经等众多媒体的带动下，@麦当劳官方微博这条信息获得了8400多次的转发量，直接一次转发覆盖的人数超过1000万。获得了在社交媒体时代的最大程度的信息传递速度和效率。也就是说，向1000万人传递了麦当劳对于问题的回应姿态。

2. 麦当劳这次危机处理的特点

由此，我们可以看到麦当劳这次危机处理的特点：

1) 与其他企业官方微博需要层层申报，然后叠加到微博操作员再进行发布不同。

麦当劳的官博回应可谓快，甚至抢占了最快这一关键姿态。这个冠之以"最快的"回应，给麦当劳这次的危机处理带来了最大面积的效应。更大的效应在于明天的传统媒体曝光，几乎所有的报道都会带上这个积极地反映，以及回应全文。让麦当劳的官方微博，以及麦当劳的态度同步传递。

2) 让我们仔细分析一下麦当劳这140字的官方微博回应。

可谓微博时代最经典的微博回应之一。说其经典，是因为其措辞的精心准备，以及背后传递的多层意思，精准，老练，沉着，以及富有公关技巧。不出意外，这将成为各大公司官方微博回应问题和公关的标准体，我称之为"麦当劳公关体"。以后估计其他的官微都会学习麦当劳，出现危机和问题的时候把这个体套用并发布。我们看后面@家乐福中国发布的微博回应，基本就遵循了"麦当劳公关体"的写作手法。估计未来，这就是最没诚意的公关回应。此是后话，自不必言。

3) 让我们拆解一下麦当劳中国的这个微博体如何经典。

@麦当劳：央视"315"晚会所报道的北京三里屯餐厅违规操作的情况，麦当劳中国对此非常重视。我们将就这一个别事件立即进行调查，坚决严肃处理，以实际行动向消费者表示歉意。我们将由此事深化管理，确保营运标准切实执行，为消费者提供安全、卫生的美食。欢迎和感谢政府相关部门、媒体及消费者对我们的监督。

先不分析句式，看看这个微博，总共四句话，分别代表了四层意思：界定问题—表明态度—改善行动—明确传递对象。

让我们逐一分析下这四句话的公关辞令以及背后的策略意图，便知为何经典了。

第一：界定问题。

尽管央视想说的是麦当劳全国都是这个问题，想对麦当劳品牌发出整体的曝光和谴责，但可惜央视这次只是在三里屯店派出卧底偷拍录音，而不是兵分多路。这就给了麦当劳一个非常好的界定问题的机会。所以麦当劳开篇就把三里屯店推上前台，将问题的范围，界定到单店，后面的个别事件也说明了这个关联，这样可以把问题由严重轻松化解；其次，用了"违规操作"这个词，把问题的属性进行了界定，这证明并非麦当劳模式没问题，是操作层的问题，将问题的层级又进行了划定，界限分明。一个三里屯餐厅，一个违规操作，问题界定的可谓清晰！

第二：表明态度。

麦当劳连续用了多个程度副词："非常""立即""坚决严肃""以实际行动表示歉意""深化""确保"等，这些程度副词都在传递一个信号，最小的事情，麦当劳也是最高的重视和处理意见，这也从辞令上传递出企业的管理责任和对事情的态度，这些都是媒体比较喜欢的程度副词，这是多年经验得出的公关标准词。比起狡辩强上万分。

第三：改善行动。

麦当劳将改善行动锁定为"深化管理，确保营运标准切实执行，为消费者提供安全、卫生的美食。"这又是巧妙地将问题再次定性为管理问题，而且还借助央视舞台传递的运营手册，再次强调麦当劳的标准没问题，是执行问题。只要确保标准执行，就可以确保结果——为消费者提供安全、卫生的食品。值得一提的是，后面的结果，可谓一语双关，一方面可以让人感知"你们要怎么解决？""解决到什么程度"这一问题，更是重申麦当劳的使命和价值观。

第四：明确沟通对象。

这是最值得称道和技巧的部分。也是家乐福的微博和麦当劳的显性不同之处，麦当劳用了"政府相关部门、媒体及消费者"来定性描述，这里面明确的表明麦当劳对三个最主要的利益相关群体的回应，一一指出和回应，并暗示问题从哪里爆发，就回应给谁。而家乐福仅仅用了个社会各界，未免太过敷衍和草率。

【案例点评】

通过这篇博文，作者是期望各个企业透过麦当劳 315 危机处理显示出来的公关技巧和处理方式进行分析，找到这个时代危机蔓延的特点，以及回应的技巧和方法，作为借鉴。比起麦当劳的处理，本土其他餐饮公司，今年多有问题或危机爆发，均没有很好地利用社交媒体平台，错过了很多问题回应和与利益相关群体沟通的机会。有些时候，不是百口莫辩，而是善用回应时机，让百口莫辩变成积极回应。这就是公关的魅力所在，就像是外交。小到个人，中到企业，大到国家和政府，皆是如此。

微博的出现，使得社交媒体前所未有的方式走向历史前台，成为众多时间的见证者。企业必须考虑的是，不是建个官方微博，发个声音，进行传播。更重要的是，把握与每一个利益相关者直接沟通的机会，充分利用自媒体的媒体，充分表达自我立场，化问题为转机，并提高自己品牌的"社交魅力值"，这才是社交媒体时代企业应该去拥抱的变化。

第 8 章 公共关系的危机管理

> **本章小结**
>
> 本章主要介绍了公共关系的危机管理。首先介绍了公共关系危机的含义及特点,公共关系危机的类型,问题管理的发现及其定义;然后介绍了危机处理的意义、原则和方法;最后介绍了公关危机的成因、处理程序及预防。

习 题

1. 选择题

(1) (　　)是指危机的发生往往不可预见。
　A．普遍性　　　B．潜伏性　　　C．关注性　　　D．偶发性

(2) (　　)是因管理不善而导致的危机。
　A．突变危机　　B．商誉危机　　C．经营危机　　D．形象危机

(3) (　　)是指危机趋势非常明朗,爆发只是个时间问题的危机。
　A．一般性突发事件危机　　　　B．重大突发事件危机
　C．显在危机　　　　　　　　　D．潜伏危机

(4) 问题管理一词最早是由(　　)提出的。
　A．海恩思·沃斯　　　　　　　B．W．哈伍德·切斯
　C．马克斯·门格　　　　　　　D．斯科特·卡特李普

2. 多选题

(1) 公共关系相关的实践范畴有(　　)。
　A．宣传　　　　B．营销　　　　C．问题管理
　D．培训　　　　E．开发

(2) 使组织面临公共关系危机的情况主要有(　　)。
　A．组织自身行为不当　　　　　B．新闻界过分关注
　C．突发事件　　D．失实报道　　E．与公众发生冲突

3. 简答题

(1) 简述公共关系危机处理的意义。
(2) 简述公共关系危机处理的原则。
(3) 简述危机事件的处理方法。
(4) 公共关系危机的成因有哪些?
(5) 公共关系危机处理程序有哪些?

4. 论述题

试述公共关系危机的预防。

5. 案例分析题

试根据危机管理理论进行分析。

【案例】

"四环变五环"是一次成功的形象公关

北京时间 2014 年 2 月 24 日凌晨,索契冬奥会闭幕式上,俄罗斯人用自嘲的方式弥补了遗憾:开场舞蹈最后,由舞蹈演员先还原了开幕式时的"故障五环",再慢慢展开形成了一个完整的五环!这一幕,让现场观众会心一笑,也得到舆论的广泛好评。正如央视官微在评点中所说:"一次失误让所有人记住索契,'小插曲'却展示了强大的自信。"

人们也许还记得,两周前那次"乌龙"过后,"五环变四环"引起各界热议甚至争相调侃,主办方面临着不小的形象危机。对此,就连俄罗斯副总理科扎克也专门承诺将在闭幕式上修复故障。此次上演的"四环变五环"兑现了诺言,成功消除了此前的负面影响,俄罗斯人的国际形象还因之加分不少。这一展示"软实力"、"巧实力"的补救之举,也留给了人们诸多思考空间:众目睽睽之下,该如何进行形象公关?

在全世界范围内,"追求完美"都是许多人的自我期许,尤其是在重大事件、重要时刻,人们就更是小心谨慎,力求完美。但是,世上并没有十全十美的事情,"完美"只能是一种主观追求而非客观常态。许多时候,人们越是努力追求"完美",就越是容易出现"心态拘谨,动作变形",导致各种意外和失误。这样的情形,不仅体育赛场常见,在其他领域也很普遍。面对突发而至的"不完美",如何恰当应对就显得尤为重要。

所谓"形象公关",说白了,就是把类似"五环变四环"这样掉链子、丢面子的事收拾停当,最大程度减少损失。当然,如能通过形象公关,把坏事变好事甚至化腐朽为神奇,那更是求之不得。在形象公关中,有个现象比较常见:以"硬要面子"来挽回面子,往往事倍功半甚至雪上加霜;以"抛下面子"来修复面子,往往能兼得面子和里子。"四环变五环"的成功补救正说明,面对公共形象受损,最不可缺的是坦诚和自信。有坦诚,方能正面应对;有自信,才能巧手化解。

发生在索契冬奥会上的这个"插曲",也让人想起作家金庸的一次形象公关。十多年前,王朔发表批评长文《我看金庸》,掀起所谓"金王之争",眼看金庸的"大侠"形象将受重创。面对纷争,金庸写了一篇短文回应:"王朔先生的批评,或许要求得太多了些,是我能力所做不到的,限于才力,那是无可奈何的了。'四大俗'之称,闻之深自惭愧。(对我)不称之为'四大寇'或'四大毒',王朔先生已是笔下留情。我与王朔先生从未见过面。将来如到北京待一段时间,希望能通过朋友介绍而和他相识。"文章发表后,一场风波就此化解,而其间展现的风度和气度、技巧和智慧,不啻于给公众上了一堂公开课、示范课。

(资料来源:中国公关网)

第 9 章 CIS 设计与品牌建设

教学目标

了解 CIS 的起源与发展，掌握 CIS 战略的基本内涵及其构成；CIS 与公共关系的联系与区别，理解 CIS 与 CS 的关系，了解 CIS 设计与品牌建设的关系；掌握 CIS 战略的导入程序。

教学要求

知识要点	能力要求	相关知识
CI、CIS 战略	(1) 了解 CIS 的起源与发展 (2) 掌握 CIS 战略的基本内涵及其构成	CIS 推行的世界经济背景
CIS 战略与公共关系的关系	(1) 掌握 CIS 战略与公共关系的区别与联系 (2) 理解 CIS 与 CS 的关系	CIS 方案设计与公共关系工作的开展
CIS 战略与品牌建设	(1) 理解品牌与商标的关系 (2) 掌握 CIS 与品牌战略的关系	商标、品牌、名牌、CIS
CIS 战略的导入程序	(1) 熟悉 CIS 战略的导入程序 (2) 掌握 CIS 战略的实施	CIS 战略的实务操作

基本概念

CIS 战略；理念识别系统；行为识别系统；视觉识别系统

引例

蓝色中文(海尔)和英文(Haier)标识

海尔 LOGO

海尔兄弟 LOGO 说明：现海尔的标志由中英文组成，英文标志简洁共 9 划，a 减少了一个弯，表示海尔人认准目标不回头，r 减少了一个分支，表示海尔人向上、向前的决心不动摇。英文海尔标志设计的核心是速度，英文标志的风格是简约、活力、向上。英文标志的整体结构简约，显示海尔组织结构更加扁平化，每个人更加充满活力，对全球有更快的反应速度。

汉字海尔的标志是中国传统的书法字体。它的设计要素核心是：动态与平衡；风格是变中有稳。两个书法字体的海尔，每一笔，都蕴含着勃勃生机，视觉上有强烈的飞翔感，充满了活力，寓意着海尔人为了实现创世界名牌的目标，不拘一格，勇于创新。海尔标志的灵魂就是：不断为用户创造更大的价值！

海尔旗

公司旗帜以企业英文标准字、象征图案、企业色为基本要素设计。

海尔方圆标志象征图案，意即"思方行圆"。"方块"放在阵中的排头，是以它为基础向纵深发展的意思。它在这里代表着海尔的思想、理念、文化，它是一个中心。它指导着周边圆点的组合，体现了思方行圆的思想，即在工作中要将原则性和灵活性有机地结合起来，以达到预定的目标和效果。同时也有发展无止境的寓意。在中国，人们愿意把三认作上升，把六视作顺利，而三十六又暗含着一种足智多谋的意思，方与圆的排列组合是三十六，意味着海尔不断上升、不断发展。在使用上，海尔蓝色旗作为企业形象用旗，海尔红色旗和白色旗作为展览会等市场宣传行为时使用。

海尔在不断打破平衡的创新中，又要保持相对的稳定，所以，在"海尔"这两个字中都有一个笔划在整个字体中起平衡作用，"海"字中的一横，"尔"字中的一竖，"横平竖直"，使整个字体在动感中又有平衡，寓意变中有稳，企业无论如何变化是为了稳步发展。

海尔吉祥物

海尔的吉祥物是两个小孩，一个是中国的小孩，一个是外国的小孩。它的使用始于建厂初期，当时海尔与德国利勃海尔公司合作，此标志寓意中德双方的合作如同这两个小孩一样充满朝气和拥有无限美好的未来。

(资料来源：公关在线)

思考：

1. 对一个企业来说，组织形象塑造有何意义和作用？
2. 海尔在组织形象设计方面做了哪些工作？

  本章将介绍 CIS 战略和品牌建设，主要包括 CI 的起源与发展、CIS 战略的基本内涵及其构成、CIS 战略与公共关系的关系、CIS 战略与品牌建设的关系、CIS 战略的导入程序等方面的内容。

  自 20 世纪末以来，特别是我国加入 WTO，日趋激烈的商战硝烟弥漫着整个世界，不断创新的高超的市场竞争手段成为企业所刻意寻求的法宝。我国企业面临着世界范围内的强劲挑战，为了解决这个现实而严峻的问题，企业应从挖掘企业文化内涵、树立良好的企业形象着手，提高产品质量，加强品牌建设，努力创造品牌并保护名牌，增强产品在市场中的竞争力。CIS 就是塑造企业形象并能为企业带来巨大财富的一种战略，是一种借助于改变企业形象,注入新鲜感,使企业引起外界的注意,争取市场的认同,进而取得较好的经营业绩的战略。强化 CIS 设计实施名牌战略,对于增强企业凝聚力,提高企业知名度,为企业赢得公众的信任和支持,扩大企业产品的销售,迎接多方面的挑战,提高我国产品在国际市场上的竞争力均具有明显的作用。

9.1 CIS 战略的起源与发展

9.1.1 CIS 战略的起源

CIS 的原形为 CI,而 CI 战略最早起源于第一次世界大战前德国的 AEG 公司。AEG 公司在系列电器产品上首先采用彼得·贝汉斯(Peter Behrens)所设计的商标,这一商标成了以后该企业统一视觉形象的 CI 雏形。1933 年至 1934 年,由英国"工业设计协会"会长佛兰克·毕克(Frank Pick)负责规划的伦敦地铁,在"设计政策"与识别上堪称世界经典之作。第二次世界大战以后,国际经济开始复苏,工商企业蓬勃发展,企业经营者深感建立统一的识别系统可以正确传达企业的情报,塑造独特的企业经营理念。自 20 世纪 40 年代后期以来,欧美各大企业纷纷导入 CI。1947 年,意大利事务器械所奥力维提开始聘请专家设计标准字。1951 年,美国国家广播公司(NBC) 由高登设计的巨眼标志广泛用于各种媒体,并以此作为企业进行经营管理的工具之一。被誉为"美国国民共有财产"的可口可乐,以引起强烈视觉震撼的红色,与充满波动条纹所构成的"COCACOLA"标志,在全球消费者心中成功地塑造了老少皆宜、风行世界的品牌形象。20 世纪 60 年代至今可以说是欧美 CI 的全盛时期,许多企业纷纷导入 CI,并掀起了一波又一波的高潮。

自二战后,CI 逐渐传到日本。较欧美的传播晚了一二十年,但发展得相当迅速。日本第一个开发 CI 的企业是 1970 年的东洋工业马自达(MAZDA) 汽车,为企业识别系统的建立树立了典范。之后,大荣(DAIEI) 百货、伊士丹(ISETAN) 百货、麒麟(KIRIN) 啤酒、亚瑟士(ASICS) 体育用品等企业纷纷建立 CI 形象。日本企业导入 CI 十分迅速,他们不惜重金为企业设计形象。如日本的美津浓(MIZUAO) 体育用品、富士(FUJI) 软片、华歌尔(WACOAL) 内衣等均是委托美国著名的设计顾问公司——兰德公司设计的。现在,CI 已经成为日本工商企业不可缺少的无形资产。

9.1.2 CIS 的发展

由于 CI 在不同的国家、不同的企业运用的方式不同,从而形成了不同发展过程的 CI 战略,主要以 CI 在欧美、日本等国家和中国台湾等地区的发展为代表。

1. CI 在欧美国家的发展

欧美国家的 CI 战略注重市场营销和竞争导向的视觉传达设计和设计项目的规划和运用,尤其是美国特别注重 CI 的视觉识别。他们认定这么一个道理,一个在高速公路上开车的司机,他的视野很狭窄,注意力集中在前面,要求他同时识别路旁的事物是很困难的,但要他看路标却不难,原因就是美国马路标识的统一化,可以使人一目了然。因此,一些美国的企业受此启发,如果一个企业能够设立一种标志,使人能够很容易地进行识别,这样也可以扩大企业影响，树立企业形象。正因为如此，企业开始设计标志、制定标准颜色并强化传播企业统一的标识，其目的是扩大商品的销售。美国企业特有的标记为企业进入市场、参与竞争、扩大影响、树立形象识别、寻求发展确实奠定了坚实的基础。

欧洲的一些企业在CI战略的运用上与美国企业有着许多共同点，如法国的"人头马"、"XO"标记和一句广告词"人头马一开，好事自然来"，法国的"皮尔·卡丹"服装，德国的"奔驰"汽车等。

2. CI在日本的发展

日本CI战略的起点比较高，发展较快。20世纪70年代前期，主要内容是视觉传达设计的标准化，力求设计要素与传达媒介的统一，使得标志标准色和标准字都能充分运用企业体内，比较有代表性的就是日本东洋物产株式会社的马自达等。20世纪70年代后期，日本CI的方向在于重整企业理念与经营方针，目的是为了活跃士气，带动生产和创造更高的利润。20世纪80年代前期，日本的CI以员工意识改进和企业改制为主。20世纪80年代后期，日本的CI注重的是企业本身的经营资源和经营方针，再将其充分地运用，其目的是为了扩大与竞争对手之间的差异性，也是在这一时期确立了独特的"日本型CI战略"。

3. CI在中国的发展

中国最早引入CI的是台湾地区的大企业家王永庆的台塑企业，它们设计出了波浪形外框作为企业的著名标志，但由于当时市场竞争不激烈，刺激不动市场，所以，CI没有发展起来。到20世纪80年代后期，作为祖国大陆改革开放前沿的广东省，以太阳神集团为代表的一些有远见的企业开始先后导入CI计划，一些企业在开展公共关系工作的同时，也非常注重企业和产品的包装，注重品牌的效应，注重企业的外界整体表现。从20世纪90年代开始，在一些已经应用CIS战略并取得良好经济效益的企业带动下，全国各地的企业开始了对CIS的全面认识和理解，并使得一些企业下决心导入CIS，并开始将其作为策划企业的形象宣传攻势和全面发展策略的必由之路。

9.2　CIS战略的基本内涵及其构成

9.2.1　CIS战略的基本内涵

CI是英语corporate identity的简称，Corporate是"企业"、"社团"的意思，而Identity是"身份"、"统一"、"识别"的意思。依此"CI"可以直译为"企业身份的统一"或"企业身份的识别"。完整的CI应该是一个不可分割的系统，即CIS(corporate identity system)，通常是被译为"企业形象识别系统"。

具体来说，CI应该是一个企业通过传播媒介来增进社会认同的符号传达系统，它是将一个企业的经营理念向社会大众有效传达的过程。而CI战略则是一个帮助企业从经营宗旨、组织体系、市场策略、商品政策、公关广告乃至企业人员素质等方面，进行全方位综合管理的系统工程，其目的是明确企业的发展方向，使企业的整体运作纳入既定的管理轨道。

一般来说，CI具有5个特点。

第 9 章 CIS 设计与品牌建设

第一，CI 可以将企业的管理、营销、公关、广告提升为贯彻企业经营理念与经营哲学的具体行为；

第二，CI 一般会由企业的首脑亲自把握，动员整个企业所有部门共同参与；

第三，CI 的传播对象不仅仅局限于消费者，同时，它还指向了企业内部的员工、外部的社会大众及相关的团体；

第四，CI 计划中包含的对企业信息进行传达的媒介不只是大众传播媒介，而且要尽最大限度运用企业内、外所有的传播资源；

第五，CI 计划不是短期的即兴作业，它是企业长期的战略规划，是需要定期进行督导与有效监控的系统工程。

综上所述，CIS 的定义可表述为：将企业或组织机构的经营理念与精神文化，透过整体的识别系统，传达给社会公众，促使社会公众对组织体产品一致的认同感和价值观的一整套识别系统。

9.2.2 CIS 战略的构成

企业形象识别系统(corporate identity system，CIS)由 3 个子系统构成，分别是理念识别系统(mind identity，MI)、行为识别系统(behaviour identity，BI)和视觉识别系统(visual identity，VI)。

1. 理念识别系统

理念识别系统是一个企业长期发展过程中所形成的，具有独特个性的价值体系，它是一个企业宝贵的精神资产，也是一个企业不断成长的根本驱动力，是企业文化在意识形态领域中的再现。理念识别系统主要表现为：企业战略、宗旨和精神等。它的目的是确定企业的宏观发展战略，倡导与此发展相适应的企业精神与价值观念，为企业的社会地位和经济地位确定方向，也被人称为是一种策略的定位。MI 是企业识别系统中的灵魂和原动力，属于思想、文化层面，是塑造形象的源泉，它从根本上决定着企业之间的差别，并且左右一个企业的素质。如麦当劳的创始人雷柯创业之始就设立了 4 个经营信条：高品质的产品(Quality)、快速微笑的服务(Service)、清洁优雅的环境(Clean)、物有所值(Virtue)，简称 QSCV。

2. 行为识别系统

行为识别系统是一个企业在理念指导下逐渐培养起来的，它是一个企业全体员工的行为方式或工作方式。行为识别系统一般可以包括一个企业对内或对外两种行为活动，对内表现为生产经营活动、员工培训教育、服务水平和其他行为准则等；对外可以是市场调查、促销活动、社会公益活动等。从根本上说，企业的行为识别系统是一个企业理念识别的实现途径和目标的保障，是一个企业实施其发展战略的必要的行为规范。就一个企业的行为识别系统操作而言，最主要的是体现其独特性，同时还需要有这种设计的实施保证，即说到做到，因为设计的完善毕竟不能等同于实施的完美。如麦当劳为了实现 QSCV，制定了一套准则作为员工的行为规范，如营业员训练手册、岗位检查表、品质保证手册、管理人员手册等。其中小到消毒的程序，大到系统管理等都会有具体的手册进行说明。具体地说，它可以把一个餐厅的服务工作分为 20 多个工作段，每个工作段都会有岗位检查表，上面会详细说明各工作事先应检查的项目、步骤和岗位检查表。进入麦当劳后，员工逐步学习每个工作段的工作，在各段表现突出的会晋升为训练员，训练新员工，训练员表现得好才可以进入管理组。

3. 视觉识别系统

视觉识别系统是一个企业所独有的一套识别标志，是企业形象的静态表现，它是理念识别系统的外在表现。理念识别系统是视觉识别系统的精神内涵，没有理念识别系统只能成为一种简单的装饰。但是，如果没有视觉识别系统，那么一个企业的精神理念也将得不到表达。视觉识别系统一般可以分为基础系统和应用系统两大类。基础系统包括企业的名称、标志、象征图形、标准字体、标准色彩、口号、专用乐曲等；应用系统则是以基础系统的基本元素规范为主，融入企业经营管理理念、行为准则和别具特色的设计语汇，应用于企业的所有符号系统、产品销售、包装、办公、业务、展示、宣传、广告、指示、美学为基础的富于艺术感的形象设计。

视觉识别系统所涉及的内容可以是：企业及产品的命名、标志及商标的设计、产品的外形包装、广告、厂房设计、标准色的选择、公关礼品的制作、宣传资料及招贴画的印发，以及厂徽、厂服、厂歌的设计与创造等。视觉形象识别最注重的是稳定性、创意性和一致性。如麦当劳的 M 形黄色拱形门和面带慈祥微笑的打扮成小丑模样的麦当劳叔叔，走遍世界都是一个模样，从而给人们留下了深刻的印象。

企业 CIS 战略的构成要素如图 9.1 所示。

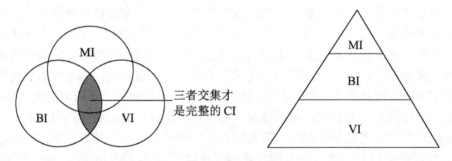

图 9.1　CIS 系统构成要素关系示意图

9.3　CIS 与公共关系

9.3.1　CIS 与公共关系的关系

公共关系的最根本任务是塑造企业形象，以便使企业拥有更多的无形资产。优良的企业形象是企业追求的目标，而 CIS 则是传达并建立企业形象的手段。它们之间的联系密切，你中有我，我中有你，但二者的区别也十分明显。

1. CIS 与公共关系的联系

1) 共同的发展基础

CIS 与公共关系的共同发展基础是市场经济的发展所带来的社会经济与生活的变化。

第9章 CIS 设计与品牌建设

从 20 世纪 70 年代起,世界经济就进入了一个"印象时代",或称"感性时代"。随着现代商品经济的发展和人们生活水平的提高,在大同小异、琳琅满目、令人目不暇接的商品货架前,富裕的顾客们显得比以往任何时候都犹豫不决、吝啬小气。商品的功能特点和包装已越来越难以唤起消费者的购物热情。消费者的需求从"量的满足时代"到"质的满足时代",又发展到"感性满足时代",消费者的消费行为已由"目的消费"转化为"手段消费"。消费者的购买行为已不再仅仅取决于一般的生理需求,它还取决于对某个企业、某种产品的综合印象和感知。这种印象和感知就是公众心目中的企业形象和产品形象。这种形象综合了企业的历史规模、产品品种、质量、产量、企业技术水平和管理水平、价格和服务等多方面的信息要素。购买这种商品,能给消费者以某种信任、荣誉、感情、性格、爱好等方面的满足,这一切都是产品的"第二价值"。创造产品第二价值的手段就是公共关系和 CIS 战略的应用。

2) 共同的发展条件

CIS 战略与公共关系有着共同的发展条件,即市场经济的进步所带来的企业竞争手段的加强。市场竞争经历了由产品竞争、价格竞争、技术竞争发展到现今的信誉竞争、品牌竞争、形象竞争等。在竞争企业之间的技术差别和价格差别日益缩小的情况下,消费者对厂家和产品的选择是极其微妙的,有时仅凭一点之差就能决定胜负,这是企业形象的差别,它集中体现在顾客对企业的认识,从而表现为顾客对企业的整体识别系统。这一整体识别系统从社会公众对企业的整体印象上来分析,表现为企业的知名度和信誉度的扩大与加强,这是企业公共关系的要求,其目的在于树立良好的企业形象;从企业期望给社会公众留下的印象来分析,则表现为 CIS 战略,这是企业吸引社会公众关注并使公众识别企业的重要手段。

3) 共同的追求目标

CIS 战略与公共关系有着共同的追求目标,即树立良好的企业形象。公共关系以其完善自身为基础、以信息传播为手段、以树立形象为目标。CIS 战略以经营理念为主导、以规范行为为己任、以统一识别为表现、以追求完美为目标。事实上,公共关系中所要求的完善自身和 CIS 战略中所要求的规范行为,都是在经营理念的指导下所开展的活动;公共关系中所进行的信息传播和 CIS 战略中所进行的统一识别,都是渴望社会公众能够对企业的各项工作认可并接纳;而树立形象和追求完美是共同的目标,即都是为了企业更好更快地发展。

2. CIS 战略与公共关系的区别

尽管 CIS 与公共关系有着诸多共同之处,但其区别还是显而易见的,可以从以下几个方面加以归纳。

1) 二者工作的着眼点不同

CIS 战略偏重于主体自身,从企业形象的内涵到外在表现进行统一的规划,通过对主体的全面设计来完善;而公共关系则十分强调主体(组织或企业)与客体(公众)之间的关系,注重通过公共关系的各项工作去协调环境,一方面使自身适应于环境,另一方面努力使环境有利于自身。

2) 二者的工作所采取的方法不同

CIS 战略与公共关系都需要应用传播手段,但 CIS 战略的信息传播一般表现为组织对社会公众的单向传播，并在一定的历史条件下没有太大的变化；公共关系的信息传播呈现多元、双向、动态的特点，这是一种双向对称的传播，即主体与客体之间的双向沟通。双向沟通理论是现代公共关系的精髓与核心。

3) 二者传播的表现形式不同

CIS 战略主要是主体形象传播范围的一个概念，传播的内容均是正面的、恒定的，可以得到良好控制的信息，以不变应万变；而公共关系则不仅仅是形象传播的概念。近现代公共关系的功能一直在发展演变，在组织的传播沟通中，公共关系的传播范围随时代的发展而发展，随机构和环境的变更而变更。在公共关系的工作中，企业组织除了要传递正面的信息之外，还要注重处理各种负面信息，预测、分析和研究各种不可控的环境因素，灵活应变、不断创新，使组织或企业自身同外部环境保持动态平衡。

4) 二者传播所发挥的功能不同

CIS 战略注重于形象传播中的认知、识别功能的发挥。"identity" 含有 "同一物的确认" 之意，即从每一个角度来看都具有统一性和一致性，从而使一个企业的表现形式同其他企业的表现形式截然不同，使组织机构鲜明可辨。而公共关系除了要争取社会公众的认识和了解之外，更重要的是如何争取社会公众的理解、信任，建立一种和谐的公共关系环境。公共关系认为识别和了解虽然是前提，但仅仅是形象传播中的初级层次，如何影响公众的观点、态度和行为才是形象传播中更深层次的问题，这是 CIS 工作力所不能及的。

5) 二者的投入方式不一样

CIS 是一项战略工程，强调全面导入，一次性投入。经过一系列的决策、规划、设计，形成系统的标准化的企业标识，其中涉及企业中一切可视事物的文字、图像、色彩、尺寸等传播品质，诸如企业名称、产品品牌、商标、徽记、证章、信笺、信封、账册等办公用品系列；包装盒、纸袋等包装系列；企业刊物、手册、简介、宣传品、目录书、海报、纪念品、铭牌等宣传品系列；招牌、橱窗、指示牌、接待室、展厅、大堂或企业庭院等环境布置系列；服装、徽章、皮包、人员的各种服饰用品系列；车辆设备的标志色彩，等等。由于 CIS 战略要求这一切必须严格按照统一的标准进行设计和控制，一经决定就不可改变，因而是一项重要而审慎的传播工程，需要事先有良好的规划和设计，对其实施过程进行严格管理和控制。实施 CIS 要获得好的效果，强调全面性导入，一次性投入，这是一项工程。而公共关系则是一项管理的职能，像计划、生产、财务等各项职能一样，随着企业经营活动的不断运转而不断地投入、长期地计划、不懈地努力，这里强调工作的连续性、效果的累积性，它需要整体策划、不断投入、不断调整。

6) 二者所要求的限定条件不同

实施 CIS 有比较严格的限制条件，不是所有的企业都有能力或有必要导入 CIS，它要求企业的组织结构、经营理念、产品和业务等相对稳定，并且有固定的势力范围。因此，新企业、新产品进入新市场、企业进入新时期等，实施导入 CIS 计划比较合适。此外，CIS 要求高投入，因此财力有限的企业难以负担。这说明 CIS 要求上马的条件性、局限性较强，而公共关系则不论机构的性质、类型，不管企业的大小，无论何时何地，开展公共关系活动均是适用和必要的。实际上任何企业都离不开公共关系，有赖于良好的公共关系，才能使企业顺利地生存和发展。

以上区别充分说明，CIS 战略与公共关系二者具有不可替代的性质与功效。

9.3.2 CIS 与 CS 的关系

1. CS 概述

1) CS 的起源

CS 诞生于瑞典，CS 战略又称 CS 行销战略，是英文 Customer Satisfaction 的缩写形式，译成中文就是：顾客满意。"顾客满意"的思想最早是由瑞典的斯诺的诺维亚航空公司提出的，该公司于 20 世纪 80 年代末首先提出"服务与管理"的观点，认为企业利润的增长首先取决于服务的质量。

CS 战略成熟于美国，顾客满意作为一个生活概念，并不是什么新发明。但作为一个科学概念，并正式以"CS"简写形式来表示，则始于 1986 年一位美消费心理学家的创造。可以这样说，CS 作为一种战略或经营，并形成自己的体系，仅仅从 1986 年的美国开始。1989 年，该理论传入欧洲，逐渐发展成一种企业营销战略。1990 年以来，日本丰田、日产、本田等汽车公司相继引进 CS 战略，随后在日本全面推广。目前 CS 战略思想已在美、日、欧及我国企业界迅速推行，成为当今世界企业经营管理的重要趋势。

2) CS 战略的基本内涵

顾客满意是顾客消费了企业提供的产品和服务之后所感到的满足状态，这种状态是个体的一种心理体验。在 CS 战略中，顾客满意有其特殊的含义，在此必须予以界定。CS 战略就其基本含义来看大致有 3 个层次，即"顾客至上""顾客永远是对的"和"一切为了顾客"。

2. CS 战略与 CI 战略的关系

CIS 战略与 CS 战略的最大区别是：CIS 从企业本身出发，通过塑造良好的企业形象来吸引顾客，以增强公众识别效果为目的，是由内向外的思维方式；而 CS 是直接从顾客的需要出发，以创造更高的顾客价值、赢得顾客满意、建立忠诚度为目的，是一种由外向内的思维方式。

在 CS 战略被正式提出以前，企业将 CI 战略作为企业的出发点。然而，实践证明，CS 战略在诸多方面实现了对 CI 战略的超越。其表现在。

1) CS 可以简化企业战略

从 CI 的发展过程来看，CI 在建立企业理念、规范内部行为、导入统一视觉识别系统方面，做出过巨大贡献。但是相对而言，由于 CI 目标多样化而在实施过程中有一定的难度，往往达不到预期的效果。而 CS 则将企业目标简化为顾客满意度，使之成为企业运行的全部目标，成为企业运行的唯一主题。它讲求顾客的利益高于一切经营方向，以顾客的需求为企业的创新源头，以顾客的满意为企业的关注重点，通过"请注意顾客"理念的强化，使企业内部形成"为顾客创造价值"的经营观，达到企业在市场上不断扩大"顾客占有率"，产生服务品质优异的最大化的品牌效应，简化了企业战略，便于职工接受和企业运作。

2) CS 易于得到顾客认同

CS 战略易于得到顾客认同，为企业赢得顾客公众、树立良好形象构建了有效的保障机制。CS 理论认为，顾客满意是企业生产经营行为所追求的效果，所以欲达到顾客满意，企业不能只凭偶尔优良的产品、花言巧语的广告和一两次心血来潮的善举，必须从市场调研到产品设计，从市场管理到技术检验，从产品销售到市场宣传，从技术开发到人员培训，从企业形象塑造到企业文化建设，全方位地建立和完善相应的机制，提供优质产品和优质服务，并在这个整体过程中始终坚持"信誉第一"、"顾客至上"的公共关系原则，使企业的每一个产品、每一项服务都体现出对公众的关心，使企业的每一名员工都真正认识到顾客公众的重要性，把服务顾客、顾客满意的愿望体现于生产和经营的一言一行当中。

3) CS 为组织形象评价指标体系作出了重要的补充

过去的公共关系组织形象理论，比较偏重于对企业及品牌知名度和美誉度的论述，其中美誉度强调的是良好评价，这种评价意见，既可以来自亲身体验，也可以是间接体验。但是，CS 突出的是由实际体验所产生的亲身感受，而"满意"就是一种经验层面的感受，形成于亲身体验之后。这一侧重点的不同具有特殊意义，顾客公众不同于其他社会公众，它是企业产品和服务的直接接受者，顾客公众对企业评价的最主要依据就是产品和服务，由使用产品和服务而产生的品牌形象和企业形象才是顾客心目中最真实的形象；脱离产品和服务，单纯依靠其他信息传播活动(如广告、CI 等)，企业只能获得知名度和有限的美誉度。因而，评价企业形象，特别是顾客心目中的形象，必须注入"满意"指标，才能保证其真实、可信。

CS 理论为企业形象评价体系作了重要补充，也为顾客关系的衡量提供了新标准。在企业公关工作中，塑造新形象的活动往往限于浅层表面，其根本性原因正是片面注重企业的名声和声势，而忽视产品和服务带给顾客的良好感受——满意。离开顾客的切实感受，企业形象自然成为空中楼阁。CS 的兴起为现代企业争取公众、赢得竞争提供了新的指针，也使企业顾客关系进入了一个崭新的境界。

4) CS 可以评价员工的工作成绩，便于在企业中推广

在企业中，无论是产品的设计人员、生产人员，还是营销人员、管理人员，如果都按照过分理想化的 CI 手册去实施自己的具体工作，那么在复杂的市场竞争中会碰到许多问题。特别是对市场营销人员来说，千变万化的市场风云更需要随机应变。对于一个完全面向市场的企业来说，营销人员又是企业的中坚，因此，营销人员根据市场的实际情况和顾客的满意程度，建议企业做出适应性的转变，才可以使企业在变幻莫测的市场大潮中得以生存和发展。CS 战略着重于顾客的满意程度，抓住了企业中共同的根本性问题，其推广过程必须紧密结合企业的营销实践，才容易产生实际效果，适合在各类企业中普遍推广。

5) CS 可以树立良好的企业形象

要树立良好的企业形象仅靠 CI 是不够的，CI 不等于企业形象。CS 战略运作结束了策划界以前的那种单项的、个体的、零碎的"纯电子式"服务模式，重新开创了一种为企业从战略上全面整治、经营上务实行销和管理上规范监控的整体化和全程化服务模式。只有从 CS 的角度，去充分了解和反映消费者的价值观，企业才能够为顾客所认同，企业的实际形象才可以转化为顾客的认知形象。

9.4 CIS 设计与品牌建设概述

9.4.1 品牌的含义

品牌是用以识别某个销售者或某群销售者的产品或服务，并使之与竞争对手的产品或

服务区别开来的商业名称及其标志，通常由文字、标记、符号、图案和颜色等要素或这些要素的组合构成。品牌是一个集合概念，它包括品牌名称(brand name)、品牌标志(brand mark)两部分。品牌名称是品牌中可以用语言称呼的部分，也称为"品名"；品牌标志，也称"品标"，是品牌中可以被认出、易于记忆但不能用言语称呼的部分，通常由图案符号或特殊颜色等构成。

为了准确解释品牌的定义，需要从以下6个方面加以理解。

(1) 属性。品牌代表着特定的商品属性，这是品牌最基本的含义。

(2) 利益。属性需要转换为功能和情感利益。

(3) 价值。品牌还体现了制造商或经销商的某些价值感。

(4) 文化。品牌可能象征了一定的文化。如梅塞德斯意味着德国文化：有组织、有效率、高品质。

(5) 个性。品牌代表了一定的个性。梅塞德斯可以使人想起一位不会无聊的老板(人)，一头有权势的狮子(动物)，或一座质朴的宫殿(标的物)。

(6) 使用者。品牌还体现了购买或使用这种产品的是哪一种消费者。

品牌，就其实质来说，其代表着销售者对交付给买者的产品特征、利益和服务的一贯承诺。其最持久的含义是其价值、文化和个性。它们共同构成了品牌的基础，揭示了品牌间差异的实质。

所谓名牌，就是具有较高知名度和美誉度，被其相关公众广泛认可的品牌。名牌不是权威部门评出来的，而是广大消费者用一张张货币选票塑造出来的一种形象。有一定市场占有率的品牌未必是名牌，但名牌一定是有较强市场影响力和可信度的品牌。

9.4.2 商标

商标是法律术语，指在政府有关部门依法注册，受到法律保护的整个品牌或品牌中的某一部分，如注册了的图案或符号、字体等。经注册的商标，所有者受法律保护享有该商标的专用权。它是生产者、经营者或服务的提供者，为了使自己的商品或服务与他人的相区别，而使用的一种独特标记。一般是由文字、图形，或二者组合而构成，注明在商品、商品包装、招牌的广告上。主要是用来区别不同的商品生产者、经营者或服务的提供者，它反映了特定的商品质量、特色或服务，便于人们认牌购买或消费，以防止与他人在同种商品或类似商品及服务上相混淆。

9.4.3 品牌与商标的关系

品牌与商标是一对极易混淆的概念，二者既有联系，又有区别。有时，两个概念可以相互替代，但更多的情况下，二者是有本质区别的。

品牌与商标都是用以识别不同生产经营者的不同种类、不同品质产品的商业名称及其标志。但二者的外延并不相同，品牌并不完全等同于商标。品牌是市场概念，是产品和服务在市场上通行的牌子，强调其与产品相关的质量、服务和利益等方面的承诺。而商标属于法律范畴，是法律概念，它是经过注册获得商标专用权从而受到法律保护的商业名称及其标志。企业品牌注册成商标，即获得了商标专用权，并受到法律保护。显然，商标是品牌的法律形式。从这个意义上说，商标是品牌的一部分。

商标无论是否被标示在商品上，也不论商标所标定的商品是否有市场，只要对其进行评估，它就必然有价值；而品牌则不同，品牌的价值是其使用中通过品牌标定的产品或服务在市场上的表现来进行评估的。

习惯上，人们对一切品牌都称为商标。实际上，在我国，商标有"注册商标"与"非注册商标"之分。注册商标是指受法律保护、所有者享有专用权的商标。非注册商标是指未办理注册手续、不受法律保护的商标。国家规定必须使用注册商标，必须申请商标注册，未经商标注册的，不得在市场销售。

9.4.4　CIS 战略与品牌战略的关系

从表面上看，CIS 似乎仅仅是指出了企业应以主体的形象传播为手段，以树立良好形象为根本目标。但实质上，CIS 理论对企业经营观念、生产和服务行为提出了更高的要求，对企业品牌建设具有重要的意义。

首先，CIS 战略以塑造良好的形象为目标，而品牌战略则是将品牌作为企业形象载体。CIS 战略通过无形的理念识别系统、有形的行为识别系统和静态的视觉识别系统塑造企业形象，并通过单向信息传播的方式，期望获得公众的支持；品牌战略通过品牌带有企业视觉识别的形象标志标注在企业的商品或服务上，以显示企业品牌的形象，通过理念和行为识别系统来展示企业品牌形象。

其次，CIS 战略全面导入一次投入，而品牌战略则要求企业在维护品牌形象的过程中持续关注。CIS 战略对其各个组成部分进行分别设计并导入，可在较长时期使用。品牌战略强调其品牌的标识可自觉维护企业形象。

再次，CIS 战略分别通过 MI、BI 和 VI 塑造组织形象，品牌战略是集 MI、BI 和 VI 于一身，综合体现企业形象和品牌形象。所以 CIS 战略是品牌战略的基础，此所谓"皮之不存毛将焉附"。

总之，CIS 战略在市场经济条件下对于企业品牌经营具有极其重要的意义，是企业品牌经营的有效手段。企业应加强对 CIS 战略的研究，用 CIS 战略研究的新成果，加速企业品牌建设服务，让中国名牌更多、更快地走向世界。

9.4.5　品牌建设在我国的发展现状

1. 我国名牌产品到了最危险的时刻

自我国加入 WTO，中国企业就应该从世界市场的大环境和市场竞争的新规则角度出发，重新审视自己的产品定位及市场运作策略。国际市场向中国的企业开放了，而中国的市场也成为世界市场不可分割的一部分。无论是哪个国家的企业，也不论哪个企业的什么产品，要想在国际市场的竞争中取得胜利，无论采取什么样的策略，最终必须要能打动顾客，而名牌产品将在这场竞争中起到关键作用。

自 20 世纪 90 年代初期以来，随着我国经济改革和对外开放步伐的加快，投资环境的日臻完善，发达国家的著名企业和商品大量涌入国内。他们通过广告宣传、提供赞助、合资经营、独资办厂、代理、商标特许等方式向中国市场渗透、推销他们的品牌。连续十多年来外国名牌大举进入国内，势头很猛，使我国名牌产品的发展面临着严峻的挑战和威胁。

1) 国外名牌产品知名度高,时尚性强,诱惑力大

西方发达国家进入我国市场的名牌产品,已经经营多年,大多享有国际盛誉,又由于他们资金雄厚、开发能力强,品牌文化底蕴深厚,且常有创新,具有引导消费新潮流的能力,因而吸引着亿万"名牌崇拜者"。

2) 国外名牌产品技术先进,质量可靠,竞争力强

西方发达国家的工业化过程已历经二、三百年,打下了雄厚的经济基础,积累了丰富的技术经验,形成了现代化的管理体系,而且具有强劲的研究开发与生产能力,加上优胜劣汰的市场竞争的反复筛选与锤炼,使得那些真正的国际名牌在技术、质量、服务等诸方面堪称一流,令人信服。近年来,我国产品质量问题十分突出,市场上商品抽检合格率低,假冒伪劣产品屡禁不止,与国际名牌商品的差距悬殊。

3) 国外品牌在价格上取得优势,对国内市场产生更猛烈的冲击

过去,由于高额关税的限制,国外名牌尽管拥有上述的种种优势,但因市场价格高出国货 1~3 倍,致使消费者望而却步,选用国内产品。但是,WTO 后过渡期以来,我国奢侈品消费品市场级级攀升,令高端品牌商纷纷高度关注中国市场;与此同时,这些年来我国企业的生产成本连续大幅度增长。我国作为发展中国家所具有的廉价劳动力的优势,现在在东部经济发达地区也发生了很大变化,劳动力成本同样连续大幅度提高。这样,进口产品的价格在降低,国产货的价格在升高,二者的价格差距逐渐缩小,进口产品在价格上对国货的压力越来越大。

由于国外名牌,尤其是奢侈品品牌具有以上优势,它们大量涌入中国市场,致使中国的一些企业和地区的名牌几乎全部被冲垮或者被消费者淡忘,形势相当严峻。而我国的企业有的还依然停留在产品经营观念上,忽视品牌的创立;有的虽然重视品牌经营,却在品牌的竞争中出现了品牌定位模糊、竞争手段层次较低、创新力度不够等问题。对待国外名牌的严峻挑战和巨大冲击,我们当然不能退回到过去闭关锁国的老路,也不能走历史上曾经有过的抵制洋货,甚至烧毁洋货的道路。在众多的商品中,选择适合自己的品牌是消费者的权利,也是社会文明进步的标志。在世界经济日益相互依存、相互融合的时代,在不可逆转的改革开放的历史潮流中,唯一的出路只能是创立、巩固和发展中国自己的名牌。要坚持不懈地努力奋斗,中国名牌就一定能够深深扎根于国内市场,并且走向国际市场,树立中国人自己的名牌。

2. 品牌建设是我国企业的唯一出路

实施名牌战略是迎接国外名牌的严峻挑战,也是保护和发展我国民族工业的迫切需要,但我们还不能只停留在打一场防御战,抵御国外名牌的竞争这个层次;根据世界各国的经验,根据我国经济和社会发展的目标,努力创建中国名牌,让中国名牌走向世界,才应该是我国经济发展的重要战略。

创建中国名牌,让中国名牌走向世界,本质上说,希望寄托在企业身上。企业是名牌产品的设计者、生产者和推广者。在现代市场经济激烈竞争的环境中,在我国企业走向世界的征途上,驰名商标犹如无坚不摧的开路先锋,是企业开辟、占领和不断扩大市场的重要手段,是企业竞争取胜、获得巨大经济效益、迅速成长的重要保证。品牌建设对企业发展的作用具体表现在以下几点。

1) 品牌经营是名牌扩张的必由之路

品牌经营是以品牌资产、品牌形象为核心的经营，是名牌扩张的必然选择。品牌经营通过品牌名称、品牌标志物的认知作用，有助于消费者加工整理、储存有关产品及品牌的信息，提高企业知名度。顾客通过购买并使用某品牌产品，使自己在产品的使用价值和附加价值等方面获得满足，最终对产品产生一定的品牌忠诚，提高企业产品的美誉度和认可度。高知名度、高美誉度和高认可度的品牌具有较高的社会认同，在这种情况下，推出新的产品也容易获得消费者的认可，为企业品牌的扩张提供了有利的条件。

2) 品牌是产品的标志，为顾客起着重要的导向作用

消费者购买商品时不仅追求商品的使用价值，而且更多注重商品的普遍认同性和能充分体现购买者个性特征的"标志性价值"。于是品牌成为消费者购买商品的一种指示器。品牌是商品生产者为了将自己的产品同其他产品区别开来的一种标志，代表着一定产品的特色。

因此，在许许多多厂家生产的同类产品中，少数牌子成为名牌之后，消费者选购自己满意的商品时，实际上是选择自己满意的品牌。正因为品牌对消费行为起着重要的引导作用，所以厂家都很注重给商品命名的传统，那些老字号商家，每个命名都独具匠心，堪称一绝。古今中外企业经营之道，无不说明创出一个好牌子极端重要。

3) 品牌可以为企业带来忠诚的顾客，是企业赖以生存的基础

由于名牌产品具有产品质量一流、企业信誉高、售后服务好的优势，将直接影响顾客的购买行为，能够为企业带来大量的顾客。如果企业能够在品牌受到顾客肯定时，还能在产品质量上严把关、增加产量、提供全方位的服务措施、增强顾客的满足感，就一定能为企业带来大批忠诚的顾客，从而大大提高产品的市场占有份额，这对企业的生存与发展起着十分重要的作用。

4) 品牌具有多重使用价值，是企业的一笔巨大的无形资产

综观当今世界，那些经济发达国家，都有自己的名牌驰骋天下，名牌的多寡是衡量一个国家和地区经济实力的标志。社会经济实践显示：名牌越多，市场就越广；名牌越多，经济实力就越强。从表面上看，名牌只是一种标志，一个符号，其实它是一种实实在在的巨大资产。这是因为，名牌是高度创造性智力劳动的结晶，在经济活动中具有多重作用价值，属于知识产权的范畴，同其他可以有偿转让的产权一样，能够在价值形式上予以量化。

9.5 CIS 的导入程序

CIS 的导入是一项系统工程，必须具有长期的规划并配之以相应的督导管理。尽管由于企业的性质有所不同，每个企业在拟定 CIS 设计规划过程中，所要解决的问题及其表现的重点也有所不同，但完整地导入 CIS 的程序却必须遵循共同的原则和作业流程。一般来说，CIS 的作业程序可以划分为 3 个阶段，即调查——策划——实施。调查阶段就是把握企业现状、分析企业实际状态、审查视觉表现要素、确立 CIS 的导入所要达到的目标及所要解决的问题；策划阶段是在调查的基础上，提炼企业理念，提出表达理念的形式和方法，

第 9 章 CIS 设计与品牌建设

设计完整的作业规划；实施阶段是根据策划的结果，开发崭新的企业视觉识别系统，确认媒体的选择与投放，并对内对外公布，完成企业 CI 手册的编制，使企业的经营与运营呈现出崭新的面貌。

9.5.1 企业现状调查

企业导入 CIS 的最终目的是为了解决企业在经营管理中所遇到的各种问题，因此，对企业现状的调查研究就成为导入 CIS 的基础。所谓企业现状调查就是通过定量的和定性的研究方法和手段，准确地了解企业的现状，客观地评价企业现状及企业所面临的竞争态势，详细地审查企业的视觉表达系统的意义及其作用，为下一步的 CIS 策划提供客观的依据。具体内容包括：企业内部调查、企业经营环境的调查和企业视觉表达系统的调查。

企业内部调查的内容包括：企业经营理念是否明确，是否得到了全体员工的积极认同，企业是否具有完整的经营方针与经营战略，企业组织结构是否适应竞争的要求，企业的激励体系是否充分反映出企业的经营理念，企业员工对企业持什么样的看法等。企业内部调查的方法主要有两种，一种是访谈，一种是问卷调查。访谈的主要对象是企业的最高主管。因为最高主管对企业的现状最为了解，对企业的经营运作，对企业的经营理念的理解也最深刻，因此，与他们深入地沟通与交流是进行企业现状调查的最重要内容。不仅如此，一个企业导入 CIS 是否成功，在很大程度上取决于企业最高主管对导入 CIS 的态度。与企业最高主管深入地沟通与交流，可以起到了解现状、发现问题的作用，而且能够在沟通与交流中使企业最高主管加深对导入 CIS 的意义的认识和了解，并获得他们的配合与支持。对企业内部员工的调查可采用问卷调查方法，其调查的重点在于了解员工对企业的看法与态度。因为员工对企业的忠诚度、归属感、向心力都是影响员工积极性的重要因素，同时也是决定企业兴衰、经营成败的主要内部因素。对员工进行问卷调查，可以聘请有关管理学、心理学等方面的专家协助企业设计问卷，实施调查。但在调查之前，企业的经营者必须向全体员工详细地说明问卷调查的意义，以求得员工的理解与配合，这是提高问卷的可信度的重要保证。

对企业经营环境的调查，是 CIS 开发作业前期调查的重要内容。从导入 CIS 的目的来看，对企业经营环境的调查主要包括两项内容，其一是消费者市场评估，其二是竞争态势分析。消费者市场评估主要了解消费者对企业的产品及企业本身的认知度和评价，测定企业整体形象的优与劣，并通过调查确认企业改进及提升形象的重点所在。竞争态势分析主要是了解同业竞争对手之间产品、市场、形象定位的不同特点，以准确地确定企业在不同的细分市场中的定位及其应当采取的竞争对策。一般来说，对企业经营环境的调查大都采取问卷调查方法，有条件的企业可以依靠自己的力量来完成这项工作，没有条件的企业就可以聘请专业的市场调查公司来协助企业做这方面的工作。

企业视觉表达系统的调查是前期调查的一项不可忽视的内容。因为 CIS 的核心在于通过企业的视觉表达系统向社会公众传达企业的理念及经营思想，使企业的信息传达工作达到统一化、效率化、标准化和系统化，形成具有强烈的感染力和影响力的企业形象系统，以提高企业的整体竞争能力。企业导入 CIS，一方面是要形成能够充分表达这些理念与规范的视觉传达系统,使公众通过接受统一化的信息,达到对企业的理解和认同。因此,企业在导入 CIS 以前,就必须对原有的 VI 系统进行充分的调查,以确定哪些因素是应当保留的,哪些因素是应当改进的。视觉审查主要是对企业原有的标志、标准字、标准色、公司名称、业务用品、运输工具、信息传播媒体及途径、设计表现的水准等进行全面、系统的重点调查。

将企业现状调查的结果进行全面的归纳与分析,发现企业目前存在的问题或企业在未来发展过程中将出现的问题,就可以确定企业导入 CIS 所要达到的具体目标,当这些目标经过企业最高主管认可以后,CIS 的导入作业过程就进入了第二阶段,即策划阶段。

9.5.2 策划阶段

策划是为实现导入 CIS 的具体目标寻求方法和手段的过程,因此,策划是导入 CIS 的关键环节。一般说来,CIS 策划应当包括三项主要内容:其一是理念确定,其二是管理准备,其三是 CIS 创意。

1. 理念确定

导入 CIS 是为了建立以传达企业理念为核心的企业识别系统。理念是传达的基础与核心,缺乏明确的经营理念指导的视觉表达,是一种没有意义的表达。因此,为了使视觉表达统一化、标准化,就必须首先明确企业理念的内涵。企业理念既包括企业经营的价值观,也包括企业准确的市场定位,也就是国外学者常说的"事业领域之测定",它们是指导企业一切经营活动的"灵魂"与核心。经营理念的确定绝不是随心所欲的,它取决于企业所在行业的特征、企业的产品定位、与竞争对手的比较分析、企业自我的实力与能力等因素。在确定企业理念的活动中,要充分发挥企业全体员工的智慧,经过深入讨论、比较分析、广泛参与,最终才能形成充分表达企业特性的经营理念。企业在确定了自己的经营理念之后,还要在全体员工中征求意见,看看这种理念是否充分表达了全体员工的需求与目标,因为只有全体员工高度认同的企业理念,才能成为规范企业行为及员工行为的价值标准。

2. 管理准备

所谓管理准备,就是根据企业导入 CIS 的具体目标,重新设计企业的组织结构,建立各种行为的规范和标准,以使其能够适应企业发展的需要。在这方面,建立适应企业发展需要的各种规范和标准是最为重要的,这些规范与标准,如职工操作规范、员工行为规范、销售服务规范、广告定位标准、公共关系活动的标准等,都必须以企业经营理念为最终尺度,不能背离企业的根本宗旨,这样才能使思想与行为保持一致、统一化。

3. CIS 创意

所谓 CIS 创意,就是将已经确定的企业理念和行为规范转换成系统化的视觉传递形式,来具体地、象征性地体现企业的精神与行为。CIS 创意包括 3 个步骤:首先,将具有识别性的抽象概念转换成象征性的视觉要素,并对其不断地进行审查,直到设计概念明确化为止;其次,创造以实体象征物为核心的设计体系,即开发基本设计要素,以奠定 CIS 整体传播系统的基础;最后,以基本设计要素为基础,展开应用设计要素的开发作业使基本设计系统与应用设计系统相互支持相得益彰。CIS 创意阶段是设计人员充分施展其想象力和创造力的阶段，其中尤以企业标志、标准字、标准色的设计为最初关键，因为整个识别系统的建立将以这3项为核心展开。在企业标志、标准字、标准色的设计过程中，要求构想的提案越多越好，同时要调动企业一切人员的创作热情，经过多次探讨、试验、修正，才能最终确定符合企业实际，表现企业精神与行为的视觉符号。当最终的构想方案确定以后，就可以进行应用设计系统的开发作业，从而完成全面导入CIS的准备工作。这时CIS的导入就进入了下一个阶段，即实施阶段。

9.5.3 CIS 的实施

CIS的实施阶段首先要完成的一项工作任务就是编制CIS手册。CIS手册是最具有指导性和权威性的文献资料，它包括企业理念的定义和解说，企业行为规范总汇，基本设计系统的构想和说明，应用设计系统的操作规程，基本设计系统标准化、统一化的使用方法等内容。企业在制定了完整的CIS手册以后，应当组织各主要职能部门的负责人进行学习、领会，并向全体员工进行发布和宣讲，使企业能够按照新的规范与标准统一自己的行为和各项活动。

CIS实施阶段的另一项内容就是媒体的选择与投放，即对内对外发布，使社会公众，包括企业内部员工充分了解企业导入CIS的目的以及认识企业新的视觉系统，使企业以全新的面貌出现在社会大众面前。媒体的选择要结合企业的特点，媒体的投放要注意投放时机，以便使企业能够以最少的费用达到最大的信息传输效果。同时，媒体的投放要结合企业的营销活动来推广，这样就可以使企业的崭新形象逐渐在消费者心目中累积成不可磨灭的真实形象，达到事半功倍的功效。

在CIS实施阶段要加强对这一过程的管理与督导，对CIS运作过程进行全程管理，这就需要由相应的管理机构执行。一般来说，企业应当成立以最高主管为核心的CIS管理委员会，负责对企业导入CIS进行全面管理。

与此同时，应当把CIS的导入过程同企业正常的经营管理活动结合起来，使二者协调一致、相互促进，并且还应当根据企业的发展特点、市场的需求变化，不断地修正和调控CIS的导入进程，这样才能通过导入CIS使企业焕发出勃勃生机，创造出卓越的企业形象。

9.5.4 选择 CIS 的导入时机

CIS于20世纪80年代中后期在我国陆续推行，但是由于导入的时机不当，加之当时我国特殊的经济环境，企业之间缺乏规范的竞争环境，以致CIS设计和推行很好的企业反倒有一种曲高和寡之感，因而，CIS没有得到较快的推行。

正是因为CIS的实施和推行有严格的限定性和条件性，所以实施时机的选择显得尤为重要。只有时机利用恰当，才会收到事半功倍的效果，反之，只能是事倍功半，甚至是劳而无功走向失败。一般而言，企业导入CIS的最佳时机应当考虑以下几个方面：其一是企业初创或合并时期，其二是新产品开发与上市，其三是创业周年纪念日，其四是企业国际化经营。其他诸如：企业多角化经营、改善企业经营危机、重整企业经营理念、强化宣传、公共关系、促销、导入新的市场战略等等。

【案情简介一】

太湖宝岛花园导入 CIS

太湖宝岛花园由一家五星级酒店和百幢别墅构成。五星级酒店设计的会所,提供客房、餐饮、会议、商务等服务。太湖宝岛花园虽然是一处具有良好自然生态环境、高尚浓郁文化气息、高质高效圆满生活设施的美丽园区,但也存在地理位置离苏州较远,人流量较少,对外认知度较差等缺点。因此,在太湖宝岛花园建设过程中,就有必要通过导入 CIS,来传播企业形象信息,扩大认知度,吸引消费者和游客,提高企业的文化品位,增添企业的无形资产。1998 年 4 月至 1998 年 9 月,太湖宝岛花园全面地导入 CIS,迅速提升了企业形象。本案例介绍太湖宝岛花园导入 CIS 的做法。

一、VI 设计

苏州太湖宝岛花园依山傍水,一年四季,好景不绝。动人的湖滨金色沙滩,营造了自然畅意的空间,嬉戏碧波清水,享受日光月华,能充分体味人生的美好趣味。太湖宝岛花园绿化率超过 45%,桃林、梅园落英缤纷;桂花、茶花香气袭人。太湖物产丰富,银鱼、虾蟹堪称一绝;莼菜、珍珠中外驰名;碧螺春茶享誉世界。通过反复总结提炼太湖宝岛花园的个性特征,设计出了如下的标志:采用绿、蓝两种主色,在椭圆形的空间展示出绿水蓝天相互连接,一轮明月悬于水面,将人们带到了诗情画意般的境地——碧波荡漾的太湖水秀丽多姿,瑶海上月,星河倒映,山影荡漾,涛声如诉。给人们以强烈的视觉冲击力和广阔的想像空间。

二、BI 设计

太湖宝岛花园的 BI 系统分为内部系统和外部系统两个方面。结合酒店和高档住宅小区的特色,内部系统围绕干部教育、员工教育、敬业精神、礼仪规范、企业环境、职业道德、企业文化、环保对策等八个方面展开。外部系统围绕市场调查、公共关系、广告宣传、促销活动、公益活动、项目开发等六个方面进行。以基本规则和规章制度来规范员工的行为,并进而塑造太湖宝岛花园良好的动态形象。

三、MI 设计

(一) 经营理念

提出了"营造诗意的居住意境,倡导全新的生活理性"的经营理念。

这一意境深远、令人回味的经营理念,向各界公众昭示:

高品质的生活环境是人们梦寐以求的追求;科学的消费方式是时代发展的要求;使人获得全身心的发展,是社会进步的目的。宝岛花园以造福于人类、服务于公众为己任,刻意为人们创造一个远离都市喧嚣,回归大自然怀抱,能够充分地品味人生,诗意般地栖居的美好生活意境,使古人"结庐在人境,而无车马喧"、"采菊东篱下,悠然见南山"的企盼成为现实。

宝岛花园充分利用美丽的太湖山水这一得天独厚的空间环境,通过国内外著名的建筑学家、美学家、文化专家和企业形象设计专家等各路高手独具匠心的规划和设计,推出一处以吴文化为特色,荟萃中西建筑文化精华,具有理想的自然生态环境和人文环境,能使人们充分品味现代生活内涵的美丽园区,使它成为苏州这一"人间天堂"中的一颗熠熠生辉、璀璨夺目的明珠,成为太湖中令人神往的蓬莱仙境。

(二) 经营哲学

总结出了"以诚创造价值,以美装点生活"的经营哲学。这一经营哲学对外展示:宝岛花园企业的旗帜上始终铭刻着两个闪光的大字:"诚""美"。诚实守信是中华民族代代相传的祖训,也是现代企业必须信守的基本职业道德准则。宝岛花园以一颗诚实、诚挚、诚恳、诚信的赤子之心服务于公众,奉献于社会,并从中获得价值回报。崇尚美、向往美和追求美是当今时代的主旋律,是人们参与社会实践活动的强烈精神需求。宝岛花园决心以给人类带来火种的普罗米修斯为楷模,当美的使者,通过美的创造,为人们的生活奉献束束五彩缤纷的鲜美花朵,让人们在美好的生活中陶冶性情,奋发向上。诚实即美,美即诚实。生活需要诚实,生活需要美。写着"诚""美"大字的旗帜,永远激励着宝岛花园的全体员工开拓进取,推动事业的腾飞。

(三) 企业精神

"刚柔相济,百折不挠。"

"柔似太湖水,刚如太湖石。"

宝岛花园企业精神可以简括为"水石精神"。这一精神的文化意蕴在于:

首先,将宝岛花园的精神和中华民族精神融为一体。中华民族历经磨难、生生不息的力量源泉在于刚柔相济。宝岛花园继承和弘扬这一民族精神,以刚柔相济的韧性、弹性和张力,百折不挠地朝既定目标挺进。

其次,将宝岛花园的企业精神和儒家文化传统紧密结合。易锄云:"天行健,君子以自强不息;地势坤,君子以厚德载物。"号召人们要有博大的胸怀,刚柔相济,自强不息。

最后,将宝岛花园的企业精神和吴文化主线贯串起来。吴文化的鲜明个性是水文化。浩瀚的太湖水,碧波万顷,奔流不息。水是柔和的,但能克刚。一切源于水,一切又复归于水,可见水的力量。柔和的太湖水拍击和砥砺着太湖石,使太湖石坚硬如铁,坚不可摧。宝岛花园诞生在吴文化的腹地,要继承和发扬吴文化的精粹。

"刚柔相济,百折不挠。柔似太湖水,刚如太湖石。"宝岛花园奉行的这一企业精神表明:对公众和社会,宝岛花园有博大的胸怀和满腔柔情;对事业,宝岛花园有顽强而执着的追求精神,不达目的,死不瞑目。

(四) 发展战略目标

近期目标,亦即通过3年的努力所要达到的目标是要成为:

1. 独具风格的现代高品质美丽生活园区;
2. 富有魅力的国内外旅游基地;
3. 国内一流的4个中心,即:
① 康复保健中心;
② 培训教育中心;
③ 度假商贸会务中心;
④ 吴文化展示中心。

(五) 企业形象定位

1. 形象定位:创造高品质的生活文化环境。
2. 形象定位概念结构图解(略)。
3. 宝岛花园企业形象概念:

创造:创造全新生活质量和舒适的生存空间。

生活:阐述人与人、人与环境和谐的崭新生活观。

文化:培育高品位的文化氛围。

环境:有机整合得天独厚的生态环境与优秀的人文环境。

4. 宝岛花园企业形象构造。

① 形象准则:

品质:人事时地物,整体高品质。

服务:国际级的星级标准满意服务。

文化:以吴文化为主流的多维文化。

环境:地理环境与人文环境的有机融合。

② 功能准则:

独特个性:独特的山水桥岛、独特的创意设计和独特的形象。

强化认知:从视觉识别、行为识别到理念识别三位一体,环环相扣,给公众以强烈的识记效果。

拓展想像:品质、环境、文化的有机结合,给公众以美好遐想和巨大振奋。

富有美感:山水桥岛等整体环境与独特建筑风格的外在美,与企业文化的内在美,对外展示出企业整体优美形象。太湖宝岛花园全面导入CIS,取得了很大的成功。

水天一色之间一轮明月的企业标志,通过太湖宝岛花园的室内用品设计、广告媒体设计、交通运输工具设计、制服设计、室内设计、建筑设计、展示设计、包装设计等,全面表达了企业识别的精神和独特个性,起到了十分巨大的传播力量和感染力量。太湖宝岛花园MI使企业理念从抽象和间接的层面转化为直接的员工行为,又通过员工行为反映其形象和企业整体形象。BI在企业实施后,对企业员工的行为起了十分强烈的规范作用,规范他们应该怎样干和如何干。而企业员工良好的行为,如敬业精神和为顾客提供的优质服务等,对外都产生了一种强烈的亲和力,引起外界公众由衷的信赖和好感,成为塑造企业形象的有效方法。

太湖宝岛花园的MI,由于是一个包含了企业的目标、宗旨、使命、价值观、经营思想等内容的一整套的理念体系,可以在其具体的活动过程中,起到整体统一的指导作用,使员工在思想感情和言行举止等多方面与企业保持协调,做到与企业同呼吸、共命运,把企业员工组织成了一个团结、自立的整体,显示出共同的意志、品格和精神追求,使员工个体对企业整体产生了归属感和凝聚力。VI的对外传播散发了太湖宝岛花园高品位的精神文化和价追求,使各界公众对太湖宝岛花园有了全方位的了解,并从中产生好感和爱戴。

太湖宝岛花园导入CIS后不到半年,百幢别墅已销售一空,店尚未开张营业已有人预订。慕名而去的人络绎不绝,在观赏太湖时,又把这美丽的生活园区作为一个漂亮景点观赏。

(资料来源:方世南.公共关系案例分析.北京:中国商业出版社)

【案例点评】

在市场竞争日趋激烈的情况下,企业形象塑造及宣传越来越重要,本案例正说明:(1)太湖宝岛花园的企业形象塑造实现了知名度与美誉度的双赢。(2)在实施组织形象塑造工作中,太湖宝岛花园做了大量工作,主要包括MI、BI和VI的设计。(3)CIS战略在现代企业中的地位与作用越来越大,它是现代企业竞争的一个有效手段。

【案情简介二】

看星巴克如何讲品牌故事法则的

彼得·古贝尔(Peter Guber),这位卖座电影如《蝙蝠侠》《雨人》《紫色姐妹花》《午夜快车》的制作人、加利福尼亚大学洛杉矶分校的长期教授,曾在《会讲才会赢:如何通过讲故事打动人心,赢得机会》一书中说,"现今社会的每个人都是通过情感交流在做生意。因此,对于企业家来说,讲述

第9章 CIS设计与品牌建设

令人信服的故事是促成生意的最好方式。掌握故事，就能提升竞争力"。

星巴克正是这样一个会讲故事的企业。

讲述品牌故事法则

产品 − 意义 = 商品，产品 + 意义 = 品牌

星巴克创始人霍华德·舒尔茨说，"我们并非做咖啡生意，我们做的是人的生意。"有着"第三空间"之称的星巴克以情感来联接顾客，这是星巴克价值观的真正主张。但是这一理念又如此微妙，微妙到了许多商人都无法复制。

星巴克的一位咖啡师了解到老顾客在等待肾脏移植，便亲自做了配型测试并且成功移植。一位门店女员工为鼓励患癌症少女勇敢与病魔作斗争，将自己剃成了光头。员工认同公司的道德观念和价值之后，心甘情愿地通过每一次服务为顾客提供完美的咖啡体验。而每一次体验的背后又都是一段足以称道的故事。

体验究竟是什么？一种说法是，从生活与情境出发，塑造感官体验及思维认同。

年深日久，星巴克逐渐成为都市里具有小布尔乔亚情结者的集散地，一杯咖啡、一台电脑、一本书，在惬意的环境中可以打发一天的时光，也能点燃人类最微妙的情感。有人说，星巴克咖啡的价格中，有一半是消费者在为内心虚幻的感受埋单。

那么，这种美好的感受又是从何而来的呢？

故事从闻香开始

"举起杯子，凑近鼻子，深吸一口气，这是口尝咖啡的第一步，叫作'闻香'"，一个系着星巴克绿色围裙的阳光大男孩站在顾客中间，举着咖啡杯做示范，即刻一股淡淡的烟熏味泛起，充溢鼻腔。

"我们的舌头只能分辨五味，但是鼻子却能分辨数千种味道，所以闻香是了解咖啡特性的重要步骤。想像一下，它和哪种味道相似？"

"接下来，我们来啜饮。注意，不是喝，而是重重地把咖啡吸进嘴里。"大男孩夸张地表演了一次"啜"，顾客笑成一片。他认真起来："这是品咖啡的标准动作，能让咖啡均匀地散布在舌面。"狠狠地"啜"了一口，咖啡直冲后舌，顷刻间浓郁的香气占满口腔。

"第三步是感觉。舌尖、舌的两侧是否感受到了舌尖掌管甜味，舌侧掌管酸味、咸味；舌后根掌管苦味。"经他一点拨，品尝者隐然觉得，嘴里烟熏味中更带着烧烤的甜香，还有些微酸，一会儿之后，香味由浓而淡，与味蕾融为一体。这时一份巧克力蛋糕端到众人面前，"这款意大利深度烘焙咖啡配合着巧克力蛋糕一起品尝味道是最佳的，可以收拢咖啡的余香，当然最后一步是分享感受。"轻咬一口蛋糕，果然相得益彰。

在奇妙的感受中，人们发现品评咖啡还有那么多学问，顾客与星巴克之间，意义便不止于咖啡了。

用葡萄酒的手法讲述咖啡的故事

为什么两瓶外观相似的葡萄酒，可以在价格上拉开那么大的距离，星巴克的咖啡跟其他的咖啡，又有什么区别呢？

在饮料行业，产品的同质化是一件普遍的事。葡萄酒行业已经形成一套标准的规程，产地、酿造过程、历史、风味，甚至与怎样的食物搭配都决定着品牌的内涵，乃至于价格，哪怕是相邻的葡萄酒庄园，这些故事的元素不同，价格也不同。

星巴克咖啡的故事也是从这里开始。霍华德·舒尔茨决定，将葡萄酒的品鉴方式运用到咖啡中，并且把这个战略称为"地理即风味"。

假设我们现在身处咖啡店，你需要向店员描述喜爱的咖啡口味，是清爽的酸味，还是温和，抑或是微妙的坚果味道？其实大多数消费者都不太清楚。2005年，星巴克决定用咖啡包装来指导消费

者区分咖啡之间的细微差别,帮助他们发现喜爱的口味。

星巴克咖啡豆的产地主要来自于美洲、非洲和太平洋地区,每个地区的咖啡豆都有独特的风味,品评的过程就是发现风味、酸度、醇度和气味的过程。

肯亚咖啡与斯丹摩咖啡都具有东非咖啡明显的酸度与水果般的风味,这在一般的咖啡中是没有的,但如果将肯亚咖啡与苏门答腊咖啡做比较,两者的差异就会很明显,而产地在太平洋区域的咖啡具有泥土的芳香和草本香。

那如何向消费者讲述口味的故事呢?一些顾客喜欢用抽象的词来概括他们的喜好,诸如生动的、难以言喻的,但是这些词还无法将咖啡的口味分类,比如喜欢苏门答腊咖啡的人,也可能会喜爱苏拉维西与优肯综合,这些咖啡都拥有浑厚的浓度与深沉的香气,因此概括性的口味描述,不能完全体现咖啡之间的差异,而如果采用葡萄酒的手法,以产地为标志,结合烘培深度(深度、中度和轻度)来区分口味,这种简洁的标签系统也许能够快速传递口味信息。就像人们一想到美国纳帕酒庄的葡萄酒,就会与加州阳光和甘甜建立起认知。熟悉危地马拉咖啡豆的人,会联想到原始生态环境之中火山土壤培植的咖啡豆,不仅土壤品质高,而且咖啡豆的成熟期也较长,豆子中等而密实,具有香、醇、甘甜及清新愉悦的独特酸味。如同葡萄酒那般,咖啡能够喝出不一样的味道,原因就在于了解每一种咖啡背后独特的地域文化,无论在店中品茗,还是在家中邀友人共赏,咖啡文化背后指向的是一种精致的生活方式。

此后,星巴克又在"地理即风味"的基础上加以调整。通过消费者调查,公司发现,很多消费者不会喝深度烘焙或是口味很强的咖啡,于是,西雅图的烘培专家用八个月来尝试了超过80种配方,推出了一种轻度烘焙的综合咖啡,能够让消费者享受更轻柔、更微妙圆润的咖啡,从而形成深度、中度和轻度的立体分层,将原本容易"醉咖啡"又渴望咖啡的消费群体吸引过来。

咖啡豆的包装也在此基础上做了调整。由于色彩是人们识别物体的第一反应,星巴克给予三种烘焙深度不同的色系,以此作为口味传达的第一要素。"地理即风味"的特点依旧保留,但作为次一级的传达元素,通过同色系的地域特征图片来展示,同时也加入一些功能性的图片,比如中度烘焙的早餐综合咖啡的图片,但所有的包装中继续保留对地域、功能以及口味的描述。如同不同酒精含量的酒类饮品拥有不同的消费人群,星巴克的这一包装方法帮助顾客开启了一条更为简单的口味识别路径。好了,看图说话开始。拿起包装,你能说出多少关于咖啡的故事?

老黄历说新故事

故事通常从分享一些来源于生活的见闻和想法开始。当然,故事里要包含事实,再用情感贯穿始终,使之更具感染力和说服力。

黄历相传由黄帝创制,在中国农历基础上产生,主要内容为每天的吉凶宜忌、生肖运程。作为国际品牌,星巴克的一个宗旨是与当地建立联系,打破文化隔阂,是让消费者建立起对售卖食品的亲切感和认同感。

春节、端午节、中秋节都是中国人特有的节日,也是与中国消费者建立深层联系的良好时机。除了月饼、星冰粽等应景的中国式食品,星巴克考虑的是如何在文化上沟通。借鉴中国老黄历的思路,2013年,星巴克推出一套30张"星历",将中国传统预测婚嫁、出行、迁居以及其他事宜的吉利日期的方式用在"星历"中,于是有了"宜爱我、宜爬梯、宜小清新、宜抢票、宜批假、宜熊抱、宜引蛇出洞、宜开门红……"每一则"宜"都有一段生动的解释,"批假"的注解是:归家心切,老大懂的;乐而忘返,老大懂的;要是老大也请假,老大的老大也懂的。

"星历"是故事的引子,也就是剧情介绍。2014年2月6日至2月17日星历标注的故事主题是"宜交杯",剧情解释是"亲爱的,和我交换一辈子桃花运,好不好?"接下来,星巴克退居幕后,顾客则在编导的剧情中不知不觉地走上前台,成为一个个故事的即兴表演者。

本章小结

本章主要介绍了 CIS 战略与品牌建设的相关内容。首先介绍了 CIS 的起源与发展，CIS 的基本内涵及构成；然后介绍了 CIS 战略与公共关系的区别与联系；最后介绍了 CIS 战略与品牌建设的关系，CIS 战略的导入程序。

习　题

1. 选择题

(1) CI 战略最早起源于第一次世界大战前(　　)的 AEG 公司。
　　A．英国　　　　B．德国　　　　C．美国　　　　D．瑞典
(2) 理念识别系统的简称是(　　)。
　　A．BI　　　　　B．MI　　　　　C．VI　　　　　D．CIS
(3) 一个社会组织的领导者必须对本组织的声誉和形象承担(　　)。
　　A．直接责任　　B．间接责任　　C．技术责任　　D．综合责任
(4) 组织的公关形象策划要对公众进行研究，其首先要做的工作是(　　)。
　　A．研究目标公众对组织的特殊视角　　B．鉴别目标公众的权利要求
　　C．建立有效的公众形象　　　　　　　D．研究目标公众的类型
(5) 在 VI 中，应用最广泛、出现频率最高的要素是(　　)。
　　A．标志　　　　B．标准字　　　C．标准色　　　D．企业造型
(6) 价值观念、职业道德是(　　)。
　　A．人员形象的内涵　　　　　　　　　B．人员形象的外显
　　C．文化形象的内涵　　　　　　　　　D．文体形象的外显
(7) 作风、仪表是(　　)。
　　A．人员形象的内涵　　　　　　　　　B．人员形象的外显
　　C．文化形象的内涵　　　　　　　　　D．文化形象的外显
(8) 口号、厂歌、厂旗是(　　)。
　　A．文化形象的内涵　　　　　　　　　B．文化形象的外显
　　C．标识形象的内涵　　　　　　　　　D．标识形象的外显
(9) 组织自己的标志是(　　)。
　　A．商标　　　　B．徽记　　　　C．品牌　　　　D．包装

2. 简答题

(1) CIS 战略的基本内涵。
(2) CIS 与公共关系的联系与区别。
(3) CS 战略的基本内涵。

(4) CS 战略与 CI 战略的关系。

(5) CIS 战略与品牌战略的关系。

3. 论述题

试述 CIS 的导入程序。

4. 案例分析题

红色冲击波——杭州中萃食品有限公司的 CIS 导入

杭州中萃食品有限公司主要生产美国可口可乐公司的系列产品。销量以每年平均 38%的速度增长,在杭州市场上产品覆盖率达 93%,产品质量又连获美国可口可乐公司的质量大奖,可谓连创佳绩。开业仅 5 年多的杭州中萃,其产品形象和组织形象塑造的成功,主要借助于 CIS 的战略思想。第一,理念个性。中萃将其理解成一种组织理念和组织精神。中萃在开业初就制定了自己"开创一流组织,培养一流人才,提供一流服务"的经营宗旨,提倡"追求卓越,创造最佳"的组织精神。第二,行为个性。中萃围绕着提高工作效率、培养一流人才这一观念,在尊重员工人生价值的基础上实行制度化管理。组织机构设置严谨,共设 4 个大部,其中经理、主任只设正职,没有副职,每个人都有明确的岗位责任,并在制度上鼓励充分发挥各自的聪明才智和主观能动性,鼓励创新。在对外交往中,对客户、消费者等公众有礼貌、热诚、负责,使人们直接感受到中萃优质的服务及良好的风范。中萃的每一位新员工,上岗前均需经严格培训,其中,待人接物、言谈举止等方面的文明规范是一个重要内容。最简单的例子是:无论何人何时,只要一接通中萃的电话听到的必定是一句亲切的语言"您好!中萃",内部电话之间也是"您好",而不是"喂"。积极关心和参与社会公益活动,是中萃在行为个性方面的一大特色。中萃赞助教育、艺术、文化、体育及各种社会公益事业达 500 余万元,如对杭州青年教师奖、希望工程、京昆艺术剧院等,公司在人力和财力上给予了鼎力相助。"开放式工厂"也是中萃形象塑造的一大特点。公司专门设有一条透过大玻璃窗能看见生产流水线全过程的"参观走廊",并有专人接待讲解,主动邀请消费者前来参观,并为学生提供社会实践课堂。几年来已接待参观者 35 000 人次。第三,视觉个性。统一的标志、色彩、字体不仅给人以整体、系统、集团化的感觉,同时对人的视觉又是重复强化的刺激,起到增强记忆的效果。如何实现组织视觉形象与产品视觉形象的有机统一?中萃几年来进行了实践和探索。

可口可乐至今已有 100 年历史,全世界 187 个国家都有可口可乐装瓶厂。可口可乐公司创造了一个全球统一的包装系统设计,品牌标志的核心基本元素为红底白字及一条穿越字体的动力弧线。在尽力保持传统风格的基础上,融入了现代审美的观念,公司最新设计了"coke"标志,新的"coke"和"cocacola"标志更加和谐配合,迎合潮流。由于可口可乐公司已经有了统一的标志,并明确规定了它在各种不同场合的使用方法,所以中萃所要做的就是如何最大限度地使这一统一标志的效果发挥得淋漓尽致及设计确定"杭州中萃食品有限公司"这一组织标志,并使二者统一起来。中萃取意于"best of china",确定了公司的标志为"BC"。中萃的 70 余辆送货车几乎都是红色的,因为红色是可口可乐的基本色,也是中萃的基本色。车上的图案、字形、大小、位置等都有明确规定,哪怕是不识字的小孩也能一眼认出这是中萃的车辆。中萃的购物场所布置也是红色的,红色的冰柜、水柜、空调机,红色的遮阳棚、立体模型,直至在市区主要街道的会员商店整个店面的红色布置,犹如一道红色冲击波。

思考:

(1) 对于一个企业来说,组织形象的塑造有何重要作用?

(2) 杭州中萃食品有限公司在 CIS 导入方面做了哪些工作?

(3) 你对 CIS 战略有哪些新的认识?如果请你为某个企业策划 CIS 战略,你将如何实施?

第 10 章

公共关系广告与宣传

教学目标

了解公共关系广告的兴起及定义,掌握公共关系广告与商业广告的区别,明确公共关系广告的特征;了解公共关系广告的类型及作用,掌握公共关系广告的创意与策划;灵活运用公共关系广告媒体;掌握公共关系宣传的几种方式,并能熟练运用。

教学要求

知识要点	能力要求	相关知识
公共关系广告	(1) 理解公共关系广告的概念 (2) 掌握公共关系广告与商业广告的区别 (3) 掌握公关广告的创意与策划	(1) 广告产生的时代背景 (2) 公共关系广告的构思与制作
公共关系宣传	(1) 明确公共关系宣传的方式 (2) 灵活运用公共关系宣传	(1) 宣传与公共关系宣传的联系 (2) 新闻传播相关知识

基本概念

公共关系广告;新闻传播;制造新闻

引例

中国经典的事件公关做得出色又成功的并不多见,但"蒙牛"借助"神五"的事件公关所创造的影响令人叹为观止。神舟五号的发射成功激发中国百姓强烈的民族自豪感和自信心,是中国航天史上的一大创举,与这样的一个具有历史契机的事件结合,其公关广告赢得了不同凡响的效果。"蒙牛"公关广告的成功如下。

一、蒙牛之所以打造成功，与企业对于事物发展的敏锐洞察力息息相关，其敏感性是对于公关事件的整体把握或是一种认知度的体现。一个新闻线索的出现在某个时间都可以成为公关事件的焦点，"蒙牛"找到了航空的焦点，提出"航天员专用牛奶"的广告诉求，赢得了大众的心理。这种敏感性是企业关注社会关注生活积极思考的结果。

二、企业果敢的投入。蒙牛集团认准了这个契机之后，果敢地投入了巨额资金用来进行公关营销，形成所谓"神舟五号"前脚航天，"蒙牛飞船"后脚夺魁的奇迹。而蒙牛酸酸乳赞助超级女声的事件策划又一次奏响了蒙牛的传奇号角。蒙牛对于超级女声的赞助也同样体现果敢的特点，对于认准的决定一定要做大，要传播久远是蒙牛的理念，同样塑造了蒙牛的整体形象。

三、"蒙牛"的公关落脚点准确。它极为准确地将消费者对于事件的关注及对于牛奶的需求在公关中融会贯通的表达出来。"蒙牛牛奶，强壮中国人"，将定位传播给大众，展示了蒙牛与神五的共同理念及实际意义。每一个公关的举动最终的目的都是消费者的认可，因此，制造事件与产品的切合点是至关重要的。每一个公关事件的运用都不是企业的孤立活动，而应该是战略的组成部分，它应该服从于企业的总体目标。

由此可见，能够抓住一定的公关事件进行营销将有利于品牌的提升。但并不是所有的能够运用到公关事件的公关广告都可以表现得得体。如果说公关事件有如麦田里的一泉水，那品牌就是急待被灌溉的麦苗。泉水是可以被挖掘的，同样对于泉水的灌溉也必须依情况而定。泉水的灌溉将提升麦苗的生命力，但如果灌溉不利也将影响麦苗的成活率，当然使得麦苗茁壮成长的根本因素还是管理者对具体情况的把握。

思考：以上案例说明事件公关广告的妙用，那么何谓公共关系广告呢？

本章将介绍公共关系广告的兴起与定义，公共关系广告与商业广告的区别；公共关系广告的特征、类型及作用；公共关系广告的创意与策划；公共关系广告媒体；公共关系宣传的几种方式。

广告作为商品经济的产物和推进器，在现代社会中已占据了显赫的位置。有人说，在现代社会，从广告水平可以看出一个国家经济发达的程度和一个民族文明的水准。在浩如烟海的广告家族当中，大体上可分为两支：一支是公关广告，另一支是商业广告。

10.1 公共关系广告的概述

广告意即"广而告之"，也就是向广大公众告知某种事物。它是外来语，约在 20 世纪 20 年代传入国内。国内外的权威机构、刊物和著作对其所下的定义不下几十种。目前比较一致的观点是把这一概念分为广义和狭义两种。广义的概念是"广而告之"的意思。美国《广告时代周刊》的定义为："个人、商品、服务、运动，以印刷、书写、口述或图画为表现方式，由广告者出费用作出公开宣传，以促成销售、使用、投票或赞成为目的。" 狭义的广告则是指以营利为目的的经济广告，又称商业广告，它的基本含义是"以说明的方式，有助于商品或服务销售的公开宣传"。

10.1.1 公共关系广告的兴起及其定义

随着商品经济的发展，企业意识到自己的产品需要通过报纸、电视、广播、网络等大众传播媒介进行宣传，而当大众传播媒介又意识到这是自身获取收益的重要手段时，现代广告就产生了。现代广告的发展首先是从以宣传商品为主的商业广告开始的，它的主要任务就是把商品信息传递给人们，并深深地扎根于消费者心中，当人们需要到市场、商店购买某种商品时,一看到商品,脑子里会自然地浮现出广告中的商品形象,无形中产生一种信任感。

企业通过广告活动,首先向消费者介绍自己产品的信息,然后通过反复的广告活动,使人们对产品更加熟悉,由熟悉产生信任,这是人类相处中最基本的一种心理因素,这种因素存在于各人种、民族以及所有人的相互关系之中。我们喜欢最了解的东西,而不喜欢那些不熟悉的东西。常言道:"熟悉产生满意。"人们对过去熟悉的东西感觉可靠,而对那些陌生、异样的东西却持怀疑、谨慎的态度。享有盛誉的名牌产品,如德国的奔驰汽车、日本的松下电器、我国的中华牙膏等始终畅销,原因就在于此。

在竞争日趋激烈的市场经济社会里,企业之间在产品和服务方面的竞争使得人们对产品和服务有很大的选择余地。广告就是给人们提供选择的信息,帮助人们作出抉择。然而,人们是健忘的。企业如果停止做广告,就会很快被人遗忘。近年来,世界上已不乏为了节省广告费用而导致企业一蹶不振的例子。曾经有人预言,假如世界各地的可口可乐广告牌全都拆除的话,不出一年时间,人们就不会再喝可口可乐了。在商品经济高度发达的现代社会里,广告已经成了企业推销产品和服务的主要手段,受到了企业的普遍关注和重视。

现代广告是随宣传产品和服务为主的商业广告的发展而发展起来的,然而,由于企业之间竞争日益激烈和传播技术日臻成熟,生产同类产品的企业之间在产品的质量、外观、成本、价格等方面越来越趋于一致。此时,人们对产品的选择余地越来越大,除了考虑产品的价格、质量、外观和售后服务等因素外,人们更愿意买自己熟悉和喜欢的企业产品。这样,企业的形象和知名度成了影响企业产品和服务销售的重要因素,因此,企业对能扩大自身知名度的广告宣传更加重视。与此同时,企业还在广告中开始大量运用公共关系技巧,树立企业的形象,于是产生了以树立企业的良好形象为直接目的公共关系广告。

所谓公共关系广告,是指社会组织通过购买大众宣传媒介使用权的方式,向大众宣传企业组织信誉、树立组织形象的一种广告形式。

10.1.2 公共关系广告与商业广告的区别

广告是由特定的广告主,有偿使用一定媒体,将企业及其产品服务信息传递给目标顾客的行为。广告分为商业广告和公关广告,商业广告是一种以促进产品销售为目的的广告;公关广告是一种以增进公众对组织的了解,提高组织的知名度和美誉度,使组织活动得到公众信任与合作为目的的广告。公关广告与商业广告都是进行公共关系宣传、树立组织形象的方式,都需要支付一定的费用,通过购买媒介的使用权来传播信息,但二者有以下明显的区别。

1. 直接目的不同

商业广告的直接目的是推销产品,通过介绍产品各方面情况,促进消费者购买;公关广告的直接目的是引起社会公众对组织的重视,产生对组织的好感,从而树立良好的组织机构形象,刺激用户的潜在需求。

2. 宣传内容不同

商业广告以介绍商品为主,其主要内容是购买信息,如产品名称、商标、质量、功能、价格、购买方法、地点等内容；公关广告以介绍组织为主，向社会和公众提供的是组织发展目标、经营方针、员工素质、获得的各种荣誉等组织形象方面的信息，间接介绍组织的产品。

3. 宣传效果不同

商业广告可以增加产品的销售额、服务收入、利润额等，直接提高企业的经济效益；公关广告通过提高组织的知名度和美誉度，间接提高经济效益。

4. 报道方式不同

商业广告往往要集中归类，占用媒介的广告节目时间，使公众了解广告节目内容；公关广告通常以专题节目、赞助大型活动等形式出现，不给人以广告感觉。

如"麦当劳"的两个电视广告，可以从中体会商业广告与公关广告的区别。

广告一：一家三口——年轻的爸爸妈妈带着一个小婴儿，来到"麦当劳"柜台前，笑容可掬的服务员用甜美的声音向其推荐"麦香猪柳汉堡"套餐，并说仅售"十六块八"，爸爸、妈妈都惊讶其物美价廉，分别用惊喜的语气重复："十六块八？"、"十六块八！"这时，妈妈怀中显然未学说话的婴儿也突然用惊奇的语气说："十六块八？！"

广告二：室内，窗前一个摇篮在摇，篮中的婴儿很有规律地笑一声、哭一声，笑一声、哭一声，镜头拉开，观众可以发现，随着摇篮摆动的节奏，摇篮摇起来，婴儿看到窗外"麦当劳"的大"M"字，高兴得直笑；当摇篮摇过去，婴儿看不到"麦当劳"的标志时，就哭了。因此，我们才会看到这个婴儿一会儿哭、一会儿笑的情景。

10.1.3 公共关系广告的特征

1. 公共关系广告的目的是树立组织机构的形象

商业广告的目的是推销商品，希望有更多的人来购买广告所宣传的产品。公共关系广告则不然，它不直接推销某种商品，而只是组织(或企业) 感到有必要向公众"说几句话"，它的目的在于引起社会公众对组织的注意，激发公众的兴趣，争取社会公众的信赖与好感，取得社会公众的理解、支持与合作。所以说，公共关系广告是用来"推销"组织机构形象的广告。

2. 公共关系广告多采用间接的手段宣传组织或企业

商品广告为了推销商品，往往是直接列举商品的种种优点，力图说服人们去购买，这种宣传的可信度比较低。公共关系广告则通过较为间接的手段让公众了解组织或企业乃至企业的产品。如致贺广告、鸣谢广告等，这种广告中很少或者没有相关产品的介绍，只是让人们感受到组织的存在，让公众产生好感。

3. 公共关系广告一般侧重于长期目标的确立

商业广告注重的是某种产品或某种服务的销售，它所注重的是企业近期目标的实现。公共关系广告在选择目标上则注重长期性和系统性。因为无论生产何种产品或提供何种服务，企业组织自身都需要长期稳定地发展下去。这就要求公共关系广告不能以短期目标为重,而要考虑到企业的长期发展。公共关系广告的作用会伴随着企业组织的生存和发展而不断地发挥出来。

10.2 公共关系广告的类型及作用

10.2.1 公关广告的类型

1. 实力广告

实力广告是指用广告的形式向公众展示组织机构的实力。对企业来说,主要是展示生产、技术、设备和人才等方面的实力。实力广告是公关广告中较为常见的一种广告形式。实力广告的主要目的在于使公众通过对该企业的经济、技术、人才、实力的了解,增加对该企业及所提供的产品和服务的信任感,以达到创造气氛的目的。如某公司为宣传其新型保险柜的卓越功能,登出这样的一则广告:"10万美元寻找主人,本公司展厅保险柜里存放有10万美元,在不弄响警报器的前提下,各路豪杰可用任何手段拿出享用!"广告一出,轰动全城。前往一试身手的人形形色色,有工人、学生、工程师、警察和侦探,甚至还有不露声色的小偷,但都没有人能够得手。各大报纸连续几天都为此事作免费报道,影响极大,这家公司的保险柜的声誉随之大增。

2. 观念广告

观念广告是向社会传播管理哲学、价值观念、传统风格和组织精神的广告。精通管理艺术的企业家和管理人员、总是十分重视培养和形成本企业的价值观念,对内产生凝聚力,对外产生感召力,使组织机构的形象连同它的观念和口号,深入广大公众心中。以下3则广告就是比较典型的观念广告:"只有可口可乐才是真正的可乐"(可口可乐公司的广告);"百万的企业,毫厘的利润"(美国奥尔巴赫公司的广告);"时间就是金钱"(深圳的广告)。

3. 信誉广告

信誉广告是宣传组织的信誉和良好形象的最直接的一种公关广告形式。信誉广告的目的在于树立组织作为守法公民、社会公仆,为社会经济发展作出贡献或乐于赞助社会公益事业的形象,如可选择企业的主张、政策、开发项目、服务水平、举办社会活动、赞助社会福利事业或解决某一社会问题等内容做信誉广告。例如,蒙牛赞助"神五"上天、联想赞助奥运、海尔赞助奥运的广告等就是信誉广告。

4. 声势广告

声势广告主要是以宣传组织的大型活动为内容,比如新厂房落成剪彩、庆典等,旨在创造声势,扩大影响。2010年上海世博会召开前的宣传,这实际上就是一则声势广告。

5. 商标广告

商标广告就是以宣传产品的商标为主要内容的公共关系广告。商标广告宣传的基础在于产品质量,许多企业是通过为社会提供优质产品和服务,通过创名牌、保名牌的广告宣传来树立自己的商标和企业的信誉及良好形象的,而良好的商标和企业形象,又反过来促进企业产品的销售。例如,"车到山前必有路,有路必有丰田车"(日本丰田汽车公司广告),"男人穿名牌,女人穿时髦,华表时装名牌加时髦"(华表时装广告)等,就是比较典型的商标广告。

6. 祝贺广告

祝贺广告是以向社会各类公众贺喜为主要内容的。如某公司新开张,同行的企业纷纷刊登广告,一则表示祝贺,愿意携手合作;二则也表示欢迎正当竞争,可以达到广结良缘的效果。这类广告的做法一般是企业向新开张的单位赞助若干广告费,并在新开张单位的广告中署名祝贺,该单位通常也以某种方式表示谢意。这种做法可以使开张单位在经济上直接受益,而赞助单位一方也可视为向对方提供善意帮助,借此机会可以增加本单位名称在报纸上露面的次数。20世纪50年代,法国白兰地酒厂家抓住美国总统艾森豪威尔67岁寿辰的有利机会,以祝贺广告为手段,演出了一场"祝寿"的好戏,使法国白兰地酒顺利地进入了美国市场,这是一次十分成功的祝贺广告宣传活动。

7. 歉意广告

歉意广告是用来承认错误、消除误解和表示歉意,以取得公众谅解的广告。歉意广告要求认真陈述公众希望了解的事实情况,不能隐瞒,不能文过饰非,应明确地表示敢于承担社会责任和知错就改的态度,以取得公众的谅解。这样做不但无损于组织形象,反而会使公众感到组织态度认真,知过必改,从而产生好的形象。如广州中药厂曾在《广州日报》上刊登一则"歉意广告",说明该厂生产的产品由于购买者过多,一度出现市场脱销,导致顾客花费很多时间排队买不到需要的产品,工厂深表歉意,目前企业正在加班生产,很快就会满足广大顾客的需要。

8. 谢意广告

谢意广告是用来对公众或合作者的支持表示感谢的广告。谢意广告目前在我国国内公关广告中已极为普遍,如"江苏悦达集团成立20周年之际向国内外新老朋友、广大客户鸣谢!"就是我们经常见到的谢意广告的一种形式。

9. 声明广告

声明广告又称为解释性广告,这是一种表明组织对某些事件的立场、态度的广告。通常适用于两种情况:一是对组织不利的事件,但组织自身并非无过错。例如,假冒本企业商标的劣质产品给消费者带来了损害,或本组织的某种专利被非法侵犯,或某些竞争对手恶意中伤、造谣诬蔑,或新闻媒介的失实报道等等。在上述情况下,都要求利用声明广告表明本组织的立场。二是就本组织或社会上出现的重大事件表明态度,以体现组织的形象。这类广告一般先交代缘由,再提出解释或声明,表明态度和希望。例如,南京《扬子晚报》曾刊出《一台沙松冰箱爆炸》的消息和现场照片,这则"爆炸"新闻立即在南京几十万冰箱用户中引起一场轩然大波,一些"沙松"牌冰箱的形象在广大公众心目中受到极大的损害,企业也将面临倒闭的局面。此时,沙松冰箱厂立即在南京开展了一系列的公共关系活动,并在《南京日报》上刊登了公共关系广告:"厂家提醒用户不要在冰箱内存放易燃易爆

第 10 章 公共关系广告与宣传

危险品。"并利用南京电视台的黄金段时间,由企业领导与广大市民见面,说明调查情况,解释冰箱爆炸的原因。通过一系列公共关系活动和公共关系广告,沙松牌电冰箱厂最终获得了用户的理解和支持、树立了良好的企业形象。

10. 响应广告

响应广告是指用广告的形式响应社会生活中的某个重大主题,表示组织与社会生活的关联性和公共性,以求得各方公众的理解和支持。响应广告的一个重要内容,是对政府的某项政策或当前社会生活中的某个重大课题,以组织的名义表示响应。这样做的目的是要表明组织不仅为自己打算,而且也善于从全社会角度考虑问题,愿意为社会的繁荣作出贡献,积极参与社会活动,并通过广告方式表明自己的良好愿望和作出的努力,扩大社会影响。比如支持北京申办奥运,赞助"希望工程"等响应广告,可以扩大组织的社会影响,也是树立组织形象的一个重要手段。

11. 公益广告

公益广告是显示组织对公益事业热心支持的广告,广告的内容不一定与组织机构有关,但与公共事业有关。其内容涉及社会的方方面面,诸如社会公德、传统意识、文明礼貌、风俗习惯、生态环境保护、交通安全、计划生育、防火防盗等。例如,"曾几何时,我们奔波于事业,陶醉于爱情,却忽视了饱经沧桑的母亲,回家打一个电话!"这则朴素的公益广告词,唤醒了忙碌于现代社会的人们对亲情的珍视,对家的思念,很容易使人们产生共鸣。再如,某保险公司的公益广告:"今天下雪路滑,保险公司提醒市民,请注意交通安全。"这种及时、细心、真诚的提示和告诫,体现了保险公司对公众的关心和爱护,增进了公司与公众的感情,缩小了公司与公众之间的心理差距,赢得了社会的好感。

12. 创意广告

创意广告是指以组织的名义,率先发起某种运动或提倡某种有益的观念。这种广告的目的也是表明组织积极参与社会活动的态度,着重树立组织"领导新潮流"的形象。例如,20 年纪 70 年代初期,新加坡航空公司掀起了一场"随地吐痰陋习"的宣传运动。该公司连续在新闻媒介上登出广告,以循循善诱的方式告诫公众,随地吐痰不仅有害他人及自己的身体健康,更损害一个人应有的自尊和高尚的形象。公司还组织员工上街发放宣传品,并主动捐资在公共场所设置了一批脚踏开启式痰盂,从而大大提高了新加坡航空公司的声誉,并带来了良好的经济效益和社会效益。

公共关系广告除了以上 12 种类型外,在实际应用中还有一些其他形式,而且还会出现新的类型。但需要注意的是,公共关系广告往往并不拘泥于某种固定的类型,而是经常出现几种类型交叉或混合,尤其是与商品广告的结合越来越密切。所以,公共关系广告在实际运用中应灵活掌握,以便充分发挥其作用。

10.2.2 公共关系广告创意与策划

公共关系广告通常是一个简单的画面,短短的几行字,要想打动公众的心,引起共鸣,达到树立企业形象和推销产品的目的,可谓一担挑起千斤重。其创意与策划就是公共关系广告成功与否的关键。要求在制作广告之前,首先要了解企业处境,然后选择对象目标,再进一步确定广告的主题、手法、媒介等，也只有这样形成的公共关系广告，才可以起到应有的作用。

1. 企业处境分析

公共关系广告的创意与策划，是从对企业自身状态的分析，即企业处境分析开始的。公共关系广告对企业处境的分析，主要是分析公众对这个企业的看法如何，进而通过公共关系广告，改变公众对企业的不良态度或模糊认识，强化和完善公众对企业的良好印象。

处境分析，首先要发现和掌握公众的真实态度，一般可以通过两种方式获知。一是调查、访问，直接了解；二是从本企业的产品销售情况与同行的对比分析入手。前者比较准确，但费用较高；后者费用较低，但结论的准确性较差。其次是要弄清公众对企业持不良态度的原因，进一步寻找解决的办法。

2. 选择目标对象

企业通过公共关系广告转变公众的不良态度、树立良好形象，在公共关系广告活动中，就必须选择好目标对象，即确定自己的广告是向谁宣传的，要影响哪一类人，这就需要对公共关系广告的对象进行细分。与企业的产品广告的对象不同，公共关系广告的对象可以细分为：政府、社区居民、雇员、供应商、财务公众、消费者和用户、经销商、舆论领袖等。其中，每一种公众都有自身的特点，如消费者公众数量多、分布广，而企业的供应商和协作单位可能只有若干家，相对集中。每个企业，需要根据企业自身的处境状况和发展需要来确定自己的广告对象，使企业的公共关系广告更好地发挥作用。

3. 广告定位和广告主题

在制作公共关系广告计划时，必不可少的一项工作是广告定位，即确定自己的公共关系广告将企业放在竞争者中的什么位置上。

1) 广告定位

广告定位主要从企业实力和公众心理两个方面定位：从企业实力方面来看，企业实力主要是指企业在经济、技术方面所拥有的实力以及在同行业中的地位，是领先还是行业上游的位置。如美国爱飞斯汽车公司的广告是："在汽车出租业中，爱飞斯只是第二。"在美国这样一个出租车汽车公司多如牛毛的国度里，位居第二位也已是十分不容易了。这也是大企业根据自身实力进行广告定位的一个杰作。从公众心理方面来看，公众心理对于公共关系广告的受众来说，主要指的是公众的价值观，即对于广大公众来说，他们对企业的评价有其固有的标准。

2) 广告主题

广告定位以后，就可以确定公共关系广告的主题了。很多广告，将企业和产品从头到脚，着实包装一番，仿佛除了天仙，就属本企业最美。这种遍地开花的公共关系广告宣传策略，必然使广告宣传效果不佳，究其原因就是缺乏广告主题。

广告主题是广告的灵魂，它是通过思维、提炼、浓缩，用简单的语言、动作、画面、声音等来表达广告的中心思想；通过主题，来宣传企业的特色，树立企业形象。公共关系广告的创作中能否把握主题，是公共关系广告宣传成败的关键。一般来说，企业的公关广告主题可以分为：企业名称广告、风格广告、事业广告、业绩广告、技术广告、传统广告、告知广告、问候广告、纪念广告、征募广告、企业文化广告、意见广告、赠奖广告、合成广告、其他广告等。

广告的主题一旦确定以后，接下来就是通过一定的方式表现出来，把这一主题信息传递给公众。公关广告的主题能否完整地传达给公众，取决于公共关系广告的表现手法。在既定的目标下，表现广告主题要从新、绝、深、美四方面下工夫。

10.3 公共关系广告媒介的选择

广告媒体，也叫广告媒介物、广告载体等，它是广告制作者用来进行广告活动的物质手段，是广告信息传播的技术工具。公关人员在选择媒介时，必须慎重地权衡每一种媒介的利与弊。选择广告媒介，是搞好公关广告活动的重要环节，必须周密计划，慎重选择。

10.3.1 选择媒介应考虑的因素

首先，在选择一条信息适用的媒介时，公关人员需要考虑下述几方面的问题。

(1) 信息的对象是哪些人？即公共关系公众是谁？

(2) 何时接触特定公众？特定公众接受信息后需要多少时间考虑才会做出反应？

(3) 所需资金是多少？是否超出能力？

(4) 哪一种媒介成本较低而波及面最广？

(5) 哪一种媒介可信度最高？

(6) 能否使用单一的媒介？使用多种媒介的方法是否可取？哪些媒介具有较强的互补性？

其次，当以上问题考虑之后，选择两个以上媒体进行比较分析。比较分析的因素有以下几点。

(1) 覆盖面。广告媒体主要发挥影响的地域即为某一媒体的覆盖面。企业在选择广告媒体时，一定要考虑广告媒体的覆盖面，尽可能使广告媒体的覆盖面与公共关系广告对象的分布区域相一致，这样才能达到广告的效果。

(2) 触及率，即接触到某一广告的人数占该广告媒体覆盖面内总人数的百分比。触及率越高，媒介的可用性越强。

(3) 重复率。重复率是指一个公众平均可以收到某一媒体广告的次数。

(4) 连续性。同一则广告多次在同一媒体上推出后产生效果的相互联系和影响。

(5) 权威性。即广告媒体所具有的权威性。媒体的权威性越高，它给广告带来的影响力也就越大，但它的收费也就越高。选择广告媒体，要考虑广告媒体的权威性与广告预算费用之间的关系，以求取得最佳的经济效益。

(6) 媒体效益。即采用某一媒体得到的效益与所需费用之间的关系。测算媒体效益，是选择媒体的重要因素。

10.3.2 几种主要传播媒介的优点和缺点

美国学者杜·纽萨姆和艾伦·斯各特著的《公共关系与实践》一书，就主要新闻媒介的优点和缺点作了总结。这里将其中的一部分摘录并整理成表 10-1，供参考。

表 10-1　传播媒介的优、缺点

传播媒介	优　　点	缺　　点
电视	结合了视觉、听觉等各种特点 产品可实物显示 由于信息的直接性，从而可信程度高 信息的高度密集 大量的受众 便于识别产品 通俗的媒介	受到播放时间限制 消费者不可能安排信息 难以利用 时间成本高 制作成本高 覆盖面浪费
广播	地区市场可以有选择性 满足当地市场需要 便于改变广告内容 成本较低	受播放时间限制 消费者不可能安排信息 无视觉图像 覆盖面浪费
杂志	读者可以有选择 影响到较富有的消费者 给广告者带来声誉 读者可传阅 优美的色彩	经常重复发标 通常不能支配本地市场 较长的日期间隔 不能迅速传递信息 有时生产成本高
报纸	地区市场有选择性 便于改变广告内容 影响到各种收入群体 便于安排广告 成本较低 制造商和经销商做广告的良好媒介	覆盖全国成本较高 信息的生命期很短 无用的传播 版面太小和形式千差万别 地区性和全国性广告收费有差别 色彩差
室外广告	可根据地区市场作出选择 较高的覆盖效果 较大的广告篇幅 成本较低 色彩好	影响通常较小 信息必须简短 无用的传播 全国性覆盖很昂贵 很少有创造性的专门人才
网络	及时性 海量性 全球性 互动性 多媒体性 新媒体特性	抄袭复制现象严重 公信力不高 容易侵犯知识产权 带宽瓶颈制约 信息垃圾泛滥 很大的品质提升空间
车辆上的广告	可根据地区性市场作出选择 能吸引观众 成本很低 色彩好 具有重复效果	限于某一类的消费者 无用的传播 环境方面易引起争议 很少有创造性的专门人才

续表

传播媒介	优　点	缺　点
广告影片	可根据地区市场做出选择 能吸引观众 广告篇幅较大 制造商和经销商的良好媒介	不可能为所有剧院采用 无用的传播 制作成本高 消费者不可能安排信息
小册子和广告单	提供详细的信息 补充个人的销售介绍 为潜在的买者提供信息的途径 优美的色彩	经销商通常不便利用 单位成本较高 很少有创造性 效果难以估估

10.3.3　公关媒体选择的步骤

1. 确定媒体级别

媒体的级别决定了媒体的权威性，这是选择公共关系广告媒体的第一步。通过这一步工作，基本上就可以划出应该采用媒体的范围。

2. 确定具体媒体，并进行比较分析

在已选定的媒体级别中，选择一个或几个适合组织需要的具体媒体，并就媒体的覆盖面和媒体的可行性进行分析，所选用的具体媒体必须能够有效地触及组织的目标公众。

3. 确定媒体组合

广告不能是单一媒体的传播，而必须在多种媒体上采用组合方式进行传播。由于广告活动目标的统一性，就要求在每一种媒体上推出的广告必须相互协调，共同促成广告目标的实现。确定媒体组合时主要应考虑以下两个问题。

(1) 各种媒体要包括所有的目标公众。即在媒介组合的总覆盖领域下应该可以将大多数甚至绝大多数目标公众归入广告可产生影响的范围内；如果不能，就应该考虑增加某些具体媒介，将遗漏的目标公众收入到广告的影响范围之内。

(2) 媒介影响力集中点的选取。许多媒介的覆盖面和影响力是重叠的，这就要分析影响力重叠的形式是否经济，必须将媒介的影响力集中到主要的目标公众上去。因此，在具体的媒体组合时，应考虑在哪些媒体上多投入广告费，以免在非重点目标对象上花费过多。

4. 进行媒体试验

为了保证所采用的媒体方案的有效性，在启用一套媒体方案以前，可以对广告媒体进行一次试验，即先在所选定并组合好的媒体上小规模地推出广告，然后调查目标公众的反应，由此判断出这种媒体是否有效。

10.4　公共关系宣传

公共关系宣传的最常见方式是新闻宣传。此外，还有公共关系演讲、组织自办媒介宣传、公关实务宣传等形式。

10.4.1 新闻宣传

新闻宣传是新闻机构以第三方的立场，传播新近发生的、重要的客观事实以影响舆论的特殊手段。新闻是客观存在事物的反映，是对新近发生的事实的报道。利用新闻宣传的方式向公众提供信息，为组织创造良好的舆论氛围是公共关系宣传最常用的方式。

1. 新闻宣传的特点

1) 客观性

新闻宣传是新闻机构从第三方的立场报道新闻，不带商业色彩，可给公众留下客观、公正的印象，容易得到公众的信任，比组织自我宣传的效果好。

2) 社会影响大

一方面，新闻传播媒介覆盖面广，新闻宣传的对象不只是组织的顾客，还包括社会各阶层，影响面广。另一方面，新闻传播媒介对所传播的信息具有"授予地位"。社会上每天发生的事情非常多，能被新闻媒介报道出来的只是其中很少的一部分，因此，一条信息经过新闻机构的重重筛选被报道出来，这本身就表明此信息是重要的、有典型意义的。若能被多家新闻机构争相报道、连续报道，其社会影响更大。

3) 传播成本低

新闻宣传可能是组织提供的新闻素材被新闻机构证实后，通过新闻媒介与公众见面的，或者是新闻记者自己挖掘的有关组织新闻的素材，这种宣传一般无需付费，相当于组织的免费广告，因此也被称为"免费传播"。不过，目前我国新闻机构存在一些行业不正之风，有偿新闻宣传比较多，影响了新闻宣传的信誉。

4) 传播的主导性差

新闻媒介是独立于组织之外的机构，是一般社会组织无法控制的，组织提供的新闻素材能否被采纳，安排在什么时间、位置等，主动权都不在组织。当然，组织在新闻宣传中并不是完全被动的，可有意识地策划一些新闻事件，吸引新闻界的注意，争取新闻报道的机会。

新闻公关对企业品牌传播的重要性不言而喻，新闻公关充分利用其信息传播的权威、公正、客观，多角度地提升品牌的美誉度。在企业利用新闻公关塑造品牌传播上，格兰仕便是其中的杰出代表之一。格兰仕利用其对媒体的深度把握，不断通过记者采写、新闻报道、专题介绍等方式传播有关格兰仕代表着行业最新技术、引导行业未来走向及格兰仕规模化生产给消费者带来实质性回报的良性信息；同时格兰仕副总经理俞尧昌一线亲征，频频出席各种财富论坛、行业高峰会、企业对话等专题会议，谈论有关格兰仕的种种话题，不断制造新闻点给传媒与民众。

作为行业的领导者，格兰仕有着很高的知名度，其所要努力的方向已经不是通过广告让人们知晓企业的存在或者产品的特性，而是要通过其他手段塑造企业的美誉度与品牌形象、提升企业的无形资产，而新闻公关的特点恰好担当起此项重任。通过新闻的传播，格兰仕多角度、多方面地向社会展示了一个成熟企业的魅力：对于同行业的竞争者，格兰仕是一个占领全球微波炉生产总量超过 70%的实力派对手；对于消费者，格兰仕是一家不断探索技术进步、通过规模化生产降低产品成本的责任型企业；对于中国企业界，格兰仕是中国企业迈向世界竞争舞台的成功典范……有关企业的种种优势、有利消息都可以成为适当的新闻点加以传播，从而多方面地提升品牌形象。

2．新闻材料的准备

1）新闻价值

新闻价值是新闻事实在传播过程中以社会影响或社会效应方式所反映出来的功能。新闻素材、新闻稿件能否被采用，主要取决于所提供的消息是否有新闻价值。这就要求公共关系人员善于捕捉有新闻价值的事件，并及时提供给新闻机构。新闻价值的构成要件如下。

(1) 真实性。新闻报道绝不能主观臆断、弄虚作假、欺骗公众，虚假的报道不仅有违新闻的宗旨，也有损组织的形象和声誉。

(2) 时效性。时间近、内容新，这是判断新闻质量的重要标志之一，过时的消息不叫新闻，记者都争取报道头条新闻就是新闻时效性的体现。

(3) 重要性。例如，对某一地区或国家的政治、经济和社会生活产生一定影响的重大事件，就具有很高的新闻价值，如北京成功申办 2008 年奥运会、全国人民代表大会都是各种新闻媒介争相报道的焦点，也是社会大众关心的焦点。但重要性是相对的，有时挤公共汽车这类司空见惯的小事也会因时间、地点、人物及其他因素而变成具有重大新闻价值的事件。

(4) 接近性。所报道的事实与准备接受这一信息的公众，在心理距离和空间距离上越接近越好。

(5) 特殊性(或者新奇性)。一个事件如果很罕见、奇特，如重要人物、组织的活动、突破常规的事物变化等就具有特殊的新闻价值。

(6) 人情味。事件与亲情、爱情、人道主义方面的内容有关，如浪漫传奇的爱情故事等，往往能吸引很多人的注意。

上述因素，真实性和时效性是新闻价值必备的因素，而重要性、接近性、特殊性、人情味是新闻价值的选择因素，一个事件如果具有选择因素中的几项特点，其新闻价值也会增高。

2）对企业组织有新闻价值的事件

具有新闻价值的事件各种各样，公共关系人员应善于从组织所发生的各种事件中去挖掘新闻事件。对于工商企业来说，下述事件可能具有新闻价值。

(1) 产品生产和技术改造方面的新成就。如新生产线投入使用、新产品试制成功并投放市场、填补了国内空白、生产技术上有重大突破等。

(2) 经营业绩的大幅度提高。如企业产值、销售额、利润、出口创汇等方面的重大突破，对国家和地方财政做出的重大贡献。

(3) 产品价格的重大变动及因此给公众带来的影响。如四川长虹在彩电行业率先发起的几次价格大战，都引起了新闻媒介的争相报道。

(4) 企业重大的庆典活动及与名人有关的事件。如厂庆、开工典礼、奠基典礼、邀请社会名流参加的各项活动。

(5) 企业积极参加社会公益活动，是勇于承担社会责任方面的良好表现。如赞助体育比赛、参加维持社会秩序的活动、为慈善机构捐资捐物、开办希望学校、植树造林等。

(6) 企业的重大变动。如企业兼并、联合、股份化、重要的人事变迁等。

(7) 企业职工的动人事迹及获得的特殊荣誉。

3) 对宾馆、饭店可能有价值的新闻事件

(1) 在年终或季度末尾统计出光顾本饭店的客人来自多少个国家，以此为题目写成新闻报道。

(2) 安排新闻记者前往饭店采访入住的社会名流，以及已取得相当成绩的人物，但采访之前必须征得被采访者本人的同意。

(3) 25年前或50年前在本饭店度过新婚蜜月的夫妇返回饭店庆祝他们的银婚或金婚纪念日，这永远是受欢迎的新闻，最好能附上照片。

(4) 饭店厨师可以为广大家庭主妇作烹饪表演，将其技艺写成特写文章并拍成照片投寄给有关报刊，或拍成电视片播放。

(5) 从顾客中挑选那些多年来一直住在本饭店的或在一段时间内经常来本饭店投宿的，作为本饭店最忠实的宾客，关于他们的故事可以成为有趣的新闻。

(6) 一个城市旅馆饭店的客房利用率的变化可以成为该市工商业状况的指标之一，因而饭店应注意提供这方面的资料。

(7) 旅游学校的学生和毕业生来饭店实习，从基层做起，在不同岗位学习服务技巧的故事。接待中小学生及其他社会团体来饭店参观，向他们解释各部门功能，也是良好的宣传素材。

(8) 饭店免费为受灾者提供住房的事件等。

对这些事件如果能从社会和公众利益的角度加以宣传、报道，其新闻价值更高。

3. 新闻稿的撰写

组织可把新闻素材直接提供给新闻单位，由新闻单位经过加工处理后与公众见面；也可根据新闻素材自己撰写新闻稿，提供给新闻单位；还可通过新闻发布会的方式发布新闻。

1) 新闻稿的基本要素

一篇完整的新闻稿应包括新闻报道的六要素：时间、地点、人物、事件、原因、过程。公共关系人员可从以上6个方面收集某一事件的资料，并检查新闻稿是否将所有的信息表达清楚。

2) 新闻稿的结构

新闻稿的结构有倒金字塔式、并列式、顺时式等，其中最常用的是倒金字塔式结构。倒金字塔式结构把新闻事件的高潮安排在文章的开头，所有重点内容都集中在第一段出现。这种结构符合读者阅读的习惯，能一开始就抓住读者的注意力，也便于编辑处理稿件。

3) 新闻稿的写作技巧

(1) 简洁。写作新闻稿要求用词简洁，将事实用最精练的文字表达清楚。

(2) 准确。时间、地点、人物不能含糊其辞，应准确无误。

(3) 通俗。多用大众化语汇，少用技术性、专业性术语。

(4) 逻辑严密。新闻稿内容不能前后矛盾，要经得起推敲。

10.4.2 制造新闻

新闻宣传的主动权不在组织，但这并不表明公共关系人员只能被动地等待机会，公共关系人员可以主动制造有新闻价值的事件，争取新闻宣传的机会。

1. 制造新闻的概念

制造新闻是指在不损害公众利益的前提下，有计划、有组织地策划具有新闻价值的事件，举办有新闻价值的活动，争取新闻宣传的机会。制造新闻是公共关系工作中艺术性、技巧性最高的活动之一，要靠公共关系人员广博的知识、超凡的想象力和丰富的实践经验。

制造出来的新闻是公共关系人员精心策划的结果，比一般新闻更能迎合新闻界及公众的兴趣，能明显提高组织的知名度，但制造新闻必须遵循公共关系的基本原则，不能愚弄和欺骗公众，损害公众利益和社会利益。

2. 制造新闻的方法

1) 就公众某段时期最关注的话题制造新闻

每一段时间总有公众比较关注的话题，如重大体育比赛、重大灾情事件、国内重大政治活动等，结合这些话题制造新闻，往往能引起新闻界的关注。如2001年是确定2008年奥运会举办城市的一年，北京申办奥运会是全中国人向往已久的大事，许多组织利用申奥，开展大规模的公共关系活动，宣传效果非常好。

2) 抓住"新、奇、特"制造新闻

新、奇、特是新闻价值的要素，策划具有这些特点的活动，可以吸引公众注意力。如美国联合碳化公司新建的52层高的总部大楼竣工了，一大群鸽子飞进了其中一个房间，并把这一房间当作栖息之处。公司公关顾问得知这一消息，立即意识到扩大公司影响的机会来了，在征得公司领导的同意后，第一，他下令关闭房间所有的门窗，不让一只鸽子飞走；第二，用电话与动物保护协会联系，请动物保护协会迅速派人前来处理此事；第三，给新闻界打电话，告诉他们一大群鸽子飞进大楼的奇景，以及动物保护协会将到大楼捕捉鸽子加以保护的消息。新闻界被这一消息惊动了，电视台、广播电台、报社等新闻传播媒介纷纷派出记者进行现场采访和报道。在动物协会捕捉鸽子的3天中，各大媒体对捕捉鸽子的行动进行了连续报道，消息、特写、专题、评论等体裁交替使用，既形象又生动，吸引了广大读者争相阅读和收看，联合碳化公司的总部大楼也因此名声大振。此时，公司首脑充分利用在荧屏上亮相的机会，向公众介绍公司的宗旨、经营状况，加深和扩大公众对公司的了解，大大提高了公司的知名度和美誉度。借此机会，联合碳化公司总部大楼竣工的消息巧妙地、顺利地告知了公众。公司通过制造新闻，取得了事半功倍的效果。

3) 有意识地将组织与社会名流联系在一起

通过邀请名人主持剪彩、参加组织庆典、参观组织等活动，利用名人的知名度吸引记者前来采访。如1978年，天津墨水厂试制成功了一种适合中国书法和中国水墨画用的高级书画墨汁，命名"鸵鸟墨汁"。由于墨汁是瓶装液态商品，仅凭看一看、闻一闻无法鉴定其质量，显示特色，为了使这种新产品能尽快为消费者所了解、接受，天津墨水厂采用了借用名人的做法。他们邀请北京、天津两市30多位书画家挥毫试墨，墨汁运笔流畅、墨水纯正、纸张不皱、不渗墨汁，质量非常好，各书画家纷纷作画赋诗赞誉，鸵鸟墨汁因此赢得了顾客。

4) 利用传统节日、纪念日举办公共关系活动

传统节日、纪念日活动年年都是新闻报道的重点，联系传统节日、纪念日开展有新意

的公共关系活动，容易引起新闻界的关注。中国的传统节日主要有春节、元宵节、清明节、端午节、中秋节等；现代节日有元旦、国际劳动节、妇女节、植树节、青年节、儿童节、建军节、教师节、国庆节、老人节等。近几年，西方国家的一些节日如圣诞节、情人节、母亲节等在国内也流行起来。每一个节日都是组织开展公共关系工作的好机会。

5) 与新闻机构联合举办公共关系活动

与新闻机构联合举办活动，新闻机构出于自身利益必将全力以赴，也是组织扩大自己影响的大好机会。组织可与新闻界联合举办知识竞赛、联谊活动、文艺晚会、各项评选活动等。

10.4.3 公共关系宣传的其他方式

1. 演讲

演讲是在特定的时间和环境中，借助有声语言和态势语言直接向广大听众传递信息的活动。演讲是一种常用且简单易行的公共关系活动方式，公共关系人员出席各种场合时都有可能要进行演讲，因此他们必须具备一定的演讲才能。

1) 演讲稿的写作

演讲稿是演讲的蓝本，它将演讲者构思的主题、内容等形成文字，帮助演讲者记忆演讲思路和词句，除即兴演讲外，演讲者在演讲前都应事先写好演讲稿，它是演讲成功的基本保证。演讲稿的写作包括以下方面。

(1) 确定主题。演讲主题是演讲者首先必须考虑的问题，演讲缺乏主题，听众很难把握。演讲主题应紧密结合形势，选择公众普遍关心的问题，能给听众新知识、新信息的主题，符合演讲者身份、演讲时间、听众实际水平的主题。结合演讲主题拟订演讲题目。

(2) 收集处理材料。材料是演讲的基础，演讲主题确定后，应围绕演讲主题收集材料，并对材料进行筛选，把最典型、最生动、最真实、最有说服力的材料运用到演讲中。

(3) 拟订演讲提纲。演讲提纲按演讲的标题、演讲的主要观点、论证及论证材料的顺序排列，论证结构的清晰、完整会增加演讲的逻辑力和说服力，演讲者可打腹稿拟订演讲提纲。

(4) 推敲演讲语言。演讲提纲变成演讲稿需逐字逐句推敲，演讲稿应用词准确、句子精练，演讲语言力求口语化、形象化，使公众容易接受。演讲者最好自己动手写演讲稿，这样才能融进自己的感情，形成自己的思路。

为了提高演讲效果，演讲者可进行试讲，通过试讲，发现问题，消除紧张情绪。

2) 演讲的艺术

演讲一般包括开场白、正文、结尾3部分。

(1) 开场白。演讲者应一开口就能吸引公众，给公众留下良好的第一印象。开场白可采用以下形式。

① 开门见山式。使公众一目了然地把握演讲的要领。

② 设问式。即引起悬念。我国著名演讲家马相伯在作广播演讲时，一开场就是："请看，今日的中国是谁家的天下？"然后层层剖析，给出自己的答案。

③ 幽默式。幽默能很好地表达演讲者的智慧和才华。如黑人约翰·罗克在要求解放黑

人奴隶的演讲中："女士们、先生们：我来这里与其说是发表讲话，还不如说是给这种场合增添了一点颜色……"幽默地道出了主题。

④ 成语名言。如讲青年人应珍惜时光时可用"一寸光阴一寸金，寸金难买寸光阴"来形容。

⑤ 故事式。以一个能表现主题，非常有代表性的故事开场。

⑥ 从自身说起。从自身的特征或曾到过某地的感受开始，引入主题。

(2) 正文。正文是整个演讲的核心内容，要求层次清楚，重点突出，可采用并列式、正反式、递进式、对比式安排材料，论证主题。

(3) 结尾。结尾应耐人寻味，给人留下最后的印象，结尾可采用以下形式。

① 收拢式。用概括的语言强调主题思想。毛泽东《必须制裁反动派》的演讲结尾："我们今天开这个大会，就是为了继续抗战，继续团结，继续进步。为了这个就要取消《限制异党活动办法》，就要制裁那些投降派、反动派，就要保护一切革命的同志，抗日的同志，抗日的人民。"

② 激励式。用富有鼓动性、号召性的语言结束全篇。如"让我们为了公司的美好未来共同努力奋斗吧！"

③ 引用名言。

④ 引申重点，强化记忆。松下幸之助对公司员工进行演讲的结束语是："我已讲过六条，其重要性各不一样，唯有第一条和第二条是公司生存发展中最致命的，即松下永远以质量战胜一切竞争者，松下的凝聚力高于一切，这两条将成为我们的法宝和座右铭，也是我要求全体员工切记的。"

⑤ 提问思考式。在演讲结尾时，演讲者向听众提出问题，甚至是一连串的问题，供听众思考。解放军画报的记者李前光《在血与火的征途上》演讲结尾："朋友们，你是否感到自己是生活在幸福中？——难道我们不应该珍惜这一切而发奋地工作、学习、为人们多做一点儿事？难道我们能在英雄阻挡枪弹的躯体后面一味追求个人的幸福和前途吗？——同志们，我们应该怎样去纪念那些牺牲的战士？我们应该怎样活在他们的事业中？让我们每一个人用自己的行动来回答，去告慰那九泉之下的英灵吧！"

⑥ 层层推进式。结尾时层层推进，句子一句比一句有力。如"……也只有这样，到了我们鬓染白霜的暮年，我们才能坦然地回顾自己的一生，满怀自豪地宣告，我无愧于人民，无愧于祖国，无愧于子孙！"

演讲不管是开场还是结尾都应注意克服一些常犯的错误：草草收兵，如"因为时间关系，我就不多讲了"；画蛇添足，如"下面我再补充几句"；采用客套话，"今天没有准备，随便给大家讲几句"等。

2. 组织自办媒介宣传

依靠新闻媒介与公众沟通组织会缺乏主动性，利用人员宣传的宣传面又太窄，组织自办媒介作为利用大众传播手段的一种补充方式，有其独特的优势。自办媒介可以针对某一类特定公众灵活确定宣传内容和方式，能提高宣传的有效性。

1) 自办印刷媒介

自办印刷媒介包括报纸、杂志、宣传小册子、年报、海报、简报等。制作印刷媒介应考虑如下问题：目的、读者对象、具体内容、媒介的类型和名称、发行数量和发行周期、印刷形式、公开出售还是免费赠送、直接邮寄或是专人发送等。为了办好自办媒介，组织内应设立一个高效率的宣传出版小组。

印刷媒介根据发行对象不同可分为对内印刷媒介和对外印刷媒介。对内印刷媒介的读者为组织员工和股东，可采用印刷内部报刊、海报、简报等方式。对外印刷媒介以组织的外部公众为对象，一般采用报纸、杂志方式。组织可根据不同的目的、不同宣传对象编印不同报刊，如员工报刊、大众报刊、经销商报刊等。

2) 自办电子媒介

自办电子媒介包括广播、电视、电影、网站等。

广播是各种社会组织广泛运用的宣传工具，它一般以内部公众为对象，内容丰富多彩，可以是组织的重大信息、员工的生活趣事、表扬批评稿等。

电影也是传播信息极为有效的一种工具。组织可为员工、股东、社区公众等制作不同内容的影片，并由组织专场播放。有的组织由组织成员自编、自演、拍摄组织发展历史的电影片，凡是到公司参观者，通过影片便可了解公司发展的过程。

组织可以开设自己的网站，通过网站进行产品销售，传播有关组织产品、服务等各方面信息，网上宣传已经是一种极为有效的传播手段，如微信、微博和 APP 客户端等。

如美国一家生产谷类食品的公司为改变人们面包加咖啡的早餐饮食习惯，专门拍摄了《向健康问早安》的电影片，并把电影片拿到世界各地巡回放映，效果非常好。随着科学技术的发展，电视、闭路电视系统、互联网、移动互联网，渐渐进入人们的生活，许多组织利用他们作为内部宣传的手段。

海尔集团的自办媒介为海尔的发展作出了重要贡献。每周一次的《海尔报》左上角的海尔精神提醒着每一个海尔人，海尔的每一个理念都在报纸上进行热烈讨论，海尔的每个优秀事迹和成就都在报纸上宣扬。每一期《海尔报》上几乎都有点名批评的文章，毫不留情，一针见血，促进了海尔批评与自我批评风气的养成。海尔集团还开办了海尔有线电视新闻节目，出版海尔企业文化丛书，这一切都对海尔企业文化的形成和发展起到了十分重要的作用。

3. 公关实物宣传

实物宣传是指组织以优质的产品或服务作为宣传媒介，对目标公众做赞助性、馈赠性、试用性、征询性的宣传。实物或模型具有现实说服力，比文字或口头宣传更有效，实物宣传如果能配上简洁的文字、生动的解说词、动人的音乐，其宣传效果更佳。常见的方式有：让公众免费试用样品、实行买一送一、赠送购物袋等。如在第四届北京国际汽车展览会上，奥迪车使用了公关绝招——"奥迪展车，欢迎观众试驾"。参观者摩拳擦掌，跃跃欲试，奥迪车成了展览会上的新闻焦点。再如手提袋在当今的生活中，早已不仅仅是盛物的工具，而是厂家宣传产品，树立形象的公关工具和广告媒介。在一次四川工业产品博览会上，泸州老窖利用手提袋出尽了风头。开幕前，他们利用公众等待的大量空闲时间，数以千计地集中发放，力求人手一袋。开幕后，面对络绎不绝的观众，他们也是有求必应。这样做，可让老客户产生亲切感，让新客户在开幕前有充分的时间了解、熟悉公司的有关信息，创造商机。另外，数以千计的观众在展馆内外提着印有公司名称、标志、产品信息的手提袋，可产生强烈的视觉冲击。而且印制精美的手提袋将会伴随主人出入大街小巷，其流动广告宣传效果更是不可估量。

 应用案例

【案情简介】

铭典咖啡广告文案

广告标题：爱，就是深深地爱

文案：

还记得第一次在铭典咖啡遇见了你

发现你简约而深邃

因此我喜欢上了你

就像回忆里第一次来铭典喝咖啡的感觉

淡淡地，却总也忘不掉

回头看渐渐地走过的爱

无论是爱的酸甜苦辣

你都一直陪伴着我

就像生活里铭典咖啡一直陪伴着我一样

我少不了咖啡

更少不了你

因为，爱——

就是深深地爱

【案例点评】

这则广告文案是典型的"煽情"性公关广告。"煽情"传统的理解往往总带有一些贬义。其实，在真诚、可信的前提下，所传播的信息能起到煽情的作用，却是现代广告的一种极佳的境界。

 本章小结

本章主要介绍了公共关系学广告与宣传。首先介绍了公共关系广告的兴起及定义，公关广告与商业广告的区别，公共关系广告的特征、类型及作用；其次介绍了公共关系广告的创意与策划，公共关系广告媒体；最后介绍了公共关系宣传的相关内容。

习　　题

1. 选择题

(1)（　　）是指以组织的名义，率先发起某种运动或提倡某种有益的观念。

　　A．响应广告　　　B．创意广告　　　C．祝贺广告　　　D．声势广告

(2)（　　）又称为解释性广告，这是一种表明组织对某些事件的立场、态度的广告。

　　A．歉意广告　　　B．观念广告　　　C．声明广告　　　D．商标广告

(3) 利用（　　）宣传的方式向公众提供信息，为组织创造良好的舆论氛围是公共关系宣传最常用的方式。

　　A．演讲　　　　　B．会议　　　　　C．自办媒介　　　D．新闻

(4) 整合营销传播是一种（　　）策略。

　　A．二元化　　　　B．一元化　　　　C．双向　　　　　D．单向

(5) 大众传播媒介中，公众接受时有参与感的是（　　）。

　　A．报刊　　　　　B．广播　　　　　C．电视　　　　　D．电影

(6) 试图引导或转变公众的看法、影响公众的态度和行为的公关广告是（　　）。

　　A．形象广告　　　B．公益广告　　　C．观念广告　　　D．响应广告

(7) 公共关系工作中最常用、最普遍的一种口语传播方式是（　　）。

　　A．报告　　　　　B．演讲　　　　　C．会议　　　　　D．谈判

(8) 在营销传播的所有形式中，采用同一的颜色、图案及识别符号。这种方法属于整合营销传播的（　　）。

　　A．主题线法　　　B．统一形式法　　C．形象整合法　　D．同一外观法

(9) 广告定位的目的在于（　　）。

　　A．突出广告商品的个性　　　　　　B．确定广告商品的位置

　　C．明确广告的特点　　　　　　　　D．提高广告针对性

(10) 决定广告成败的关键是（　　）。

　　A．广告定位　　　B．广告创意　　　C．广告诉求　　　D．广告调查

(11) 用来表示组织与社会各界具有关联性和共同性的公关广告是（　　）。

　　A．形象广告　　　B．公益广告　　　C．观念广告　　　D．响应广告

2．多选题

(1) 新闻稿采用倒金字塔结构的优点在于（　　）。

　　A．便于读者迅速获得最新、最重要的信息

　　B．便于节省读者时间

　　C．便于编辑修改、保留重要信息

　　D．节省报纸版面

　　E．易于被编辑接受

(2) 优秀演讲者应具备的条件包括（　　）。

　　A．足够的权威性　　　　　　　　　B．较强的语言能力和技巧

　　C．热情　　　　　　　　　　　　　D．理智与智慧

　　E．仪表仪态

(3) 演讲构成的要素有（　　）。

　　A．演讲者　　　　B．演讲时间　　　C．演讲地点

　　D．演讲内容　　　E．演讲听众

3. 简答题

(1) 公共关系广告与商业广告的区别是什么？

(2) 公共关系广告的特征有哪些？

(3) 选择媒介应考虑哪些因素？

4. 论述题

试述公共关系广告的创意与策划。

5. 案例分析题

【案例一】

父母是孩子最好的老师

——哈药集团制药六厂公益广告案例

电视上曾有过这样一则公益广告：一位年轻的劳累了一天的妈妈晚上睡觉前给她的母亲端过来一盆热水，给母亲洗脚，母亲心疼地对她说："忙了一天啦，歇一会儿吧。"年轻的妈妈说："不累，烫烫脚对您的身体有好处。"而这一切全被这位年轻的妈妈的小儿子看到了，受到了妈妈的启发，他也吃力地从走廊里端来一盆热水要给他的妈妈洗脚，妈妈眼里满是泪花。在孩子稚嫩的声音："妈妈洗脚。"过后，传播来了画外音："父母是孩子最好的老师，哈药集团制药六厂。"

这则广告是何种类型的广告，体现了企业的什么经营理念？给你什么启示？

【案例二】

李奥·贝纳的告别演讲

1935 年 8 月 5 日，李奥贝纳广告公司正式在芝加哥成立，当时只有 8 位员工、3 个客户，年营业收入仅 20 万美金。然后，走过了 78 载。分享一下正能量。

时间是 1967 年 12 月 1 日，星期五早晨。场景是李奥贝纳公司在美国芝加哥保德信大楼礼堂所举办的第六届年度早餐会。

那一年的来宾是有史以来最多的：一共有 1280 位李奥贝纳员工参加，其中 300 位是第一次参加。其他首度参加的员工则是从李奥贝纳底特律办公室来的(并购 DP 兄弟广告的关系)，其他人则来自加拿大和伦敦办公室。

早餐会议大约在早上 8 点 30 分开始，人们开始享用早餐的苹果汁、甜瑞士卷和咖啡。公司总经理艾德·席尔(Ed Thiele)首先登台，报告年度营业额(2 亿 6 千万美元)，以及明年的展望("我们保守预期…来年将有小幅度的成长")。公司董事会主席菲尔·沙夫(Phil Schaff)则带来股利分红的好消息，并且介绍了几位国际嘉宾。

接着，根据公司刊物《你好》(Hello，中国台湾译作《哈啰》)的记载，输到创意部主管唐·坦能(Don Tennant)上台，花了 30 分钟介绍公司的创意作品。

当坦能结束简报之后，他向听众介绍一位其实不需要任何引介的人：李奥·贝纳。这位矮小、秃头、戴着一副角框眼镜，略微伛偻的 76 岁老人，在如雷般掌声中走向讲台。他与其他 8 位朋友在 32 年前的经济大萧条中创业，那时他在门口柜台摆了一大碗苹果免费招待来客，却广受讥嘲，批评者都说，李奥·贝纳迟早会沦落到去卖苹果而不是送苹果。然而，在那一天早上，这家以李奥贝纳为名的公司，是全美第 5 大广告代理商，并且，继续免费招待苹果。

李奥·贝纳刚从董事长大位退下不久，这是他以第一次创办人的身份对员工演讲。演讲很短，只有682字，演讲时间为8分钟。《何时该将我的名字从门上摘下》(When to Take My Name off the Door)是李奥·贝纳最脍炙人口的演说。它后来也成为李奥贝纳公司对未来的行动准则。

有一天我终将退位，而你们或你们的继任人可能也想把我的名字一并丢弃.

你们可能要公司名称改为"Twain, Rogers, Sawyer and Finn, Inc."或"Ajax Advertising"或其他名称，只要对你们有好处，我都无所谓。

但是请容我告诉各位，我会在什么时候主动要求你们把我的名字从门上拿掉。

那一天就是当你们整天只想赚钱而不再多花心思于做广告——我们的这种广告时。

当你们已忘记广告制作的真正乐趣以及你们所以能出人头地的创作环境的时候。当你们忘记其实公司的中坚分子、艺术指导等专业人员，应该和钱同等重要的时候。

当你们失去那种永远都觉得不够完美的感觉的时候。

当你们失去那股只想把工作做好的傻劲，根本不在乎客户或钱，或投入的心力及劳力的时候。

当你们丧失有始有终，绝不虎头蛇尾的那股热忱时。

当你们不再追求新鲜，使人永生难忘，而且信服力效果的文字及图片运用方式、意境及结合之妙时。

当你们不再夜以继日创造点子，成就李奥贝纳公司一贯秉持的好广告时。

当你们已经不再是梭罗(Thoreau)所谓的"有良知的公司"(对我来说，指的就是一群有良知的男女组成的公司)时。

当你们开始把你的诚实正直打折时，而诚实正直才是我们这一行的生命，是一点都不能妥协。

当你们表现粗俗、不相称或自负而令人讨厌，失去那种精致的中庸之道时。

当你们只知道追求大规模，而对好的、困难的、新奇的工作反而不感兴趣时。

当你们只在意自己在公司的职位是否节节高升时。

当你们不再是谦谦君子，只知道吹牛、自作聪明时。

当苹果只是让人吃的或只是打亮的苹果，不再是我们的风格之一时。

当你们只对人不对事时。

当你们不在意强烈又鲜活的创意，只埋头于例行作业时。

当你们开始相信基于效率，可以将创作精神及创作动力委托代工并且加以支配，而忘记创作精神及创作动力只能培养、激发和鼓励时。

当你们开始把"有创意的广告代理商"当做空口应酬话来说，而不再是货真价实的时候。

最后，是当你们不再尊重那些守在打字机、画板旁、或守在摄影机后面、或用大黑笔做笔记、或整晚熬夜做企划书、孤军奋战的人时(因为幸亏有他，广告界才有今天的局面)。当你们忘了他辛勤努力而真的即使是短暂地摘下那颗耀眼难及的星星的人的时候。

年轻人，到那时候，我会坚持让你们把我的名字从门上拿掉。哪怕我得找一天晚上显灵来亲自动手擦掉我的名字。

在我消失之前，我还要涂掉那个摘星符号，然后把所有信纸通通烧掉。

顺便撕掉一些广告稿。

把每一颗该死的苹果扔进电梯升降机里。

第二天早上，你们不知身处何处。

你们必须重新找个新名字。

演说结束，全场来宾起立，为李奥·贝纳鼓掌欢呼。许多深受演说感动的来宾热泪盈眶，因为他们了解到，这不仅是李奥·贝纳对公司的演说，也是对整个广告界的告别演说。

(资料来源：中国公关网 http://www.chinapr.com.cn)

第 11 章 公共关系社交礼仪

教学目标

了解公关礼仪的基本概念，了解公关礼仪的特点及准则；掌握并注意养成个人的礼仪行为规范；掌握人际交往的礼仪和形象塑造；熟练掌握公共关系礼节和人际交往与沟通的艺术。

教学要求

知识要点	能力要求	相关知识
公关礼仪规范	(1) 了解公关礼仪的概念、特点及准则 (2) 掌握并养成个人礼仪行为规范	社交礼仪、商务礼仪、政务礼仪等
个人形象塑造	塑造良好的外在形象及内在气质	职业形象的塑造
人际交往的礼节与艺术	掌握并熟练运用于人际交往的礼节与艺术	人际沟通与交往艺术

基本概念

公共关系礼仪；形象塑造

引例

"你会坐吗？"——一次公关部长聘任考试

一家公司准备聘用一名公关部长，经笔试筛选后，只剩 8 名应试者等待面试。面试限定他们每人在两分钟内对主考官的提问作出回答。当每位应试者进入考场时，主考官说的是同一句话："请您把大衣放好，在我面前坐下。"然而，在进行面试的房间中，除了主考官使用的一张桌子和一把椅子外，什么东西也没有。有两名应试者听到主考官的话以后，不知所措，另有两名急得直掉眼泪；还有一名听到提问后，脱下自己的大衣，搁在主考官的桌子上，然后说了句："还有什么问题？"结果，这五名应试者全部被淘汰了。剩下的三名应试者，一名听到主考官发问后，先是一愣，旋即脱下大衣，往右手上一搭，躬身致礼，轻轻地说道："这里没有椅子，我可以站着回答您的问话吗？"公司对这个人的评语是："有一定的应变能力，但创新开拓不足。彬彬有礼，能适应严格的管理制度，可用于财务和秘书部门。"另一名应试者听到问题后，马上回答道："既然没有椅子，就不用坐了。谢谢您的关心，我愿听候下一个问题。"公司对此人的评语是："守中略有攻，可先培养用于对内，然后再对外。"最后一名考生的反应是，听到主考官的发问后，他眼睛一眨，随即出门去，把候考时坐过的椅子搬进来，放在离主考官侧前约一米处，然后脱下自己的大衣，折好后放在椅子背后，自己就在椅子上端坐着。当"时间到"的铃声一响，他马上站起来，欠身一礼，说了声"谢谢"，便退出考试房间，把门轻轻地关上，公司对此人的评语是："不着一词而巧妙地回答了问题；性格富有开拓精神，加上笔试成绩佳，可以录用为公关部长。"

思考：
1. 假如你是应试者，你准备怎样放置大衣、怎样坐下？
2. 现在一家公司聘任你为人力资源部主管，请你设计一套选拔公关人员的考试办法。

本章将介绍公关礼仪的基本概念、特点及准则；个人的各种礼仪行为规范；人际交往的礼仪和形象塑造；公共关系礼节和人际交往与沟通的艺术。

公共关系从业人员经常要进行对内对外的沟通与协调，进行广泛的社会交往。因此，掌握一般社交礼仪知识显得非常重要。礼仪也就成了公共关系人员在进行公关具体活动及公众交往时必须遵守的最基本的行为规范与准则之一，也就是说，礼仪是公共关系人员必须掌握并娴熟运用的人际传播技能。对公共关系人员来说，礼仪不仅是与公众交往中的通行证，而且还是体现公共关系人员的自身修养和业务素质的一种标志。礼仪虽然有一套大家所公认的规则，但在不同的场合有不同的表现形式。懂得在不同的场合、不同的对象面前恰如其分地运用不同的礼仪形式，则更为重要。

11.1 公共关系礼仪概述

11.1.1 礼仪

礼仪就是在交往中体现出来的人们之间互相尊重的意愿，并按约定俗成的方法付诸实施的不成文的规定。其中，礼是礼貌、礼节，这是一种要求；仪是仪式、仪表、仪态，这是一种被人们规定的共同认可的程序。

"礼仪"一词是从法语 étiquette 演变而来的。法语 étiquette 原意是指法庭上用的一种"通行证"，它上面记载着进入法庭时应遵守的事项。后来，其他各种公众场合也都制定了相应的行为规划。这些规划由繁而简，构成系统，逐渐形成了得到大家公认的，也是大家都愿意自觉遵守的国际礼仪。

中华民族以"礼仪之邦"著称于世，华夏文化以"仁、义、礼、智、信"世代传承。唐代孔颖达说："中国礼仪之大，故称夏；有服章之美，谓之华。华、夏一也。"自古以来，"克己复礼"，意思是说，每个人都要克制自己的欲望；懂礼仪、知廉耻、知书识礼、礼尚

第 11 章 公共关系社交礼仪

往来、"人敬我一尺，我敬人一丈"、知恩图报等，文明礼教传承千年，如今更加灿烂辉煌。到了 21 世纪的今天，随着世界一体化进程的加快，中国的文明礼仪吸纳了西方传统礼仪规范与现代礼仪准则，逐渐形成了规范完整的现代礼仪。其中，现代公关礼仪更是奇葩一朵，尤其灿烂芬芳。

11.1.2 公共关系社交礼仪概述

公共关系社交礼仪简称公关礼仪，它是指公共关系工作人员在公共关系活动中应遵循的尊敬他人、讲究礼节的程序。公关礼仪对于当今的公共关系人员来说也是一种"通行证"。众所周知，懂礼节的人进入社交场合比不懂礼节的人显然要顺利得多，而且会受到欢迎，得到更多人的尊重。

中国不但重视礼仪的历史很悠久，而且重视公共关系礼仪的历史之长也是世人皆知的。孔子利用齐鲁"夹谷之会"向天下人树立了鲁国信守礼仪不畏强国的良好形象；诸葛亮联吴抗曹，对吴国君臣晓之以礼、动之以情，表明了蜀国的诚意。这些都说明公共关系礼仪在中国历史上发挥了重要作用。

11.1.3 公关礼仪的特点

公关礼仪一般表现出共同性、实用性、灵活性、民族性及长远性等特性。

1. 共同性

共同性特征强调了公共关系礼仪的基本的规范，如文书的规格、各种公关实务活动的既定程序等。这些共同性的要求一方面体现了礼仪的共同原则，同时也界定了公关活动的规范性，特别是在跨越各种国家、民族及不同地区间的公关活动中，它能促进公关工作的开展和成功，这也是礼仪中所强调的按照惯例的出发点。

2. 实用性

实用性特征表明公关礼仪是一门操作性很强的学科，注重的是一种实际运用，而公关礼仪的实用性也体现在两个方面：一是其自身操作性。不论是公关人员日常工作还是专题活动，都会表现出与不同公众的交往与沟通。这种交往的过程既是公关活动的过程同时也是运用各种礼仪的过程。因此，公关礼仪不是一门基础理论课，而是一门应用性实践性的课程。二是其表现出的价值与意义。这主要表现在通过公关礼仪的具体应用而产生的对社会与公众的作用及特殊意义上。2002 年汉城世界杯足球赛的主题就是希望整个世界能够通过沟通来摒弃仇恨。正如美国黑人运动领袖马丁·路德·金曾经说过的："人与人之间充满仇恨是因为互相不了解，而人与人之间的互相不了解是因为缺乏沟通。"因此，解决仇视、消除谅解的最好办法是沟通，这不应该仅仅停留在人与人之间的交往上，还应该体现在民族、国家的交往层次，甚至于可以体现在人与自然的相处中。

3. 灵活性

灵活性特征显示了公关礼仪在运用中的一种应变性。公众是多变的，公关过程是持续的，随着环境的改变应该做出不断的调整。公众的多变性可以是由于一个组织自身的政策调整，也可以是由于公众自身的变化性。这种组织与公众间的互动性无法保证一种公关活动能够完全按照预定计划得以完成。正如公关界一直坚持的，在整个公关的 4 步工作法中，最具有多变性、最能显示公关人员的创造性能力的，就是公关的实施过程。因此，同样的计划在具体操作中往往会因人而异、因地而异，这就需要把握策略性与灵活性相结合的尺度。

4. 民族性

民族性特征要求公关人员能熟练地运用公关的各有关少数民族的礼仪规范，学会入乡随俗。由于不同民族的文化背景对礼仪有很大的影响，因此在不同民族与国家交往时要尽可能熟悉对方的商务习俗与节奏。当代表公司洽谈生意时，如能尊重对方的风俗习惯，使客户心情舒畅，成功的概率就会增大。为了避免交往中的失礼行为，必须事先了解客户有关概况的资料，了解问候用语、服饰规范、用餐知识、地理概况、赴约及赠送礼仪习俗等。在异国他乡学一些不寻常的言谈举止，有助于拉近彼此间的距离，并对业务的开展产生积极的影响。

5. 长远性

长远性特征指的是一种需要特别关注的特征。从一个组织的生存意义来看，赢利与否是一种最基本的评价标准，但是公共关系追求的是一种长远的利益，而且往往是以前期的投入为其工作方式。正如广告与营销无法理解公关一样，人们对于公共关系能否带来直接的利益总是带有一种怀疑，因此，公关礼仪往往就是以付出作为它的工作方法。当然这种付出是会带来回报的，尽管不是在眼前。公关礼仪的长远性将时时地提醒着人们："欲将取之，必先予之。"从礼仪的角度讲，只关心生意能否做成是短视的行为，一次商务活动能否完成在很多时候往往取决于你打高尔夫球的水平，或有赖于主人在同你进餐时或听音乐时对你的品味及性情的了解。人们会更多地将建立彼此间的信任关系作为长期的合作关系的基础。

11.1.4 公关礼仪的原则

作为公关人员，应遵循的礼仪规范和要求十分具体，掌握公关礼仪规范，还要善于以简驭繁。换句话说，就是要善于抓住决定公关礼仪的一些基本性的原则。因为只有抓住了根本性的原则，才能在公关活动中得体自然地体现礼仪，达到"随心所欲不逾矩"的境界。在日常交往和商务活动中，要想很好地发挥公关礼仪的作用，必须明确现代公关礼仪的如下几个原则。

1. 诚实守信的原则

礼仪讲究"诚于中，形于外"。心中有礼，然后言行才有礼，才能做到言行一致。言行一致，才是真诚，真诚是人际交往中最重要的品质因素之一。诚实守信原则要求的礼仪必须是以诚相待、以礼相待、言行一致、表里如一的。只有真心实意地表达对交往对象的尊敬与友好，才能得到对方的接受和同意、理解和支持。反之，如果口是心非、言行不一、不守信、不诚实，甚至弄虚作假，则只能蒙混一时，不能长期合作。与此同时，公关人员还要重诺守信，要本着高度的职业责任感和强烈的社会责任心对自己的言行负责，做到言必信、信必行、行必果。公关人员还应做到不轻意表态，不随意承诺。只要承诺了，就要做到一诺千金。

2. 尊人敬人的原则

孔子曰："礼者，敬人也。"礼仪的本质和核心就是尊敬人、尊重人。尊重他人是对待他人的一种态度，也是获得他人尊重的一种手段。"敬人者人恒敬之，爱人者人恒爱之"、"人敬我一尺，我敬人一丈"，礼仪就是借助于这种彼此间的尊重，使得人们相互之间能够互相谦让、互尊互敬、友好平等、和睦共处。尊人敬人原则要求公关人员承认和重视每个人的人格、感情、爱好、职业、习惯、社会价值以及每个人应该广泛享有的权利和义务。

现代公关礼仪中处处渗透着尊人敬人的精神。从最基本的谦让语"谢谢、请、请稍等"，到为他人排忧解难，塑造自身社会组织的形象，都反映出尊重他人的礼仪精神。"有礼走遍天下"，就是要有一颗尊重他人的心。只有尊重他人，才能换来别人对自己的尊重。尊重他人绝不是阿谀奉承、溜须拍马，贬低自己取悦别人不是对他人的尊重。真正的尊重是人们发自内心的一种高尚情感的自然流露，是一种自觉自愿的行为。一个真正懂得尊重他人的人，也是一个懂得自尊的人。他既不会不切实际地抬高别人，也不会故意地贬低自己；既不对人傲慢歧视，也不对自己求全责备。只有这样的人，才能把现代公关礼仪的艺术完美地展现出来，使自己成为人际交往中备受欢迎的人。

3. 遵仪守时的原则

礼仪是人们在社会交往中的行为规范。因此，人们必须自觉、自愿地遵守礼仪，以礼仪规范指导自己的言谈举止。任何人，不论年龄长幼、身份高低、职位大小，都要以礼相待、和睦相处，不能把礼仪当作对别人的要求。同时，现代生活是高频率、快节奏的。人际交往也在朝着"短、平、快"的方向发展。公关人员无论在日常工作还是公关专题活动中，一定要注意遵守时间，严格按照礼仪规范行事。没有时间观念或时间观念较差的人，往往给人留下拖沓懒散的印象，即使其他方面表现都不错，也仍然难以取得好的公关效果。鲁迅先生曾经说过："无缘无故地浪费别人的时间，无异于谋财害命。"可见，时间对每个人的重要性。遵时守时既是尊重他人，也是尊重自己。遵守时间也就是遵守诚信、遵守礼仪。

4. 入乡随俗的原则

礼仪是从民俗中产生的，也就是常说的"礼出于俗，俗化为礼"，而风俗习惯各有特色。因此，礼仪应该遵循入乡随俗的原则。曾经有一位美国人，在中国墓地上看到一个中国人非常虔诚地把新鲜的水果摆在墓前。于是，他很不解地问："你认为你的祖先什么时候会起来吃这些水果呢？"中国人说："当你的祖先起来闻你献给他的鲜花的时候。"可见，世界各国各民族的礼俗是不一样的。在社会交往中，公关人员要根据不同民族的风俗习惯，不断调整自己的礼仪规范和礼仪标准，遵循入乡随俗的原则，灵活地实施公关礼仪技巧。

5. 自律宽容的原则

"礼者，律己敬人也。"公关人员在社会交往中，要遵循这一原则。礼仪规范是对双方的要求，是双方的互动过程。在这个互动过程中，如果能严格要求自己，宽容对方，就能达到事半功倍的效果。

严格自律是指遇事做到自我要求、自我约束、自我控制和自我反省。在相互交往中，自律还要求交往中的行为不出格，举止不失态，言语不失礼，要像《论语·颜渊》中所强调的自我约束"非礼勿视、非礼勿听、非礼勿言、非礼勿动"。对对方宽容是要求在交往中求同存异、相互包容，遇事多容忍他人、多体谅他人、多理解他人，不要求全责备、斤斤计较、过分苛求，甚至咄咄逼人。

11.2 公关人员的个人礼仪规范

公共关系人员是组织形象的传递者，因而公共关系从业人员的个人形象直接影响到组织在公众心目中的形象。其个人形象则受制于其本人的教养和礼仪的规范程度，其具体内容有仪表、仪态，下面分别加以描述。

11.2.1 仪表礼仪

仪表是指在一个人的外部，能够被人看得到的外表，如容貌、服饰、姿态、举止等，在人际交往的最初阶段是最能引起对方注意的。人们常说的"第一印象"的产生大多来自一个人的仪表，它包括人的容貌、服饰、姿态、举止和个人卫生等方面。仪表虽是人的外表，却是一种无声的语言，是一个人形象的最直观的表现，是一个人精神面貌、内在素质的外在体现。良好的仪表不仅能体现出一个人的内在精神，而且同时也可以完善自我，培养自己的自信心。如一个人装扮得体、衣着考究时，不仅可以显示出他良好的精神面貌，同时也使他自己得到了心理上的满足，自信心会油然而生；反之，则会使人感到缺乏自信，在社交中处于劣势。此外，注重仪表也是讲究礼节、礼貌的表现，良好的仪表不仅能满足他人的审美需求，而且又能使自己感到自己的身份地位得到应有的承认。同时，注重仪表还可以使人们在思想上、情感上沟通，有利于相互增进了解和友谊。所谓"秀外慧中"、"诚于中而形于外"就是注重内在美与外在美的和谐统一。注重仪表不仅体现了对他人的一种尊重，同时又是一个人自尊自爱的表现。如果一个人衣冠不整、不修边幅地参加宴会或是与别人谈判，通常会被认为是工作不严谨、生活懒散、社会责任感不强的人，很难得到人们的信任和支持，不利于公共关系活动的开展，严重者甚至会被认为没有诚意，是对对方的不尊重，有损社会组织的形象。

1. 头发

头发在人的仪表中占据最显著的部位，头发代表一个人的个性与整洁的习惯。头发整洁、无汗味、无头屑、发型大方，会给人留下神清气爽的印象，而头发脏乱、发型不整或怪异、太长或太短等都是不合时宜的，会给人以不舒服的感觉。因此，人们在日常生活中要养成保养头发的好习惯。

1) 头发的清洁

如果头发油腻、脏乱，或是能看到头上的头屑，那么即使你着装整齐，对人彬彬有礼，也不会得到对方的肯定。因为人们在看一个人时，首先关注的是他的头发。因此，作为一名公关人员，要给人整洁的感觉，首先要做的一点就是保证头发的清洁，有些公司规定不能超过两天不洗头。洗发时要注意的是首先确定自己的发质，然后选择适合自己发质的洗发水。要选择用温水洗发，切记不要用过烫的水，过烫的水容易使头发受损伤而变得松脆易折断；如果水温过低，去油腻的效果又不好。洗发时要将洗发水先放至手心，用两手按摩至起泡后再涂在头发上，不要直接倒在头发上，这样容易使洗发水不容易被水冲洗掉，从而残留在头皮上损伤头发；也不要用指甲抓挠头皮，应用手指的指腹轻轻按摩头皮；切记要彻底冲洗干净洗发水，避免洗发水残留在头皮上，损害发质。

2) 发型的选择

发型的选择对一个人的整体形象的塑造十分重要。一个好的发型能弥补脸型的某些缺陷，使人看起来更加富有生机和活力。发型的选择要参考公关人员的具体脸型及将要出席的社交场合的环境、规格等多种因素。

(1) 根据脸型选择发型。不要盲目跟随流行随便地选择发型，应该根据自己的实际情况来选择适合自己的发型。如方脸在选择发型时，应该重点放在用发型掩盖住过于突出的棱角感，从而使脸部增加点柔和感，可以让头发垂直脸颊两侧，使脸部线条看起来较为柔和些；若是脸庞较小的人，可以选择尽量露出五官的发型，把头发往上、往后梳理，从而使脸部看起来大一些，不可以使很多头发保留在脸部，使原本就偏小的脸看起来更小；如颈部较短的人，可以选择后面头发向上梳理或是短发的发型，使颈部看起来修长些；若是三角形的脸，可以在发型选择时用波浪形发型以增加脸的上部分的力量，也可以用头发掩饰较为丰满的下部，不适宜将头发全部上梳，因为这样做会使脸型的缺陷暴露得更加充分；若是脸偏长的人，可以在额头留一些刘海，从而平衡面部。总之，要根据自己的脸型特点来选择自己适合的发型，这样才能遮盖自己的缺点、突出自己的优点，使自己在社交场合占优势地位。

(2) 根据服装选择发型。除了脸型，还要根据着装来选择合适的发型。如果身着正装，发型相应地就要梳理得端庄、大方，可以将头发挽在颈后结低发髻，不能使头发过于蓬松、随意，让人有不正式、松懈懒散的感觉。如果身着休闲装，则可以选择较为轻松灵活的发型，可以把头发自然散开披在双肩，或是随意将头发扎成一束，活泼、自然，又不失轻松随和。

总之，要根据不同的场合、不同的服装选择合适的发型。尤其是女性，应该根据自己的脸型和气质，为自己设计三四种在不同场合中适合自己的发型，以便在社会交往中可以根据不同的情况选择合适的发型。千万不可出现穿着晚礼服，却随意地扎个马尾辫的情况。

2. 化妆

化妆是一个程序复杂的过程，同时也是一门艺术。一方面要求在不同的场合要化不同的妆。一般来说，化妆要符合场合和环境，例如在家或上班时，可以化简妆和淡妆，看起来简洁大方，又不失自然本色；如果是出席晚宴或舞会，则要相应地化浓妆，因为在强烈的灯光下，淡妆效果不好，浓妆可以使你的线条分明，对于女性来说，可以增加其妩媚。不难想，如果浓妆艳抹地出现在办公室，领导和同事们的表情是何等的惊诧。另一方面，化妆也要根据不同年龄、不同类型、不同脸型的人而采用不同的化妆方法，这样才能真正地发挥化妆的作用。如果一个年纪较大的女性在化妆时采用少女常用的化妆模式，则会使别人看起来不舒服；同样，一个小女孩如果采用老年人常用的化妆模式，也会使人看起来不自然。一般来说，椭圆型脸的人应该在化妆时突出面部最美丽的部位，以免给人一种平淡无特点的感觉；长型脸的人化妆时应该注意尽量增加面部的宽度；方型脸的人化妆时要对自己面部突出的部分进行掩饰,以增加线条的柔和感。总之,对于化妆来说,不同的时代、不同的场合要求不尽相同,但总的来说,化妆的基本要求是和谐、自然、大方,这样才能达到美化形象的目的,才能被公众所接受,也才能使化妆在社会交往中发挥应有的作用。

化妆是女性打扮的重点,化妆一方面要突出面部五官最美的部分,使其更加美丽;另一方面要掩盖或矫正缺陷或不足的部分。这是现代公关人员重要的自我美化活动,也是女性提高自信的重要手段和途径。在正式场合中,女性不化妆会被认为是不礼貌的。化妆同时也是出席正式场合所必需的礼仪要求。

随着社会的发展,男士的化妆也越来越多地被人重视。作为公关人员,在公关活动中也应该注意自身的仪容,这样才能更好地发挥自身在公关活动中的作用,被公众所认可,才能取得更好的公关成绩。对男士来说,应该注意保持面部的干净和清爽,不能满脸油腻地去见公众,这样对公众是非常不礼貌的,同时也会降低公众对你的好感。对大数男士来说,油脂分泌较多,脸上也容易堆积灰尘,因此,要做到经常清洁皮肤,使自己永远以清新干净的形象出现在公众面前。另外,长时间在空调房工作,容易使皮肤失去水分,因此应该在洗脸以后适当地使用一些适合自己皮肤的护肤品,使皮肤看起来滋润有弹性,自己充满活力。此外,作为公关人员,若是胡须满面,则会给人一种不干净的感觉,因此应该经常剃须,这样可以使自己面部整洁、容光焕发。男士除了在日常工作中要注意修饰自己外,在出席一些重要的社交场合时也需要把自己装扮一下。例如,参加重要的庆典活动,或参加大型舞会时,为了避免在强烈的灯光下使脸部看起来暗淡无光,也应该适当地进行简单的化妆,如涂口红、画眉等。

3. 服装

在社交场合,服饰可以向对方传递公关人员的某些信息。虽然服饰本身没有高低贵贱之分,但是在现代社会,着装往往成为一个人在公关场合中的身份、地位的标志。作为公关人员,其工作就是通过与人的交往,获得对方的好感,树立组织形象,为组织构建一个和谐的发展环境。因此,服饰的选择对于公关人员就尤为重要。

1) 着装原则

服饰选择搭配的适合活动场合,就会被公众所接受,更容易与之沟通,建立和谐的关系;反之,则会使公众产生一种抵触情绪,不利于与公众的沟通,对树立组织的形象也会产生不利因素。如何才能恰如其分地选择适合自己、适合活动场合的服饰,通常遵循以时间(Time)、地点(Place)、场合(Occasion)三者兼顾的原则,也就是通常所说的"TPO"原则。

(1) 时间原则。时间原则主要指在进行服饰的选择、搭配时,应该考虑到时间性,包括不同的时代性、不同的季节性。不同的时代性是指服饰的选择应该考虑整个大的社会环境,要考虑到服饰的社会性。不难想象,穿着典型的唐朝服饰去出席现代的谈判会将出现什么样的情况。季节性是指要按照不同的季节选择适合的衣服,不能仅仅为了美丽或独树一帜就穿季节反差很大的衣服。例如在冬季,着装以保暖为原则,但也要注意不要穿得过多过厚,或很蓬松,这样会给对方臃肿的感觉。但是如果穿着柔软的轻纱连衣裙,虽然是很轻便、很独特,但是与季节相背,也会让人感觉不舒服。而夏天炎热,着装应该以清凉简单为主,不可穿着很繁琐或是色彩很重的衣服,因为这样会给人一种压抑感。

(2) 地点原则。地点原则主要是指公关人员在进行服饰的选择时,要注意将要出席的

第11章 公共关系社交礼仪

场合，使服饰符合场合的需要。这就要求公关人员在选择服饰前要充分考虑将要出席的地点的外部环境，是高尔夫球场还是健身场所、是正式谈判还是盛大晚宴。在充分考虑了将要出席的场合后，再根据场合选择自己合适的服饰。例如，在办公室等场合不能穿着随意，穿运动服、运动鞋等都是不合时宜的；女性在办公室等场合穿着过于暴露也非常不合时宜，会让人产生一种轻浮、不稳重的感觉；在隆重的宴会上，穿着尽量做到大方、庄重，如果有人穿泳装，会让人感觉非常可笑，而在游泳池，如果有人西装革履地走进来，反而会引起大家的侧目。

(3) 场合原则。场合原则主要指公关人员在选择服饰时应该考虑场所的气氛、规格等。如参加一个正式严肃的场合时应穿着正式、严肃，如果穿着随意会给人有不被尊重的感觉，并对其产生反感；同样，如果参加一个轻松随意的聚会，穿着很隆重，又会让大家认为很迂腐，甚至敬而远之。因此，公关人员要根据场合选择合适的服饰，才能更好地融入活动中，更容易地与别人融洽地沟通，建立友好的关系，顺利地树立组织的良好形象。

2) 着装的具体要求

在公共关系活动场所，公共关系工作人员的衣着服饰能反映出组织对公众重视的程度。公众能够从公共关系人员的服饰语言中认识组织，然后确定其对组织的情感和态度。因此，必须认真对待服饰问题，具体要求是衣着整洁、合体、恰当、适时。

(1) 公共关系人员出门时应根据公共关系活动的内容、规格、举办的季节、时间及个人身份等选择合适的服饰，装扮要注意雅致庄重。最基本的是：不穿破的、脏的衣服出门，不卷袖子或裤脚。公关场合最适宜穿的、最基本的服装有3款：西服、职业套装、旗袍。较随和一点的场合，也有3款基本的服装：夹克衫、猎装、连衣裙。

(2) 男士穿西装时，要系领带，领带的颜色应与外衣颜色相配，里面穿长袖衬衣服，长袖衬衣应塞进外裤里。女士的衣服颜色以上浅下深为宜。女士还要根据场合、情景来选择、佩戴饰品。出席比较隆重的公共关系活动时，佩戴合意的饰品是对公众的尊重，但一定要搭配合适，以"少而精"、"奇而美"为佳。

(3) 如果是出席比较隆重的公共关系活动，则不论男士、女士，都以穿着上下同为深色、同为一种面料的服装为宜，如果本组织有统一的制服，则更能体现出本组织的内在凝聚力。

在公关场合，切记不可穿奇装异服，也不必太华贵或太随意。女士的衣服不可太透明，裙子不能太短，以在膝上 10~15cm 为宜。在公众场合，不宜穿超短裙和吊带露背裙。公共关系工作人员在出门前一定要有意识地考虑到：通过服饰的选择，体现出自己的个性和组织的理念。例如在颜色上，暖色可以显示热情、开朗、活泼；冷色则蕴含着冷静、理智、安恬。浅淡的颜色表示纯洁、淡雅，深重的颜色，可以表示华丽、成熟、稳重。身材高大、体态丰满的人，忌讳穿着衣料太厚或太薄的服装，而适宜穿深色的、面料挺括的服装，要避免穿着过于紧身的毛织服装，适宜穿着直条纹的、开门式宽敞领口的衣服；身材矮小体态轻盈的人，在穿着上的注意事项，则正好与身材高大的人相反。总而言之，只有当穿着服饰符合 TPO(时间、场合、目标)原则时，才是最恰当的。

现代社会是个多元的综合型社会，对人才的要求不仅仅局限于内在，而是内外兼具，尤其是在单位面试新人时更是如此。例如，现代大学生应聘工作时如果能够在仪表仪容上修饰一下自己，会给用人单位一个良好的第一印象。在现实生活中，越来越多的大学生已经认识到了这个问题,在到用人单位面试时都很注重自己的服饰仪表,尤其是女大学生,在到单位应聘前都要修饰一下自己。但是也有一个问题要引起注意:虽然大学生面试时应该注意服装的整洁,适当的化妆,但作为用人单位来说,更加注重的还是大学生内在的素质和能力,所以没必要在装饰上面花过多金钱和精力,更不能在面试时过度地装饰自己,因为大学生毕竟还是学生,如果把自己装扮得过于时髦和另类,会让用人单位对你在学校的学习情况产生不信任。不仅如此,作为现代大学生,如果了解一些基本的化妆技巧,会有利于提高个人综合素质。

11.2.2 仪态

仪态就是指人的身体整体所呈现出来的一种姿态,又称体姿,包括人的站姿、坐姿、走姿、蹲姿、睡姿等。仪态对公关人员来说非常重要,它是一种无声的语言,不同的仪态具有不同的表现,展现不同的含义。公关人员要学会灵活驾驭这种语言,在社交场合如果具有优美合乎时宜的仪态,可以使之散发出一种无需用语言表达的迷人的魔力,可以发挥无穷的魅力。

如何运用肢体进行活动体现了一个人的礼仪修养、文化水平和自制能力。有的人虽然不善言谈,说话没有惊人的妙语,但他的举止行为却热情,有礼有节,他的肢体语言同样能赢得社会交往的良好效果;但有些人却不注意肢体语言,在社交场合表现出局促不安,小动作不断,或是过于放肆和激动。无论是哪种情况,都使他在公众面前的表现大打折扣。如某公司有一位员工由于工作能力很强,很得领导的赞赏。一次领导派他去和外商洽谈一个项目,经过艰苦的长时间谈判,终于使对方同意签约了。这时,或许这位员工感觉已经大功告成了,有点松懈,他先是在谈判桌上伸了个懒腰,然后随意地用手去挖鼻孔,清理了一下鼻腔。这些动作被对方看到了,对方立刻表示不愿签约,因为对方无法把信任交给一个不注重礼节的人。因此,在人际交往中应做到举止有礼有节,通过肢体语言表现出良好的个人修养和素质。

1. 站立姿势

站姿是一个人的基本姿势,也是其他姿势的起点和基础。通常,一个人的站姿是其素养的最直接表现,良好的站姿展示出饱满的精神状态,在社交场合,吸引人们的是站姿标准的人。试想一个人站立时东歪西斜,弯腰驼背是没有办法让人对他产生良好印象的。因此,作为公关人员,首先要注意的就是自己的站姿。

1) 站姿不良的表现

(1) 东倒西歪,面无表情,无精打采,或是懒散地倚在墙上、桌子上,或是低头歪脖、含胸驼背。给人一种漫不经心、萎靡不振、懒散不羁的感觉。

(2) 双臂抱在胸前交叉站立,给人一种傲慢无礼的感觉,人们一般不喜欢与这种站姿的人建立关系。

(3) 站立时,身体或双脚不由自主地抖动,会给人一种没有教养的感觉。

(4) 手中不停摆弄小物品,如摆弄打火机、香烟盒,或咬指甲、拉扯衣角、抠鼻子、挖耳朵或双手插入衣袋或裤袋中,会给人一种拘谨小气、缺乏自信心的感觉。在社交场合中,缺乏自信的人是大家都不愿意交往的。

2) 站姿的要求

站要有站相。良好的站姿会给人一种挺、直、高的感觉。标准要求是：头放正、双目平视、颈挺直、下颌微收，双肩展开放松，保持在一条线上并稍微下沉，人体有向上的感觉；身躯直立，身体重心在两脚之间；收腹、挺腰、提臀；两腿并拢，膝盖挺直，人体的重心放在前脚掌；双臂在身体两侧自然下垂，五指并拢，自然弯曲，中指压裤缝。

女性站立时也可把手贴在腹部，双手叠放，右手放在左手上，女性切忌两腿分开站立。站立时可采用 3/4 站姿，前提是上体保持标准站姿不动，双脚分开与双肩同宽，紧接着右脚向后撤半步。然后左脚收回，与右脚成垂直，两脚间留有少许的空间。

男性站立时双脚可微微张开，但宽度不能过肩，站累时脚可向后撤半步，但上体必须保持正直。

3) 站姿的锻炼方法

公关人员在日常的工作生活中就要注意锻炼自己的优美站姿。要有优美的站姿，除了在日常生活中有意识地培养外，还可以采用"五点一线法"进行练习。即背部贴墙站立，使后脑勺、肩胛骨、臀部、小腿肚和脚后跟这 5 个部位(五点) 在一条直线上，紧贴在墙壁上，并尽量收腹。只要保持这种姿势，经常进行自我训练，就能训练成好的体型，养成良好的站姿。但是这种方法在刚开始练习时，可能身体会不适应，有时会有酸痛的感觉，因此刚开始时，时间上要短些，此后，可以视情况适当地延长锻炼的时间，可以从 5 分钟至 10 分钟开始，循序渐进练习，直到养成优美的站姿为止。

2. 坐姿

通常说"坐有坐相"，坐姿作为一种肢体语言，同样有美与不美、优雅与粗俗之分。良好的坐姿是一种静态美，坐姿文雅、端庄，可以传递一个人的自身良好综合素质的信息，给人一种沉着、稳重的感觉。对于公关人员来说，具备良好的坐姿可以帮助其在社交场合树立良好的形象，便于人际沟通。坐姿的原则是给人以端正、大方、自然及稳重之感。

1) 坐姿不良的表现

(1) 坐在座位上，弯腰驼背，全身放松，懒散地瘫坐在椅子上，完全把自己的重量交给椅子，或是把腿翘起来，架在茶几上，并左右摇晃、东张西望，在椅子上前俯后仰，会让人觉得没教养。

(2) 猛坐猛起，并弄得桌椅乱响，甚至带翻桌上茶具，同样会让大家感觉此人个人修养欠缺，产生反感情绪。

(3) 把双脚分开，并伸出很远，或把整个背部都靠在椅背上，且两手张开放在椅子把手上，头向后仰，会让人感觉此人很傲慢无礼。

(4) 把双脚藏在座位下，双脚交叉，用脚背钩住椅子腿或把双手夹在腿之间或放在臀部下。这样会显得很拘谨，没有风度。

(5) 女性把腿分开坐，也是一种很失礼的坐姿。

2) 正确的坐姿

正确的坐姿一般是：入座时一般从座位的左边入座，坐定后，应身体重心垂直向下，腰部挺起，上体保持正直，双目平视。男性可双手掌心向下，自然地放在膝上，两膝距离以一拳左右为宜，也可放在椅子或沙发扶手上，双脚可略分开；女性可将右手叠放在左手上，轻放在腿面上，呈"S"型坐姿。

养成良好坐姿应该注意如下几个方面。

(1) 入座时要注意轻稳，不能把自己重重地"摔"进椅子里。如果离椅子较远，可用右脚向后移半步，在腿弯处能感觉到椅子的边缘时，轻缓而平稳地落座，这样不会因为目测距离与实际距离发生错误而导致没有坐在椅子上。

(2) 女性穿裙装入座时，要注意入座前先用双手把裙摆抚拢后，再平稳坐下，不要已经坐下后再起身整理。两条腿必须紧紧地靠在一起，鞋尖的指向应一致，不可出现"八字脚"，双膝必须并拢，切不可在面对他人时两腿分开坐。

(3) 就座时，一般只坐满椅子的2/3，并且身体不要倚靠椅背，休息时可轻靠椅背，坐满坐椅或仅坐在椅子的边缘都是失礼的。当坐在有扶手的沙发时，女性最好只把自己的一只手搭在椅子扶手上，这样以显示其高雅；不可双手都搭于椅子扶手上，这样让人感觉很傲慢。男性入座后，可以将两手自然地放在腿上，也可以交叉着自然地垂放在腹部、沙发扶手、桌面上。

3. 走姿

走姿可以很好地反映一个人的个人修养、风度与性格。优美的走姿也是公关人员展现风度和活力，增添魅力的一种肢体语言。无论是在日常生活还是在社交场合中，走姿往往是最引人注目的，并且从一个人的走姿能推测出对方的个性修养，从走路的速度也能看出一个人的行为作风。

1) 走姿不良的表现

(1) 走路时左顾右盼、摇头晃脑、身体乱摇乱晃或是大声说笑，或与同伴一起对别人指指点点、评头论足，这样给人轻浮、没教养的感觉。

(2) 走路时步履不稳、横冲直撞、狂奔猛跑、连蹦带跳或左顾右盼等表现，都给人不稳重的感觉。

(3) 走路时双手放于背后，或双手环抱在胸前，则给人傲慢、呆板、自大的感觉。

(4) 走路时低头、弯腰、双手插入裤袋或是无精打采、身体松垮、鞋底摩擦地面发出响声等，给人拘谨、小气、缺乏自信心的感觉。

(5) 走路时步子太大或是太小也都是有失礼仪的表现。

2) 正确的走姿

正确的走姿是：上体正直，抬头、挺胸，下巴与地面平行，两眼平视前方，步伐稳健，要有节奏感，腰部适当收紧，身体重心稍稍向前。迈步时，脚尖可微微分开，脚尖跟前进方向近乎一条直线，跨步均匀。男性每步之间间隔以一脚半距离为宜，女性则以一脚距离为宜。双臂下垂，掌心向内随步伐自然摆动，手臂与身体的摆动幅度夹角一般在15°左右，太大或太小都会导致不雅观。

男性应步履稳健大方，显示男性刚强雄健的阳刚之美，切不可走路时低头或是一副萎靡不振的状态；女性走路时应端庄文雅，含蓄恬静，显示女性庄重文雅的温柔之美。

4. 手势

手势是传情达意时必不可少且非常有效的手段和工具，是人们交际活动中不可缺少的体态语言。公关人员在社交场合应该能够根据公众对象的不同特点采用不同的手势沟通方式,同时也根据对方的手势来判断对方的态度,正确地把握对方的真实意思。因此,熟练地掌握手势语言是公关人员从事公关活动时必须掌握的基本技能。

不同的手势表示不同的含义,如果说话时手无目的地乱动,像摸头发、蹭鼻子,或是揉搓衣角等,则说明对方很紧张;如果双手指尖相对,支于胸前或下巴,则表明对方有着充分的自信。在社交场合中,要在不同的情况下选择与之相适应的手势,以便能够真实完整地传递自己的信息。

例如,为别人指引方向的手势,正确的姿势应该是:右手五指并拢,掌心向上,先把手掌指向客户身体的中部,然后再水平摆向指引的方向。切记在任何情况下,不可用拇指指自己的鼻尖或用手指指点他人。鼓掌是每个人在社会生活中都会用到的,人们经常鼓掌,但很少有人注意过什么是正确的鼓掌姿势。正确的姿势应该是用右手有节奏地拍击左手;左手处于被动状态,几乎是不动的。熟练地掌握这些礼仪可以使自己在社会交往中通过手势正确无误地传递自己的信息。

在使用手势时还应注意动作不宜过多、不宜过大,更不可手舞足蹈。例如,有些人在公众场合与人交谈时往往因为情绪过于激动,试图运用过多的手势来表达自己的情感,但是通常这些过多且杂乱无序的手势会暴露你内心情绪的不稳定。此外,还应该注意,在公众场合要禁止使用一些不雅的手势,如掏耳朵、抠鼻孔、剔牙、咬指甲等,即使是偶尔的一个小动作也会使公众改变原来对你的良好印象。有个大学毕业生到一家单位应聘,用人单位对他的各方面都比较满意,准备与他签订合同,而此时这位大学生的一个习惯性动作却使他失去了这个工作机会。在走廊里等待签合同的他习惯性地大声地擤鼻涕,这个动作恰恰被经理看到,引起了经理对这个不拘小节的大学生的抵触情绪,结果可想而知。

养成良好的手势习惯不是一朝一夕的事情,需要一个长期的培养过程。我们应该从身边的每一件事做起,时刻严格要求自己,不能放松。

5. 其他仪态

上下楼梯时,上身要挺直,不能因为是上楼就认为理所当然地应该背部弯曲,并且脚步要轻,不要手扶栏杆,不能因为上楼时消耗较多的体力而使脚步沉重,表现出疲惫状态。共同乘车时男性要主动为女性拉开车门,女性进入汽车时应该先将臀部入座,然后再向车内旋转;进入车里,如果穿裙装时应注意在旋转身体的同时要整理自己的裙子;千万不能把头先钻进车内。

11.3 人际交往礼仪与形象塑造

美国成人教育专家戴尔·卡耐基说过:"现代人的成功,15%靠专业本事,85%靠人际关系。"我国的"大地有限公司"总经理甚至明确提出了"健康的人际关系也是生产力"的观点,这很有道理。因为良好的人际交往是获得机会、做好工作、取得成就的重要因素。"交往"对任何社会组织的人力资源开发与管理来说都是至关重要的。美国的许多研究证明,在企业中,管理人员从事最多的工作是"交往",大约占全部工作时间的60%以上。因此,公共关系人员在人际交往中要特别注意交往中的礼貌、礼节规范，塑造个人及组织的良好形象。

11.3.1 见面礼仪

见面是人与人交往的开始，见面礼仪是人与人交际时的第一个礼节。为了给公众留下一个良好的印象，取得社交活动的成功，公关人员必须掌握和遵守见面的礼仪。通常使用的见面礼仪包括：称呼的礼仪、介绍的礼仪、递接名片的礼仪、握手的礼仪等。

1. 称呼的礼仪

合理称呼对方既是对对方的尊重，又反映了作为公关人员的基本素养，在社交场合，如果能够准确礼貌地称呼对方，无疑是向对方传递了一个信息：此人是懂礼貌的人，值得交往。因此，如何适宜地称呼对方是公关人员所必须掌握的。称呼的方式有多种，目前在我国常用的有以下几种。

1) 一般的称呼

在现代社交场合中，公关人员会遇到很多陌生的人，可能一时间弄不清楚对方的地位、身份等，因此，对于这些人，通常使用国内外大都认可的称呼，如"小姐"、"夫人"、"先生"、"同志"等。目前世界上使用频率最高的两个称呼是"小姐"和"先生"。通常把未婚女性统称为"小姐"，若是弄不清楚对方是否结婚，就可以统称为"小姐"。在这里，要注意不能凭借主观判断来猜测对方是"小姐"还是"夫人"，凭借年龄和相貌来判断，如果判断错了，把"小姐"叫做"夫人"会令对方很不高兴。对于成年男子的称呼比较简单，无论是否结婚，都统称为"先生"。

2) 职务称呼

职务称呼是指以对方所担任的职务称呼，通常是"姓氏＋职务"的称呼方式，例如"王经理"、"李董事长"、"张厂长"等。

3) 职业称呼

职业称呼是指以对方的职业称呼，通常是"姓氏＋职业名称"的称呼方式，例如"刘医生"、"马老师"、"孙警官"等。

4) 职称称呼

职称称呼是指以职称、学位或军衔来称呼，通常是"姓氏＋职称"的称呼方式，例如"王教授"、"黄博士"、"陈参谋"等。

5) 辈分称呼

辈分称呼是指根据对方的辈分不同来称呼他人，例如"伍阿姨"、"程叔叔"、"李奶奶"等。

2. 介绍的礼仪

在现代社会中，人们交际的范围日渐广泛，在公共关系活动中经常会结识一些新公众、新朋友。要使原来不认识的朋友相识，就离不开介绍。在社交场合，如果能够正确地运用介绍礼仪，不仅可以使不相识的人消除陌生感，相互了解，扩大自己的交际范围，结识朋友；而且有助于在公众面前展示自我，展示个人魅力。日常交往介绍的形式如下所述。

1) 自我介绍

在许多社交场合中，公关人员为了工作需要，通常会有意地去结识一些人，但有时却苦于没有介绍人进行介绍，在这种情况下就需要进行自我介绍。

自我介绍比较简单，一般来说，只要向对方讲清楚自己的姓名和身份就可以了。虽然如此，但自我介绍是对方对公关人员的第一印象，因此在自我介绍时仍然要注意一些细小的礼节，注意一些具体事项。

(1) 进行自我介绍时要注意介绍的时机问题。若是对方正忙于工作，或是看起来心情不佳时最好不要冒昧上前进行自我介绍，因为这通常说明对方处于不良的情绪中，此刻没有心情理会别人。在这种情况下进行自我介绍，一般不会给对方留下好的第一印象，甚至有时还会引起对方的不满情绪。另外，当对方正与他人交谈时，也不要上前做自我介绍，因为此时介绍有可能打断对方的交谈，引起对方的抵触情绪。应该选择对方谈话出现停顿或双方谈话出现冷场的时候，公关人员此时抓住时机进行自我介绍。在这种情况下，往往比较容易被对方接受。

(2) 进行自我介绍时还应该注意自己的面目表情。应该表情轻松，面带微笑，精神饱满地显示出你充分的自信，这样在社交场合会让对方认为你是有能力的人，更容易接受你。如果在自我介绍时显示出忸忸怩怩、拘谨不安的情绪，会让对方感到你内心的羞怯，对你的能力表示怀疑。在社交场合，必须充满自信，因为只有自信的人才能使人另眼相看，才能有魅力并使人产生信赖和好感，才有利于彼此之间的沟通，没有人会对缺乏自信的人产生信任。

(3) 自我介绍时还应该注意介绍的内容、方式。介绍时应该使用一些礼貌用语。如果选择在对方交谈的空隙进行自我介绍，就应该面带微笑、语调热情。例如，"很抱歉，可以打扰一下吗？我是××公司的×××"；或"两位好，请允许我自己介绍一下，我是××公司的业务员×××"并递上你的名片。自我介绍宜简明扼要，一般来说，讲清自己的姓名和工作部门就可以了，切记不要出现例如"哎，我是××"之类不礼貌的用语。另外，介绍自己的姓名时应十分清晰，含糊不清的介绍会使人认为是缺乏信心的表现而被轻视。如果姓名用字比较冷僻少见，或者和通常惯用的姓名用字谐音易混时，可加以说明。例如"李方"，就应向对方说明是方圆的"方"不是芳草的"芳"，通常这种认真的态度会让对方有受尊重的感觉，从而使对方有进一步交往的愿望。另外，在进行自我介绍时要注意，不能因为有时自己所处的公司比较强大或知名度高就有显示的意思，一开始便炫耀自己，容易给人夸夸其谈的感觉，会使人觉得此人华而不实、不可靠，与之交往时通常会心存戒心，容易引起对方的反感；相反，有一些人在自我介绍时为了显示自己的谦虚并恭维对方，常常自我贬低，这样又容易让对方产生虚假、不真实的感觉。

2) 他人介绍

为他人介绍就是通过介绍使两个不相识的人相互认识，从而活跃社交场合的气氛，发展相互之间的友谊。为他人介绍在公共关系活动中也是必不可少的环节，相对于自我介绍来说，要复杂一些，需要注意的问题比较多，其中涉及介绍的先后顺序问题及介绍的用语问题等。

现代社会虽然人人都是平等的，不像封建社会那样等级制度严格，但是人与人之间还是存在着层次区别问题，例如长辈与晚辈之间、领导和职员之间、男性和女性之间等。因此，在为他人做介绍时一定要懂得介绍的礼仪顺序，不然很容易闹出笑话来。

目前，在社交场合被大家公认的介绍顺序如下。

(1) 同年龄、同地位的人士之间，通常先把男性介绍给女性。

(2) 地位低者介绍给地位高者。

(3) 晚辈介绍给长辈。

(4) 客人介绍给主人。

为他人介绍时还应当注意一些具体的细节，例如，不可用手指指点对方，这是对对方的不尊重，是不礼貌的行为，因此，介绍时要遵循一定的规则。正确地为他人介绍的姿势如下所述。

手掌心应向上，五指并拢，不能分开，胳膊向外微伸，指向被介绍者，并且在介绍时还应注意，眼睛要注视着对方，如果手掌指向被介绍者，而眼睛却看着另一处，同样也是对对方的不礼貌。在运用介绍手势介绍的同时还要注意运用一定的介绍语言，介绍语宜短不宜长，内容宜简不宜繁。较为正式的介绍应该使用敬辞，例如"李小姐，请允许我向您介绍一下张先生"，或"请让我来介绍一下，这位是××公司的赵先生"。在半正式或非正式场合可以使用一些不太正式的介绍语言，例如"王小姐，认识李先生吗？"、"小王，来见见李先生好吗？"等，不能出现例如"哎，小王，过来，见见朱先生。"之类不礼貌的话。尤其要注意的是，在某些场合下，你可能觉得如此单调的介绍毫无新意，想调和一下气氛或者发挥你调侃的特长，从而故意在介绍时利用一些特殊的语言方式。例如小王和你很熟悉，在把小王介绍给小张时，说："请让我来介绍一下，这位是小王，我的大学同学，现在××公司工作。"为了活跃气氛，你又补充了一句"睡觉时特爱打呼噜"。在私底下，这对小王来说也许很平常，但是在正式的社交场合，这句话不仅不能活跃现场气氛，反而会让双方都感到很尴尬，小王也会对你在公开场合说他的私事而感到生气。一般的情况下，介绍时不使用调侃的、玩笑的语气，即使介绍的双方你都很熟悉，也不能使用一些调侃语言。

同时，在介绍时还应该注意一些事项，例如，在介绍时，要尽量对介绍的双方都要做到介绍的内容相当，不能对一方介绍得多，而对另一方介绍得少，若是对一方介绍得少，会让对方感觉不受重视；要介绍双方的职务和姓名，并尽量为介绍双方提供更多的交谈内容。

3) 他人为你介绍

如果有人将你介绍给别人，或者把别人介绍给你时，你作为被介绍人，应该站立、面带微笑，精神饱满，双眼注视对方，应保持常态。如果在介绍时东张西望，会给对方心不在焉的感觉，让对方感觉到你不重视对方；若是表现出紧张不安，则会给对方不稳重和拘谨小气的感觉。当介绍正在进行时，不要提出握手要求，握手要等介绍人介绍结束后再提出，并且在握手的同时应当说一些客套话，例如，"你好，很高兴认识你"、"见到你很高兴"等，以表示认识对方很高兴。

3. 递接名片的礼仪

名片在公关交往中已经成为必不可少的交际工具，是一个人身份、地位的象征。名片上通常印有公司的名称、个人的头衔、联系电话、电子信箱等。名片可以给人以方便，免得他人要用许多精力去记住你的姓名、住址、职业和电话号码。如果初次见面的人较多，对方不可能在短期内把被介绍的人的职业姓名等都记住。此时给对方一张名片，便会省事不少，若对方需要找你联系工作，只要把你的名片拿出来，便可以知道你的具体情况。但是名片的使用却不能过于随意，要注意它的使用规则，在什么情况下使用名片、使用名片时应该注意什么问题等都要遵循一定的礼仪规范。作为一名公关从业人员，经常从事社交活动，与各种各样的人打交道，因此，掌握使用名片的礼仪，才能更充分地利用名片来进行公共关系活动。

下面就来看名片的使用礼仪。

1) 名片放置的位置

因为名片在公关场合中占有重要的地位，因此，公关人员对待名片的放置位置应该非常慎重。应该随身携带专用的名片夹，把名片放入名片夹内，穿西装时，要把名片夹放在左前胸内侧的衬衣口袋里，因为左胸是心脏所在地，对人非常重要，把名片放在这里表示对对方的尊重。不穿西装时，可以把名片夹放在随身携带的小包里，切记不能把名片夹放在其他口袋里，尤其是不能放在裤子的后袋里，这是非常失礼的行为。在放置名片时还要注意一个事项，就是要把别人的名片和自己的名片分开来放。如果混在一起，会出现拿错名片的情况，这会导致双方的尴尬，会让对方认为你对他不尊重。办公室里的名片可放置在一个名片盒内，以便随时取用，不能在桌上随处乱放，或者随便地堆放在办公桌的抽屉里。

2) 递接名片

名片的交换首先要掌握好时机。通常在初次见面与之握手寒暄后，或临近分手时，交换名片较为合适。

名片的递送先后有严格的顺序，一般是按照类似于介绍礼仪中的要求，尊者有优先权，地位低的人先向地位高的人主动递送名片，年轻人要先向长者递送名片。一般情况下，男性应先于女性递送自己的名片。

在交换名片的时候，要求动作要有礼貌，一般应起立，面带微笑，双目注视对方，将名片正对对方，用双手的拇指和食指分别执住名片上端的两角，名片的文字正面应朝向对方，以便对方可以在第一时间看到名片上的文字，并且在递交名片时还要说一些"请多关照"、"初次相见，请多多关照"、"我的名片，请您收下"之类的客气话。

接受他人的名片时除女性外，应该要尽快起立或欠身，用双手毕恭毕敬把名片接过来，在对方说过客气话后，也应该根据情况说"能够得到您的名片，真是十分高兴"、"谢谢、谢谢！"、"久闻大名，不胜荣幸"等礼貌的话，以表示对他递送名片给你，很高兴。

在名片接到手里以后，要认真仔细地看一下，并轻声将上面的内容读出来，读名片时要注意语气问题，对方的职务、头衔等标明对方身份、地位的部分要重读，以表示对对方的尊重。要注意的是，遇到不能认定读音的字时一定不要随意地读出来，应该及时向对方请教，以免出现读错字的情况，使对方有不被尊重的感觉。

名片是一个人的脸面，拿到名片后，千万不能随处乱放，或者放在手中搓来揉去或拿笔在上面随意记载一些事项，这样表示对对方的不尊重，会使对方很不高兴，引起对方的反感。接到名片后应该很郑重地放在上衣口袋，或放在名片夹中，不可随手放入裤子口袋中。有一个刚踏上工作岗位的大学生，一次去某单位商谈一个事情，双方互换名片后这位大学生随手就把名片放在了沙发上，这一举动被对方看到，引起对方的极大不满，谈话也就草草结束了。对名片的不尊重也就是对对方人的不尊重，既然你不尊重对方的人，那么，任何谈话也都是毫无意义的。

一般来说，公关人员在出席一个社交场所时，名片都要事先准备充足，以免发生名片用完的情况，这样有可能失去某些交往的机会。如果对方递送给你名片后，而自己恰巧用完了或忘记带了，或是自己根本没有名片，应该首先向对方表示歉意，再说明理由。一般应该说"很抱歉，我没有名片"或是"对不起，我的名片今天用完了"。

虽然名片可以带来很多的交往机会，但也要注意名片不要乱发，切忌见到人打个招呼就发名片，因为社交场合中的人来源较为复杂，经常有些来历不明的人利用他人名片来做一些不光彩的事。因此，在递送名片之前，首先要对对方有一个基本的判断，是否应该给对方名片，以免给自己今后造成麻烦。另外还要注意，不能强行向别人索要名片。如果对方愿意与你交往会主动递送名片给你，如果不愿意与你交往，往往不会主动递送名片；如果你再强行索要，那将会使对方感到很为难；如果对方拒绝给你，那将会使你很尴尬。如果你想要对方的名片，不妨试探性地询问对方今后如何联系，如果对方想和你继续保持联系与交往，他自然会把名片给你。

4. 握手的礼仪

在现代社会交往中，最常见、最常用的一种见面礼仪就是握手礼。握手的礼节始于古代欧洲，其时，人们为了防身都随身携带武器。人与人相见时，为了向对方表示自己手中没有武器，通常伸出右手，表示友好，随后演变成了握手礼。在现代社交活动中，握手礼是最常使用的一种见面礼，可以用来向对方表示多种含义，例如欢迎、鼓励、感谢、问候、敬重或慰问等。

1) 正确的握手姿势

双方站立，面带微笑地注视对方的眼睛，上身略微前倾，各自伸出右手，彼此间保持一步左右(75厘米左右)的距离，手掌略向左前方伸直，掌心向左，拇指与掌分开，其余四指并拢，微微弯曲，手臂微弯，力度适中，握手时间一般为3～4秒。

2) 握手的顺序

握手的顺序也是有讲究的，一般情况下，职位高者先伸手，这样做体现出对职务、地位高的人的尊敬；长辈先伸手，这样做符合"长者为尊"的伦理标准，表达了年轻人对年长者的尊重；女性先伸手，体现出对女性的尊重，符合现代文明的要求；主人先伸手，表达对客人的欢迎。所要注意的是，即使有人伸手时没有按照先后顺序，也应该积极地伸手与之相握，拒绝他人的握手是很不礼貌的行为。

3) 握手时应该注意的问题

在现代社交场合，人与人握手的机会很多，几乎每天都要与不同的人握手。了解一些握手时的注意事项和握手的姿势，可以使人们在今后的交往中通过握手来了解对方的性格、待人接物的基本态度等，同时通过握手把相关信息也传递给对方。

(1) 握手时要注意双方的距离问题。要距离适当，不能因为为了表示对对方的热情，两人相隔很远就把手伸向对方。

(2) 握手时要注意使用力度的问题。力度不能太轻了，如果太轻，握手时没有感觉，软绵绵的像一条"死鱼"，让对方从你的手上得不到任何信息，通常让对方认为你是一个冷漠或待人接物很消极的人。但也要注意，力度不能太大了，很多男性与人握手时为了表现自己的激动之情，往往很用力，这样也是不礼貌的行为，会给对方一种向他示威的感觉，尤其要注意与女性握手时不要太用力。

(3) 握手的时间不要太长。一般握手的时间控制在 2 秒～3 秒之间，不要太长。在公共社交场合握手时间过长会引起别人的误会，更不可在握手时为了表示你的热情而紧紧抓住对方的手不松开。

(4) 与女性握手时切记不要和女性虎口相互接触，不能握满女性的手心，应该采用"捏指式"的方式进行握手，即仅仅握住女性的几个手指或手指尖部。女性在与男性握手时为了表示矜持，往往也采用这种方式。切记同性之间进行握手时不能采用这种方式，因为这会使对方感到缺乏热情，很冷淡。

(5) 不能戴着手套与对方握手，这是极为不礼貌的行为。因为握手本身就是想通过双手的接触来传递情感，戴着手套和别人握手就意味着你不愿意和别人交流情感。既然不愿意与别人交流情感，那么也就没有必要握手了。

(6) 握手时不能用左手，因为用左手与别人握手是很失礼的行为，即使是左撇子，也要用右手握手。

(7) 当有许多人要进行握手时，不能出现交叉握手的行为。因为交叉握手是一种既不雅观又很失礼的行为，在一些国家，交叉握手甚至还被认为是非常不吉利的事情。如果你伸出手时，发现别人也已经把手伸出来了，此时，你应该把手收回去，并说"对不起"或"不好意思"等别人握完后再伸手相握。

(8) 握手的时候要注视对方，不能三心二意。不可出现当与小李握手时，却把头转向小王，和小王打招呼的情况，这是对对方的不尊重，是一种非常不礼貌的行为，会让对方觉得你不重视他，从而引起对方的不满情绪。

(9) 不要拒绝握手。在任何情况下拒绝对方主动要求握手的举动都是无礼的。如果确实因为特殊原因，如手中有水或是手较脏而不能握手时，应谢绝握手，同时必须向对方解释并致歉。

11.3.2 拜访和接待礼仪

在社会交往中，无论是公事还是私事都离不开拜访与接待，要想使拜访工作达到预期的效果，就必须遵守一定的礼仪惯例和规范，因此拜访与接待的礼仪也是公关礼仪中很重要的一项。

1. 拜访的礼仪

无论是因为公事进行探讨还是因为私事拜访，都应该在事前和对方进行预约。现代社会是快节奏的社会，时间就是金钱，没有人喜欢不速之客，因为每个人对自己的时间都有安排，突然的来访往往会打乱别人的安排计划。因此，拜访的第一步就是预约。预约的方式可以是打电话、写信或发电子邮件，预约的语言应该是友好的、请求的、商量的，不能是强制或命令的。约定时间时要注意选择合适的时间，如到办公室拜访一般不选择在周一，因为在中国，周一往往是最忙的时候；如果是到对方家里拜访，要避开吃饭和休息的时间，一般中午不要去，大多选择在晚上，但是不能太晚，一般在七八点。此外，还应该注意，不能周五去拜访，而在周四晚上和对方预约，预约的时间要提前一个星期，给对方一个准备的时间，不会让对方感到很突然，准备得仓促。约定好时间后要按时赴约，不能迟到，也不能过于提前，如果提前一个或半个小时，或许主人还没有准备好，接待地点或许还没有打扫，这是主人不愿意让别人看到的。一般来说，按照我们国家的习俗，要提前2～3分钟到达约定地点。为了能准时抵达约定地点，应该计算好前往地点所需的时间，并且充分考虑到交通状况等可能发生的情况，认真选择路线和交通工具。如果迟到了，即使二三分钟也要郑重地向被访问者道歉。如果因故不能赴约，应该提前告诉主人，并且说明原因，无故迟到或失约都是很失礼的行为。

拜访之前要注意个人修饰，做到仪容端正、衣着整洁大方，既表现了个人修养和风度，又表达了对主人的尊敬，仪容不佳、衣冠不整是极不礼貌的。

到办公室拜访，因为是办公场合，所以不能穿着随意，最好穿职业装；到家里拜访在穿着方面可以随意一些，但是也要注意，不能过于随意。不能穿短裤、拖鞋、睡衣到别人家里去，即使关系很好也不能如此，因为家里如果还有他的家人或者其他朋友来访，这样会使对方很尴尬，对主人也是不礼貌的。

在进门之前，应按门铃或敲门，在大门旁等候。不能长时间按着门铃不放，也不能使劲敲门，应该轻轻地敲，并且要有节奏，每次敲两三下为最好。如果主人询问是谁，除非主人能够听出你的声音，否则不能简单地回答"是我"，要自己通报姓名。

进门后要遵循客随主便的原则，要注意观察主人的生活习惯，询问主人是否要换鞋。还应该注意，不能随手把携带的东西乱放，应该询问主人放在什么地方。如下雨天去拜访，要主动询问主人雨伞应该放在哪里，不能自作主张地乱放。还应注意，进房间后要脱下帽子。

如果房间内还有其他客人，应与室内所有人逐一问候，对其他人熟视无睹其实是对主人的不尊重，会引起主人的不满。进屋后应等主人招呼后再坐下，在主人安排指点后坐下，不能随意乱坐。如果有后来的客人到达时，先到的客人应该站起来，向客人示意，并等待主人的介绍。主人上茶敬烟时要欠身致谢，如果不会抽烟，也应该表示谢意，说："谢谢，我不会抽烟。"如果主人不敬烟，而自己特别想抽烟时，也应该先询问主人，征得主人的同意后再抽。抽烟时要注意不能随意在房间内走动，以免将烟灰落在地面或沙发上，要将烟灰弹在烟缸内。在主人家中不可不经主人允许乱看乱进主人的房间，不许乱摸、乱翻、乱拿主人的任何物品，因为每个人都有自己不想让别人看到的私人空间。

谈话开始后主动向主人说明来意，尽快进入正题，以免影响对方的休息。谈话过程中举止要大方，讲话要诚恳自然。拜访的时间不宜过长，在达到拜访目的后，应及时礼貌地告辞。当在告辞时，要注意应当在其他人说完一段话以后，不能在说话的过程中告辞，这样会给人对他的谈话不耐烦的感觉。告辞前，即使你很累了，也不能有伸懒腰、打哈欠的举动，因为这会让别人感觉你对这次拜访感到很厌倦，有暗示主人招待不周的嫌疑。此外，在拜访过程中，倘若遇到其他客人来访，也要起身相迎，并且向之致意，说一些客套的话；如果有客人告辞，也要起身相送。告辞时应向主人及其家人表示谢意，对主人的热情招待给以适当的肯定，主动伸手与主人握手，表示对主人接待的感谢，并且要说一些"打扰了"、"给您添麻烦了"之类的客套话，还要在出门后用"请留步"礼貌谢绝主人远送，并且在第一个拐弯处要再次回头对站在门口的主人致意，不可头也不回地走了，避免给主人一种一去不回头的感觉。

2. 接待

接待工作是一种技巧，也是一门艺术。如果能做到自然、热情、礼貌、文明，组织的形象和声誉就会更好。因此，公共关系人员必须有针对性做好接待工作，为组织多交朋友，消除敌意。

1) 迎接礼仪

迎来送往是社会交往中的最基本也是最重要的环节，是表达主人情谊、体现礼貌素养的重要方面。尤其是迎接，是给客人良好的第一印象的最重要工作。给对方留下了良好的第一印象，就为下一步深入接触打下了基础。通常应注意以下事项。

(1) 对前来访问、洽谈业务、参加会议的外国、外地客人，应首先了解对方到达的车次、航班，安排与客人身份、职务相当的人员前去迎接。

(2) 主人到车站、机场去迎接客人，应提前到达，恭候客人的到来，决不能迟到让客人久等。客人看到有人来迎接，内心必定感到很高兴。若迎接来迟，必定会给客人心里留下阴影，事后无论怎样解释，都无法消除这种失职和不守信誉的印象。

(3) 接到客人后，应首先问候"一路辛苦了"、"欢迎您来到我们这个美丽的城市"或"欢迎您来到我们公司"等，然后向对方作自我介绍。如果有名片，可递给对方。

(4) 迎接客人应提前为客人准备好交通工具，不要等客人到了才匆忙准备交通工具，那样会因让客人久等而误事。

(5) 主人应提前为客人准备好住宿，帮客人办理好一切手续并将客人领进房间，同时向客人介绍住处的服务设施，将活动的计划、日程安排交给客人，并把准备好的地图或旅游图、名胜古迹等介绍材料送给客人。

(6) 将客人送到住地后，主人不要立即离去，应陪客人稍作停留，热情交谈，谈话内容要让客人感到满意，比如客人参与活动的背景材料、当地风土人情、有特点的自然景观、特产、物价等。考虑到客人一路旅途劳累，主人不宜久留，让客人早些休息。分手时将下次联系的时间、地点、方式等告诉客人。

2) 招待礼仪

(1) 次序礼仪。

① 引导礼仪。接待人员带领客人到达目的地，应该有正确的引导方法和引导姿势。第一，走廊引导的方法。接待人员在客人两三步之前，配合步调，让客人走在内侧。第二，上下楼梯的引导方法。当引导客人上楼时，应该让客人走在前面，接待人员走在后面。若是下楼时，应该由接待人员走在前面，客人在后面。上下楼梯时，接待人员应该注意客人的安全。

第三，乘电梯的引导方法。引导客人乘坐电梯时，接待人员先进入电梯，等客人进入后关闭电梯门，到达时，接待人员按"开"的钮，让客人先走出电梯。

第四，进客厅的引导方法。当客人走入客厅，接待人员用手指示，请客人坐下。看到客人坐下后，才能行点头礼后离开。如客人错坐下座，应请客人改坐上座(一般靠近门的一方为下座)。

② 乘车座次。第一，小轿车。如由司机驾驶，以后排右侧为首位，左侧次之，中间座位再次之，前座右侧殿后，前排中间为末席。如果由主人亲自驾驶，以驾驶座右侧为首位，

后排右侧次之，左侧再次之，而后排中间座为末席，前排中间座则不宜安排客人。主人夫妇驾车时，则主人夫妇坐前座，客人夫妇坐后座。男士要服务于自己的夫人，宜开车门让夫人先上车，然后自己再上车。如果主人夫妇搭乘友人夫妇的车，则应邀友人坐前座，友人之妇坐后座，或让友人夫妇都坐前座。主人亲自驾车，客人只有一人，应坐主人旁边。若同坐多人，中途坐前座的客人下车后，在后面坐的应改坐前座，此项礼节最易疏忽。女士登车不要一只腿踏入车内，也不要爬进车里。需先站在座位边上，把身体降低，让臀部坐到座位上，再将双腿一起收进车里，双膝一定保持合并的姿势。第二，吉普车。无论吉普车是主人驾驶还是司机驾驶，都应以前排右座为尊，后排右座次之，后排左座为末席。上车时，后排位低者先上车，前排尊者后上。下车时前排客人先下，后排客人再下车。第三，旅行车。在接待客人时，多采用旅行车接待客人。旅行车以司机座后第一排即前排为尊，后排依次为小。其座位的尊卑依每排右侧往左侧递减。

(2) 室内接待。无论接待地点是办公室还是家里，首先要做的一项工作就是要把房间打扫干净，开窗换气给客人一个整洁、干净的第一印象，并将各类物品摆放整齐，预备茶水等。接待人员的形象对客人也会造成影响，因此也应该修饰自己的仪表仪容等。若接待地点在办公室，要穿职业装；若接待地点在家里，也不可穿着过于随意，不能穿短裤、睡衣等接待来访者，因为这是对来访者的不尊重。另外，接待者还应该注意自己的情绪问题，即使有一些不愉快的事情刚刚发生，也不能把坏情绪带到接待中去，应该调整自己的情绪，让自己有一个饱满的情绪来迎接客人。

客人到来时，应热情相迎，无论对方是谁，无论是"大人物"还是所谓的"小人物"，即使是你最不想见到的人突然来访，也要热情招待。如果是贵客，还应该站在门口表示欢迎。见面后要主动伸手与对方握手表示欢迎，同时说一些客套的话，如"欢迎，欢迎"、"快请进"、"一路辛苦了"等，表示对来访者到来的高兴心情。如果客人随身携带了一些礼品，应该主动帮其放在适宜的地方，并把客人引到座位上。当对方送你礼品时，应该表示感谢，说"真不好意思，让您破费了"等客套话，切忌问物品的价格。如果价格低了，会让对方感到难堪。

客人入座后要给客人敬茶，最好把茶放入托盘送至客人面前，要注意从客人的左侧上茶。水不能太满或太少，一般以杯子的五分之四左右为适宜。敬茶时应用双手递上。

与客人交谈时要热情，用语得体，千万不能心不在焉，这是很失礼的行为；也不可频频看表，这会让客人有催促他快走的感觉。因此，在你不想赶客人时即使你需要看时间，也要谨慎一些，不要被客人看到你的动作。另外，在交谈时，主人不可打呵欠、伸懒腰或将背部完全靠在椅背上，这样会让客人感觉到主人的不耐烦。

当客人说要告辞时，主人不能立即起身，应挽留客人再坐一会，客人起身，主人再站起来。要把客人送到门外，将客人送至门口或楼下后，待客人身影完全消逝后才可返回；否则，当客人走完一段再回头致意时，发现主人已经把大门关上了，会让客人心里很不是滋味；也不可在客人刚出门时就把门使劲地关上，并发出很大的响声，这将会使客人有种不受欢迎的感觉。

11.3.3 人际交往中的形象塑造

人格魅力是一个人心理素质和修养的外在表现，它能反映一个人的道德品质、思想情

第 11 章 公共关系社交礼仪

感、性格气质、学识教养、处世态度等。一个人能否为别人所接纳、是否具有人格魅力，关键在于他在别人心目中的形象如何；个人形象的好坏直接影响到与他人关系的性质、程度。为了广泛建立良好的人际关系，展示自己的人格魅力，公共关系人员在人际交往中要塑造良好的自身形象。为此，必须注意以下原则。

1. 精神饱满，神情自然

在人际交往中始终保持旺盛的精力、饱满的热情、大方自然的神情是优化自身形象的首要因素。与人交往时神采奕奕、精力充沛，显得富有自信，就能激发对方的交往热情，活跃交往气氛。如若萎靡不振、无精打采，表现得敷衍冷漠，就会使对方感到兴味索然乃至不快。一个精神饱满、神情自然的人往往也会给人留下自信、乐观、进取和对生活充满热情的印象，神情倦怠、精神涣散或者表现出神情紧张、手足无措，都会给人留下缺乏社交经验、不成熟、不专注、看不起人的印象。因此，在社会交往中要以极大的热情关注对方，对其所感兴趣的东西感兴趣，并随对方的言谈举止做出自然得体的反应。也就是想要别人喜欢自己，自己先喜欢别人，想要吸引对方的注意，自己要先注意对方。

2. 仪表整洁，衣着得体

根据人际吸引的原则，一个风度翩翩、俊逸潇洒的人，能产生使人乐于交往的魅力。不修边幅、肮脏邋遢的人是不会吸引他人的。公共关系人员的仪表包括身材、容貌、姿态、神情以及服饰等诸多方面。人的身材、容貌属先天条件，无法改变，但他们可以学会通过良好的神情、态度及得体的服饰来表现自身的长处，弥补先天的不足。衣着服饰还能反映一个人的审美情趣和修养，如果一个人的服饰能与自己的气质、职业相匹配，与自己形体、年龄相协调，与当时的气氛和场合相符，将使他显得更潇洒精神，更讨人喜欢。

3. 谈吐幽默，言语高雅

谈吐能直接反映出一个人是博学多识还是孤陋寡闻，是接受过良好教育还浅薄无知。一个不善言谈、沉默寡言的人很难引起他人注意。在社交中能侃侃而谈，用词高雅恰当，言之有物，对问题见解深刻，反应敏捷，应答自如，能够简洁、准确、鲜明、生动地表达自己的思想与情感，就表现出其不同凡响的气质和风度。然而，高雅的谈吐是无法伪装出来的。卖弄华丽的词藻，只会显得浅薄浮夸；过于咬文嚼字，又会使人觉得酸味十足。公共关系人员应做到：不背后议论人，讲话注意分寸，背后表扬人，多讲其优点，当面批评人，指正其缺点。尤其不要油嘴滑舌，不要讲粗话。

4. 自然大方，挥洒自如

朴素大方、温文尔雅的行为习惯，举止稳重，文明得体，坐、立、行的姿态正确雅观，能表现出一个人良好的教养，给人留下成熟信赖之感。粗俗不雅的举动则令人生厌。分寸得当的交往距离使彼此心理上都感到舒适坦然，过度亲热和冷淡则容易引起对方误会。一个人的行为举止能够做到自然、洒脱、无拘无束，除了与其社交经验的多少有关之外，主要以其自信心为基础。只有对自己充满信心，相信自己和自己能力的人，才能在社交中做到自然大方，挥洒自如。一个人的潇洒举止还来自其平时的修养，该行则行、该止则止、该坐而坐、该说而说，做事稳重而有分量，待人热情而又有分寸，礼貌而又不拘小节。

严格来说，自身形象塑造是一种非规范、非格式的社交艺术，它需要每个公共关系人员去认真揣摩和体会，不断地总结经验，形成自己独特的风格和魅力。

11.4 常见的公共关系礼节

礼节是礼仪的重要组成部分，具有广泛性、直接性、依附性、民族性、时代性等特点。礼节的操作本身就是一门学问和艺术。《礼记》中就说到："入境而问禁，入国而问俗，入门而问讳。"就是说，施行礼节时，应注意对象，因人、因地、因时制宜，灵活应用。公共关系活动中，常用的礼节很多，这里介绍几种常见的公共关系礼节。

11.4.1 聚会和庆典礼节

社会组织每逢周年纪念、工程奠基、挂牌、开业、颁奖仪式等，一般都要举行聚会和庆典活动，可以借机树立本组织在广大公众心目中的良好形象。主方和客方的基本礼节分别介绍如下。

1. 主方的礼节

作为聚会或庆典的主办者，以下4个方面最基本的礼节是应该做好的。

(1) 周到的策划。确定聚会或庆典活动的目的、意义、名义、规格、参加者名单、时间、地点等一系列问题，其中尤其要注意兼顾到政治影响(社会效益)、本组织的财力和物力条件以及当地的社会风俗等。一般而言，请柬应提前一定的时间发送出去，保证客方能提前一两天收到为宜；对年长者、有名望的客人，还应该专门派人登门当面邀请。

(2) 精心的准备。做好场地布置、交通工具和食宿安排工作，以及有关的资料、图片、展品及赠送来宾的纪念品等一系列准备工作。

(3) 前期的公关。在聚会或庆典活动之前，应不失时机地因人、因地制宜，开展相应的前期公共关系活动(包括宣传活动)，以促进、保证聚会或庆典活动的顺利开展。

(4) 文明的举止。公共关系工作人员在聚会或庆典活动的全过程中，都应该做到谈吐文雅、表情自然、服装整洁、仪表端庄、彬彬有礼、举止文明大方。

迎客时，应提前等候；客人到来时，公共关系人员应首先将本组织的代表按次序逐一介绍给来宾；然后陪同客人到休息室稍作休息；对于迟到的客人，同样要安排人员热情接待。

主、客交谈时，作为主人的一方，尤其应谦恭有礼，不可自吹自擂，坐姿自然，并及时为客人添加茶水；如果自己临时有急事要离开会场一会儿，应委婉地向客人说明，并致歉意。

客人告辞时，主人应婉言相留；送客人时，一般应送到大门外，并握手再见。对远道而来的或者随身带有较多行李的宾客，应送到车站、机场、码头，并且要等汽车、飞机、轮船开动后再走。

对于宾客送来的贺礼，应当即表示欣赏和感谢，也可在客人告辞时回赠一些本组织的纪念品。

2. 客方的礼节

(1) 及时回复。应邀参加聚会或庆典活动的客人，首先应给主方一个回复，说明自己"已经收到请柬，谢谢！"其次要说明自己能否按时参加活动，或者由谁代表参加活动；如果实在不能赴约，也要及时向主方做出理由充分的解释并道歉。

(2) 认真准备。接受邀请参加聚会或庆典的客人，同样要考虑如何出席相关活动的问题，如是否要准备致辞、要去多少人、谁带队、穿什么服装、准备什么礼品等。

(3) 遵时守约。宾客参加聚会或庆典活动，一般都应提前10分钟到达会场。

(4) 客随主便。客人到了聚会地，应主动向主人问好，并听从主人的安排。尤其应注意位置座次，不可随便走动、乱占座位。如果邻座是年长者，或是女士，还应该主动拉开椅子，协助他们坐下，然后再开始简单的礼貌性的交谈。切忌喧宾夺主，在主方客厅里谈话的内容，一般应以主方的活动为中心，而不应该滔滔不绝地讲述自己的事情，或者讲一些道听途说的、无聊庸俗的"路边新闻"。

(5) 感谢主人。在聚会或庆典活动过程中，客人应适时地鼓掌致意，说些赞美的话语，以示对主人盛情邀请的感谢。

(6) 新意贺礼。客人给主人带去的贺礼，一定要有新意，突出礼物的象征意义，恰当而实用，这样更能使主人由喜欢礼物到领受心意，再到乐意沟通、深入交往。

11.4.2 宴请礼节

宴请是主方为了表示欢迎、答谢、祝贺，为了融洽气氛、联络感情而精心组织的公共关系活动之一。常用的宴请形式可分为正式宴会、便宴和酒会。

在正式宴会上，宴请的礼节既是约定俗成的惯例，又是每个赴宴者应有的气质和文化修养的体现。在整个宴会过程中，随时随处都要注意举止文明。

(1) 由椅子的左边入座或离席。坐下时，上身不要紧靠椅背，也不要紧贴餐桌，双脚应踏在自己座位的下方，不要用双手托着下巴，将双肘撑在餐桌上，不必再用餐巾擦拭餐具，也不可玩弄桌上的精美餐具。

(2) 主人致辞时，客人应停止进餐或交谈，并适时鼓掌。

(3) 汤太烫时，要稍等候，不要急着用嘴去吹凉；吃食物时，不要发出声响；嘴里有食物尚未咽下时，不可与人谈话；咳嗽或吐痰时，要离开餐桌，或用手帕掩住口鼻，将头扭向外侧。

(4) 在进餐过程中，不可表现出狼吞虎咽的贪婪样，也不可随意松开领带，更不可挽起袖子或脱下外衣。

(5) 喝酒时，主方劝酒要适度，客方喝酒也要适度、节制，酒量应控制在自己平时酒量的 1/3 左右；端起酒杯后，应慢慢品尝，不可一饮而尽；不可一边喝酒、一边吸烟；不可将酒杯举到自己的眼前，透过酒杯看其他人；当服务员准备倒酒时，不会喝酒的人或不想喝酒的人，只要用手掌在杯子的上方作"平盖"的手势即可；敬酒时，应使自己的杯沿稍低于主人的杯沿，以示尊敬有礼。

(6) 宴会中如果临时有异常情况，应沉着应付，不要手忙脚乱地扩大事态。例如，摔落餐具、碰倒邻座的酒杯、筷子，只需一边道歉、一边请服务员过来补送餐具就行了；如果把酒、汤、菜汁等泼洒在桌上,则应在道歉的同时,用餐巾适当擦拭。

(7) 中途离席,应将餐巾放在自己的座位上;临近结束时,等主人宣布宴会结束示意散席时,应将餐巾叠成小块放在盘子的右边。

(8) 告别时,客人应真诚地向主人道谢,称赞菜肴丰盛、精美,宴会组织得好;主人应答谢客人的光临;主人送别客人时,应提醒客人是否有遗忘的衣物,并送出门外;客人应请主人留步,并握手道别。

11.4.3 涉外公共关系礼节

国际交往中,礼宾仪式是比较隆重和严格的,一般而言,各种外事往来活动在国际上都有一定的惯例。但是,各国又根据本国的国情特点和风俗习惯,有各自独特的要求。因此,在外事往来中,公共关系人员必须在坚守涉外工作原则、遵守外事纪律、严守机密的同时,尽可能地熟悉各国的往来礼节,使自己在涉外公共关系活动中的言行举止得体而规范,以顺利完成外事往来中的公关任务。

1. 涉外公共关系人员日常交往中的礼节

根据国际交往的需要,国际礼仪一般包括签字仪式、开幕式、赠送式、授勋式、任命式等。在这一系列的仪式中,涉外公共关系人员一是要自我尊重,二是要尊重他人。

2. 涉外交往中的迎送礼节

(1) 在涉外公共关系活动中,首先应在国际公众到来前做好周密的准备工作,包括设置接待机构、人员,拟订接待方案,收集来访者的有关资料信息,包括来访者名单、宗教信仰、爱好和禁忌、访问要求、活动日程等。

(2) 迎、送国际会议,一般应事先确定接待规格和礼宾次序。按惯例,实行"对等原则",即主、宾的身份、职务等应相等。只有同主方关系非常密切、非常重要的公众,才允许破格接待。在多边交往活动中的接待次序一般按参加国国名的英文首写字母的次序排列,有时也按照各国代表团组成时间或报到时间的先后次序排列。在隆重的国际交往活动中,一般应悬挂国旗。

(3) 主、宾相见时,由主方迎候人员中身份最高者率先与客人握手致意,并逐一地向客人介绍己方的每一位迎候人员,各位参加迎候的人员应向客人问好,或点头致意、微笑致意、握手致意。

(4) 如果来访的国际公众是高级贵宾,主方应安排献花仪式。所献的花束不仅应当是整洁、新鲜的,而且要注意外宾的身份、所在国的风俗习惯、禁忌。总的来说,一般都不用菊花、石竹花、杜鹃花、莲花和黄色的花束。还有一些具体的独特的忌讳,也要注意。如巴西人忌讳绛紫色的花,法国人忌讳黄色的花和康乃馨,英国人和加拿大人都忌讳百合花,德国人忌讳郁金香等。

在我国,各种鲜花都有着特定的心理寓意和语言,又叫花语。

菊花——高洁、追念;梅花——高洁、坚贞;牡丹——高洁、富贵;荷花——高雅、纯洁;水仙——高雅、尊敬;桂花——光荣、尊敬;橄榄——和平、诚意;竹子——正直、刚毅;松柏——坚强、长寿;万年青——友谊、长寿;黄康乃馨——轻蔑;红康乃馨——

伤心；蓝色紫罗兰——诚实；白百合花——团结、友好；紫藤——欢迎；铁树——庄严；垂柳——悲哀、惜别；红玫瑰——爱慕之情、热烈的爱；白玫瑰——悄悄的爱；黄玫瑰——爱的嫉妒；紫丁香——初恋；鸡冠花——爱情；红郁金香——宣布爱恋；黄郁金香——爱的绝交；黑色桑果——生死与共；胭脂花——勿忘我；常春藤——结婚；金钱花——天真烂漫；红茶花——天生丽质；樱草——青春。

中国人送花是很讲究"花语"的，例如，祝贺平辈生日快乐——送石榴花、红月季花；祝贺老人生日——送松柏枝、万年青、鲜桃；祝贺新婚之喜——送花篮，而且花枝数以双数为好；只有在"情人节"时，送给情人的玫瑰花才是一枝；祝贺乔迁之喜——送兰花、文竹、米兰和盆景；如果去探望住院病人——则应送绿叶为主的花束，或淡香气味的花束。

(5) 迎候人员，尤其是迎候团的负责人，应当陪同来宾到住宿处或休息地，介绍客人访问期间的日程安排和注意事项，并尽可能地帮助客人了解住宿环境，询问并帮助解决客人临时发生的困难。

(6) 国际公共关系活动结束时，主方要提前安排好车、船、飞机的返程票，并陪同送客人到车站、码头、机场，按顺序逐一握手道别，挥手致意，直到外宾乘坐的车、船、飞机离开视线，方可转身返回。

3．涉外公共关系中的宴请礼节

下面介绍吃西餐的基本礼节。

1) 座次的安排

如果是男女两人用餐，男士应请女士坐在自己的右边；如果是两位男士请一位女士用餐，则应请女士坐在中间；如果是同性别的人同时用餐，则靠墙的座位留给其中的年长者。

一般吃西餐用长餐桌。宴请的人数较多时，男女交叉安排座位，以女主人的座位为准，主宾坐在女主人的右边，主宾的夫人坐在男主人的右边。入座后，无论是打开餐巾还是离座前收叠餐巾，均应以主人为先。餐巾打开后，往回叠1/3，然后铺盖在自己的腰下方至大腿部，不必用餐巾擦拭餐具。临时有事离开餐桌时，应将餐巾放在自己座位的椅子上。

2) 餐具的使用

在西餐中，餐具是根据上菜的顺序依次摆放的，取用时只需按顺序，由外到里地取用就可以了。

用餐时，应右手持刀，左手持叉。先用刀将食物切成小块，再用叉送入口中。每道菜吃过之后，将刀叉并拢放在盘子里，服务员就可以收走了。如果在吃了一会儿之后要稍休息一会儿，就将刀叉呈"八"字形状，即"3点40分"的指针方位，摆放在盘子的中间。用餐完毕，应将刀叉摆成"四点钟"的指针方向放在盘子里，并同时将餐巾折叠为小块放在盘子的右边。除非喝汤，在西餐中一般不用羹匙用餐。进餐时，一定要注意，不可一边说话、一边舞弄刀叉。

吃面包时，一般是在上汤后开始。可用手撕下一小块面包，再用刀涂上奶油或果酱。喝汤时应使汤匙由自己面前的盘子外沿向中间方向舀起，汤匙呈45°将汤送入口中，身体的上半部略微前倾，以免汤水滴洒在衣服上。

3) 进餐的规矩

(1) 要穿着得体。男士应穿整洁的衣服和皮鞋，在正式宴会上还应系领带。女士应穿套装和有后跟的皮鞋。

(2) 女士优先。女士先入席，先就座，先品尝。

(3) 坐姿优雅。由坐椅的左边入座，上身、腹部与餐桌保持10cm左右的距离。上身后背应靠近椅子的后部位，背部要直。坐的时间长了，可以将后背靠在椅背上，身体不可随便地左右摇晃。

男士的坐姿语，一般是两膝稍微分开，与双肩对齐，双脚的全脚掌着地，双手放在自己的双腿上，或放在椅子的两边扶手上；女士的坐姿语，或者将双膝合拢，双手放在自己的膝上的大腿部，或者使自己的两小腿交叉，两手放在腰部和大腿之间的位置，或者放在椅子的一边扶手上。

(4) 在主人致祝酒词时，大家都应暂时停止进食，并及时给以掌声致谢。

(5) 喝酒文明。手举酒杯的姿势，一般应是用右手的拇指、食指和中指合力捏住酒杯的高脚部位，小手指可放在杯底下方，起托住酒杯的作用。

敬酒时，一般是由主人先同主宾碰杯，再按顺时针方向，依次同在座的客人碰杯。碰杯时，年纪轻的或身份低的人，应同时欠一下上身，并注意使自己的酒杯杯沿稍低于年纪长的人或身份高的长者的杯沿，以示尊敬之礼。如果是喝啤酒，则不必碰杯，只需端起杯子在自己面前的桌面上轻轻地点几下即可。

4. 涉外公共关系活动中的馈赠礼节

送礼是人际交往中常有的馈赠礼品的行为。在公关场合馈赠礼品是为了表示友好的情意。不可根据礼品的价格高低来衡量双方友情的深浅，更不可根据对方所送礼物的价格来确定接待的规格。

在涉外公共关系活动中，如果是庆贺仪式，一般应备有花篮、镜面、工艺品等贺礼。在涉外公共关系活动中赠送礼品有以下两点要特别注意。

1) 精心选择

不同的国家、民族、地区的人们，对动物、植物、花卉、色彩等，会有着不同的认识，存在着一些与众不同的禁忌。无论是在涉外公关宣传活动中，还是在馈赠礼品时，都应该十分小心谨慎。因此，在准备送礼之前，不仅要根据公关交往的中心内容选择合意的礼品，更重要的是，必须根据受礼者的不同国籍、不同民族习惯、不同传统风俗、不同生活禁忌，避开对方忌讳的而选择对方喜欢的。关于礼品的颜色，也有一些应该留意的地方。

如美国人忌讳给妇女送香水、衣物和化妆品，忌讳带有蝙蝠图案(凶神) 的物品；南美地区的人忌讳别人送衬衫、领带之类贴身用品；欧美人忌讳大象和孔雀，认为它们是"愚笨"、"祸鸟"的标志；法国人忌讳给一般交往关系的女士送香水；匈牙利人忌讳黑猫，认为它是"不祥之物"；中国、东南亚地区的国家，忌讳送毛巾、手帕(伤心、痛苦)；日本人忌讳荷花图案；澳大利亚人忌讳兔子图案或商标，等等。

西方多数国家、民族、地区的人都忌讳黄色(丧气)；法国人忌讳墨绿色和黄色；瑞典人、比利时人忌讳蓝色(不幸)；摩洛哥人忌讳白色(贫穷)；日本人忌讳绿色；泰国人忌讳猩红色。

2) 着意新颖、实用

在选择馈赠的礼物时，应以其寓意为重，力求礼物新颖、美观、大方、实用。常言道：

"千里送鹅毛，礼轻情意重。"所以，礼物的价格不一定要特别贵，但一定要让礼物饱含送礼者的心意。如果礼物本身具有同对方组织的目标、名称相同或相近的象征意义，则更容易打动对方，给对方留下深刻而美好的印象。例如，对方组织名称叫"××飞马集团公司"，而选择的礼物是一匹工艺品的飞马，或者是画面上有"骏马奔腾"的书画条幅，就一定能强化对方的好感。在选择馈赠国际公关对象的礼物时，一定要着意新颖、实用。

对于公共关系交际对象送来的礼物，无论大、小、多、少，档次高、低，接受者一方都应表示真诚的谢意，并当面打开礼品的外包装，一边欣赏一边赞美："真美！"、"真漂亮！"、"这正是我们最喜欢的，谢谢！"以前中国人往往是在客人离开之后才打开礼品的外包装欣赏礼品，这是不符合国际惯例的。不当场赞美对方的礼物，容易给对方一个"主方对礼物并不在意"的错觉，甚至可能引起不必要的误会。

11.5 公共关系人际交往艺术

11.5.1 人际交往应遵循的规范

公共关系人际交往，与日常生活中一般交往有所不同，其目的性很强，主要是为了社会组织与公众的相互认识和了解，在交往过程中产生情感共鸣，并根据公众对组织的态度而不断地调整组织的形象。但总的说来，二者之间的关系是十分密切的。人际交往活动是社会组织开展公共关系的基础，也是公共关系重要的日常工作之一。离开人际交往活动，就不可能有社会组织与公众之间相互的信息沟通与情感交流，社会组织就依然只能是一个封闭的实体。所以，在某种意义上说，开展公共关系活动就是为了拓宽社会组织人际交往的范围，增强社会组织的人际交往的"辐射力"。

人际交往在公共关系活动中体现着个体化的联络关系。公众与公共关系工作人员交往，可以从中认识公共关系人员本人及其所代表的组织的形象，因此公共关系工作人员的人际关系如何是十分重要的。任何一个组织内部如果缺乏有效的交往，组织成员之间就不能进行有效的合作。

良好的人际交往应遵循以下规范。

1. 尊重他人

"人敬我一尺，我敬人一丈"，人们希望得到尊重。人们在交往中得到了对方的尊重，满足了社交需要，自然就会尊重那些尊重自己的人，也乐于同对方深入交往。

2. 遵纪守法

人际交往还必须服从于一个社会所恪守的道德和一个国家所制定的法律，言谈举止都不应违背社会公德和国家法律法规。

3. 平等真诚

在人际交往中还应准确地评价自己和他人，平等而真诚地待人；切不可傲慢无礼、目中无人，也不可以仗势欺人或恃强凌弱地贬损他人，更不可以貌取人。只要是交往对象，都应一视同仁地表示自己的尊敬和友好，不卑不亢、落落大方地处理好相互之间的关系。

4. 信守承诺

诚实守信是公共关系的一个重要原则，因为它涉及社会组织与公众之间的利益协调关系，容不得任何欺骗和虚假。"讲守信诺"既是个人形象的重要内容，也是抓住机会的重要条件。公关机会不会降临到"言而无信、行不践诺"的组织或个人身上。因此，凡是自己承诺了的事情，应积极地创造条件，尽可能地为对方办妥；凡是自己没有把握办到的事，一般不宜当面拒绝，可请对方容许后再商量；凡是明显办不到的事，也应委婉地谢绝，切不可大包大揽地答应下来，那样会适得其反，失信于人。

11.5.2 人际交往的心理障碍及克服办法

1. 影响人际交往的心理障碍

公共关系中的人际交往在本质上可以说是社会组织的代表与公众之间心理上的相互吸引和相互补偿的过程。公共关系工作人员具备良好的心理素质，就相应地增强了组织对公众的吸引力和魅力，可以促进交往活动的顺利开展。

所谓"交往心理障碍"，是指在交往中的自我心理调控失常，不能自我调整情绪使之适应社会公认的各种规范的心理因素和状态。人际交往活动中的心理障碍是多方面的，主要有以下7种。

1) 自卑

这是"自我否定"的心理定势。有的社会组织起点较低，规模较小，成绩不是很突出，知名度不是很高；有的个人"出身贫寒"、"来自偏远山区"、"孤陋寡闻"、"学业成绩平平"、"从来没有当过学生干部"、"普通话不标准"、"身材不出众"等，都会产生"自我否定"的心理定势。在人际交往中往往表现为自惭形秽，没有交往的信心，不肯主动开口，把交往对象限定在很狭小的范围里，不能建立新的交往空间。

2) 羞怯

可能是由于缺乏交往的实际经验，也可能是没有掌握基本的公共关系交往技巧，还可能是对对方的信息了解很少，因此缺乏交往的信心、丧失交往的勇气。这种羞怯心理在交往过程中的具体表现就是：因为担心交往失败而表现得紧张不安，不敢充分地与对方交流信息和情感。

3) 猜疑

因为自卑和害羞，在人际交往的实践中，成功的经验比较少，而失败的体验比较多，很可能由对自己缺乏信心，而转化为对对方的诚意表示怀疑，不信任对方。具体表现为疑虑重重、拘谨小心，甚至捕风捉影，对他人言行总是持怀疑或否定态度。

4) 嫉妒

嫉妒心理就是指对他人获得了某种利益或荣誉时，所持的极端不满和怨恨情绪。在公关交往中的具体表现为：当个人需求在交往中得不到满足时，当他人的成就、利益高于自己时，对一切强于自己的人表现出的一系列的不快情绪。

5) 报复

社会组织之间、人与人之间都应该是平等的关系。任何组织或个人都不能把自己单方

第 11 章　公共关系社交礼仪

面的愿望和要求强加于别人；更不能因为对方曾经表示过不同的意见而抱有成见；不能将自己某方面的不顺利或者利益的损失，都归罪于别人；更不能把自己的不满情绪发泄到别人身上，或者把失败的责任全都推到别人身上。在人际交往过程中，如果这样做了，就属于报复。

6) 自负

这主要是指有的人常常怀着"自我中心""自我肯定"和"孤芳自赏"等心理态势。这种自负心理在人际交往中往往表现为：优越感十分强烈，盛气凌人，不愿意附和他人正确的意见，不愿意认可他人的合理要求，不愿意赞扬别人明显的成绩，不愿意主动地与他人进行信息、情感的交流和沟通。

7) 自私

互惠互利是公共关系的一项重要原则。如果以自私的心理定势去与他人打交道，以纯功利的观点对待人际关系，就势必会形成一种"自我封闭"的态势，就势必会影响到人际交往局面的打开。

2. 克服交往心理障碍的方法

(1) 克服自卑心理，丢掉虚荣心，正确分析、认识和评价自己。尤其要充分发掘自己的优点，为自己的点滴成绩感到宽慰。同时，要努力做到与人坦诚合作、热情交往。

(2) 克服恐慌心理，保持"勇于尝试，不怕失败"的积极精神。从工作能力、学识水平或其他技艺方面，去学着做一项比别人更精通的事。

(3) 转变心情，丢弃沮丧情绪。没有必要将自己与别人放在同一条跑道上赛跑，应该积极地另辟蹊径，肯定自我、欣赏自我。

(4) 做好充分的准备，知己知彼，选准契机，自我放松。选择自己熟悉的时间地点和谈话内容，精神饱满，从容不迫。

(5) 摒弃"自我保护"、"自我封闭"的心态，积极参与社会交往活动。打开心胸，消除偏见，用富于弹性的、理解的、宽容的态度与人交往。如果对方确实比自己优秀，就应该勇于承认事实，及时反应对方的话语，赞美对方的业绩。

(6) 保持谦逊、期待的心情，以信任人、尊重人的态度与人交往。随时乐于参与竞争，在竞争中善于取长补短，随时不要忘记说"您真行！"或"谢谢您！"尤其是你本身受到称赞时，更要这样说。因为这不仅意味着自己的谦虚，而且意味着自己有积极进取的精神和坚强的自尊心。

3. 掌握公共关系交际的基本技巧

1) 保持稳定

在公共关系交往中，公共关系工作人员应努力使自己言谈举止表现出相对的稳定性，前后一致，不可以多种面孔出现在公关场合，更不可出尔反尔。

2) 同舟共济

在公共关系交往中，公共关系工作人员是本组织的代表，一定要使自己的言谈举止表现出与组织"同命运，共呼吸"的信念。同时，公共关系工作人员与公众也应该是一种"利益共同体"的关系，应该共同努力，才能达到双赢的目标。

297

3) 寻求一致

公共关系工作人员在交往中努力了解对方，寻找双方的共同点和相通处，形成"自己人"效应。工作上产生的不满情绪，只要着手改善，很快就可以得到解决；人际交往方面产生的不满情绪，则应该多站在对方的立场上想一想，并更多地与对方交谈，友善地沟通。尤其是竞争伙伴之间，分歧和冲突是难免的。如果能努力寻求共同点，彬彬有礼地处理矛盾和冲突，分歧就一定能得到合理的解决。

4) 训练自我

这主要是指公共关系人员应进行各方面的学习，提高自己的公关技巧，适宜而又恰当地选择各种方式呈现自己，吸引公众。真情、友善、诚信、积极、热情、体谅是公共关系工作人员在公关交往过程中随时随地表现出来的最基本的形象。

 应用案例

【案情简介】

学 会 拒 绝

莎是一名本科大二的学生。上大一的时候遇到了一个叫昕的和她同届又是老乡的哲学系男生，从此陷入感情的困扰。昕是个很心细的人，也很能理解别人的感受，莎慢慢地对他产生了依赖感。莎以为自己在他心中很重要，可后来发现并不是这样。昕对很多女生都很好，并把感情当成儿戏，同宿舍的同学甚至看见他和别的女生手拉手地逛街。于是莎决定不再理他。几个星期后，昕约莎出来，想恢复与莎的交往。莎陷入了矛盾之中，一方面她知道昕是个三心二意的人，另一方面心底里又忘不掉昕。

在这个例子当中可以看出莎欠缺爱的能力，由于她对昕的犹豫态度，从而使得自己处于被动受困的局面。在这种情况下，莎首先应客观审视这段感情是不是可以被看做真正的爱情，昕是否值得自己付出感情的人，毕竟爱是需要正确的对象的，错爱不是真爱。在得出一个理智的答案后，莎就应反复明确表明自己的态度，这样既挽回了尊严，使自己免受进一步的伤害与欺骗，又可以给三心二意者一个警示：玩弄他人感情的人必将遭到爱情的嘲笑与遗弃。

(资料来源：鲍秀芬. 现代交际礼仪基础. 北京：机械工业出版社，2005)

【案例点评】

学会拒绝是人际交往的一门艺术。拒绝爱要注意两个方面：一是在不希望得到的爱情到来时，要果断、勇敢地说"不"，优柔寡断或屈服于对方的穷追不舍，对双方都不利。二是要掌握恰当的拒绝方式，珍重每一份真挚的感情是对他人的尊重，也是一种自尊，同时是对一个人道德情操的检验。

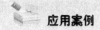 本章小结

本章主要介绍了公关礼仪的相关内容。首先介绍了公关礼仪的特点及准则；然后介绍个人的礼仪行为规范，人际交往的礼仪和形象塑造；最后介绍了公共关系礼节和人际交往与沟通的艺术。

习 题

1. 选择题

(1) 固定的僵化印象对人的知觉的影响,在知觉偏见的产生原因中称为(　　)。
    A. 首因效应　　　B. 近因效应　　　C. 晕轮效应　　　D. 定型作用
(2) "一窝蜂"现象指的是(　　)。
    A. 流行　　　　　B. 流言　　　　　C. 时髦　　　　　D. 时尚
(3) 首次阐明人们的逆反心理形成的主观原因的美国心理学家是(　　)。
    A. 霍夫兰　　　　B. 纳普　　　　　C. 布林　　　　　D. 阿什
(4) 相互见面和离别时最常见的礼节是(　　)。
    A. 微笑　　　　　B. 拥抱　　　　　C. 握手　　　　　D. 目视
(5) (　　)是人们在社会交往中由于受历史传统、风俗习惯、宗教信仰、时代潮流等因素的影响而形成,既为人们所认同,又为人们所遵守的。
    A. 礼仪　　　　　B. 礼节　　　　　C. 礼貌
(6) 礼仪是以建立(　　)为目的的各种符合礼的精神及要求的行为准则或规范的总和。
    A. 同等关系　　　B. 和谐关系　　　C. 平等关系
(7) 国际社会公认的"第一礼俗"是(　　)。
    A. 女士优先　　　B. 尊重原则　　　C. 宽容原则
(8) (　　)是礼仪的基础和出发点。
    A. 宽容　　　　　B. 敬人　　　　　C. 自律
(9) 男士应养成(　　)修面剃须的好习惯。
    A. 每天　　　　　B. 1～2天　　　　C. 2～3天　　　　D. 3～4天
(10) 在正式场合中,女士不化妆会被认为是不礼貌的。如果活动时间长了,应适当补妆,但在(　　)不能补妆。
    A. 办公室　　　　B. 洗手间　　　　C. 公共场所
(11) 在社交场合初次见面或与人交谈时,双方应该注视对方的(　　)才不算失礼。
    A. 双眉到鼻尖的三角区域内　　　B. 上半身　　　　C. 颈部
(12) 在公共场所,女士着装时应注意(　　)不能外露,更不能外穿。
    A. 袜子　　　　　B. 短裙　　　　　C. 内衣
(13) 男士着装,整体不应超过(　　)种颜色。
    A. 2　　　　　　 B. 3　　　　　　 C. 4　　　　　　 D. 5
(14) 一般情况下,男士不宜佩带的饰物是(　　)。
    A. 戒指　　　　　B. 项链　　　　　C. 耳环
(15) 成年男女在人行道上并行,男子靠马路一侧,并应帮助女子提东西,但不能帮助女子提(　　)。
    A. 行李　　　　　B. 背包　　　　　C. 坤包

(16) 在参加各种社交宴请宾客中，要注意从坐椅的( )侧入座，动作应轻而缓，轻松自然。

    A．前侧   B．左侧   C．右侧

(17) 拜访他人应选择( )，并应提前打招呼。

    A．清晨   B．用餐时间   C．节假日的下午或平日晚饭后

(18) 一般性的拜访多以( )为最佳交往时间。

    A．1小时   B．半小时   C．10分钟

(19) 在机场、商厦、地铁等公共场所乘自动扶梯时应靠( )站立，另一侧留出通道供有急事赶路的人快行。

    A．左侧   B．右侧   C．中间

(20) 如果主人亲自驾驶汽车，( )应为首位。

    A．副驾驶座   B．后排右侧   C．后排左侧

(21) 乘坐公共汽车和地铁列车时应排队候车，先下后上，要礼让妇女、小孩、残疾人和( )。

    A．青年人   B．中年人   C．老年人

(22) 男女结伴参加舞会，在整个舞会期间，两人同跳应以( )为限。

    A．1次   B．2次   C．3次

(23) 在舞会中，女士受男士邀请，但又不想跳舞时，正确的做法是( )。

    A．可以婉言拒绝   B．不要拒绝   C．马上接受其他人的邀请

(24) 电话铃响后，最多不超过( )就应该接听。

    A．3声   B．4声   C．5声

(25) 正确握手的时长一般为( )。

    A．3～4秒   B．5～6秒   C．10秒

(26) 在呈递名片中，不正确的说法是( )。

    A．只能用右手呈递

    B．要将名片正面朝向接受方

    C．接受的名片应放到名片夹或上衣口袋中

(27) 下列一般介绍顺序，( )是错误的。

    A．将男性介绍给女性

    B．将年轻的介绍给年长的

    C．将先到的客人介绍给晚到的客人

(28) 在旅游景区游览时不需打领带，也不宜穿( )。

    A．休闲鞋   B．旅游鞋   C．高跟鞋

(29) 女士携带的手提包，在正式宴会就餐期间应( )。

    A．放在背部与椅背之间

    B．挂在自己椅子的靠背上

    C．挂在衣架上

(30) 宴会上，为表示尊重，主宾的座位应( )。

    A．在主人的右侧   B．在主人的左侧   C．随其所好

(31) 在参加宴请中，应等(　　)坐定后，方可入座。
　　A．主人　　　　B．长者　　　　C．女士
(32) 使用餐巾时，不可以用餐巾来(　　)。
　　A．擦嘴角的油渍　B．擦手上的油渍　C．擦拭餐具
(33) 拜访亲朋好友时，如需送礼物，除鲜花外，都必须带着(　　)。
　　A．保修单　　　B．发票　　　　C．包装
(34) 关于喝汤的几种说法中不正确的是(　　)。
　　A．要用汤匙，不宜端起碗来喝
　　B．喝汤的方法，汤匙由身边向外舀出，并非由外向内
　　C．汤舀起来，一次分几口喝下
(35) 西餐大菜正确的食用顺序是(　　)。
　　A．开胃小菜、汤、海鲜、肉类、冷饮、烘烤食物、餐后甜食
　　B．汤、开胃小菜、海鲜、肉类、烘烤食物、冷饮、餐后甜食
　　C．开胃小菜、汤、肉类、海鲜、烘烤食物、冷饮、餐后甜食
(36) 在可以吸烟的餐厅用餐中，如需抽烟，应该(　　)。
　　A．征得邻座同意再抽
　　B．先给其他人上烟自己再抽
　　C．不声不响地走开自己抽
(37) 在涉外交往中，对外国部长以上的高级官员可称为(　　)。
　　A．陛下　　　　B．殿下　　　　C．阁下
(38) 下列几项中不属于服务员的"接待三声"的是(　　)。
　　A．迎客之声　　B．介绍之声　　C．留客之声
(39) 与西方人交谈时可以谈论(　　)。
　　A．对方年龄　　B．对方婚姻　　C．天气情况
(40) 当你离开朋友家，请主人不要送的时候应说(　　)。
　　A．留步　　　　B．失陪　　　　C．拜访
(41) 在饭店旅馆住宿时，不应穿(　　)出现在公共场所。
　　A．西装　　　　B．休闲装　　　C．睡衣和拖鞋
(42) 下列几种花中，(　　)花最适合赠送给母亲。
　　A．玫瑰　　　　B．月季　　　　C．康乃馨
(43) 在公共汽车、地铁、火车、飞机上或剧院、宴会等公共场所，朋友或熟人间说话应该(　　)。
　　A．随心所欲　　B．高谈阔论　　C．轻声细语，不妨碍别人
(44) 别人给你服务，做事和帮忙，无论给你的帮助多么微不足道，都要说(　　)。
　　A．谢谢　　　　B．请　　　　　C．对不起
(45) 在介绍两个人认识时，正确的顺序应为(　　)。
　　A．把男士介绍给女士，把上级介绍给下级
　　B．把男士介绍给女士，把下级介绍给上级
　　C．把女士介绍给男士，把上级介绍给下级

D. 把女士介绍给男士，把下级介绍给上级

(46) 女士坐在椅子上时，应占椅子的(　　)。
　　A. 2/3　　　　B. 1/3　　　　C. 1/2　　　　D. 3/4

(47) 与熟人交谈时，应相距(　　)米左右。
　　A. 1.5　　　　B. 1　　　　　C. 0.5　　　　D. 2

(48) 在站立时，两脚尖分开角度最恰当的为(　　)度。
　　A. 30　　　　 B. 60　　　　 C. 45　　　　 D. 15

(49) 当您的同事不在，您代他接听电话时，应该(　　)。
　　A. 先问清对方是谁
　　B. 先告诉对方他找的人不在
　　C. 先问对方有什么事
　　D. 先记录下对方的重要内容，待同事回来后告诉他处理

(50) 正规商务中，关于着装的说法，以下哪个说法不正确(　　)。
　　A. 上班时间不能穿时装和便装
　　B. 个人工作之余的自由活动时间不穿套装和制服
　　C. 工作之余的交往应酬最好不要穿制服
　　D. 公务场合夏天男性可穿短袖衬衫配西裤，女性穿衬衫加套裙

2. 多选题

(1) 在主办活动中，体现组织公关礼仪应注意的问题是(　　)。
　　A. 准时　　　　B. 谦虚　　　　C. 迎送
　　D. 尊重老人和妇女　E. 介绍

(2) 对索取名片的方法描述正确的有(　　)。
　　A. 交易法：首先递送名片
　　B. 激将法：递送同时讲"能否有幸交换一下名片？"
　　C. 平等法："如何与你联系？"
　　D. 谦恭法：对于长辈或高职务者，"希望以后多指教，请问如何联系？"

(3) 名片使用中的三不准是指(　　)。
　　A. 名片不得随意涂改　　　　B. 名片不准提供两个以上的头衔
　　C. 不用特殊材质制作名片　　D. 名片不印多个联系方式

(4) 双方通电话，应由谁挂断电话(　　)。
　　A. 主叫先挂电话　B. 被叫先挂电话　C. 尊者先挂电话
　　D. 不做要求，谁先讲完谁先挂，最好同时挂

(5) 商用名片讲究三个三，以下属于这三个三内容的有(　　)。
　　A. 商用名片负责制时要有企业标识、企业全称、部门
　　B. 商用名片要提供本人称谓：姓名、行政职务、学术头衔
　　C. 商用名片的交换三原则是交换索取、双手送上、注视接受
　　D. 商用名片通常只能提供三种联络方式：企业所在的详细地址、邮政编码、办公电话。邮箱、传真要酌情，手机等私人联系方式不要印

(6) 以下属于电话形象要素的有(　　)。
　　A．通话内容：语言、信息等内容
　　B．举止表现：神态、语气、态度、动作等
　　C．通话时机：时机不对会影响工作效率、影响双方关系
　　D．公务性问题

(7) 电话通话过程中，以下说法正确的有(　　)。
　　A．为了不影响他人，不使用免提方式拨号或打电话
　　B．为了维护自己形象，不边吃东西边打电话
　　C．为了尊重对方，不边看资料边打电话
　　D．以上说法都不正确

(8) 在商务礼仪中，有些时候，不要因公事打对方电话，这些时候通常是指(　　)。
　　A．星期一早上 10:00 以前的时段
　　B．周末的 16:00 以后时段
　　C．对方休假时段
　　D．平常 22:00～6:00 这个时段

(9) 在会客时或拜访客户时，手机要做到(　　)。
　　A．不大声讲电话　　B．不响　　C．不听　　D．不出去接听

(10) 学习商务礼仪的目的是(　　)。
　　A．提高个人素质　　B．便于理解应用　C．有利于交往应酬　D．维护企业形象

(11) 商务交往中女性佩戴首饰的原则是(　　)。
　　A．符合身份，以少为佳
　　B．同质同色
　　C．不佩戴珍贵的首饰
　　D．不佩戴展示性别魅力的首饰(如胸针、脚链)

(12) 对于汽车上座描述正确的有(　　)。
　　A．社交场合：主人开车，副驾驶座为上座
　　B．商务场合：专职司机，后排右座为上(根据国内交通规则而定)，副驾驶座为随员座
　　C．双排座轿车有的 VIP 上座为司机后面的那个座位
　　D．在有专职司机驾车时，副驾驶座为末座

(13) 下列关于语言礼仪正确的有(　　)。
　　A．商务交往中应该遵循"六不问原则"
　　B．语言要正规标准
　　C．商务语言的特点"少说多听"
　　D．双方初次见面无话可说时，可以"聊天"——谈天气

(14) 关于握手的礼仪，描述正确的有(　　)。
　　A．先伸手者为地位低者
　　B．客人到来之时，应该主人先伸手。客人离开时，客人先伸手
　　C．忌用左手，握手时不能戴墨镜

D．男士与女士握手，男士应该在女士伸手之后再伸手

E．不要戴帽子、戴手套握手

F．下级与上级握手，应该在下级伸手之后再伸手

(15) 关于商务礼仪中对着装的说明，正确的有(　　)。

A．社交场合可着时装、礼服、中山装、单色旗袍、民族服装等

B．通常情况下，男士不用领带夹，但穿制服可使用

C．女性在商务交往场合不能穿皮裙

D．高级场合：男性看表，女性看包。普通商务场合：男性看腰，女性看头

(16) 商务着装基本规范要(　　)。

A．符合身份　　　B．善于搭配　　　C．遵守惯例

D．区分场合，因场合不同而着装不同

(17) 男性的"三个三"是指(　　)。

A．全身不能多过三种品牌

B．鞋子、腰带、公文包三处保持一个颜色，黑色最佳

C．全身颜色不得多于三种颜色(色系)

D．左袖商标拆掉；不穿尼龙袜，不穿白色袜；领带质地选择真丝和毛的，除非制服配套，否则不用一拉得，颜色一般采用深色，短袖衬衫打领带只能是制服短袖衬衫，夹克不能打领带

(18) 商务礼仪中有很多与三有关的要求，请选出正确的表述(　　)。

A．服饰三要素：色彩、款式、面料

B．接待三声：来有迎声、问有答声、去有送声

C．热情三到：眼到、心到、手到

D．微观上商务礼仪有三个基本特征：规范性、对象性、技巧性

E．沟通中三个循序渐进的方面：自我定位、定位他人、遵守惯例

F．领带的三种时尚：男人的酒窝(Men's Dimple)、不用领带夹(除非经常挥手致意的 VIP 和穿制服并使用特制领带夹的公务人员)、领带下端箭头在腰带扣的上端(西服一般不扣最下面的扣子，合身的西服最下面扣子正好在腰带扣处，这样领带不至于露出下端)

(19) 对于座次的描述正确的有(　　)。

A．后排高于前排　　　　　　　B．两侧高于中央

C．中央高于两侧　　　　　　　D．内侧高于外侧

E．前排高于后排　　　　　　　F．外侧高于内侧

(20) 有三种情况下通常不宜使用商务礼仪，这三种场合是(　　)。

A．初次交往　　B．老朋友相聚　　C．夫妻之间　　D．与少数民族交往

(21) 自我介绍应注意的有(　　)。

A．先介绍再递名片　　　　　　B．先递名片再做介绍

C．初次见面介绍不宜超过 5 分钟　　D．初次见面介绍不宜超过 2 分钟

E．先介绍自己，再让对方介绍　　F．先让对方做完自我介绍，自己再做介绍

(22) 以下对礼品的描述正确的有(　　)。
　　A．礼品的特性有：纪念性、宣传性、便携性、独特性、时尚性、习俗性等
　　B．礼品的特性有：纪念性、宣传性、价值性、独特性、时尚性、美观性等
　　C．选择礼品的基本原则：人、物、时、地
　　D．通常不要给女性常送玫瑰，特别是不要送一朵红玫瑰
(23) 商务礼仪的3A原则是(　　)。
　　A．理解对方　　　B．注视对方　　　C．重视对方
　　D．了解对方　　　E．接受对方　　　F．赞美对方
(24) 西餐宴会上，对于女主人的行为，表述正确的有(　　)。
　　A．在西餐宴会上女主人是第一次序
　　B．女主人就座，其他人才能就座，女主人打开餐巾表示宴会开始
　　C．女主人拿起刀叉，其他人才可以吃
　　D．女主人把餐巾放在桌子上，表示宴会结束

3．案例分析题

 背景知识

【背景案例一】
　　在某企业某天刚就任员工关系部副总经理的杨跃，邀请全体部门员工共进午餐。这是一个彼此熟悉的好机会，大家都很高兴。绩效组主任王坤也应邀一起参加了。开始点饮料时，杨跃点了一杯酒，其余的人都只点了饮料。因为公司有规定，严禁在午餐时饮酒。
　　平时，公司里有违反规定的事发生，都是由员工关系部负责处理，所以作为这个部的成员，大家一向很重视遵守这个规定。午餐结束后，大家对杨跃点酒的事议论纷纷，后来，几位员工一起去找王坤。王坤也认为应该和杨跃讨论讨论此事。因为她身为主任，平时又擅长与人沟通，所以大家认为她是传达众人信息的最佳人选。
　　王坤等到杨跃空闲时才走到他办公室，站在门口说："杨总，你现在有空吗？我想有些事你大概还不清楚，如果有机会谈谈，对今后的工作会有帮助的。"杨跃表示很有兴趣。王坤稍稍停顿了一下，继续说："你知道公司有关酒精性饮料的规定吗？"杨跃说："不知道。"王坤接着说明了她的来意，让杨跃知道公司的有关规定，员工关系部在处理违反规定事件中所担任的角色，以及同事们今天的反应。谈话结束时，杨跃真诚地向王坤道谢。
　　讨论：通过以上案例，分析王坤在与杨跃的沟通中，运用了哪些交谈的技巧，从而取得了良好的效果？

【背景案例二】

主人的尴尬

　　主人有一天请客，早早备好了酒菜。三位客人来了两位，还有一位等了很久也未来。主人一着急，说了一句："该来的还不来。"他说这句话的原意是："怎么搞的，是时候了，怎么还不来呢？"可是这句话引起了一位客人的疑心："是不是我不该来？"于是起身告辞："对不起，我有点事失陪了。"主人送走这位客人后回来叹息道："唉！不该走的倒走了。"他的原意是："我是诚心请他吃饭，他不该没吃就走啊！"哪知，剩下的这位客人听了心里很不是滋味。心想"就我们两个客人，他不该走，该走的就是我了？"于是愤怒地说："我该走了！"拂袖而去。

讨论：这家主人在这次的请客事件中应该吸取什么教训？

思考题：

1. 回想一下你在过去与人沟通中有哪些经验与教训，说给大家听听。
2. 握手礼仪应注意哪些事情？
3. 结合实际谈谈你在就餐时应注意哪些问题？
4. 社交场合应如何为他人作介绍？
5. 简述求职简历写作的"五要"和"五不要"。
6. 简历写作有哪"五忌"？
7. 求职信撰写前需做哪些准备？
8. 怎样做好面试前的心理准备？
9. 面试时需要把握哪些礼仪规范？
10. 试写一份简历和一封求职信。

参 考 文 献

[1] [美]斯科特·卡特里普,艾伦·森特. 有效的公共关系[M]. 明安香,译. 北京:中国财政经济出版社,1988.
[2] [英]弗兰克·杰夫金斯. 最新公共关系技巧[M]. 夏晓斌,等译. 北京:北京大学出版社,1992.
[3] 张克非. 公共关系学[M]. 北京:高等教育出版社,2001.
[4] 奎军. 公关经典100[M]. 广州:广州出版社,1998.
[5] 居延安. 公共关系学[M]. 上海:上海复旦大学出版社,2006.
[6] 李占才. 公共关系学概论[M]. 上海:上海交通大学出版社,2005.
[7] 李兴国. 公共关系实用教程[M]. 北京:高等教育出版社,2005.
[8] 周安华,苗晋平. 公共关系——理论、实务与技巧[M]. 北京:中国人民大学出版社,2004.
[9] 蒋春堂. 公共关系学教程[M]. 武汉:武汉大学出版社,2003.
[10] 黎泽潮. 公共关系学[M]. 合肥:合肥工业大学出版社,2005.
[11] 陈恢忠,郭小林. 公共关系学教程[M]. 武汉:华中科技大学出版社,2003.
[12] 熊晓红,李彦. 公共关系理论与实践[M]. 兰州:兰州大学出版社,2004.
[13] 陈观瑜. 公共关系学[M]. 广州:中山大学出版社,2005.
[14] 严成根. 公共关系学[M]. 北京:清华大学出版社,北京交通大学出版社,2006.
[15] 肖辉. 实用公共关系学[M]. 北京:北京大学出版社,2005.
[16] 温孝卿,吴晓云. 公共关系学[M]. 天津:天津大学出版社,2004.
[17] 汪秀英. 公共关系学[M]. 北京:经济科学出版社,2000.
[18] 魏翠芬. 公共关系理论与实务[M]. 北京:清华大学出版社,北京交通大学出版社,2007.
[19] 谢玉华. 公共关系教程[M]. 长沙:湖南大学出版社,2003.
[20] [美]弗雷泽·P. 西泰尔. 公共关系实务[M]. 梁浤洁,罗惟正,江林,译. 北京:机械工业出版社,2004.
[21] 曾湘宜. 公共关系基础[M]. 北京:北京工业大学出版社,2006.
[22] 赵世清. 公共关系实务论纲[M]. 沈阳:辽宁大学出版社,2005.
[23] 王乐夫,等. 公共关系学[M]. 合肥:安徽人民出版社,1992.
[24] 秦启文. 公共关系与公关礼仪[M]. 重庆:西南师范大学出版社,2005.
[25] 廖为建. 公共关系学[M]. 北京:高等教育出版社,2000.
[26] 金正昆. 公共关系的艺术[M]. 北京:中国人民大学出版社,1998.
[27] 甘波. CI策划[M]. 北京:企业管理出版社,1993.
[28] 杨魁. 现代公共关系学[M]. 北京:中国工人出版社,1998.